『十四五』国家重点图书

汉水流域文明研究文丛之乡村文化自信

岁时节令与风尚习气

——汉水流域历史文化风习

潘世东 丛书总主编

杨　涛 丛书执行总主编

何道明 主编

国家出版基金项目
NATIONAL PUBLICATION FOUNDATION

WUTP
武汉理工大学出版社

图书在版编目（CIP）数据

岁时节令与风尚习气：汉水流域历史文化风习/何道明主编. —武汉：武汉理工大学出版社，2023.11

（汉水流域文明研究文丛之乡村文化自信）

ISBN 978-7-5629-6718-7

Ⅰ. ①岁… Ⅱ. ①何… Ⅲ. ①汉水-流域-文化史-通俗读物 ②汉水-流域-风俗习惯-通俗读物 Ⅳ. ①K296-49 ②K892.46-49

中国版本图书馆 CIP 数据核字（2022）第 249717 号

责任编辑：刘 凯
责任校对：陈海军
装帧设计：艺欣纸语
排 版：武汉正风天下文化发展有限公司
出版发行：武汉理工大学出版社
社 址：武汉市洪山区珞狮路 122 号
邮 编：430070
网 址：http://www.wutp.com.cn
经 销 者：各地新华书店
印 刷 者：武汉精一佳印刷有限公司
开 本：710×1000 1/16
印 张：29
字 数：604 千字
版 次：2023 年 11 月第 1 版
印 次：2023 年 11 月第 1 次印刷
定 价：246.00 元

凡购本书，如有缺页、倒页、脱页等印装质量问题，请向出版社发行部调换。

本社购书热线电话：027-87523148 027-87391631 027-87165708（传真）

作者简介

何道明，男，1982年2月出生，湖北郧县（现为十堰市郧阳区）人，全国毛泽东思想研究会会员，十堰市作家协会会员，十堰市旅游文化研究会会员，湖北省高校人文社会科学重点研究基地汉水文化研究基地办公室主任，汉江师范学院文学院讲师。主要从事汉水文化、语文教育、文艺学（写作）的研究与教学工作。在《汕头大学学报（人文社会科学版）》《长江学术》《汉江师范学院学报》等学术期刊上公开发表《全球化语境下毛泽东文艺思想的应对力量》《新世纪毛泽东文艺思想研究的成绩与进路》《郧阳文化生长力及其轨迹解析》《社会主义核心价值观语境下荆楚文化的张力探析》《汉水风俗文化研究的生态型范本——〈三省山内风土杂识〉内涵解读》《〈三省山内风土杂识〉对汉水风俗文化研究的价值浅析》《生态文明建设视域下汉江水文化发展历史考察》《基于绿色理念下的白马山旅游文化考察》《主旨视域下作文语言修改的逻辑观测》《文化史学审美化视域下〈明代汉江文化史〉书美技法探析》等学术论文10余篇，参编《汉江歌魂》等汉水历史文化系列著作2部。主持参与省部级项目2项，市厅级项目4项，校级项目5项，各类横向项目近10项。

“汉水流域文明研究文丛之乡村文化自信”
顾问及编委会

总　序

汉水文化是我国流域文化中具有典型意义的特殊文化范型，是国内外学术界特别关注的学术焦点。

早在1956年，赖家度撰写的《明代郧阳农民起义》就从土地兼并和流民生计问题论证了流民起义的原因。20世纪90年代以来，关于该领域的研究异彩纷呈。王光德与杨立志著有《武当道教史略》，对中国道教在汉水中游的武当山异军突起作了全面且系统的梳理，这本书也成为研究汉水文化历史较早的史学专著。张国雄借助大量族谱资料完成名为《明清时期的两湖移民》的学术著作，对持续数百年的“江西填湖广”“湖广填四川”作了初步梳理。牛建强的《明代人口流动与社会变迁》对汉水上游的地理、物产和人口概况作了详细的介绍，总结流民在该地区的活动以及朝廷由暴力镇压到安抚的策略变化过程，指出其作为内陆型移民代表的典型意义。葛剑雄主编、曹树基著的《中国移民史》（第五卷）按府级政区对汉水下游的洪武大移民和中上游的荆襄流民运动的过程与人口作了初步估算，可以看作是对20世纪该领域研究的系统总结。这一时期关于明代汉水流域经济开发的研究也已起步，具有代表性的文章是吕卓民的《明代陕南地区农业经济的开发》、张国雄的《江汉平原垸田的特征及其在明清时期的发展演变》等。21世纪以来，跨学科研究方法被广泛运用到该领域的研究中。受年鉴学派影响，武汉大学的一批学者不再把移民、经济、社会看成独立的研究单元，而是以长时段、多学科相结合的方式进行综合研究。2000年，鲁西奇的《区域历史地理研究：对象与方法——汉水流域的个案考察》出版，为区域历史地理创立了全新的研究范式。晏昌贵的《丹江口水库区域历史地理研究》将各个历史时期该地的政区、人口、聚落、经济研究结合起来，全面展示古代社会的生存状态。2007年，张建民的《明清长江流域山区资源开发与环境演变：以秦岭-大巴山区为中心》出版。潘世东的《汉水文化论纲》、刘清河的《汉水文化史》和柳长毅、匡裕从主编的《郧阳文化论纲》等著作则是从大文化史观的角度对汉水文化进行纵横梳理的务实探索。

此外，章开沅、张正明等主编的《湖北通史·晚清卷》，张正明著的《楚史》，蔡靖泉著的《楚文学史》，张正明、刘玉堂撰的《荆楚文化志》，潘世东、饶咬成、聂在垠主编的《汉水文化研究论文集（2）》，杨郧生编著的《汉水流域民俗文化》，李学勤、徐吉军主编的《长江文化史》，黄元英著的《商洛民俗文化述论》，左鹏著的《汉水》，鲁西奇著的《城墙内外：古代汉水流域城市的形态与空间结构》，陈良学著的《明清川陕大移民》，巫其祥著的《汉水流域的民居和民居风俗说略》，梁中效著的《汉水流域历史文化的和谐特色》，刘克勤主编的《文化襄樊》，王美英著的《明清长江中游地区的风俗与社会变迁》，周积明主编的《湖北文化史（上、下）》，王雄著的《汉水文化探源：一个河流守望者的文学手记》，徐少华著的《荆楚历史地理与考古探研》，刘玉堂、张硕著的《长江流域服饰文化》，夏日新著的《长江流域的岁时节令》，顾久幸著的《长江流域的婚俗》，姚伟钧著的《长江流域的饮食文化》，赵殿增、李明斌著的《长江上游的巴蜀文化》，刘韶军著的《楚地精魂——楚国的哲学》，曾小珊主编的《魅力汉中》，杨光才等编著的《南阳宗教文化》，赊店历史文化研究会编的《中国历史文化名镇——赊店》等，都有开一时风气之先的贡献。

汉江师范学院立足于文化历史学、文化社会学、文化哲学和文化地理学等学科背景，着眼于历史性、时代性、全面性、典型性、学术性和普及性等学术定位，运用现代学术规范，从全流域的角度，系统地梳理了汉水流域经济社会、历史文化发展的辉煌历程，汉水文化的形成和发展的古今概貌，揭示了汉水文化的基本内涵和特征，全面地描绘了汉水流域具有典型意义、异彩纷呈的文化事项和民风民俗，形成了“汉水流域文明研究文丛之乡村文化自信”这套独具特色的地域文化研究、流域与河流文化研究的丛书。

“汉水流域文明研究文丛之乡村文化自信”是一个涉及文化自信的建立、核心价值观的构筑和乡村振兴战略的实施等多个领域的综合性选题，是在特定时期（新时代）、特定区域（汉水流域），针对特定对象（乡村与基层），采用特定方式（乡村文化振兴）解决文化自信的建立、核心价值观的构筑和乡村振兴战略的实施问题，建设发展“产业兴旺、生态宜居、乡风文明、治理有效、生活富裕”的新农村，构筑“农业强大、农民富裕、农村美丽”的辉煌绚丽明天而提供的思考与讨论、启示与借鉴、思路与方案，以及目标任务和创造性举措。

“汉水流域文明研究文丛之乡村文化自信”将研究置于史论一体、宏微观结合的纵横坐标上，进行立体透视和系统把握，主要采用史论结合，即历史与逻辑相结合、理论思辨与实证分析相结合、宏观研究与微观研究相结合的方法和比较研究方法，以及美学和心理学研究方法，采取思维发展逻辑与社会文化语境相统一、理论分析与田野调查相统一、真理诉求与价值评判相统一的视角和研究方向，融原典阐述和现代阐发于一体，讲求研究方法的科学性和实效性。本丛书由9本书构成，主要包括《曲莫如汉——汉水流域历史文明巡礼》《汉水风神——一条古河的历史文化魅力》《明代汉水——一条文化大江的峥嵘辉煌岁月》《岁时节令与风尚习气——汉水流域历史文化风习》《童心不泯——一条大江千年不歇的儿童歌谣》《东方莱茵河——一条大江的钟灵造化神韵》《人类的故乡——一座汉江府城的千古沧桑》《古盐道上的文化奇迹——一个汉江古镇的千年歌唱》《乡风乡韵——一个汉江游子的古镇乡愁传奇》。该丛书以汉水流域为着眼点，通过对流域内一条大江、一群人、一个村、一个镇、一个城、一组歌谣、一种文明形态、一种文化等个案的历史阐释，揭示一方山川大地富饶壮美、历史文化博大精深、社会经济富丽繁荣背后的文明涵养力、支撑力、规范力和推动力的深远根源。

大略统览上述9本书，我认为“汉水流域文明研究文丛之乡村文化自信”具有四个方面的实践与理论价值。其一，该丛书具有较高的政治与学术理论站位，聚焦乡村振兴战略中的乡村文化振兴，聚焦汉水流域乡村文化的本色、底色、成色和特色，围绕汉水流域乡村文明的传承、保护与创新，分别从乡村文化的实践与探索、乡村文化的温馨与浪漫、乡村文化的情怀与梦想、乡村文化的创新与发展、乡村文化的奇迹与贡献等，展现汉水流域乡村文明特有的博大精深、伟大辉煌，展现汉水流域乡村文化在历史发展变革中坚实而持久的润化滋养作用、规范约束作用、支撑推动作用、激励引领作用，凸显乡村文化的价值与力量，着眼重塑乡村文化自信，凸显核心价值观，助推文化小康和乡村文化振兴战略。

其二，研究主题重大而紧迫，不仅紧跟时代，贴近现实，而且直接关乎物质文明、政治文明、精神文明、社会文明、生态文明五大文明建设，属当前亟须破题且强力推进的重大社会文化历史课题的主要内容。

其三，本丛书可以丰富汉水流域社会史、地方史研究内容，拓宽研究范围，纠正前人研究的部分偏见。本项目组将在全面收集官方、民间资料的基础上，全面总结和思考已有研究成果，综合考察移民开发、国家治理、文化建树之间的关系，将汉水流域社会历史文化研究引向深入。

其四，本项目组将汉水流域的“历史流域学”推向繁荣，将参与创设新的研究范式，推进人文社科重点研究基地建设。近年来，以流域为研究对象的“历史流域学”方兴未艾，本项目组将全面参与这种全新研究范式的创建，以汉水为例，丰富“历史流域学”的理论与方法。此外，本项目的研究具有较为重要的学术价值和区域经济社会发展等方面的现实意义。

作为特异型的流域文化，汉水流域文化在自身的历史进程中处于南北文化激荡交锋的锋面，融合黄河文化和长江文化的优长，具有兼容会通的特色，独树一帜，别具一格，是得天独厚、不可代替的流域文化范型。对汉水流域文化的观照和审视，从某种意义上说，就是对中华文化的重心和节点的观照和审视。真正学术意义上的汉水流域文化研究依然任重而道远。关于汉水流域文化赋存资源现代转型的研究和开发，对于中西部地区的经济、政治、文化、社会和生态建设，对于流域文化、城市文化等文化学学科建设，对于进一步振兴中华民族文化，具有重要的理论意义和现实意义；对于全流域的文化资源优势转化为文化产业优势，对于推进文化强国建设和文化产业跨越式发展，对于鄂西生态文化旅游圈的开发和建设，都具有重要的参考借鉴与促进推动作用。

“好雨知时节，当春乃发生。”“汉水流域文明研究文丛之乡村文化自信”是一套应节起舞、应运而生的地域历史文化丛书，我们诚挚地期待它能落地生根、开花结果，正如丛书主编潘世东教授的初衷设定：“首次运用文化人类学方法、现代生态学和价值理论，立足哲学和社会学的理论背景，调查走访、科学论证和理论演绎并重，力求从理论和实践两个方面双管齐下，实现对汉水流域传统历史文化和经济社会发展模式的全面透视，解析汉水流域千年政治经济和社会文化和谐发展的成功奥秘，以达到总结历史经验教训、传播先进思想文化和科学技术、为决策者参考的目的。”

“不废江河万古流。”最后，我衷心祝愿汉水文化研究行稳致远、根深蒂固、生机勃勃！热切期待汉水文化研究基地成果丰硕、人才济济、兴旺发达！

湖北第二师范学院党委书记、博士生导师杨鲜兰

2022 年 5 月

序

汉水发源于秦岭南麓，于江汉平原汇入长江，是长江最大支流，是一条古老的大河，流域内分布着规模极大、数量众多、分布广泛的“龙蛋共生”的恐龙蛋化石群遗址，还发现有距今200万—5万年的古人类演变完整链条化石群遗迹，是我国生命、人类、文明和文化发源地之一。汉水，又称汉江、汉江河，有中源漾水、北源沮水、南源玉带河三个源头，均在秦岭南麓陕西宁强县境内，流经沔县（现勉县）称沔水，东流至汉中始称汉水，全长1577千米，全流域面积约15.9万平方千米。从地理位置上看，汉水流域位于我国南北方之间，是我国自然地理南北差异的过渡带，既是黄河流域和长江流域南北两大文化板块的接合部，又是南北文化交流、交融的轴心。流域内的汉中盆地、汉水流域盆地和襄樊盆地，又是我国西部和中部地区南北交往的通道，在它们周围是我国古代几个著名的政治、经济和文化中心。西北是以长安为中心的关中平原，东北是以洛阳为中心的伊洛平原，东南是以武汉为中心的江汉平原，西南是以成都为中心的成都平原。汉水河谷自古以来就是沟通东西的走廊，是西部高原走向中部盆地和东部平原的重要通道之一。这种特殊的地理位置和优越的自然环境，使汉水文化源远流长，迟至战国时期汉水文化带已经形成，且逐步声名远播，卓尔不群。秀丽绵长的汉水浩浩荡荡流淌不息，神秘厚重的武当道教在此大兴，朴素而绚丽多彩的民俗文化得以孕育，明清以来的多频次、大规模的移民使得该流域民俗文化凝体塑骨，孕肤生肉，愈发厚重。崇道尚巫的信仰、五方杂厝的礼仪、异彩纷呈的岁时、秦风楚韵的语言、流传久远的神话、入心入灵的民歌、寓教于乐的曲艺，凡此种种，使得该区域民俗文化大放异彩而逐步成为近年来民俗学界关注的焦点。

民俗文化作为一种独特的文化范型，在历史长河的沉淀中吸纳诸多事象，内涵博大精深。汉水流域民俗文化是汉水流域民众在改造自然、发展自身的实践活动中，创造、选择或凝聚、升华而成的程式化的不成文的规矩，是一种在汉水流域民众中自行传承或流传、流行的模式化的、生动活泼的生活文化，其内涵丰富，特色鲜明。本书从10个方面厘清汉水民俗文化来龙去脉，尽展其摇曳多姿的情态。第一章：采风问俗——民俗文化与汉水流域民俗文化。探讨民俗文化的含义、本质、内容、特点、功能等基本问题，顺势提出汉水民俗文化的含义与特色、研究依据与现状。第二章：秋收冬藏——汉水流域生产贸易的形态。梳理汉水流域农耕、狩猎、畜牧、渔业、林业、手工业及贸易等物质民俗文化事象，并挖掘其特色。第三章：饥餐渴饮——汉水流域衣食住行的魅力。从服饰、饮食、居住、出行四个层面，展现汉水流域日常消费民俗文化的独特内涵。第四章：群居合一——汉水流域家庭社会的构成。从家族、亲族、村落和民间组织等层面，彰显汉水流域社会民俗文化的功能。第五章：生命节律——汉水流域人生礼仪的演绎。参照古代人生礼仪“八纲”意蕴，深度挖掘汉水流域冠礼、婚礼、丧礼、祭礼、杂礼等人生礼仪民俗文化的变迁及当下价值。第六章：不避子卯——汉水流域禁忌信仰的厚重。探讨汉水流域图腾崇拜与物候禁忌、人生礼仪禁忌、日常生活禁忌、四时节令禁忌、宗教信仰禁忌，展现其信仰民俗文化之厚重内涵。第七章：节变岁移——汉水流域岁时节令的变迁。从新春喜气、盛夏热情、金秋风韵、严冬暖阳四个方面，探研汉水流域一年四季传统节日及节气等岁时民俗文化的独特意蕴。第八章：俗谚口碑——汉水流域语言文学的咏叹。力求展现汉水流域方言、熟语、神话传说、民间故事、乡土歌谣等语言民俗文化的多姿情态与别样韵味。第九章：雅俗共赏——汉水流域民间游艺与工艺的情调。详尽展现汉水流域民间杂艺、民间曲艺、民间游戏等游艺民俗文化的情状，顺势研探了汉水流域民间工艺民俗文化博大精深的内涵。第十章：民淳俗厚——汉水流域民俗文化价值与传承。总结汉水流域民俗文化之社会、文化、旅游经济价值，针对性地提出汉水流域民俗文化传承思路。

本书立足于笔者对汉水全流域的田野调查和十几年的资料收集，将其置于史论一体、宏微结合的纵横坐标上，进行立体透视和系统把握，主要采用史论结合即历史与逻辑相结合、理论思辨与实证分析相结合、宏观研究与微观研究相结合的方法和比较研究方法，以及美学和心理学研究方法，采取思想发展逻辑与社会文化语境相统一、理论分析与田野调查相统一、真理诉求与价值评判相统一的视角和研究路向，融原典阐述和现代阐发于一体，讲求研究方法的科学性和学术性。著作内容以汉水流域民俗文化基本问题开篇，随之紧紧围绕汉水流域特有的生产贸易、衣食住行、家庭社会、人生礼仪、禁忌信仰、岁时节令、语言文学、民间游艺与工艺等篇章详尽展现汉水流域民俗文化的独特魅力，结尾总结汉水流域民俗文化的价值，并顺势提出其传承思路，以60余万字篇幅全面记录和系统描述了从远古传承下来的汉水流域民俗民情，详尽展现了汉水流域历史文化风习多样别姿之情态。对于汉水流域地区的文化资源优势转化为文化产业优势，对于推进文化强省建设和文化产业跨越式发展，对于鄂西生态文化旅游圈的开发和建设，对于南水北调中线工程的实施和文化生态保护，对于汉江生态经济带国家战略的有效实施，都具有重要的促进和推动作用。

何道明

2022 年金秋于湖北十堰

目　录

第一章　采风问俗

——民俗文化与汉水流域民俗文化

民俗产生于人类社会生产生活中的积淀，随人类社会的发展而得以不断演进，有人类社会就有民俗。放眼全球，民俗学界对于民俗起源的探讨异常热烈，产出了系列成果。其产生的根本原因，大致有这么几种说法：一是“遗留物”说。此论由英国文化进步学派学者提出，他们认为民俗是一个民族文化发展到较高阶段所遗留的原始观念和习俗，强调民俗及其文化事象是人类社会发展演变过程中的“遗留物”。二是“伴生物”说。如美国学者威廉·格拉汉·萨姆纳的研究认为，民俗时时都在产生。在驿站马车的时代有适应那种旅行方式的民俗。现在的市区公共汽车时期，则产生了适应城市交通方式的民俗。[①] 三是“生存需要”说。如吴红霞的《山西民俗概论》研究认为：“民俗是我们祖先在顺乎自然、征服自然、发展自己的社会活动中自发形成的。它的产生，是与当地人们一定的物质生产水平、生活内容、生活方式、社会心理及自然环境、政治气候相适应。”[②] 该书将民俗起源归结为人类物质生产、自身繁衍生存、群体心愿趋同、统治阶级倡导等需要。四是“思维选择”说。周晓菲与王致谱编著的《民俗文化与中医学》一书指出：“森纳教授早在他的论著《民间道路》（1906 年）中作过精辟的阐述。他说：原始人类为满足需要开始活动的同时，也发展了思维。因为他们感受自然界的压迫与心理的痛苦，经过长期磨炼，形成选择能力。这种能力乃属

---

① William Graham Sumner: *Folkways: A Study of the Sociological Importance of Usages, Manners, Customs, Mores, and Morals*, Boston: The Athenæum Press, 1906, p.19.

② 吴红霞：《山西民俗概论》，太原：三晋出版社，2010 年，第 28 页。

于团体而非个人的。因而大众都能利用他人的经验，达到一种共同的目的，由共同目的逐渐变成风俗与同一模型的生活方式，这就是民俗的由来。”① 凡此种种，不一而足。总之，民俗起源是一个复杂而神秘的问题，需要人类不断探索和发现。民俗是一种文化，有其特定的含义、本质、内涵、特点和功能。

一、民俗文化的认知

民俗作为一种文化，有其产生、演变的生动过程和具体丰富事象。就其产生过程而言，民俗是人类习俗和人类文化发展过程的展现，构建于人类诞生伊始，并随人类社会发展而发展，遵从于人类“适者生存”法则。《礼记·礼运》载：“昔者先王未有宫室，冬则居营窟，夏则居橧巢。未有火化，食草木之实、鸟兽之肉，饮其血茹其毛。未有麻丝，衣其羽皮。”② 此为民俗作为文化产生、演变法则的生动诠释。而其事象所指，因探索角度、范围、技巧各异而产生“俗”“习俗”“民俗”和“风”“民风”“风土”“人风”等不同别称，单就“俗”字而言，又衍生出“衣俗”“食俗”“居俗”“旅俗”“婚俗”“育俗”“丧俗”“节俗”“忌俗”“语俗”“艺俗”等诸多分支，围绕“俗”与“风”关键二字，其文化内涵博大精深。

（一）民俗文化的含义

民俗是一种独特的文化。什么是文化？文化的含义是多方面的。在

① 周晓菲、王致谱编著：《民俗文化与中医学》，北京：中国中医药出版社，2017 年，第31 页。

② 陈澔注、金晓东校点：《礼记》，上海：上海古籍出版社，2016 年，第 251 页。

现代汉语里，通常“文化”最简单的意思是指一般的文字知识。如“学文化”是指学习文字知识，“有文化”是指具有文字知识，“没文化”是指没有文字知识。在古代汉语里，“文化”是中国古代封建王朝所实行的文治（与武功相对）和教化的总称。近代以来，受西方文化影响，“文化”的含义又有扩大。“文化”一词，英文 culture，源出拉丁文，本义是指耕作、栽培、培养，后来转义为教养、学问、文化。19 世纪末，英国人类学家爱德华·伯内特·泰勒对文化做出这样的定义：“包括知识、信仰、艺术、道德、法律、风俗以及作为社会成员的人所具有的其它一切能力和习惯。”① 当代美国人类学家威廉·A. 哈维兰认为：“文化是一整套共有的理想、价值观和行为准则，它是使个人行为能为集体所接受的共同标准。”② 在一些专门学科里，文化又有特殊含义。例如在考古学里，文化是指有一定分布地区，重复出现一群特殊类型器物，反映一个时代基本特征的文化遗存，如仰韶文化（又称彩陶文化）、龙山文化（又称黑陶文化）等。从广义来说，一切使人类脱离野蛮状态，走向文明的知识、技术、艺术、文化价值观念、信仰、道德、法律和社会行为准则等都称为文化。当前学术界所说的“文化”，例如西方文化、东方文化、中国文化、民族文化等，其含义从广义来说，是指一个地区或一个国家、一个民族的人们，在社会历史实践过程中所创造的物质文明、精神文明和社会文明的总和。从狭义来讲，则是专门指人们的精神活动及其产物，如语言、文学、艺术、科学、哲学、道德、宗教、法律等。民俗存在于现实社会中，贯穿社会生活的各个方面，以动态的形式存在。在社会发展过程中，陈旧的民俗不断被自然淘汰和人为变革，新的民俗不断产生，表现出极强的生命力和不断变化的趋势，因而被称为

---

① 泰勒：《原始文化》，蔡江浓编译，杭州：浙江人民出版社，1988 年，第 1 页。
② 哈维兰：《当代人类学》，王铭铭等译，上海：上海人民出版社，1987 年，第 242 页。

"活文化"。说是活文化，显然也含有与书本文化相对照的意思。

通常情况下，民俗以一种潜意识或无意识的特殊形态产生并存在于社会中，在很多时候，民俗的产生不是有意识的，因此其又被称为"潜文化"。在社会发生剧烈变化的时期，当文化出现断层时，民俗较多地保存于普通民众之中，故又被称为"底层文化"。由此可见，民俗文化是民众的民俗生活文化的统称，也泛指一个国家、民族、地区中集居的民众所创造、共享、传承的民俗生活习惯，是在普通人民群众（相对于官方）的生产生活过程中所形成的一系列物质的、精神的文化现象。

民俗是一种特殊的文化现象。也就是说，首先，民俗是现实社会中保留的传统文化。所谓传统文化，是指历史上流传下来的社会文化、精神文化和物质文化，是一种历史的沉淀和遗留。民俗是在历史发展过程中形成并遗留于民间的文化，因而被称为"遗留文化"。众所周知，民俗的存在和人类社会同样古老。远在文字产生之前，适应当时社会的各种民俗就已经产生，并以口头传承和示范传承的方式一代一代沿袭下来。在社会发展、变革过程中，有些民俗不受社会变革的影响而独立传承，所以称为历史的遗留。"遗留"这个概念是英国人类学家泰勒最早引入民俗文化学的，他强调"遗留文化"在民俗文化中具体表现为礼仪、习俗、观点等。英国民俗学家安德鲁·朗所著的《习惯与神话》（*Custom and Myth*），进一步提出民俗学就是遗留的研究。

关于民俗文化的含义，要从"民俗"说起。"民俗"一词，中国古已有之，且有"风物""风土""民风""方俗"等相近词。"风俗"是由"风"与"俗"两个独立意向合并而成的。"风"在古代，有动词、名词两种属性。《诗经》中的十五国风，是对当时全国十五个地区的民歌的搜集记录。《礼记》曰："命大师陈诗，以观民风。"《说文解字》："风动虫生，故虫八日而化。从虫，凡声。""动物曰风"，风能动物，亦能化人，"风"即化导之意。可见，"风"之意蕴极其丰富。"俗"在古代有习之意。《说文解字》："俗，习也。"习，原指鸟的飞行练习，用于人就指仿效、传习，有延续、习得的含义，后来引申为民众的习性、习惯。其实，民俗产生伊始就具有自然与社会双重属性，汉魏六朝学者已为其做了明确的解释。班固从学术角度认为："凡民函五常之性，而其刚柔缓急，音声不同，系水土之风气，故谓之风；好恶取舍，动静亡常，随君上之情欲，故谓之俗。"① 应劭在《风俗通义》中也有解释："风者，天气有寒暖，地形有险易，水泉有美恶，草木有刚柔也。俗者，含血之类，像之而生，故言语歌讴异声，鼓舞动作殊形，或直或邪，或善或淫也。圣人作而均齐之，咸归于正；圣人废，则还其本俗。"② 应劭将"风""俗"与"习性"对接应用的情形给予说明。三国时期阮籍进一步指出："故造子（一作始。）之教谓之风，习而行之谓之俗。楚、越之风好勇，故其俗轻死；郑、卫之风好淫，故其俗轻荡。"③ 诠释了"风"的自然之因造成"俗"之社会之象，点明民俗与山川水土的联系，亦印证俗语"一方水土养一方人"广为流传的合理性。据此可知，衣食住行和婚丧嫁娶是民俗事象，山川地貌和风土人情同样是民俗事象。综上所释，中国人对民俗的定义是：民俗是民众的民俗习惯。然而"风"在古典文献里的"风化"之意，强调了"俗"之社会教化的政治色彩，学术界关注的"民俗"即民间习俗，回归其文化的本身，民俗与民俗文化的本质、内涵并无二致，只是在讨论其功能时，各有侧重，通常情况

---

① 上海古籍出版社、上海书店编：《二十五史》，上海：上海古籍出版社、上海书店，1986 年，第 521 页。

② 应劭撰：《风俗通义校注》，王利器校注，北京：中华书局，1981 年，第 8 页。

③ 阮籍：《阮籍集》，李志钧等校点，上海：上海古籍出版社，1978 年，第 40 页。

下二者可以通用。

关于民俗文化的含义，要基于民俗本身是一种文化的认同，其创作主体是社会广大民众。界定民俗文化的含义，要先从文化根本上区分其具体类型。国学大师钱穆曾在其《中国学术通义》序言中指出，“风俗为文化奠深基。苟非能形成为风俗，则文化理想，仅如空中楼阁，终将烟销而云散”①。强调民俗之于文化的意义。而民俗学泰斗钟敬文更为肯定地强调了民俗作为一种文化而独立存在，他认为，文化是人类活动及其所得到的物种与精神成果的综合体。它具有多层次，“中国传统文化有三个干流。首先是上层社会文化，从阶级上说，即封建地主阶级所创造和享有的文化；其次，是中层社会文化，城市人民的文化，主要是商业市民所有的文化；最后，是底层社会的文化，即广大农民所创造和传承的文化”②。由此可言，民俗是一种文化是不争的事实。民俗作为一种文化范型，有其特殊的模式，即没有文字规定而是约定俗成，却能在一定程度上超越文字规定的权威。这种约定俗成的由一个国家、民族、地区中集居的民众所创造、共享、传承的生产生活习惯，成为人类社会独具特色的文化现象。总之，借用柯玲在其《中国民俗文化》一书中的界定来讲：“民俗文化是特定的国家或民众群体，在改造自然发展自己的实践活动中，创造、选择或凝聚、升华而成的程式化的不成文的规矩，是一种在民众中自行传承或流传的、流行的模式化的、生动活泼的生活文化。”③

---

① 钱穆：《中国学术通义》，北京：九州出版社，2012 年，“序”第 1 页。
② 钟敬文：《话说民间文化》，北京：人民日报出版社，1990 年，“自序”第 3 页。
③ 柯玲编著：《中国民俗文化》，北京：北京大学出版社，2011 年，第 3-4 页。

(二) 民俗文化的本质

从本质特征上来认知民俗文化，中外有不同的说法。除了前文所述的“遗留物”说、“伴生物”说、“生存需要”说和“思维选择”说，尚有精神文化说、民间文学说、传统文化说等观点。在中国，民俗学界一般认为，民俗，就是民间民俗，它指一个国家或民族中广大民众所创造、享用和传承的生活文化。民间，是指民众之间，或者说统治集团机构以外具有某种共同社会关系的广大中、下层民众群体。民俗，是指人民群众在社会生活中世代传承、相沿成习的生活模式，它是一个社会群体在语言、行为和心理上的集体习惯。我们也认为，民俗即民间民俗，是一个国家或民族的民众之间在社会生活中世代传承、相沿成习、共同分享的生活模式，是一个社会群体在语言、行为和心理上的共同习惯。民俗文化本质如下：

1. 符号的象征意义

要说清民俗的符号性和象征性，首先得简要说一下民俗事象和民俗物象。民俗作为一种社会事象，是“事”与“象”的结合，“事”即是“事件”，是民俗活动中人与人交际的结果；“象”则兼有表象和象征双重意义。因此，所谓民俗事象指的也就是民俗事件在现实生活中的表现形象和象征意义。同样，民俗物象则是某种具体事物在某种民俗活动中的形象和象征意义。

所谓符号，指的是约定俗成的指代某种意义的标志物，它一方面具有特定的含义，另一方面又具有某种客观可感的形式。民俗符号包括特定民俗活动中的民俗事象和物象，任何民俗事件都是民俗物象和事象的集合，因而可以说整个民俗活动就是一个符号化的事件，它是人们某种期望或情感的象征化表达。作为民俗活动一部分的民俗空间需要通过种种含有特定意义的符号“布置”起来。比如汉族婚俗，虽然不同地域有差异，但洞房的布置大致相同。汉族的洞房布置，给人印象深刻的，除了一色的新家具、崭新的大红被褥之外，还有一些表面上看来似乎与婚姻无关的东西，诸如花生、大枣、核桃等，它是人们多子多孙、早生贵子观念的表达，在深层次上反映了以传宗接代为宗的婚姻观。除此之外，娶妇之家大门上的大红对联，门楣上的大红彩带，人们衣襟上缠系的红带，门墙上贴的大红“囍”字等，都是具有象征意义的符号。民俗空间也通过民俗符号与其他类型的空间相区别。由此可知，民俗空间由种种符号化的民俗事象和物象组合而成，是符号化、象征化的世界。

2. 事象的神秘色彩

民俗事象具有使人摸不透的、神秘莫测的属性。中国传统文化的一个重要特点是具有浓厚的“巫觋化”色彩，民间文化更为明显。“中国诸多民俗事象，常伴有不可捉摸的神秘气息、奇异别致的形态以及光怪陆离的巫术行为，这是中国民俗的又一个特色。”①

民俗的神秘性，首先体现在民俗空间的神秘性。我国古代有天旱祈雨的民俗，许多文献对祈雨之法都有描述。《画龙祈雨法》：“择潭洞或湫泺林木深邃之所，以庚、辛、壬、癸日，刺史、守令帅耆老斋洁，先以酒脯告社令讫，筑方坛三级，高二尺，阔一丈三尺，坛外二十步，界以白绳。坛上植竹枝，张画龙。其图以缣素，上画黑鱼左顾，环以天鼋

① 陈勤建：《中国民俗学》，上海：上海人民出版社，2017 年，第 111 页。

十星；中为白龙，吐云黑色；下画水波，有龟左顾，吐黑气如线，和金银朱丹饰龙形。又设皂幡，刎鹅颈血置槃中，杨枝洒水龙上，俟雨足三日，祭以一豭，取画龙投水中。”① 祈雨的整个空间设置，从处所、时间的选择到人物以及各种物象的布置，都带有浓郁的神秘气氛。

由于民俗空间本身所具有的神秘色彩，也就使在其中展开的每一“场景”都染上了神秘色彩，或者说，民俗场景的神秘性源自民众对空间的某种想象和信仰。民俗场景的神秘性尤其体现在心意民俗活动上。心意民俗指的是民众间流行的偏重于独特心理观念的各式崇信活动，包括各种崇祀、禁忌等。古代人们认为存在着一个神秘且能左右现实生活的神灵世界，在此信仰支配下的民俗场景自然也就带有了神秘性特征，如前举《画龙祈雨法》中的各个场景的设置。而那些依托于庙宇、寺院、祠堂等存在的神灵信仰形式，则通过民众在这些神圣空间中对神灵的虔诚礼拜和祭祀场景来直接表现民俗空间的神秘性特征。

民俗的世俗性表现在“敬畏”“感恩”“祈福”与“戏谑”等方面。“敬畏”，首先体现在对“自然”法则的敬畏，中华先民在生产和生活实践中“仰则观象于天，俯则观法于地”（《周易·系辞下》），形成了天人合一的观念。这些观念在传统岁时节庆活动中都体现出来。“敬畏”态度还体现在对英雄人物自强不息、坚韧不拔等的精神崇敬上，大禹治水、愚公移山、关公显圣等传说都是这方面的代表。而“敬”的基础是“畏”，这在民俗的很多方面表现出来。譬如六盘山地区民俗文化中人们的腊月二十三祭灶节。《新刊敬灶全书》说：灶王“受一家香火，保一家康泰，察一家善恶，奏一家功过”②。这把灶王的权力说得既清楚又可

---

① 倪其心分史主编：《宋史》，上海：汉语大词典出版社，2004 年，第 2034 页。
② 灵九道坛监制：《新刊敬灶全书》，天一藏书阁印刷，2014 年，第 15 页。

怕。犯了错可要减寿降灾，是惹不起的。所以，六盘山地区的人们除了用糖果等物敬灶致诚外，过去，每年还要请阴阳先生给灶君念经安神，凡灶上动土、修新灶，都要看一个好日子，不能随便动工。再如对祖先的敬畏，在民间意识里，祖先升天后，已变成自由之鬼，对祖先的敬其一是害怕他们重新回家祸害存世之人，其二是希望他们保佑家人。这还表现在民间生活及各行各业的信仰和禁忌中。

民俗的世俗性表现在“感恩”。民间对祖先的祭祀不能都看作封建迷信，这里面包含着人们对先祖的感谢和思念。“祖有功，宗有德”，后人效法的祖先，既是人，又是神；要敬的天，既是神，也是祖。

世俗性表现在“祈福”。民间对自然、鬼神、英雄、祖先的祭祀，最终目的是祈求他们护佑存世之人，所以，子孙满堂、五谷丰登、福如东海、寿比南山等祈语都是这种思想最好的表达。

世俗性也表现在“戏谑”。人们对鬼神的相信程度不一，所以对鬼神的态度也是复杂的，除了敬畏、感恩、祈福外，很多时候还有“戏谑”即调侃的成分。用祭灶糖送灶王爷以糊其嘴也有这个意思。另如“蚌壳舞”对河蚌仙子的挑逗，“鬼摔跤”对鬼形象的刻画，“盘叉舞拉秦桧”中武士对秦桧夫妇的戏弄等，都是对鬼神的戏谑。

此外，世俗性还表现在通俗化，这主要体现在民间曲艺方面。一般来说民间故事都有“皮薄”“肉厚”的结构，有鲜活的人物形象，淳朴、厚重、爽朗、灵巧的艺术风格以及大众化的语言，这都是其通俗之处。

3. 规范的模式塑造

民俗是民众在长期的生产、生活中形成的行为模式，一旦形成，就成为大家共同遵守的行为规范。

民俗的模式是通过程式化体现的。程式化是指民俗活动中人们的行为要依“规矩”而行，保证达成某种预期的结果。程式化的场景在民俗活动中随处可见，从共时的角度看，在相同的节令，民俗空间中展演着大致相同的场景：春节拜祖宗、吃年夜饭的场景，元宵节赏花灯、吃元宵的场景，中秋节吃月饼、赏明月的场景，等等。从民俗事件的历时过程来看，无论葬俗、婚俗，还是其他习俗，其中的每一个礼俗环节都是前后相继，一般不容紊乱，因而其场景的表现也按照程式化的顺序依次排开。如六盘山民俗文化圈的汉民婚嫁习俗事象的顺序依次是：提亲、相面、看家、订婚、请期、送红书、填箱、娶亲、拜堂、入洞房、转院、铺床、闹洞房、换钟、暖床。据《〔宣统〕新修固原直隶州志》记述：固原地区“回民议婚，先请媒妁通姓氏，惟不避同姓。议妥，纳茶果、耳鬟，祇告寺神，不立庚帖。更择日，送衣料、奁物，告以婚期。至期，媒妁至女家接婚，送羊、麦、清油等物，多不亲迎。……婚之夕，先告上天，必请阿訇念回经，然后合卺。次日，子、妇均先盥沐，用水壶自顶至足以水直盥。毕，见翁姑、尊长、邻佑以揖，吃筵喜、油香，并分送戚党”①。这些民俗事象的建构都形象化地反映了民众对民俗场景程式化的认识。正是这类程式化的场景使我们能够清晰地辨认出正在进行的民俗活动，也把民俗场景与其他日常生活场景、民俗空间与其他日常活动空间有效地区别开来。

民俗文化的另一个特质就是规范性。如上举六盘山民俗文化圈中回汉婚礼中的各种事象以及汉族丧礼中的“卒、殓、殡、葬、祭”，一般要按照规定的程式进行，先后次序不许错乱。而且在这些程式中，哪些人可参与，哪些人不可参与，都有规定，如在年节祭祀中，女人不可参

① 王学伊修、锡麒纂：《〔宣统〕新修固原直隶州志》，韩超校注，上海：上海古籍出版社，2018 年，第 364 页。

加，这把古代社会“男尊女卑”的传统观念贯彻得很彻底。

民俗的规范性决定了它有规范功能，这是指民俗对社会成员行为方式的制约作用。任何社会，都必须有全体成员共同认可和执行的行为准则，如法令、契约、纪律、戒律、禁忌等。其中，民俗是产生最早、约束面最广的一种深层行为规范。从起源上讲，民俗可以说是“法律之父”。在成文法产生之前，民俗是远古社会唯一的行为规范。汉字中的“法”字的金文，形状是水边一块地方上有一个两角动物和一个人，这个字形正是古代一种判案习俗的形象描绘。古时遇到疑案，就将争讼者带至神社，由神兽以角相触，被触者为有罪。《墨子·明鬼下》中载有一个故事：公元前551年，齐国有二人争讼，三年难决，最后，齐庄公命令将这两个人带到神社，牵来一头羊，取出一点羊血，对着滴了羊血的小坑读二人的誓词。结果，一人在起誓中平安无事，另一人誓词还未念到一半，那羊就跳起来撞他，他后来死在了神社里。近年来，研究者们在西南少数民族中还发现了不少各种民俗习惯法的遗存。

民俗是一种约束面较广的社会行为规范。成文法律无论多么细致，都不过是社会行为中需要强制执行的一小部分，如杀人放火之类。民俗却以习惯的力量，像一只看不见的手，暗中约束着人们的行为。从吃穿住行到心理活动，从行为到语言，人们都不自觉地遵从着民俗。可以说，几乎我们的每一个行动，都受着民俗的影响。

4. 构建的空间延伸

民俗是人民群众在特定空间的群体创造和显现，是一种文化的建构，因而具有建构性和空间性。民俗的“建构性”正是强调民俗空间的“人工”性质、“人文”性质。这种“人工”和“人文”性质的独特之处在于其具有传统性，因而，民俗空间的建构是一种依据传统的建构。

特定的民俗事件总是与特定空间联系在一起，而那些空间感特别强的民俗事件则常通过空间本身来表达其礼俗意义。

如《礼记》："祭日于坛，祭月于坎，以别幽明，以制上下。祭日于东，祭月于西，以别内外，以端其位。日出于东，月生于西，阴阳长短，终始相巡，以致天下之和。"① 通过对不同祭祀空间的选择来表示"祭"的不同对象和目的。《礼记》又载，伯高死后，有人向孔子报丧，孔子接丧后叙说了对待亲疏不同的人行哭礼的位置："吾恶乎哭诸？兄弟，吾哭诸庙；父之友，吾哭诸庙门之外；师，吾哭诸寝；朋友，吾哭诸寝门之外；所知，吾哭诸野。于野，则已疏；于寝，则已重。夫由赐也见我，吾哭诸赐氏。"② 可见周礼丧俗中，不同位置的"哭"意义也各不相同。又如《仪礼》"士冠礼"中行礼之人时左时右，时东时西，空间位置的不同要求，代表了中国礼俗对空间的重视和民俗空间在礼俗事件中的重要意义。由此可知，民俗具有空间性。

5. 行为的集体认同

民俗是伴随着人类群体的产生而产生的。没有人类群体就没有民俗文化，因而，民俗文化是集体智慧的结晶。民俗的集体性可理解为：首先，任何一种民俗，都产生于特定的群体，如某个特定地域或某个民族。其次，一种民俗一旦形成，就会成为集体的行为习惯，流传于一代又一代的集体中。最后，民俗在流传中由集体不断补充、加工、完善。也就是说，民俗文化不是个人行为，一个人创造或倡导的一种民俗形式，没有公众的认可或积极推行，它绝不会长久地延续下去，即使勉强生存下来，也不会有广泛性。生活在某个民俗文化圈内的每个人都是民

---

① 崔高维校点：《礼记》，沈阳：辽宁教育出版社，1997 年，第 159 页。

② 同上书，第 19 页。

俗文化的创造者、传承者，也是民俗文化的被教化与熏陶者。

民俗的认同性是指民俗文化成为民族认同的载体、社会团结的纽带。作为社会动物的每一个人，都有着与生俱来的团体归属愿望，而相同的民俗，正是人们从行为到心理上认同自己所归属的群体的标志。这种共同的民俗心理形成了强大的凝聚力与向心力，培育了民族精神，传承了民族文化。

中华文化在民间深藏着博大深厚的优秀文化因子，构成了绵延不断的历史信息链，无所不包地传递着中华民族的心理密码，它们是民族个性特征和独特精神的重要表征，为民族精神提供着无尽的营养、彰明的昭示和有益的启迪。其中，文化信息承载最为密集、情感色彩最为浓烈、道德教化作用最为深刻、记忆传承最为有力的当数中华传统民俗文化。神话、传说、民间戏曲、民间美术、交际礼节、人生仪式、娱乐游戏、艺术技能、信仰心理等，无不在传统民俗中存活和延续。如许多人都坚持讲汉语，写中文，吃中餐，过中国传统节日，这些民俗活动使他们保持着自己的民族认同感，增强了他们与祖国的心理联系。

总之，民俗，是依附于人民的生活、习惯、情感与信仰而产生的文化。民俗文化以其集体性，培育了社会的一致性，增强了民族的认同，强化了民族精神，塑造了民族品格。集体遵从，反复演示，不断实行，这是民俗得以形成的核心要素。

6. 扩展的渗透程度

民俗文化经过不断的积累和变革，随着民族融合、人口流动和经济交流的加强，就会在某一地域、某一国度乃至世界相同族群中产生广泛而深刻的影响，渗透到相同族群的日常生活中。

如六盘山民俗文化圈的民俗。广义的六盘山地区是指以六盘山主峰为中心，以泾、渭两水流域为范围的广大地区，它包括了宁夏固原市的五县区以及甘肃平凉市的五县一市一区和天水市的秦安县、清水县、甘谷县、张家川县以及定西市的通渭县、白银市的会宁县，也包括庆阳市的镇原县，陕西宝鸡市的陇县。狭义的六盘山地区，是指位于宁夏南部、地处黄河中上游的古代边陲重镇固原地区。六盘山地区是龙的故乡，在这块广袤的黄土地上，神话人物和历史人物如伏羲、女娲、炎帝、黄帝、西王母、后稷、不窋、公刘等，都在这里诞生、生活，并创建丰功伟业；数千年以来，聚居在这一块土地上的氏族部落，如戎、羌、匈奴、敕勒、鲜卑、突厥、柔然、党项、女真、鞑靼、回族等少数民族和汉族一起创造了辉煌的历史和灿烂的文化，其中的民俗文化，诸如宗教信仰、祭祀祈祷、婚丧嫁娶、节日庆贺、人生仪礼、竞技游艺等民俗风情更是丰富多彩，积淀丰厚，形成了一个较为庞大的民俗文化圈——六盘山民俗文化圈。这个“圈”内的民俗文化，不仅扩布在六盘山文化圈的广大地域内，渗透在该地区广大人民群众的日常生活中，甚至还扩展到该文化圈之外的其他地区。

再如中原民俗文化。由于中原地区长期处于中国古代的政治、经济、文化中心，其民俗文化向外辐射，影响到全国。随着历史的变迁，全国经济文化交流范围的扩大，中原民俗文化对周边地区的影响也在不断扩大。例如，历史上中原人的数次大规模南迁，中原民俗对广东、福建乃至台湾地区都产生了广泛而深刻的影响。在这些地区，至今仍然保留着许多古代中原传统习俗。现在台湾民间的婚礼和葬礼仍然遵循中原古代礼制的传统。春节等民俗在唐宋时就影响到了朝鲜、日本、越南等邻邦。现代，随着中外经济文化的交流日益频繁，春节等民俗不仅在华人社会有着广泛的影响，而且已经超出了华人社会。

民俗作为一种风习性的文化意识，具有极大的渗透力、影响力。每一个人，都无法脱离一定的民俗圈而生活；在我们每一个人身上，都烙有这样或那样的民俗印记。民俗是一定民众群体在征服自然、发展自己的实践活动中，同感心理和参与意识共同的选择、凝聚和升华。它一般无明确的条文规定，却靠人们在生活中不约而同地仿效而产生广泛的制约力量。这种力量在民俗社会心理定式下得到了进一步的加强，直接影响着同一民俗圈内的人们的思维模式。

7. 传承的教化指向

某一民俗事象产生后，为人们所承袭，具有相当的稳固性，许多民俗事象不因改朝换代或社会变革而立即中止；民俗需要在一代一代中传递，具有时间传衍的连续性，是时间的连续体，此即民俗的传承性。

人是民俗事象的创造者，也是民俗事象的唯一传承者。民俗在人的传承中有所创新，有所发展，有所变化，亦有所继承，这是人类历史发展的需要。民俗只有在这种历史的需要中，才被一代又一代人所承袭。可以说民俗与人的生命共生共存。一个人从母胎里获得生命，便开始体验着、实践着人生礼仪的一切习俗，从此时起，这个人就是一个民俗事象的表现者和继承者了。

民俗的教化性，指民俗在人类的个体社会化和文化化过程中所起的教育和模塑作用：教化人心，匡正风气。民俗不仅统一群体的行为，而且维系着群体的心理。社会成员从同一类型或模式的民俗文化环境中得到教化，形成相似的思维方式、价值观念、道德标准、审美追求。

作为惯例的民俗是法律的基础和补充，社会治理需要有效地运用民俗的力量。譬如春节所表现出的敬奉祖先、家庭和睦、邻里和谐的“和合”精神；端午节所张扬的对真善美的执着追求及强烈的爱国主义情怀；七夕节所蕴含的忠贞不渝、诚信友爱的观念；重阳文化所尊奉的五伦之孝，推家及国，以孝齐家，以孝治国，达至和谐大同的传统美德；等等。倡导弘扬传统节庆，对于尊崇人伦观念、规范言行礼仪、调和人际关系、调适群体生活、提升道德水准，乃至构建和谐社会，无疑具有重要作用。

露丝·本尼迪克在其代表作《文化模式》第一章“民俗学”的开篇就讲到民俗在个人文化过程中的决定作用：“个体生活历史首先是适应由他的社区代代相传下来的生活模式和标准。从他出生之时起，他生于其中的风俗就在塑造着他的经验与行为。到他能说话时，他就成了自己文化的小小的创造物，而当他长大成人并能参与这种文化的活动时，其文化的习惯就是他的习惯，其文化的信仰就是他的信仰，其文化的不可能性亦就是他的不可能性。”①

从某种角度上来说，人的确是民俗的产物。一个婴儿呱呱坠地，诞生礼就为他拉开了人生的第一道帷幕。他在母亲的催眠曲中入睡，在与小伙伴的游戏中模仿着成人的生活，他从不同的称呼与社交礼节中了解人际关系，经过婚礼组成家庭并繁衍后代，直到死去，葬礼送他离开人间。民俗在个体社会化的过程中所起的教化作用是不可替代的。所以恩格斯在讲到德国民间故事书的重要作用时说，民间故事像《圣经》一样培养着人民的道德感，使人们认识到自己的力量、权利和自由，唤起他们对祖国的民俗的教化功能，是人类保存、积累和传承文化成果的重要手段之一。人类社会要保存前辈创造的文化成果，必须将他们的文化行为不断复制。一代代人的文化复制，相沿成习，就成为民俗传统。每一代人在当时的民俗中得到教化，加入新的创造，化为新的民俗，一代复一代，人类的文化创造就这样积累了起来，传

---

① 本尼迪克：《文化模式》，何锡章、黄欢译，北京：华夏出版社，1987 年，第 2 页。

承下去。

此外，民俗还有客观性和证明性。民俗是客观存在的文化现象，它不以人的意志为转移，人们不能随意编造、虚构民俗，即使没有文字记载，人们也能感知它的存在。客观性决定了民俗的可认知性。民俗还指引人们的行为，反过来又证明行为的正当性，为行为提供依据。

二、民俗文化的内容

民俗文化的内容认定是民俗学涉猎范围的界定问题，民俗学界研究著述颇多。从“民俗”一词的产生来看，英国学者威廉·J. 汤姆斯于 1846 年 8 月在《雅典娜神庙》杂志上发表的一封信中首先使用 folk-lore 一词，强调民俗为“人民的见识或学问”，肯定其范围为“知识、学问”，厘清其“民俗的知识”或“民间的智慧”之特性，于是我们可以理解为民俗学应是“关于民众知识的科学”。日本学界将 folklore 译作“民俗”，我国近代积极关注民俗研究的学者周作人，于 1914 年在《绍兴县教育会月刊》上发表的《儿歌之研究》一文中则直接使用“民俗”一词。不过，在 folklore 一词传入中国的过程中，学界的翻译五花八门，或译为“歌谣学”“民俗学”，或称为“民间文学”“民间文艺”，或叫作“谣俗学”“民学”等，不同的译法或称谓，实际上反映了我国民俗学者们对民俗文化内容认定的角度和技巧的多样化，也给民俗文化的内容界定带来了多向度指引的困扰，如果按照英国学者曾经使用的“民间古俗”（popular antiquities）、“贱民古俗”（antiquities vulgares）等说法，则其内容分析就更加狭隘。《民俗文化鉴赏》一书就将民俗文化内容认定为知识民俗与技能传承两类，并进一步强调：“民俗文化是一种汇聚了各种地方性知识的文化传统，人们可以从民俗文化的各种类型中去剥离其中的地方性知识；民俗文化具有传承地方文化的媒介意义，可以说一切都是媒介，唱民歌、讲故事、做游戏，搞生产、做工艺、学生活……无不是一种媒介；变教化俗与因俗而治是社会变迁的民俗机制，其根本的内涵是改变或延续原有地方性知识赖以存在的基础，即社会物质生活条件……”[①] 此为从民俗文化本质特征来界定其内容。而多数学者基于民俗文化内容的复杂性，从其表现形态来划分其内容，如杨永杰与耿红莉合编的《乡村旅游经营管理》就将民俗文化内容分为物质民俗、社会民俗和精神民俗三种。[②] 我国历史悠久，文化灿烂，族群众多，地域性的生活文化多有差异，在漫长的历史长河中积累了丰富的民俗文化。可以说，要学好汉语，就必须先学好我国文化；要学好我国文化，则必须了解我国的民俗文化。我国民俗是我国各族民众几千年来所创造的生活文化，是我国各族人民世代沿袭的一种生活模式。从其表现形态来看，其内容主要包括三个大方面，即物质民俗文化、精神民俗文化和社会民俗文化。这些内容一代代传承下来，又不断随着生活的延续和社会的发展而变迁、丰富。

（一）物质民俗文化

陈华文在其《民俗文化学》中指出：“物质民俗文化是指人民在创造和消费物质财富过程中所不断重复的、带有模式性的活动，以及由这种活动所产生的带有类型性的产品形式。它主要包括两个大的方面，即

---

① 萧洪恩：《民俗文化鉴赏》，北京：团结出版社，2018 年，第 212-213 页。

② 杨永杰、耿红莉主编：《乡村旅游经营管理》，北京：中国农业大学出版社，2011 年，第42 页。

物质生产民俗文化和物质消费民俗文化。”① 物质民俗文化具体以生产、交换、交通、服饰、饮食、居住等为主要内容。物质生活是人类的基础生活，它是人类生存与发展的物质保障。随着社会的发展，经济文化的交流，政治观念、宗教信仰以及审美意识的确立等，物质生活在满足人们肉体生存需要的同时，还具有了丰富的文化意义，这种文化意义蕴含在物质生活样式之中，人们通过物质生活消费方式，获得文化认同，实现情感、信仰的表达。

物质生产民俗文化和物质消费民俗文化，都是伴随着人类的生存过程而产生的民俗文化形式。民俗文化形式是在人们生产和消费过程中逐渐形成的固定模式和形态，因此是一种最早期或原始的生产或消费方式，由于它的单一性和不重复性，我们就不能将它作为物质生产或物质消费民俗文化来看待。举个例子来说，仅仅盖了一幢房子，我们不能称它为建筑模式，只有区域之内或民族之内采取同样的盖房方式，采取一致的建筑技术和建筑模式，我们才能称它为建筑民俗文化。同样，一个人所采取的工作方式，仅仅是个人行为，只有区域或民族之内大部分人都采取的工作方式，才是一种劳作民俗文化。

物质民俗文化的历史非常悠久。马克思曾说过，人只有吃饱才能从事其他的一切活动。物质生产民俗首先就是为了保证人类能够吃饱而产生的重复的文化形态，正是这种重复，使生产成了群体所共同遵守的一种活动方式，成为约定俗成的规范。这种重复的生产方式，在原始社会时期就已萌芽，并且成为原始人进行生产时需要全体成员共同遵守的准则。物质生活民俗文化也是如此，它是在原始社会时期便已存在的一种非常原始的习俗形态，只是随着物质生产的进步，人们的物质内容不断

① 陈华文：《民俗文化学》（新修），杭州：浙江工商大学出版社，2014 年，第 120 页。

丰富之后，个人财产成为社会主导形式，生活消费的个性才更加突出，形成了许多人们需要共同去遵守的行为准则，也形成了区域或民族间的共同消费特点和习俗，完成了由自发到自觉的过渡，形成物质生活文化模式。

物质民俗文化所涉及的内容非常广博，它包括生产民俗中的农、牧、渔、猎民俗文化，以及匠作建筑民俗、交易商贸民俗和生活民俗中的饮食民俗、服饰民俗、居住民俗以及交通民俗等为了人们生活得更舒适的用具民俗等内容。物质民俗文化从它形成之初，在人们的生产、生活过程中不断重复之时，就不仅仅是为了满足最低的生存需要，而是通过这种重复，获得更高的效率，产生更舒适的效果。因此可以说，它的一切并不仅仅是为了果腹，而是出于对人类的物质生产和生活更有序地发展的需要。

以饮食民俗为例。我国饮食文化涉及食源的开发与利用、食具的运用与创新、食品的生产与消费、餐饮的服务与接待、餐饮业与食品业的经营与管理，以及饮食与国泰民安、饮食与文学艺术、饮食与人生境界的关系等，深厚广博。从其外延看，我国饮食文化可以从时代与技法、地域与经济、民族与宗教、食品与食具、消费与层次、民俗与功能等多种角度进行分类，展示出不同的文化品位，体现出不同的文化价值，异彩纷呈。饮食文化，俗话说就是填饱肚子的文化，就是围绕一个“吃”字。形式比较原始，解决人的最基本的生理需要。最早的是有巢氏时期(旧石器时代)，当时人们不懂人工取火和熟食。饮食状况是茹毛饮血，不属于饮食文化。燧人氏时期，学会钻木取火，从此吃熟食，进入石烹时代。主要烹调方法有：炮，即钻火使果肉燔之；煲，用泥裹后烧；烙，用石臼盛水、食物，用烧红的石子烫熟食物；焙炒，把石片烧热，再把植物种子放在上面炒。伏羲氏时期，在饮食上，结网罟以教佃渔，养牺牲以充庖厨。神农氏时期，“耕而陶”，神农氏是我国农业的开创者，尝百草，开创古医药学，发明耒耜，教民稼穑。陶具的发明使人们第一次拥有了炊具和容器，为制作发酵性食品如酒、醢、醯（醋）、酪、酢、醴等提供了可能。炊具主要有鼎、鬲、鬶等。黄帝时期，人们的饮食状况又有了改善，黄帝作灶，始为灶神，集中火力节省燃料，使食物速熟。而灶的广泛使用是在秦汉时期，当时的主要灶具是釜，高脚灶具逐步退出历史舞台，“蒸谷为饭，烹谷为粥”，首次以烹调方法区别食品。此外，还发明了蒸锅，叫甑。蒸盐是黄帝臣子宿沙氏的发明，从此，人们不仅懂得了烹，还懂得了调，更有益于人的健康。周秦时期是我国饮食文化的成形时期，以谷物、蔬菜为主食。春秋战国时期，自产的谷物、蔬菜基本都有了，但结构与现在不同，当时旱田作物主要是稷，又称谷子，长时期占据饮食主导地位，为五谷之长，好的稷又叫黄粱。黍，是黄米，仅次于稷，又称黄粟。麦，大麦。菽，是豆类，当时主要是黄豆、黑豆。麻，即麻子，其中能结籽的雌株叫苴。菽和麻都是百姓穷人吃的。南方还有稻，古代稻是糯米，普通稻叫粳米，周以后中原才开始引种稻子，属细粮，较珍贵。菰米，是水生植物茭白的种子，黑色，叫雕胡饭，特别香滑，和碎瓷片一起放在皮袋里揉搓脱粒。

俗话说，“民以食为天”“人生大事，吃穿二字”。饮食文化是物质文化中的重要组成部分。奶、肉、茶、酒、稻米以及各种风味小吃等食物，主要表现的还是物质方面的内容，但也包含精神性的社会内容，这都是文化学研究的重要课题。南方和西南少数民族为农耕民族，其文化主要是农耕文化、稻作文化，人们以米饭为主食，尤喜糯食，兼食玉米、麦面、高粱、土豆等，个别地区以玉米或土豆为主食。以这些粮食为原料制成的许多食品，如粑、糕、粽、饼等，美味可口，不仅为人们日常食用，而且为馈赠的佳品。肉食以猪肉、牛肉为主，有的地区喜吃鱼，有的地方喜吃蛇肉。有的地方喜吃酸味和辣味，贵州独山的盐酸菜、黔东南的酸汤鱼、黔西北的酸汤豆，都为人们所喜爱。广西壮族喜食酸鱼酸肉。贵州有这样的顺口溜："三天不吃酸，走路打圈圈。"说明贵州人喜吃酸味。

（二）精神民俗文化

陈华文在其《民俗文化学》中说道："精神民俗文化主要是指我们传统和现实社会中存在的民间信仰，它是人民群众创造，并在人民群众中传承，对民众的生活产生很大影响的一种精神活动方式。这种方式包括人们对天地江河的崇拜，人们在回顾自己的历程时所形成的对祖先的崇拜和生活中存在的禁忌，以及因为人们缺乏科学知识而产生的迷信习俗等内容。"① 具体来看，有地域信仰、伦理道德、民间口头文学、民间艺术、游艺竞技等。

我国民间信仰的对象纷繁复杂，涉及万事万物，不仅有自然物、动植物等具体可感的事物，还有完全属于人们想象中的事物，比如神。这些神，有的来自宗教，比如观音、如来佛祖、太上老君等；有的来自古代神话传说，比如"灶神""门神"；有的来自古之圣贤，比如商家供奉的"财神"，有三国时的名将关羽和秦代的赵公明；有的来自自家祖先。祖先在中国人心目中是很受重视的。在很多地方，过春节时人们都有迎请祖先的习俗，过完春节后还要恭恭敬敬地将祖先"送走"；在清明节时，人们一般去扫墓、祭拜祖先，很多地方都有隆重的祭祖习俗。人们认为自己是祖先的后代和继承人，是祖先最爱的人，因此祖先会尽最大的努力保护自己，于是把祖先看作是可靠、有力的精神寄托，是

① 陈华文：《民俗文化学》（新修），杭州：浙江工商大学出版社，2014 年，第 213 页。

值得供奉的对象，在宗祠里都会供奉自己家族历代祖先的牌位。我国南方一带所沿袭的“鬼节”习俗，就直接体现了人们对祖先的缅怀和敬爱。

农历七月十五是我国传统的中元节，俗称“鬼节”，部分地区为七月十四日过节。这一天，在我国南方的许多地方，比如广西的南宁，大街小巷到处飘着糍粑、烧鸭、卤鸡等食品的香味。人们买好过节的用品，如糍粑、烧鸭、纸钱、香烛等，在七月十四日中午，燃上香烛，摆上鸭肉、饭、水果等食品祭过祖先后，一家人便围坐在一起，共享节日午餐。“鬼节”是我国民间的一种文化现象，由佛教的盂兰节和道教的中元节融合而成，可追溯至汉武帝时期。“鬼节”和佛教、道教有着密切的关系。佛教把七月十五定为盂兰节，认为盂兰节这天所有的鬼魂都出来寻找食物，于是老百姓便摆出祭品，让自己的祖先享用。而道教则把七月十五定为中元节，这一天，道士日夜念经，超度亡灵。而在广西、广东等我国南方地区，过“鬼节”的时间提前了一天，定在七月十四，人们以过“鬼节”来寄托对亲人的哀思，表达对美好生活的向往。自七月初十开始，家家户户便要将厅堂打扫干净，在神龛前置香案和祖先牌位，备酒肴馔品连日供奉，以迎故祖。到了七月十三，准备冥衣、冥钱，在灵屋祭奠新逝的长者；七月十四是“送祖日”，用冥纸写上祖先的名讳在户外焚烧以祭奠故祖。烧纸钱不能只烧给自己的亡亲，也要给无后人的亡灵烧一点儿，以免他们在阴间为难自家故祖，于是这便有了七月十五晚上为孤鬼“烧孤衣”的传统。

过“鬼节”祭奠祖先，为什么一定要用鸭子作为祭品呢？据说人死后都要过奈河，鸭子会游泳，祭拜祖先时所用的纸钱、衣物是要靠鸭子驮过奈河的，所以过“鬼节”时一定要吃鸭子。据南宁师范大学民俗史专家韦坚平教授介绍，“鬼节”其实是一种灵魂崇拜——在这一天，人们烧香祭祀祖先，祈求家人健康平安，家人也趁此机会得以团聚。而在这一天吃鸭子是因为在广西农村种稻谷前，每户人家都会买上约十只鸭子回来养；在割完稻谷后，鸭子可以吃掉田里的谷子和蚯蚓，从而降低治理成本。在种第二季稻谷的时候，农民为了犒劳自己，杀鸭子过节。随着时间的推移，人们就习惯在这天吃鸭子了。

人们之所以信仰神灵，在潜意识中只是希望自己所敬奉的神能给自己带来帮助。例如人们敬奉“财神”，是希望自己财源滚滚；敬奉“福、禄、寿”三神，是希望自己福运常在、升官发财、寿命长久。久而久之，就产生了禁忌习俗。因此，民间信仰习俗的另一个层面是禁忌习俗，包括饮食禁忌、语言禁忌、服饰禁忌、居住禁忌、经商禁忌、节日禁忌等。禁忌习俗的本质是告诫人们不要做什么，否则就会产生不良后果。某一禁忌习俗的形成与某一崇拜行为密切相关。例如在我国民间，人们敬奉“谷神”和“水神”，认为此二神可以保佑人们五谷丰登、风调雨顺，没有洪涝灾害。与此相应地，在人们的潜意识中甚至产生了对“粮食”和“水”的敬畏心理。民间禁忌糟蹋、撒泼粮食，污染水源，如在明末清初的小说《醒世姻缘传》第五十四回中，就记载了撒泼米面的尤厨子被“雷神”击死的故事，告诫人们要爱惜粮食。

民间艺术是民间文化的重要组成部分，是大众的、生活的、民俗的艺术。民间艺术反映着劳动人民独特的生活情趣，包含着丰富深刻的社会历史信息，代表着民众的审美理想。民间艺术历史悠久，源远流长，种类繁复，是人民精神生活的重要内容，是民族文化的宝贵财富。民间艺术的形态和形式包容了各种艺术门类，如民间音乐、民间舞蹈、民间美术、民间说唱、民间戏曲、民间杂技与绝技、民间手艺等。

下面我们以剪纸为例来加以说明。剪纸是我国最为流行的民间艺术之一，根据考古发现，其历史可追溯到公元6世纪，但人们认为它的实际开始时间比这还要早几百年。剪纸常用于宗教仪式、装饰和造型艺术等方面，概因材料易得、成本低廉、效果立见、适应面广而受到人们普遍欢迎，而且适合农村妇女闲暇时制作。剪纸作品既可用于宗教仪式，又可美化生活。我国各地都能见到剪纸，甚至形成了众多的地方风格流派。剪纸不仅表现了群众的审美爱好，还蕴含着民族的深层社会心理。现在，剪纸更多的是用于装饰。它可用于点缀墙壁、门窗、房柱、镜子、灯和灯笼等，也可为礼品作点缀之用，甚至剪纸本身也可作为礼物赠予他人。

（三）社会民俗文化

据蔡东洲与金生杨合编的《中国传统文化要略》强调："社会民俗是指民间社会风俗传承和家族的习俗惯制，是最具有普遍意义的礼仪习俗。社会习俗深刻地支配着社会生活的事务，直接关系着社会发展的进程。"① 社会民俗文化，以家庭、亲族、村镇、社会结构、生活礼仪等为重点。社会民俗文化内容丰富，各地各时期均有不同。主要包括婚丧嫁娶、节日喜庆仪式、人生礼仪、社会组织模式、家庭宗族等方面。

比如在中原汉族有送"百家衣"的生育习俗。"百家衣"是婴儿服的一种，由来自周边一百个家庭拿出的碎布片缝制而成，故名"百家衣"。送"百家衣"是我国传统的民间习俗，此习俗在我国流行甚广。由于社会上的乞丐多穿百结鹑衣，因此人们认为，婴儿穿了"百家衣"

---

① 蔡东洲、金生杨主编：《中国传统文化要略》，成都：巴蜀书社，2012年，第173-174页。

就可像乞丐一样容易养育。所以每当婴儿出生后，当孩子的啼哭打破了家庭的沉寂，全家人为之惊喜万分之际，孩子的奶奶、爷爷就要向左邻右舍报告喜讯，并向百家近亲好友求要碎布片，特别是要向“刘”“程”等姓氏的人家索要碎布片，因为“刘”“程”谐音“留”“成”，寓意“留住”“长成”。这些谐音都是吉利之语，对于他们来说，这对于保佑孩子成长有着重要的作用。也正因如此，这些人家的一小块布头或是一条旧布片，老人们也会郑重地保留下来。布块的大小、花色一般不太讲究，但以蓝色为最好。因“蓝”谐音“拦”，寓意“拦住妖魔鬼怪”。人们认为，只要有蓝色的布块，妖魔鬼怪就收不走孩子。人们把百家的布片缝在一起，缝缀成一件衣服。这种衣服不能在胸前开口，要做成偏开口的大襟衫，也叫道袍衫，寓意孩子今后将多福多寿。衣服往往不能做完，老人们常在底襟处留个口子，俗称“藏魂处”。待孩子满月后，由孩子的母亲将口子缝住，这就表明孩子的魂灵已留在了母亲的身边，再也不必为孩子的安全操心了。

穿衣吃饭是人类生存的根本，因此，除穿“百家衣”之外，民间保佑婴儿成长的习俗还有给孩子吃“百家饭”。凡是对孩子比较宠爱的人家，农历正月初一那天，爷爷就会抱着未满周岁的孙子，装扮成乞丐模样，手拿破碗，沿街讨饭。所讨要的人家以 100 家为宜。他们将讨来的馒头、菜、米混在一起，煮成稀饭，让孩子吃下。据说这样孩子就可以受到百家的庇护，免除灾难。吃过“百家饭”后，孩子的奶奶要蒸 100 个铜钱大小的馒头，用篮子装着，沿村庄或街道漫步，凡遇到小孩，就要送一个小馒头给他。这 100 个小馒头要分给 100 个小孩。馒头发完，寓意灾难被嚼完了，自己的孩子就会平安健康地长大，此俗称“嚼灾”。这种习俗文化现象在民间较为普遍。

三、民俗文化的特点

民俗文化的特点在民俗学界讨论极为热烈，观点颇多，现将其略作梳理。乌丙安按照民俗文化内外形态之别，在其《中国民俗学》中将民俗文化的内部特点概括为民族的区别、阶级的差异、全人类的共通性等三个特点。其外部特点则概括为历史性、地方性、传承性、变异性等四个方面。这种概括是将民俗文化置于整个文化层面进行抽象提炼，为民俗文化作为文化的一种而具有的共通性进行定位，为人们研究民俗文化的特点拓宽全局视野。陈勤建在《中国民俗学》一书中将民俗文化的表层特征概括为不成文（法）的规矩、程式化的规矩、民众群体的规矩三点，并进一步将中国民俗文化的特点归纳为稚拙古朴、源远流长，神秘奇异、巫术性强，礼俗混同、封建味浓，丰富多彩、注重实用等四个层面，折射出民俗文化"约定俗成"本质的外在体现及其功能意蕴。其他学者多是将民俗文化与一般文化的共性和个性、特点和功能进行结合来提炼其特点。如张紫晨在《中国民俗和民俗学》一书中，将民俗文化的特征和功能一起作为民俗的特点加以提炼，概括为民族性，阶级性，封建性，原始性，神秘性，实用性，以及地区性、传承性、融合性、变异性等七个层面。陶立璠在《民俗学概论》中则很明确地提出民俗的基本特征为社会性和集体性、类型性和模式性、变异性、传承性和播布性等四个方面。董晓萍在《民俗学导游》一书中将民俗文化现象的基本特征明确地概括为集体性、模式性、传承性、轨范性等四个方面。钟敬文在《民俗文化学发凡》一文中非常全面地将其特点概括为集体性、类型性（或模式性）、传承性和扩布性、相对稳定性与变革性、轨范性与服务性等五个层面。后又在其《民俗学概论》一书中将民俗文化的特点进行完善，将其提炼为民俗的集体性、民俗的传承性和扩布性、民俗的稳定性与变异性、民俗的类型性、民俗的规范性和服务性等。关于民俗文化特点的诸多提炼，说明民俗学界对其关注程度和其自身发展成长的态势。结合上述提炼及其本身的文化生态环境，民俗文化的特点可以简单归总为群体认同性、区域多元性、规范模式性、承袭发展性。

一是群体认同性。陈华文在其《民俗文化学》中将民俗文化群体提炼为："群体性是指民俗文化总是依托一定的人群而存在，其民俗的具体义项总是为族群所共有：不仅共同创造，而且共同传承、共同维护、共同享用。"① 这一提炼是基于民俗源于群体"伴生物"或"遗留物"本质的外在展现，精准独到。群体性必然伴随着认同，而这种认同可表现为群体共同参与、协作而凝练出群体共同认可的一种文化指向。

二是区域多元性。中华民族文化大传统之外，各个地方依自己的特殊生境形成了服务地方的文化小传统。乡民的生活文化具有明显的地方性，所谓"十里不同风，百里不同俗"，还有一种说法是"百里而异习，千里而殊俗"，这是较概略的区分。民俗文化的发生、发展、演变是在一定地域空间下进行的，它受地理环境、人们的谋生方式与历史传统的影响和制约，因此其必然显现出浓烈的地方特色和多元姿态，如汉水流域饮食习俗中南米北面、南甜北咸等饮食习俗的呈现即是如此。又如在婚礼习俗方面，汉族沿袭着"议婚—订婚—嫁娶"的婚俗模式，而一些少数民族的婚俗模式则别有情趣，如土家族的"哭嫁"习俗、傣族的"抢夺婚"习俗、纳西族的"走婚"习俗等。

三是规范模式性。民俗文化的规范模式性特征是指民俗文化在发展传播过程中，虽然各地文化背景不同、自然环境不同、生产方式不同，却因为各自出于对人类生存的共同需要而形成了相同的规范和具体可展

① 陈华文：《民俗文化学》（新修），杭州：浙江工商大学出版社，2014年，第36页。

的类型，是从不同的文化形态中表现出来的民族心理特征和性格特征的具体演绎。

四是承袭发展性。民俗文化是一种历史传承的文化，除了部分属于现实生活中形成的新的民俗文化内容之外，绝大多数都是从前人那里承袭而来，因此，我们把这种从前人或历史上传承而来的特征，叫承袭性。许多人也把这种文化当中所共有的继承性特征叫作传承性，其意大致相同。我们之所以用“承袭性”这个词语，就在于它更侧重于对传统的继承和延续，每一次承袭都不过是整个民俗文化存在链之中的一个。传承则侧重于对传统的继承，而并不在乎它是否被延续。民俗文化在承袭过程中，基于现实社会的发展，必然促使其自身文化生态发生变化，从而引起自身的发展变化。如传统婚俗移风易俗为今天的简易婚俗，其一套烦琐程序经过简化后成为历史或文化遗存，除保留本质性礼仪程序（给双方父母行礼）外，还增加了新创的环节（长辈讲话祝福、歌舞助兴），这充分证明了民俗文化发展进步的一面。

四、民俗文化的功能

民俗作为人们日常生活中靠口头和行为传承的一种文化模式，作为一种社会的物质和文化现象，为广大民众所创造的同时也供他们所享用。从民俗文化的产生来看，它本身是一种原生态的文化，是人类文化意识结构基础层的“原生态的文化意识团”，早在上古就已存在，这个原生态的意识团中蕴含了宗教、伦理、法律、文艺、历史、技艺以及哲学的幼芽，社会科学中的许多分支学科正是从这种原生态的民俗文化之幼芽中孕育发展起来的。也就是说，在社会文化中，民俗文化是一种基础文化，是最低层次的文化，它产生于文字发明之前，先是它孕育了整个社会文化，后来随着社会的不断发展和人类对客观事物的认识深化，民俗的功能可分为认同、教化、规范、维系、调控等方面。

一是认同功能。人生活在特定的时代与地域，亦生活在特定的民俗之中。因此，对民俗事象的考察、研究，使我们对特定时代和特定地域里人们的思想意识、精神追求、价值取向及其心路历程有了深入了解，对特定时代和特定地域里生产力发展水平和人们的生活水平有了更加清晰的认识。例如：在岁时节日民俗中，春节的年画愈是以鲤鱼、莲花、蛟龙、彩凤为素材，愈会受到人们的普遍欢迎。其原因在于，这类素材在满足人们审美需要的同时，表达了人们追求吉祥如意、走向富裕昌盛的心理，透视出作为农耕社会的民众对五谷丰登粮满仓的企盼。再如，在服饰民俗中，以麻棉、丝绸取代树叶，以玉质、金属饰物取代打磨的兽骨饰物，诸如此类，既是社会文明进步的体现，又是生产力水平、人类生存能力提升的标志。总之，透过民俗事象，我们窥见的不仅是潜在的、深邃的民俗文化内蕴，还有先人在征服自然、战胜猛兽、谋求生存与发展进程中艰辛跋涉的足迹。正是从这个意义上来说，民俗文化是认知社会生活的一面镜子。

二是教化功能。社会生活先于个人而存在。个人不能选择他所希望的社会形式，人是在十分确定的前提与条件下创造历史的。人是文化的产物，民俗作为一种文化现象，在个人社会化的过程中占有决定性的地位。人一出生，就进入了民俗的规范：诞生礼为他拉开人生第一道帷幕；他从周围人群中习得自己的语言；在游戏中他模仿着成人生活；从称谓与交际礼节中逐渐了解人际关系；他按特定的婚姻习俗成家立业；直到死去，特定的丧葬民俗送他离开这个世界。人生活在民俗中，就像鱼生活在水中一样，须臾不可离开。民俗作为民族的文化传统，对民族心理的影响是十分深远的。有一种说法是，所谓的夜不闭户、路不拾遗，是在良好的民俗文化教育环境中形成的，不无道理。其实民俗文化的这种教育功能是在潜移默化中进行的，靠口头相传和行为方式传承，先辈们一代一代将那些好的习俗延承给我们的。民俗文化的教育功能，主要在于培养人们的道德情操，增强人们对生活的勇气和热爱，以及民族认同感和爱国之情，比如，在中国各民族中都有明礼敬老、大公无私、乐于助人的美德，这些道德观念都表现为具体的民俗事象。

三是规范功能。民俗的规范功能，指民俗对社会群体中每个成员的行为方式所具有的约束作用。人类社会生活需要的满足，往往有多种方式可供选择。例如吃饭，可用刀叉，也可用筷子或用手抓。民俗的作用，在于根据特定条件，对某种方式予以肯定和强化，使之成为一种群体的标准模式，从而使社会生活有规则地进行。社会规范有多种形式，它们大略可以分为四个层面：第一层是法律，第二层是纪律，第三层是道德，第四层是民俗。其中，民俗是产生最早、约束面最广的一种深层行为规范。在社会生活中，成文法所规定的行为准则只不过是必须强制执行的一小部分，而民俗却像一只看不见的手，无形之中支配着人们的所有行为。从吃穿住行到婚丧嫁娶，从社会交际到精神信仰，人们都在自觉或不自觉地遵从民俗的指令。在日常生活中，人们很难意识到民俗的规范力量，因此也就不会对其加以反抗。民俗对人的控制是一种“软控”，但却是一种最有力的深层控制。民俗文化就其实质而言，是语言和行为模式，是民众共同创造和遵守的行为规范。如人类在社会群体生活中生存和繁衍，要维系群体生活，需要种种社会制度。以婚姻民俗为例：人类在本能的驱使下，必须追求异性以满足生理需求、繁衍后代；但是，如果放任群体中的个体毫无限制地争夺异性，对配偶和后代不承担任何责任和义务，那就必然招致社会生活的混乱，甚至使整个种族灭亡。为了既满足个体繁衍后代的需要，又不影响群体生活，必须有一套恰当的行为规则，限制人们只能向什么样的异性求爱，如何求爱，以及怎样结合，怎样养育后代，等等。这样，各种婚姻制度就应运而生。这些制度在特定民族中以模式化的行为方式反复出现，世代传承，就成为婚姻的民俗。婚姻民俗产生于人类社会两性生活（本能）的需要，并为这种需要服务。

四是维系功能。民俗的维系功能，指民俗统一群体的行为与思想，使社会生活保持稳定，使群体内所有成员保持向心力与凝聚力。民俗能维系社会稳定，任何一个社会都在不断变化，每一种文化都必须根据外部环境与内部情况的变化而不断地加以调整。在社会生活的世代交替中，民俗作为一种传承文化不断被后代复制，由此保持着社会的连续性。即使是在大规模的急剧社会变革中，与整个民俗体系相比，民俗发生的变化总是局部的、渐变的，这就有效地防止了文化的断裂，维系了社会生活的相对稳定。所以，民俗是人们认同自己所属集团的标识。

五是调控功能。即通过民俗活动中的娱乐、宣泄、补偿等方式，使人类的社会生活和心理本能得到调剂的功能。民俗的娱乐功能显而易见。人类创造了文化，目的是享用它。人不可能日复一日、永无止境地劳作，必须在适当的时间进行适当的娱乐活动，恢复体力、调剂精神、享受劳动成果，进行求偶、社交等活动。世界上没有哪个民族没有节日、游戏、文艺、体育的民俗，它们是人类生活的调节剂。我国著名的四大爱情传说“牛郎织女”“白蛇传”“孟姜女”“梁山伯与祝英台”，尽管在汉、苗、白、壮、布依等民族中流传的版本不完全一样，但其共同点是都符合人们的思维和愿望，使人们获得了精神的愉悦和满足。从傣族的泼水节、蒙古族的那达慕等民俗节日盛会活动到斗鸡、斗蟋蟀等民间游戏，所有具有娱乐功能的民俗都是和广大人民群众的审美意识结合在一起的，它们是各民族民众创造的精神产品，集中体现了集体的智慧、创造，体现出了积极、健康、向上的精神和情趣，具有一种崇高的精神美。精神之美永恒！这也正是四大爱情传说经久不衰、历久弥新，人们百嚼不厌的原因。民俗也有宣泄的功能。人类社会生活中，个体的生物本能在群体中必然受到一定程度的压抑。无论是肉体行为压抑，还是心理压抑，对人类来说都是一种破坏性的力量，如果不在某种程度上得到宣泄，一旦积郁起来集中爆发，其后果不堪设想。有的民俗就是应这种需要而产生的，如古希腊、古罗马的酒神节，人们在节日里饮酒狂欢，日常生活中的种种禁忌这时全被打破。民俗还有补偿功能。人们在现实生活中难以得到满足的种种需求，往往在民俗中得到某种补偿。恩格斯在谈到德国的民间故事书时曾说："民间故事书的使命是使农民在繁重的劳动之余，傍晚疲惫地回到家里时消遣解闷，振奋精神，得到慰藉，使他忘却劳累，把他那块贫瘠的田地变成芳香馥郁的花园；它的使命是把工匠的作坊和可怜的徒工的简陋阁楼变幻成诗的世界和金碧辉煌的宫殿，把他那身体粗壮的情人变成体态优美的公主。"① 民间故事是民俗文化事象的集中记载和展示体，人们从民间故事里获取精神食粮解除身体疲乏，是民俗文化调控功能的生动诠释。

五、汉水流域民俗文化

汉水发源于秦岭南麓，于江汉平原汇入长江，是长江最大支流，是一条古老的大河，流域内分布着规模极大、数量众多、分布广泛的"龙

---

① 恩格斯：《德国民间故事书》，载苏联教育科学院编《马克思恩格斯论教育》（下卷），华东师范大学《马克思恩格斯论教育》辑译小组辑译，北京：人民教育出版社，1986年，第331页。

蛋共生”的恐龙蛋化石群遗址，还发现有距今200万—5万年的古人类演变完整链条化石群遗迹，是我国生命、人类、文明和文化发源地之一。汉水，又称汉江、汉江河，有中源漾水、北源沮水、南源玉带河三个源头，均在秦岭南麓陕西宁强县境内，流经沔县（现勉县）称沔水，东流至汉中始称汉水，全长1577千米，全流域面积约15.9万平方千米。从地理位置上看，汉水流域位于我国南北方之间，是我国自然地理南北差异的过渡带，既是黄河流域和长江流域南北两大文化板块的接合部，又是南北文化交流、交融的轴心。流域内的汉中盆地、汉水流域盆地和襄樊盆地，又是我国西部和中部地区南北交往的通道，在它们周围是我国古代几个著名的政治、经济和文化中心。西北是以长安为中心的关中平原，东北是以洛阳为中心的伊洛平原，东南是以武汉为中心的江汉平原，西南是以成都为中心的成都平原。汉水河谷自古以来就是沟通东西的走廊，是西部高原走向中部盆地和东部平原的重要通道之一。这种特殊的地理位置和优越的自然环境，使汉水文化源远流长，迟至战国时期汉水文化带已经形成，且逐步声名远播，卓尔不群。秀丽绵长的汉水浩浩荡荡流淌不息，神秘厚重的武当道教在此大兴，朴素而绚丽多彩的民俗文化得以孕育，明清以来的多频次、大规模的移民使得该流域民俗文化凝体塑骨，孕肤生肉，愈发厚重。崇道尚巫的信仰、五方杂厝的礼仪、异彩纷呈的岁时、秦风楚韵的语言、流传久远的神话、入心入灵的民歌、寓教于乐的曲艺，凡此种种，使得该区域民俗文化大放异彩而逐步成为近年来民俗学界关注的焦点。

（一）汉水流域民俗文化内涵特色

民俗文化作为一种独特的文化范型，在历史长河的沉淀中吸纳诸多事象而使其内涵博大精深。汉水流域民俗文化是汉水流域民众在改造自然、发展自身的实践活动中，创造、选择或凝聚、升华而成的程式化的不成文的规矩，是一种在汉水流域民众中自行传承或流传、流行的模式化的、生动活泼的生活文化，其内涵丰富，特色鲜明。

1. 崇道尚巫的信仰

汉水流域民俗文化圈孵化了中国的本土宗教——道教，在此基础上形成了连绵不断的进香习俗。原始道教是在古代巫术、神仙方术的基础上，吸收了道家的思辨哲学与儒家的伦理哲学而形成的，汉水上游恰好提供了熔铸多种文化的大熔炉。道教各派中创立最早的一个教派——五斗米道，就是在汉水上游的汉中盆地发展壮大的，并建立了政教合一的政权。当时汉水上游的人们对道教“竞共事之”，几乎所有的人都信奉五斗米道，即使“流移寄在其地者”也“不敢不奉”。汉中成为五斗米道的王国，“民殷国富”，“户出十万，财富土沃”，实行吃饭不要钱的政策，“行路者量腹取足”，大大增强了道教的魅力和影响，为道教在全国的传播创造了条件。到了明代，汉水流域的道教文化再放异彩。武当道教名满全国，明皇室封武当山为“大岳”“玄岳”，使它的地位高于五岳，“遂超五岳而帝之”，成为“朝廷家庙”。普通民众对武当道教的信仰也非常狂热，民间有“穷不游武当，富不登太白”的谚语。明代汉水流域的武当道教，进一步走向世俗化与民间化。朝拜玄天上帝的进香活动在宋、元时期已经成为具有全国影响的民俗。明永乐后，香火极盛，大大促进了全国各地道途信士朝山进香习俗的发展。朝山香客来自全国各地，陆路进香由蜀（今四川等地）而来者自房（今湖北省房县）入；由汴（今河南省开封一带）而来者自邓（今河南省邓州市）入；自陕（今陕西省一带）而来者自郧（今湖北省郧阳区）入；

自江南诸郡而来者自襄（今湖北省襄阳市）入。水路进香，主要沿长江、汉水到均州（今湖北省丹江口市），然后登陆步行朝顶，四面八方的香客开辟了东、西、南、北四条“神道”。进香在每年农历三月三和九月九最盛。武当山在这两个日子要举行盛大的庙会庆祝，朝山进香的香客往往达数万，除了三月三和九月九两次大型庙会，每年自九月九到来年的三月三，长达半年时间，每日朝山进香的香客依然络绎不绝，从规模与时间上看，都可以称得上独一无二。在朝拜的香客中，还有“烧苦香”与“烧大香”等的特殊香客，以行动彰显自己的虔诚，成为进香路途中一道壮观的风景线。此外，古楚巫术文化在汉水流域民间尚有遗存，在其流变过程中神秘面纱得以被逐步掀开，迷信成分逐步消除，祭祀疗疾的文化功能逐步彰显，成为汉水流域信仰民俗的组成部分。

2. 五方杂厝的礼仪

在我国移民史上，汉水流域移民是学界关注的焦点之一。汉水流域古代移民可上溯到远古时期，移民与汉水流域社会习俗、地理建制和文化孕育发展关系紧密。尤其是汉水中上游的唐白河流域的南阳和丹江流域的陕南部分地区，在明代移民现象较为集中而明显。据《明代汉江文化史》载：“不论是自愿还是强制，大量移民在洪武、永乐年间进入唐白河、丹江流域却是不争的事实。”[①]这些移民大多来自“山西洪洞大槐树”，汉水下游的明代移民却是“江西填湖广”所致。至清代中叶，汉水上游的四川、陕西、湖北交界之处，亦有大量移民涌入，据附件《三省山内风土杂识》描述：“陕西之汉中、兴安、商州，四川之保宁、绥

---

① 潘世东：《明代汉江文化史》，北京：九州出版社，2019年，第115页。

定、夔州，湖北之郧阳、宜昌，地均犬牙相错。其长林深谷往往跨越两三省，难以界划。故一隅有事，边徼悉警，守土之吏，疆域攸分，即能固圉保民，讵能越境而谋。故讲乂安之策，必合三省通筹之也。”关于清代中叶汉水上游移民之因，进一步讲是：“平原地区的宜农土地开垦趋于饱和，‘与山争地’成为新的开发方向。秦巴山地因其独特的地域特点，成为川楚多省流民选择的新空间。”① “背井离乡”是移民的特征之一，移民背的不一定是“井”，而是乡音乡土，是原住地的一切，是根脉和灵魂，无论他们迁到哪里，他们都会将自己习惯的世代沿袭的习俗文化带到那里。五方杂厝的移民汇聚使得汉水流域人生礼仪民俗多姿多彩。生育、婚嫁、敬老、寿诞、丧葬等民俗在此交汇碰撞。如汉水中上游民间的童养媳、招夫养夫等奇异婚俗可能即为五方杂厝移民汇聚时的留存。

3. 异彩纷呈的岁时

汉水流域岁时节令习俗异彩纷呈、韵味独特。如《荆楚岁时记》就将汉水流域岁时节令习俗呈现得一览无余。《荆楚岁时记》是记录中国古代楚地（以江汉为中心的地区）岁时节令风物故事的笔记体文集，由南北朝梁宗懔撰，记载了自元日至除夕的二十四节令和时俗。如《荆楚岁时记》端午节条载：“是日，竞渡，竞采杂药。”②其下注谓：“按五月五日竞渡，俗为屈原投汨罗日，人伤其死，故并命舟楫以拯之，至今竞渡是其遗俗。舸舟取其轻利，谓之飞凫。一自以为水军，一自以为水马。”③

① 刘桂海、马强：《流民群体的选择与秦巴山地社会——以〈三省山内风土杂识〉为中心》，《三峡论坛》2015 年第 1 期。

② 宗懔：《荆楚岁时记》，姜彦稚辑校，长沙：岳麓书社，1986 年，第 36 页。

③ 同上。

端午节竞渡如今在汉水流域得以普遍承袭。通过《荆楚岁时记》我们可以追寻许多节日的发展演变轨迹。宗懔在《荆楚岁时记》序言中谓："率为小说，以录荆楚岁时风物故事，自元日至除日，凡二十余事。"①在《荆楚岁时记》所记载的20余种岁时节日习俗中，有些是汉代沿袭下来的，如元日贺尊，腊日祀灶；也有些是首次见于《荆楚岁时记》的，如四月八日香水浴佛，七月十五营盆供佛。即使是汉代沿袭下来的节日习俗，其随时代变迁而发生的演变也有许多是首次见于《荆楚岁时记》，如腊日驱傩由方相氏改为"金刚力士"。所记载的节日中，有些流传至今日，如元日、端午、重阳、除夕等；有些则已经消失，如社日、腊日；有些节日虽然消失了，但节日习俗通过新的节日仍在流传，如腊日的祀灶移到了小年举行。正是《荆楚岁时记》的记载，为我们探寻岁时文化的变迁提供了珍贵的资料，为汉水流域岁时节令民俗的播撒起着积极推动作用。

4. 秦风楚韵的语言

汉水流域语言民俗立体多元，秦风楚韵特色明显。如上游的陕南方言就较为复杂，陕南地接秦尾楚头，人杂南北数省，北部少量县区属中原官话区，南部多楚语、蜀语，属西南官话区。两种方言，相互渗透，形成其独特的色彩。陕南人讲话婉转悠扬，吐字较快，咬音较轻，圆润如歌，听起来缠绵、甜柔，但比较难懂。而地处鄂西北的大多数地区的方言都属于西南官话-湖广片-鄂北小片（郧西县、竹山县、竹溪县方言属于湖广片-鄂西小片，另竹山、竹溪话一说属于江淮官话，有待考证），受中原官话影响较大，故而大多数用词及其发音都是贴近中原官话。各

① 宗懔：《荆楚岁时记》，姜彦稚辑校，长沙：岳麓书社，1986年，第76页。

地的口音大同小异，用词存在不少差异。语法上相对普通话没有特别之处。十堰方言属西南官话-湖广片-鄂北小片，因地处鄂、豫、陕、渝交界边缘接合部，受秦腔、豫音影响，略带中州语音。十堰方言特点，声母上和大多数西南官话一样，无浊音保留；n、l 混同；部分人不分平翘舌音，韵母不分前后鼻音。声调有四类，分别为阴平、阳平、上声、去声，没有入声字。而汉水下游的江汉平原方言在语音上有几个显著的特点：保留了入声；保留了微母字重唇音［m］；中古全浊声母今读送气音，带有赣方言的特征。江汉平原方言的形成和人口迁移有关，与“江西填湖北”有直接的联系。由此可言，汉水流域语言民俗除秦风楚韵之特色外，还受到中原文化、江右文化乃至吴越文化的影响。

5. 流传久远的神话

神话传说是一个民族的文化根须，它深藏着民族文化的特性。汉水流域流传着大量的民间神话。特别是 20 世纪 80 年代，在华中屋脊——神农架发现的《黑暗传》，被誉为“汉民族创世神话史诗”。它以诗歌的艺术形式，以写实的艺术手法，讲述着盘古开天、女娲造人、三皇治世、五帝创业的动人故事，讴歌着华夏祖先的丰功伟绩。炎帝神农、圣母女娲的传说至今在汉水流域多处流传。除了炎帝神农和圣母女娲，有关三皇五帝其他人物的神话以及夏商周时期的神话人物的传说也多与汉水有关，且有根可稽。如盘古开天于神山（今神农架），世间万物始生化；仓颉造字阳虚山（今陕西洛南县），人类文明自始开；尧放丹朱于丹水（今丹江，河南淅川县），励精图治，终图强；舜耕厉山（今湖北随州），渔雷泽，陶河滨，作什器；禹败三苗于随（州）枣（阳），和三民，定乾坤；禹治汉水，顺汉江，保平安；武丁南征，奋伐荆楚，稳疆土；等等。这些故事在汉水流域广为流传，脍炙人口。

6. 入心入灵的民歌

汉水流域的民歌内涵丰富，形式多样。民间传唱久远的就有紫阳民歌、商洛民歌、向坝民歌、官渡民歌、房县民歌、吕家河民歌、鄂西北民歌、襄阳民歌、荆门民歌、南阳民歌、沔阳民歌、随州民歌等。无不昭示着汉水流域为我国民歌重镇之地位。从古到今，从上到下，汉水流域民歌浩如烟海，多如繁星，体裁上有劳动歌谣、时政歌谣、仪式歌谣、情歌、生活歌谣、历史传统歌谣、儿歌童谣，以及杂歌谣等。劳动、生活歌谣在这些歌谣中占比最大，这是因为它们和劳动生产以及人民生活的关系最直接、最密切。同时，也是由于民间文学是“生产者的艺术”，和劳动生产有着天然的联系。这些民歌均为汉水流域民众心灵情感的折射和灵魂烙印于文化上的标记，滋养着汉水流域民俗文化不断丰厚和发展。

7. 寓教于乐的曲艺

汉水流域的陕、豫、鄂三省都有着较为丰富多彩的戏曲品种。其中，既有全国闻名的大剧种，如京剧、豫剧等，也有在外来剧种传播影响下，与本地民间音乐融合而产生的地方性剧种，后者彰显了汉水流域独特的戏曲生态文化。不同剧种在发展进程中呈现出此起彼伏的态势，比如，从20世纪50年代中期到21世纪初，在湖北地区，以汉剧、楚剧为主的湖北剧种已衰弱或基本消解，而形成了以各地戏曲剧种为主的多元化剧种。地方性剧种主要集中于汉水中上游地区，以其分布与流行的主要地区为代表，汉水上游分布的剧种有陕南端公戏、竹溪山二黄、郧剧、郧阳花鼓戏（原二棚子）、武当神戏、竹山高腔；汉水中游分布的剧种有襄阳花鼓戏、钟祥梁山调、襄阳清戏、襄河越调、南阳曲剧；汉水下游分布的主要剧种是楚剧。除此之外，还有旬阳八步景、郧阳四六句、竹山皮影戏、郧西三弦、襄河道坠子、天门渔鼓（歌腔、说唱）、沔阳渔鼓（道情）、汉川善书、湖北大鼓等小剧种和其他曲艺。汉水流域戏曲剧种具有浓郁的地域性特征，散发着可圈可点的文化魅力，在历史、文化、伦理道德、艺术等方面具有多元的价值，寓教于乐，是汉水流域民间文化的重要力量，也是汉水流域民俗文化的有益构成和研究对象。

（二）汉水流域民俗文化研究现状

汉水流域民俗文化是我国流域文化中具有典型意义的特殊文化范型，是国内外学术界特别关注的学术焦点。近几年来，关于汉水文化的研究，外围研究（史前考古、农业水利、经济开发、人口演变、历史地理、环境变迁等）的成果比较可观，为其本体研究初步打下了基础。但汉水民俗文化的本体研究还是处于起步阶段，起色不大，进展不快。从研究视角来看，局限于大文化视角和宏观性的浅层次研究；从成果内容来看，重心不突出，成果质量有待提升。作为会议论文集的《汉水文化研究》做出了有益的尝试，涉及汉水文化的基本内涵、历史源流、重要特色等；另有《流动的文明》《汉水文化论纲》和《汉水文化概论》等书作为通俗性的知识读物，对汉水流域历史风貌、人文景观作了简约的描述；多篇学术论文对汉水文化某些重要方面作了一定的探索，但缺乏全面研究、系统把握和深入开掘。但是汉水流域民俗文化研究还是呈现出论文专著成果丰硕、平台构建业已起步之现状，为后人进一步研究奠定了良好基础。尤其是鄂西北民俗文化研究角度广泛，成果繁茂，颇值一提。

鄂西北的民俗文化研究始于20世纪80年代初期的全国民间文艺普查和民间文学三大集成工程，人们走向田野采风，然后整理材料，其成果主要表现为作品集，这一活动高潮延续到80年代末期。与国内外民俗文化研究起始阶段规律一样，其理论研究主要集中在民间文艺学范围，且以对《黑暗传》的研究为起始标志，进香民俗的内容也占一定地位。较早涉及鄂西北民俗的有萧放的论文（1990），他最早对这里的民俗文化进行整体论述，从民俗史的角度分析了明清时期的山区开发和移民活动，形成了该区域民俗“秦声楚歌”的语言民俗结构、“质朴劲勇”的行为风尚、“尚鬼信巫”的宗教信仰、三省混杂的岁时仪礼习俗等特点。

20世纪80年代初，影响较大的是在神农架发现的《黑暗传》抄本，刘守华教授称其填补了汉民族没有神话史诗的空白，袁珂先生称其“是汉族广义神话史诗”，并引起讨论，是不是汉民族史诗是《黑暗传》早期研究的核心问题之一，同时，研究者不断去发掘它的新的文化价值，使其成为持续至今的一个学术专题。

21世纪初，张伟然在《湖北历史文化地理研究》中有“太岳朝香的习俗及其分布”专章，认为武当山进香只是区域性民俗。同时，梅莉发表多篇文章，将该研究引入深化，进一步论证了进香民俗的全国性特征：其形成至迟不晚于宋代，到明代达鼎盛，具有全国性影响，清代有衰减。明代香客以河南、湖北以及长江中下游地区引人注目，清以后，则以湖北、河南为盛，山东、陕西、云南、贵州等地也不可忽视，并研究了香客祈求愿望的内涵和特点。其还出版了《明清时期的真武信仰与武当山朝山进香》《明清时期武当山朝山进香研究》两部专著。

本地文化工作者李征康发现伍家沟故事村，参与编纂出版《伍家沟村民间故事集》，引起了学界的重视。20世纪90年代后，国内一些民间文学研究者如刘守华（1998）对这里的故事与古代志怪小说、文人笔记等的承继关系，以及与国际故事类型的联系等进行对比分析，说明了其古老、丰富的历史文化内涵和特色，还探讨了故事村的保护问题等。韩致中则较早探讨了本地故事与道教文化的关系。郑春元教授及其课题组成员，主要研究故事的民间信仰文化，这一类文章超过10篇。其他研究还涉及民间叙事、方言等。

蒲亨强的论文（1988）较早涉及民歌和民间音乐研究，文章以均县民歌为例，分析了道教宫观音乐对民间音乐的影响。时隔11年在这一地域发现的吕家河民歌村，被誉为“汉族民歌第一村”，以吕家河为代表的武当山民歌的研究成为新的热点。蒲亨强（2000）还论述了民歌村歌手多而集中、歌曲数量极多、曲目腔调兼容东西南北中、风格刚柔并举偏胜于阳、妓歌私情歌突出、民歌传承活标本等不唯在汉族，即使在少数民族中也比较罕见的特色。其中臧艺兵对吕家河村民歌和老歌手姚启华的个案研究，以人类学视野和人道主义关怀的精神，使鄂西北地区的传承人研究得到了较为深入的开拓。其他论文涉及民歌村成因、特色、民歌传承、音乐特征以及旅游开发等多个领域。

21世纪初，在鄂西北汉水流域发现的“寄死窑”传说及其遗址成为民俗文化研究的一个学术专题，刘守华最早发表论文（2003），对“寄死窑”现象的渊源和历史文化价值从多方面、多层次提出了自己的看法，引起了学术界的关注和响应。

同时，研究对象也向其他县区扩展，地域上呈多点分布的趋势。涉及鄂西北其他地区或内容的民俗文化研究包括竹溪县向坝民歌，还有房县、郧西县、竹山县民歌等；竹山县女娲神话，已出版《女娲文化研究》；“房陵文化圈”研究，已出版“房陵文化丛书”，包括民间故事、民歌等。还有涉及民间巫术，以及除“寄死窑”之外的丧葬习俗和婚俗等的论文。

本书对汉水流域民俗文化进行了全方位、多向度的专题性的本体研究，力求在现有研究成果的基础上，进行多维度的探索和系统性研究，将此一研究引向新的阶段，并获得突破性的发展。民俗文化是民族文化最古老的根须，汉水流域民俗文化是特异型的流域文化。汉水流域历史上基本形成了整体性的文化系统和文化结构，构成了相对独立的文化区；汉水流域的历史发展和文化变迁是中华文明历史演变的一个缩影。汉水流域以两大平原（江汉平原和伊洛平原）和三大盆地（汉中盆地、汉水流域盆地和襄阳盆地）为地理环境条件，以四大文化（秦陇文化、巴蜀文化、荆楚文化和中原文化）为人文语境条件，形成上游、中游、下游三个区系，它是甘、陕、鄂、豫、川、渝交界地区，是承东启西、连接南北的枢纽地带，形成内陆性的文化走廊和黄金文化带。作为特异型的流域文化，汉水流域民俗文化在自身的历史进程中处于南北文化激荡交锋的锋面，融合黄河文化和长江文化的优长，具有兼容会通的特色，独树一帜，别具一格，是得天独厚、不可替代的流域民俗文化范型。对汉水流域民俗文化的观照和审视，从某种意义上说，就是对中华文化的重心和关节点的观照和审视。真正学术意义上的汉水流域民俗文化研究刚刚起步，汉水流域民俗文化赋存资源现代转型的研究和开发，对于中西部地区的先进文化建设与和谐文化建设，对于流域文化、城市文化和文化学的学科建设，对于进一步振兴中华民族文化，具有重要的理论意义和现实意义；对于全流域地区的文化资源优势转化为文化产业优势，对于推进文化强省建设和文化产业跨越式发展，对于鄂西北生态文化旅游圈的开发和建设，对于南水北调中线工程的实施和文化生态保护，也都具有重要的促进和推动作用。本书立足于笔者对汉水全流域的田野调查和几十年的资料收集，将其置于史论一体、宏微结合的纵横坐标上，进行立体透视和系统把握，主要采用史论结合即历史与逻辑相结合、理论思辨与实证分析相结合、宏观研究与微观研究相结合的方法和比较研究方法，以及美学和心理学研究方法，采取思想发展逻辑与社会文化语境相统一、理论分析与田野调查相统一、真理诉求与价值评判相统一的视角和研究路向，融原典阐述和现代阐发于一体，讲求研究方法的科学性和学术性。

第二章 秋收冬藏

——汉水流域生产贸易的形态

生产贸易民俗具体是指农耕、狩猎、畜牧、渔业、林业、手工业等习俗，属于民俗文化中的物质民俗，是人们为了生存在生产生活过程中创造的某一区域或民族共同遵守的生产特点和习俗惯制。物质生产和贸易活动是人类最基本也是最重要的生存方式之一，因此，生产贸易场所也就成为一个地区最基本的民俗文化形态和文化传统。刘亚轩在其主编的《中国旅游文化》一书中对生产贸易民俗内容进行了全面概括，他指出，生产贸易民俗包括以下内容：农业民俗、狩猎民俗、畜牧民俗、渔业民俗、矿业民俗、林业民俗、采集民俗、工匠民俗、贸易民俗、信贷民俗。而辛明路在《乳山民俗》一书中将生产贸易民俗内容梳理为农俗、渔俗、盐业、采金、蚕丝、商业六种。可见，生产贸易民俗就是某一区域或民族生存所需的物质民俗，其内容因区域或民族生存所需物质基础和条件不同而各有差异。

汉水流域中上游山地、丘陵居多，兼有盆地，农作物主要以五谷杂粮为主，兼有水稻种植，汉水下游的江汉平原是我国有名的“鱼米之乡”，粮食作物除以水稻为主外，也适宜种植麦、粟、棉、麻等作物，还有少量的畜牧业，普遍存在林业、手工业和贸易等物质生产活动。基于此，汉水流域生产贸易民俗主要涵盖农耕、狩猎、畜牧、渔业、林业、手工业、贸易等民俗形态。

一、农耕民俗

农耕民俗属于农耕文明范畴，是物质生产民俗的基础和特色部分，呈现出特有的生态性与质朴性。农耕生产活动相沿成习，形成农耕民俗。农耕民俗是人类在长期的农耕生产过程中逐步形成的文化产物，反映了农耕生产的基本过程与经验诸内容的模式化行为。就世界范围而言，农耕生产大体经历了原始农耕、传统农耕和现代农耕三个阶段的演变，农耕民俗也相应地经历了三个阶段的承袭与变化。由于历史、地理条件不同，不同民族、地区与时代的农耕民俗存在差异。

汉水流域农耕文明萌芽于史前时期。汉水流域民间盛传的神话人物炎帝神农，其功绩有：作五弦之琴、作耒耜、始教民耕农、立日历、日中为市、辨水泉甘苦、味尝草木、作《方书》。在汉水流域众多遗迹中，涉及石制生产工具和农作物的遗迹众多，其中汉水下游屈家岭遗址发现的水稻遗存，充分证明汉水流域是原始农业萌芽期的重要组成部分。

夏商周时期汉水流域农耕文明得到发展。这一时期天下虽然一统，但各诸侯国发展不均，彼此攻伐不断。秦国在春秋初期还无力参与中原盟会，没有展现争霸之志，在经历长期兼并之后，到春秋晚期，秦国实现华丽转身，以中原霸主自居。然而楚国在春秋初期还自称“我蛮夷也”（《史记·楚世家》），不过其后楚国也乘势兼并汉阳诸姬。夏商周时期，青铜器的产生和使用，标志着我国进入青铜文明时代，尽管石器生产工具还广泛应用于农业生产，但是随着青铜器生产工具的加入，农业生产水平得到大幅度提高。汉水流域出土的商代青铜器中就有农具多件。如湖北黄陂盘龙城李家嘴 2 号墓出土的一件铜锸，器身近方形，一面凸刃，中部有一长方镂孔。湖北汉阳纱帽山出土的锸为弧刃，顶端近凹形，中空，刃两侧作弧形。而湖北随州淅河镇发现的锸銎扁圆，口沿有凸边，器身作长方形，中空，上部中央也有一圆孔，一面凸刃，刃近弧形。锸，相当于现代的铁锹，其形状亦相似，是一种挖土工具。黄陂盘龙城楼子湾墓葬中还发现铜斨一件，楔形，直刃，有人将其判定为镢，也是一种挖掘工具。可见，在已发现的青铜农具中，以挖掘、平整土地的农具为主，说明当时的人们开垦田地的能力有了很大提高。根据《诗经》的相关内容和考古发掘所发现的农作物遗存踪迹，可知当时的主要粮食作物有粟、黍、菽（大豆）、麦、稻和麻，汉水流域的农作物大体与此一致，汉水流域平原盆地当以水稻为主，丘陵山区当以粟、黍为主，并杂以其他作物，如豆类杂粮。汉水流域是中国稻作农业最先发展的区域之一，在距今7000年左右的位于汉水上游今陕西西乡境内的老官台文化李家村类型的新石器时代的文化遗址中就发现了稻作遗存，其后，汉水流域河谷盆地的水稻种植延续至今。

秦汉至隋统一前汉水流域农耕文明进一步繁荣，夏商周时期农业经济区域集中在黄河流域，秦汉时期向岭南推进。农业经济区域南进过渡带——汉水流域，因其较为优越的气候、自然地理、区位交通等条件，跻身于中国农业最先发达的区域之一。《三国志》卷八称，汉末张鲁据有汉中，“汉川之民，户出十万，财富土沃，四面险固”。《史记·萧相国世家》称，楚汉相争时，刘邦“引兵东定三秦，（萧）何以丞相留收巴蜀，填抚谕告，使给军食”。《华阳国志·汉中志》亦称：“及高帝东伐，萧何居守汉中，足食足兵。”以上典籍记载，说明汉水流域的农业发达，粮食作物产量充足。事实确是如此，自先秦以来，汉水上游的汉中盆地、支流唐白河流域的南阳盆地、襄宜平原等区域农业经济已逐步兴盛发展起来，至汉代，则形成三个农业经济颇为发达且享誉全国的区域。魏晋南北朝时期，中原人口南迁，而流域内蛮族的频繁活跃，使随枣走廊及汉水下游北岸的丘陵地区的农业经济得到较快发展，逐渐形成一个新的农业经济区域。

隋唐至明清时期，农耕文明重心开始南移。汉代及其以前，汉水流域适宜种植水稻的地方基本上属于以火耕水耨为特征的撂荒制，六朝时期则以连种制为主，但在唐中后期至宋元时期，汉水流域已开始出现了稻麦轮作复种制，尽管还不普遍，只在水利及自然条件较好的地方推广实行，但亦表明这种新的农业耕作方式已传入了汉水流域并初见成效。水利条件较好的平原、盆地地带可种植水稻，而丘陵岗地则多种植小麦等旱地作物。汉水流域的广大山区仍然实行“刀耕火种”这种较为原始的耕作方式。隋唐宋元时期，汉水流域的粮食作物构成主要有稻、麦、粟等，而以水稻为主，小麦的种植面积及其在居民食物结构中所占的比重随着时间的推移而逐渐扩大，杂粮作物也占有一定的比例。各类作物的地理分布受地貌、地缘、土质、气候、水利等自然条件制约。一般而言，平原和盆地等水利条件较好的地方多种植水稻，如汉水上游的汉中盆地，汉水中游的蛮河、南河流域，汉水下游的湖沼区、涢水流域等，水稻种植占据主导地位。汉水中游的唐白河平原在隋唐北宋时期水稻种植较为普遍，但自南宋以后，受气候变化的影响及水利灌溉条件的限制，逐渐演变为较为单一的旱作区；襄宜平原北部和随枣走廊西端的情况与此相似。而广大的丘陵山区，则以麦、粟等旱地作物为主。其他经济作物亦有发展，蚕桑、麻、茶等在这一时期的汉水流域种植亦较为普遍。《广雅》中称，“荆巴间采茶作饼”。唐末汉水流域诗人皮日休作《茶中杂咏》并序，总《茶坞》《茶人》《茶笋》《茶籯》《茶舍》《茶灶》《茶焙》《茶鼎》《茶瓯》《煮茶》等10首诗。唐代汉水下游人陆羽，被后人誉为“茶圣”。唐代的《封氏闻见记》曰：“南人好饮之，北人初不多饮。”明清时期，汉水流域的农业生产结构发生巨大变革，农业耕作方式得以进一步改进，一些新的农作物种类在这一地区普遍推广种植。可见，在农耕文明南移时期，汉水流域的食源（饮品）文化得以发展和彰显。

近代以来，汉水流域农耕文明发展呈现新态势。受明清时期的闭关锁国政策影响，我国工业革命的步伐落后于西方。我国农业生产力发展呈迂回态势：“以小农经济为基础，家庭式作坊和官僚资本积累融合缓慢，农耕集团与弱势的工商业阶级形成鲜明对比，统治者也强力制约商业，维持政权的稳固。西方代表的工业大国和工业化全球化扩展，使得两个时空里的社会生产力形成悬殊的对比，中国的缓慢发展，在与西方国家的现代化产物交锋时便失败了。”① 我国在农业生产、科技研发、思想解放等方面尽管落后于西方，但觉醒意识强烈，“迎头赶上”的成效明显。近代汉水流域的开发开放，刺激和推动了该流域的发展。近代民主革命的先行者孙中山先生提出了开发汉水流域的设想。其在《建国方略》中指出汉口的战略地位，认为“湖北、湖南、四川、贵州四省，及河南、陕西、甘肃三省之各一部，均恃汉口以为与世界交通唯一之港”②。随着南水北调中线工程的顺利实施，一江清水永续北送，汉水流域各行业态，全方位展现在世人面前。为促进汉水流域科学持续发展，湖北省委十届三次会议提出要继续实施“两圈一带”区域发展战略，积极推进湖北长江经济带和汉江生态经济带开放开发，进一步促进长江中游城市群建设，推动“两圈一带”区域发展格局的形成，标志着湖北汉江生态经济带开放开发正式上升为省级战略。2018 年 10 月 18 日，《国务院关于汉江生态经济带发展规划的批复》发布，标志着汉江生态经济带建设和发展正式成为国家战略。汉水生态文化魅力得以彰显，有了理由和契机，有了自信和方向。在此方针指引下，被誉为“秦巴万宝山”、“中药材摇篮”、“天然生物基金库”、内陆候鸟迁徙重要驿站和多种珍稀动植物潜在分布区的汉水流域，生态农业、生态经济、生态资源得到合

① 何盼锋、徐国篱、冯保魁：《从中华传统农耕文化的稳定性看近代中国的落后》，《现代妇女》2014 年第 7 期。

② 孙中山：《建国方略》，牧之等选注，沈阳：辽宁人民出版社，1994 年，第 150 页。

理保护利用和科学开发，一大批地标农产品得到国家认证得以推广，农业生态种植与养殖、农业生态旅游、科学饮食与健康养生等观念深入人心，农耕民俗文化呈现新态势，内涵不断丰富和拓展。

汉水流域有“八山一水半分田，半分道路和庄园”的说法。农耕人口占80%以上。田少坡地多，块小土地薄。水田以山沟田（死水田）、小堰田和大堰田（活水田）为主，旱地以平地、岗地和坡地为主。高山区有烧坡开荒、广种薄收的习惯。民国三十六年（1947年）底以前，汉水流域农耕生产分自耕、佃耕和雇耕三种形式。合作化后，新造梯田、梯地，烧荒现象不断减少。丹江、黄龙水库建成后，汉水流域数万亩田地被淹没。汉水流域农作物品种丰富。据《郧阳志》（清·同治版）载：郧属物产与外郡相仿，谷之属有稻、粱、麦、黍、稷。汉水上游主要种植水稻、小麦、红薯、黄豆、绿豆、豌豆、蚕豆、马铃薯和各种蔬菜。农作物以苞谷、红薯、小麦为主，其中红薯产量最高。江汉平原是我国少有的稻、麦、粟、棉、麻、油、糖、鱼、菜都能大量出产的地区。主要以种植水稻、棉花、油菜为主，水稻产量高，为当地人民的生活提供了有力的物质保障。素菜品种亦很丰富，以郧阳（今十堰）为例。据《郧阳志》（清·同治版）载：蔬之属，春笋（《尔雅》曰竹萌）、白菜为最（无莲花白，有箭杆白）。其他莱菔、蔓菁、胡荽、茄、苋、菠、苣、芋、薯、葱、韭、薤、芹、姜、蒜、苦荬、瓠子、葫芦、黄瓜、丝瓜、冬瓜、番瓜（一名南瓜）、苦瓜、酱瓜、秦椒都不让他处，而西瓜、香瓜不及襄阳。水果品种多样。由于汉水流域独特的地形与气候条件，在中上游丘陵缓坡地带，种植有石榴、桃类、樱桃等，盆地坡地种植有柑橘，中下游平原地带适合种植西瓜等。据《郧阳志》（清·同治版）载：果之属，有桃、李、杏、栗、梨、枣、橘、蔗、柿、藕……葡萄、柑子。汉水流域常用农具有犁、耙、锄头、挖镢、铁锨、十字镐、钉耙、镰刀、砍刀、扦担、扁担、板仓、连枷、簸箕、扫帚。中华人民共和国成立后，新式农具不断增多，如双轮双铧犁、播种机（条播篓）、脱粒机、风车、拖拉机、抽水机、面粉机（含小钢磨）等。但多数农民仍使用旧式农具。汉水流域农作肥料有小粪、大粪和化肥三类。小粪有猪粪、牛粪、羊粪、鸡粪、草木灰、油饼等；大粪主要是指人的粪便；化肥有尿素、碳酸氢氨、氯化氨、复合肥等。汉水流域农业耕作讲究管理，程序有下种、锄草、施肥、除虫、收割等。大忙季节，多换工互助。秋季薅草时，常常打锣鼓，唱歌，调节气氛，打气鼓劲。冬闲挑塘、挖地、砍柴、修桥、补路。春闲修渠、积肥、修农具。汉水流域耕地与粮食作物分配有规可循，不同时期略有变化。清朝和民国时期，佃户按定课、活课或四六（得四交六）分成或对开交租子，剩下的自己支配。中华人民共和国成立后，经过“土改”，农民获得了土地。开始单干，接着成立互助组。从初级社、高级社到人民公社化后，土地归集体所有，农民按工分多少分得粮食，按月分粮。十一届三中全会后，实行联产承包和双层经营。承包土地按规定交承包费和提留，收得的粮食按合同完成售定购粮后，全部由自己支配。集体划定的经济林（茶园、果园、林场等）由个人承包，承包费由集体支配。

总之，农耕民俗即农业民俗，其内涵丰富，随着社会生产条件的发展，大致经历了石木耕具、刀耕火种的原始农耕民俗，金属耕具、刀耕火种的传统农耕民俗与机械化耕作、使用化肥的现代农耕民俗三个阶段。现代农耕民俗时代，揭开了传统和原始农耕神秘与禁忌的面纱，将科技融入生产成为一种习惯。但是现代农耕由于过分依赖科技和使用化肥，造成了农业耕作与生态环境出现矛盾。据何学威的《经济民俗学》介绍，法国《世界报》发表过一篇题为《不讲自然的农业》的文章。文章说，英国的疯牛病、口蹄疫危机震惊了整个欧洲，现代农业露出了真面目——疯狂的生产本位主义使农村成了无房的工厂，饲养的畜禽成了生产肉与奶的机器。确实，机器与化学的应用使传统农业生产方式发生了巨大变迁。“不违农时”和“因地制宜”是传统农业的原则，但现代农业不惜以破坏土壤、污染地下水为代价将草坪翻犁，改种小麦与玉米；用钢筋与混凝土建成了大教堂式的农业工厂，用来饲养牛猪和鸡鸭等。牛棚、马厩都盖成了暖室，鸡舍就是现代化的工厂，里面养了成千上万只母鸡，日夜开着灯（有利于多产蛋），并喂了一些抗生素之类的东西。出于效益考虑，饲养活动越来越集中，效率越来越高，甚至饲料生产也集中到一起。这样，通过原野放牧让牛羊在草地上悠闲吃草的时代过去了。现代农业生产方式打破了传统的自然平衡，导致环境破坏和食物污染，时代呼唤着现代环保农业、生态农业的出现与普及。随着南水北调中线工程的顺利实现，以及汉江生态经济带国家战略的推进，汉水流域生态迫切需要大保护，要将现代农业耕作方式弊端根除，农业耕作方式要倡导推广有机农业、绿色农业、持续农业、生态农业、科技农业、观光农业、休闲农业等，如蔬菜生产加工可借鉴袋装蔬菜、脱水蔬菜、罐头蔬菜的模式。由此可将汉水流域农耕民俗文化内涵提升至一个新高度。

二、狩猎民俗

何学威在其《经济民俗学》一书中对狩猎民俗进行了界定：“与采集相对而言，狩猎则是利用当地的野生动物资源，通过对兽类、鸟类、爬虫类的猎取，或者食用兽肉，或者将皮毛加工。狩猎生产俗称‘打山’‘打围’，它们都有自己的风俗习惯。”[①] 并进一步指出，狩猎民俗

① 何学威：《经济民俗学》，北京：中国建材工业出版社，2000 年，第 27 页。

在不同的山区和民族中有不同的体现，它们是远古人类原始狩猎与图腾崇拜留下的影子。其实，狩猎习俗是猎户在长期生产过程中经验、智慧的积累，也是战胜野生动物得以生存的手段。山区的猎户深深懂得：如不能在猎物面前取胜，就有被野兽吃掉的危险。生存的强烈愿望激励他们发现并积累了许多战胜毒虫猛兽的经验和方法。关于狩猎的起源，《尸子》有载："虙牺氏之世，天下多兽，故教民以猎。"① 此为我国最早记载狩猎情况的言论。放眼全球，关于狩猎民俗起源情况的记述，见苏北海的《新疆岩刻画》："狩猎是原始社会最重要的经济活动之一。在西班牙马德里北 200 千米处发现的吐拉尔巴遗址是距今 30 万～40 万年前的旧石器早期文化，出土有 2000 多件石块、石片及动物骨骼等，尤以大象骨骼为多，证明已能捕获大野兽。1966 年在法国尼斯附近发现的特拉·阿玛塔遗址，约为 40 万年前的文化遗物，居地有 20～30 人，堆积着大量的象、鹿、牛和其他兽类的骨骼化石，也证明他们已能捕获大野兽。随着狩猎工具和技术的改进，狩猎也不断有所发展。"② 各国考古发现，基本确定狩猎是旧石器中晚期人类主要生产活动。此论断证据之一为这一时期狩猎工具有较大发展，人类可以利用木棍、陷阱、弹丸和火来狩猎，并进一步发明投矛器，尤其是在向新石器时代过渡时人类还发明了弓箭。

汉水流域狩猎民俗散见于地方志书。如《郧阳志·风俗卷》（清·同治版）房县条载：房密迩金商，故俗至今多猎山伐木，有賨渝风。在其竹山县条目下亦载：昔时林木盛而禽兽多，农隙之时，居民猎取鲜肥，臂鹰搏兔，故其人多强毅；近则山尽垦辟，物无所藏，猎者亦罕。

---

① 尸佼：《尸子译注》，汪继培辑、朱海雷撰，上海：上海古籍出版社，2006 年，第 54 页。

② 苏北海：《新疆岩刻画》，乌鲁木齐：新疆美术摄影出版社，2013 年，第 153-154 页。

可见，清代在汉水流域的鄂西北十堰山区，狩猎习俗较为普遍，但随着垦种土地面积的不断扩大，野兽生存环境发生变化，藏身之地缩小，野兽数量下降，狩猎现象也逐渐减少。

其实在汉水流域靠近大巴山的一些地方，山大人稀，野兽还是经常出没，狩猎现象依然存在，在《三省山内风土杂识》中亦有记载。人们为了守卫即将到手的庄稼，在苞谷挂须、豆类结荚之时，山里便出现一些“介”字形的茅庵草舍。这是山民们为保护劳动果实不受野兽糟蹋而搭起的临时“哨所”，当地人把这种看秋护粮叫“守号”，把守号人住的简易草房称作“号棚”。人烟稀少的地方，庄稼即将成熟之时，狗熊、野猪、獾、土老鼠等，就会在夜里出来糟害。最厉害的是野猪，它们常常成群结队，一夜之间就可将几亩庄稼夷为平地。因此，人们在地边搭上号棚，每晚除在棚前烧一大堆篝火外，还要不时地吼唱有韵无词的山歌号子，放土枪、敲梆子、吹牛角号，用来惊吓野兽，阻止它们靠近地边。农闲时，居住在山里的人也想学城里的人来一点“闲适”，带上弯刀，背上干粮，扛上猎枪外出打猎，俗称“撵山”。他们不但熟悉猎物出没的地方，还能凭响动、气味、足迹、粪便之类的信息判断出各种不同的猎物，区分出哪些是受保护的，哪些是可猎的，并且对一些山禽野兽的习性了如指掌，如数家珍。打獾之类的动物，有一两个人即可。打野猪人要多，进山先查出脚迹，由经验丰富的人指挥，找准“交口”，由枪法最好的猎手“坐交”。“撵脚子”带上自养的猎狗，拿上竹竿或木棍，从三个方向驱赶，嘴里不时地吼着动听的撵山号子。“坐交”的守候在能隐退的地方严阵以待，只要猎物“上交”，十之八九逃脱不掉。打死野猪的猎手，从猪脖子上先扯一撮毛用火烧掉，再扯几根蘸上血粘贴在火枪的点火处。装上火药朝天放一枪，通知大家前来分享胜利果实，谁击中的谁优先，将尾巴使劲往后扯，扯到哪里就从哪里砍下来。

其余的大伙儿平分，凡拢了场的个个有份儿，连带的猎狗也不例外，“见山打猎，人人有份”。

三、畜牧民俗

畜牧与狩猎相伴而生。畜牧业是从古代狩猎经济民俗发展而来的较为文明进步的生产。狩猎生产的方式并不只是猎杀动物，把兽群驱赶入栏的围猎方式，为早期的驯服野兽（主要是野牛、野马、野羊、野骆驼）提供了有效的方法。猎物的暂时过剩为驯养创造了条件，大规模畜群的繁殖为人们积累了更多的肉食及皮毛，放牧生产便自然形成了独立的经济体系。牧业部落经济的发展速度十分惊人，史书记载，我国古代北方诸部族的畜群，往往都在千头以上。牧业经济生产习俗与发展畜牧业的直接目的有关，那就是为了保证人们得到肉食，这远比狩猎更行之有效。汉水流域畜牧民俗起步较早，在远古时期的新石器时代人们就饲养家禽家畜。据李文杰《湖北天门市石河镇肖家屋脊和邓家湾遗址制陶工艺研究》一文介绍，出土于邓家湾遗址的器形有“陶鸟、陶鳖、陶象、陶羊、陶猪、陶人抱鱼等，均为泥质红陶”①。邓家湾遗址归属于屈家岭文化范畴。屈家岭遗址出土有大量陶制器具、作物生产工具和粳稻谷壳，表明4000年前的汉水下游江汉平原一带，社会经济以农业为主，兼营饲养、纺织、渔猎等；农业和手工业已出现分工，制陶业发达，陶器图案美观，品种丰富。色彩艳丽的彩陶器、陶质禽鸟模型及玉饰品，生动折射出当时人们文化生活的精神面貌。

汉水流域的畜牧民俗文化传承至今，畜牧业生产以个体为主。家畜

① 李文杰：《湖北天门市石河镇肖家屋脊和邓家湾遗址制陶工艺研究》，《江汉考古》1999年第1期。

主要养猪、牛、羊、兔等，家禽主要养鸡、鸭、鹅，鸽较少。具体来看表现为以下三点。

一是汉水流域穷不丢猪的传统习俗。猪分种猪和肉猪两类。种猪，雌性的叫母猪，雄性的叫撅猪子。幼猪满月出圈前要劁，劁后雌性的叫草猪娃儿，雄性叫牙猪娃儿。成猪出栏从主人家门前过时，要向猪身上泼一瓢恶水（洗碗水），以示以后恶水喂的猪都长得快。因猪叫像病人"哼哼哼"，故传统习惯送礼不送猪，也禁忌邻居的猪进屋。

二是养牛习俗较为普遍且讲究颇多。母牛生下牛犊后，要用黄豆推豆浆喂养，以增加乳汁。公牛叫犍子，犍子在没骟之前称犍娃儿。犍娃儿到三四岁时除留臊犍（种牛）外，都要骟（勒骟、开骟、锤骟），也有不到一岁就骟的（叫奶骟）。役牛称大牛。役牛犁田耙地时，早晚吃好草并加料，放早牛。大牛还用苞谷衣子包黄豆一嘴一嘴地喂。上午、下午"接腰"时，有的喂草洒盐水，有的喂饭。退役的牛叫菜牛（大部分卖掉）。夏秋两季要用韭菜给牛擦洗口腔，擦洗完毕，给每头牛灌鸡蛋清或一斤半斤香油后，再灌 1～3 竹筒（灌牛药用具）用犬黄、地骨皮等中草药熬成的汤药，以清火解毒。冬天喂牛拌棉花籽，以增加牛的体温。做牛生意，大部分是牛贩子上门买，也有赶到牛绳（交易牛的市场）上卖的。到牛绳上买卖牛，无论是役牛还是菜牛，都是看牙齿定年龄、议价格。议价时有的比明码子（口头议价），有的由牛经纪（做牛生意的）相互伸到袖筒里比暗码子（指头比价）。

三是饲鸡注重品种引进和品牌特产塑造。汉水流域养鸡很普遍。本地产的有柴鸡、白羽乌鸡。白羽乌鸡已成为国家地标产品。从外地引进的有九斤黄、来杭鸡、肉鸡等。春天孵鸡娃儿，农村个体养鸡以孵窝为主，孵 21 天，就出小鸡娃儿。城镇以人工孵化（电孵）为主，俗称炕鸡娃儿。养鸡，农村以散养为主，城镇以圈养为主。营养价值最高的属白羽乌鸡和仔鸡（未开叫的雄鸡）。另外，汉水流域还有养鳖、蜜蜂、蚕的习俗，此不赘述。

四、渔业民俗

《周易·系辞下》载："古者包牺氏之王天下也，仰则观象于天，俯则观法于地，观鸟兽之文与地之宜，近取诸身，远取诸物，于是始作八卦，以通神明之德，以类万物之情。作结绳而为罔罟，以佃以渔，盖取诸离。"[①]《抱朴子》说："太昊师蜘蛛而结网。"屈原《楚辞·大招》王逸注："伏戏氏作瑟，造《驾辩》之曲。"伏羲氏发挥聪明才智，借鉴蜘蛛结网方式，教导部众用绳索编结成网，网禽兽，网鱼虾。工具的进步，具有划时代的意义，使捕获量大增，渔业空前发展。

关于伏羲的出生地，历来有几种说法，一说生于成纪，一说生于仇夷山，也有生于雷泽之说。成纪，是古代一个地理区域名称，泛指今甘肃省天水、静宁及陇南北部的西和、礼县等地；仇夷山是一个非常具体的地方，即仇池山，在今西和县南部、西汉水北岸。《太平御览》卷七十九引《遁甲开山图》记载："仇夷山，四绝孤立，太昊之治，伏羲生处。"据郦道元《水经注·漾水》记载，汉水流域的仇池山，即仇夷山。从仇池山的确定位置可以推断，成纪范围包括仇池山。汉水流域民间就有伏羲教人捕鱼的传说。而仰韶文化遗址中发现有石网坠、骨鱼钩、鱼叉等捕捞工具，鱼或动物的形象也进入了彩陶艺术制品中，网格装饰纹样更是常见，都能证明伏羲时代捕捞在生产生活中的重要性。渔业是伴水而生的，传统海洋社会以渔民渔业社会（这里指的是广义的渔业）为主要构成，也就是渔民村落，即渔村。渔民渔业社会的日常生活民俗以

① 宋祚胤注译：《周易》，长沙：岳麓书社，2000 年，第 346-347 页。

衣、食、住、行体现，受海洋环境和生产环境的影响，在长期的历史发展过程中各具特色。渔业民俗是渔文化的主要内容，其经济和文化价值在人类的文化发展史上居于特殊的重要地位。在母系社会渔猎时代，渔业是人们赖以生存的获得物质资源的方式之一。有些地方不是单一的渔业经济地区，而是渔农兼作。农忙务农，农闲鱼汛到来的季节，便以舟楫为家，张罗竿首，画钓泥中。

汉江支流堵河、滔河流域和一般塘库都有养鱼、捕鱼的习惯。除国有、集体渔场外，还有养鱼专业户。养鱼专业户多在塘库养鱼或用网箱养鱼。捕鱼主要使用捞兜、板窨、抱网、拦网、滚钩等。还有人会识鳖路，一年四季从事捉鳖和捕鳝活动。渔业民俗主要包括渔具渔法、渔谚等内容。

一是渔具渔法民俗。汉水下游的仙桃沔阳县，有水产志记载，民国年间，渔民常用的渔具有 5 种，农户杂用的有 17 种。中华人民共和国成立后，为了提高经济效益，进行了改革和引进，有四大类：钓具、网具、篾具、杂渔具。渔法大体包含 4 种：驱逐法、诱集法、拦截法、陷阱法。钓具有地钩、亮钩、鲤鱼钩、黑鱼钩、鳝鱼钩、脚鱼钩、子钩、大钩、带钩、拖钩、游钩、淌钩、窝钩等 13 种。前七种是诱饵钓具，后六种为直钓钓具。渔网有丝网、线网、大网、小网、撒网、晾网、泥网、洗网、站网、顶网、飞网、溜网、撑篙网、槽子网、八字赶网、大罾、小罾、提罾、赶罾、撮罾、瞄罾、迷魂阵、摊河网、麻罩、推泽、虾泽等。篾具有卡子、花篮、花罩、鳜鱼花篮、络子花篮、纽络、裤络等。其他杂渔具有镣、排叉、灯叉、耙子、地钢、鳝鱼把、白船等。

二是渔谚。如捕鱼谚语：水无百日寡，有水就有鱼。下湖三天摸湖底，三天不捞手也生。手中无网看鱼跳。清明叫，谷雨跳。一河水，一河鱼。涨水鱼，退水虾。近水知鱼性，近山识鸟音。鱼走一条线，脚鱼偎沙滩。采苗谚语有：立春不等一百天，捕捞鱼苗到江边。襄河来了半河水，再涨三天必有鱼。立夏到江边，小满收鱼花。虾引路，鳜断江。养鱼谚语有：养鱼种树，发家致富。秧好一半谷，苗好一半鱼。三分养，七分管。种田靠肥料，养鱼靠饲料。其实渔业民俗还囊括有造船习俗、渔业祭祀习俗、大型捕捞活动“报号子”习俗、捕鱼与占卜天象习俗及渔业禁忌习俗等，凡此种种，不一而足。

五、林业民俗

林业民俗是人类在长期的林业生产生活中形成的古老的、具有普遍意义的风俗习惯，是一种传统文化的心理和行为积淀，在我国民俗中占有十分重要的地位。作为一种古老的文化现象，它与我国林业发展史相依相伴。我国与森林相关的民俗保存相对完好的地方，多半在交通不便、经济欠发达的老少边穷地区。由于长期缺少与外界交流，所以文化的原生态性保存完好，传统文化积淀深厚，宗教氛围古朴浓郁。正是这些宗教和信仰，使人们形成了在生产、生活诸多方面的色彩斑斓的民间习俗。远古的人们对大自然颇具依附心理，他们认为树木秋天落叶，冬季静眠，春季复苏，树根延伸地狱，树冠挺上天空，将天地和冥界连接在一起，是超越自然界的神灵化身，是人类和宇宙的象征。根据有关调查研究记述，怒族、佤族、彝族、傣族、壮族、哈尼族、苗族、普米族、布依族、布朗族、景颇族、纳西族等许多民族中都有神林祭祀的民俗。神林为某种敬奉的神树之林或者祭祀之所附近的树林。俗以为是神灵的居处，神圣不可侵犯。哈尼族、彝族、拉祜族等都有“祭龙”，亦即“祭龙树”“祭龙林”的习俗。

在婚嫁家具的制作上，汉水流域民间多用楝木、椿木，有栽“椂树”“婚嫁树”的习俗。此类木材系本地所产，木纹美观，强度及性能近似香樟，耐摩擦，不怕虫蛀，材质细密均匀，易加工，耐使用，物美价廉，深受民间普通人家适龄青年的欢迎，常用成习。妇女怀了孩子，在门口两侧挂上柚树枝叶，以避邪和告示家有产妇。家人还在房屋前后或田边地角，精心栽培几棵杉树、松树或椿树。中国南方北方都有种植“同龄树”的民俗。家有婴儿出生后，家人在院落中选种一棵吉祥树，或梧桐树，或枇杷树、花椒树、枣树、栗树等，认为孩子的命运和“同龄树”的命运相连，枯荣相伴，愿人和树木同生共长；男婚女嫁时，砍几棵做箱柜；新建房子时砍做“红梁”；年老时砍做棺椁备用。部分区域还在村子附近种植一片常绿树林作为“保命树”，谁家生了孩子，接生婆便把“衣胞”（胎盘）埋在树下，以示孩子与树同呼吸、同命运、共成长，与树相依为命。对这片树林，人人爱护，家家管理。还有拜“干爹树”，即人们在扶养小孩时，为了让小孩消灾免难，长生保命，由父母备上祭品，带上孩子到龙山树林里，拜认一棵大树做干爹，祈求神树保佑孩子消灾免难，祛痛除病，像大树那样长命百岁。

有的区域在垭口或岔路口，保护或栽培几棵或一片绿叶垂荫的大树作为行路、劳动、拴马、放牧歇息乘凉的场所，称之为栽“歇凉树”。另有栽“寨树”的习俗，在村旁或寨中心，栽培一棵或几棵常绿大树，作为寨老聚集村民议事或村中吉庆、节日聚会的地方，或为早晚闲谈的场所。

端午节门上插菖蒲、艾枝，并用其拌雄黄酒喷洒屋内外以驱邪，以求平安。柞木、楸木、桐木等可用来当作制家具的材料。它们以具有胀缩性小、不易翘曲开裂的优越性而在家具生产中得到广泛使用。楠木、红木，材色黄褐略带浅绿，木纹斜行，富光泽，木质稠密，能耐久，具香气，是富贵人家做家具的上乘材料。民间以“楠”作为孩子姓名，希望孩子日后成人像楠木那样成为又高又直的栋梁之材。

此外，还有用树作符号表示禁忌、指路、吉祥、报喜、未婚、定物、驱邪等习俗。如在田边地角或田地中间插上树丫数枝，表示已经下种、育秧，禁止人畜家禽糟蹋；在岔路口置放一树枝，为落伍的同伴指引方向。

大多数林业民俗是俗信而非迷信。这些民间信仰从本质上来看，是从远古原始思维世世代代传袭下来的神奇思考和朴素行事。从文化史的发展观点出发考察它们，科学地分辨它们，就会发现，许多信仰形式和手段与人们的日常生产生活结合得十分紧密，使它们早已脱离了古老的巫术活动，转化为朴素的日常俗信了。林业民俗中对人的身心健康和环境保护有积极作用的部分，属于人类的非物质文化遗产，是人类古老的生命记忆和活态文化基因库，代表着民族普遍的心理认同和文化基因传承，代表着民族智慧。非物质文化在现代化浪潮中正经受巨大冲击，很多文化遗产处于濒危状态，有的正在消失，有的已经消失。林业民俗是我们发展文化产业、文化旅游和社会主义新农村建设的宝贵资源。对林业民俗中的有益成分的吸纳、保护和传承，是紧迫而必要的。

据《郧阳志·物产卷》（清·同治版）载：木之属，有椿、楮、桑、柘、松、柏、桐、槐、檀、栌、栎、枫、楸、樟、棕、冬青、皂角、乌桕、黄杨、白杨、花桑、青藤。汉水流域林业从林木用途及品种来看，用材林有松、杉、柏、楸、榆、椿、白杨、毛桐等；薪炭林有花柳、铁强、栎、檀等；经济林有油桐、木梓、板栗、桔（草桔、柑橘）、核桃、柿子、苹果、梨、枣、桃、樱桃、葡萄、梅子、漆、桑、麻、花椒等；竹林有毛竹、水竹、旱竹、楠竹等。从种植与管理来看，农村住户以经济效益为主，城镇机关以美化环境为主。农户房前屋后以栽桃、梨、柑橘、樱桃、花椒、椿树、毛桐、槐等为主，习惯上前不栽桑，后不栽柳，房山头不栽鬼拍手（白杨树）。城镇机关以水杉、松、柏、桂花、栀子、夹竹桃、枇杷等为主。高山坡薄土或窝土地带栽种松柏、花栎、杉、茶等。低山土质厚的栽种苹果、梨、柑橘、油桐、木梓等树。公路两旁栽阔叶树。实行土地承包后，鼓励人们在荒山荒坡栽草种树，谁种谁管谁受益。集体林（茶）场承包给个人，国有林场国营。总之，汉水流域林业民俗体现出“植树、养树、敬树、忌树”之特色。

六、手工业民俗

手工业民俗是人类社会生产力得到一定发展后劳动分化的结果。比如，为了满足人们住房和生产工具的需要，便产生了泥瓦匠、石匠、木匠和铁匠；为了满足人们家庭日常用品的使用和维修需要，便产生了陶匠、篾匠、焊匠、箍桶匠、凿磨匠、补锅匠；为了满足人们穿着打扮方面的需求，便产生了织匠、染匠、皮匠、裁缝、鞋匠和首饰匠。吴自牧《梦粱录》卷十三“团行”条记曰：“其他工役之人，或名为‘作分’者，如碾玉作、钻卷作、篦刀作、腰带作、金银打钑作、裹贴作、铺翠作、裱褙作、装銮作、油作、木作、砖瓦作、泥水作、石作、竹作、漆作，钉铰作、箍桶作、裁缝作、修香浇烛作、打纸作、冥器等作分。又有异名‘行’者，如买卖七宝者谓之骨董行、钻珠子者名曰散儿行，做靴鞋者名双线行，开浴堂者名曰香水行。”① 充分证实手工业的内部分工在宋代已经非常细致。工匠被称为手艺人，是专业人才，在农业社会有自己的群体优越感，觉得做手艺不愁水旱饥荒，因此有“千田万地，当不得一种手艺”“手艺在手，走遍天下能糊口”“七十二行，行行出状元”等俗谚。农村地区的工匠是“吃百家饭的”，通常在哪一家做活，哪一家的主人就得管吃管喝，工钱另外计算。普通农民乐意让孩

① 吴自牧：《梦粱录》，杭州：浙江人民出版社，1980 年，第 115 页。

子拜师学手艺，但是，手艺（尤其是高超的手艺）往往局限于家传。与生产有关的手工业，主要包括铁匠、木匠、纸匠、石匠、泥瓦匠、纺织作坊、造纸作坊等。

汉水流域手工业有绣花、榨油、编织、造纸、酿酒、织布、烧砖瓦、做木活、扎纸等。手工业生产者需要学徒，如木匠、篾匠、窑匠一般学徒三年。第一年师傅不给工钱，第二年给一半，第三年全给。徒弟每年要给师傅拜年，农忙帮助干活。徒弟出师（学成）后，师傅要送给徒弟全套工具和缝制全套新衣服，徒弟也要给师傅送厚礼以示答谢。一日为师，终身为父。徒弟出师后虽然自立门户，但通常仍保持你来我往的师徒关系，如有红白喜事，都互相帮着料理。

汉水流域手工业中做木活最普遍，酿酒最有特色。汉水流域酒分黄酒、烧酒（白酒）、甜酒三种。前两种酒都用大曲酿造。黄酒有糯米黄酒、小米黄酒、苞谷米黄酒、饭米黄酒、红薯丁黄酒，其中糯米黄酒质量最好，色似酱油，味道醇厚。也有的在制曲或做酒时，放入活血、解乏、滋补之类的中草药，名为药酒。有的在黄酒酿成后，用泥巴等把酒坛子口密封，放到地窖过两三年再喝，称闭封酒。这种酒口味淡，后劲大，饮后醉而不倒，有舒适之感。烧酒（白酒）分小窖烧酒和大窖烧酒。小窖烧酒主要是一家一户，用锅顶锅的方法，以苞谷、红薯、高粱、柿子为主，另加配料，经发酵后蒸成酒。以苞谷为主的叫苞谷酒，以柿子为主的叫“柿子开酒”。大窖酒以集体或国有企业为主。做甜酒，需用甜酒曲、糯米、苞谷米等。20 世纪 80 年代后，城乡间最流行的是湖北梨花村酒厂的系列酒。

汉水流域手工业技术主要体现在铸造、纺织和漆器方面。曾侯乙墓出土的青铜器铸造工艺震撼世界，曾侯乙编钟群的铸造技术，以其精细的复合范铸技术，分铸技术，传统铸接、焊接技术，失蜡法技术处于当时世界领先水平。汉水流域中下游是辽阔而肥沃的江汉平原，非常适宜桑蚕和棉花的生长，自古以来这里就是纺织业和纺织技术发达之地。其中，最突出的就是在古随国曾侯乙墓中发现的纺织品，它对中国古代纺织史的研究具有突破性的意义。已出土的战国时期的实物表明，汉水流域的刺绣工艺大有进步，手法和纹样都有特异的风格。当时楚国的刺绣已远销到西伯利亚地区，可见其刺绣工艺之发达。中华人民共和国成立以来，已在汉水流域清理发掘楚墓超过五千座，其中近千座墓出土了大量漆器。汉水流域的漆器类别极繁，应用极广，按其用途可分为生活用具、工艺品、娱乐用品、丧葬用品等，楚漆器的大量出土，正是汉水流域漆器工艺兴盛发达的标志。

七、贸易民俗

贸易民俗是集市贸易民俗或商业贸易民俗的简称，是随人类社会生产力发展而形成的以交换为核心的商贸活动行为惯制。王静、许小牙的《中国民间商贸习俗》囊括了商贸习俗史话、商人经营之道、集市贸易习俗、货币流通习俗、商贸管理习俗、古代广告习俗、古代对外贸易，以及其他商贸习俗和中国商谚及典籍中的生意经等内容，为后世研究贸易民俗奠定了基础。

汉水流域贸易民俗内涵厚重，表现有三：一是汉水流域自古水陆交通发达。早在商代，活动在汉水流域的各部族，通过水上交通与商王朝来往密切，并一度成为臣服于商的“方国”。在战国之际，汉中西部为蜀地，东部为巴地，其战船、航运如梭。汉高祖刘邦定鼎于汉中，更注意汉水的开发和航运，通过汉江调节了京城粮财食物，又解决了南粮北调的困难。在汉水流域下游，荆楚地区的水路交通一直很发达。《史记》

对先秦各国水利的记载说：“于楚，西方则通渠汉水、云梦之野，东方则通沟江淮之间。”① 荆楚地区的水路，主要利用长江、汉水。可见，从汉水通往中原的古代水道通畅，商队商贸活动繁盛。还有横亘在汉水中上游的川陕蜀道，以及纵横交错的栈道、阁道、偏路均为商贸活动顺利展开奠定基础。颇值一提的是勾连四方的汉水流域古盐道，纵横延伸于川陕鄂豫数省，被近人称为“南方丝绸之路”，在十堰市竹山、竹溪境内遗迹尚存。这条大道既是人类生命起源和播迁的大道，也是人类文化与人类社会商业起源和发展的大道，同时，更是聚合东西、勾连南北各民族经济文化的文化地理大道。由于其独特的政治经济、历史文化、军事地理地位，无论古今，都具有无限丰富和无比重要的研究价值。

二是码头及商业会馆促进商贸活动进一步发展。汉水上游的陕南商洛市的丹凤县龙驹寨遗址，经过研究发现是汉水上游商贸活动的重要码头。龙驹寨自古以水旱码头闻名。旧有河街两条（单街）、正街一条。河街已为水毁，正街分布着数百家过栈行、骡马店、骆驼场、银钱铺、发贷行等商店及“十大会馆”“十八座庙宇”。迄今尚有船帮、盐帮、青器帮、马帮会馆及城隍庙、紫阳宫、金山寺等古建筑。汉水支流唐白河流域的南阳社旗县山陕会馆，有八九层楼高的豪华古建筑至今尚存，被著名古建筑专家单士元誉为“辉煌壮丽，天下第一”。山陕会馆始建于清康熙、乾隆年间，现有山门、过楼、戏楼、左右夹楼、钟鼓二楼、南北看楼、南北碑亭、正殿、关帝庙、财神殿、火神殿、春秋楼、望楼、游廊等亭台楼阁 160 多间，气势宏伟，风格独特。社旗县原名赊店镇，为南北九省的交通要道，全国有 13 个省的商人在此经商，尤多秦晋盐商大贾。赊店镇也有“天下第一镇”之称号。仅各省商人建的同乡会馆就有山陕会馆、湖北会馆、江西会馆、广东会馆、福建会馆等 20 余处，其

① 司马迁：《史记》，韩兆琦译注，北京：中华书局，2010 年，第 2314 页。

中山陕会馆独领风骚，“天下第一”。它是中国古代建筑的瑰宝，特别是戏台精工细作的复台结构，更是比较少见。它不仅可以与北京颐和园中的“德和园”大戏台相媲美，而且比故宫内廷的“漱芳斋”还要精致。据有关碑文记载，社旗山陕会馆仅兴建春秋楼及附属建筑就花费白银707844两，兴建大拜殿及附属建筑花费白银88788两。如此庞大的花销是在寓居社旗的山、陕两省商贾为了树立本籍的商业形象，相互攀比，财大势众，加之“盖压三江”的比富心理作用下产生的。此地又为茶马古道的咽喉，水陆交通发达，互通南北，使社旗山陕会馆建筑之时得以“运巨材于楚北，访名匠于天下”。其选材范围之广、材质之优，延聘工匠之多，为当时同期建筑工程之冠，各地的能工巧匠齐集于此，各展绝技，从而使社旗山陕会馆的建筑艺术达到了当时的巅峰状态。

三是汉水流域贸易民俗集中体现在商贸活动中的用语禁忌方面。如民国时期，汉水流域的商业牌号名称多以地名、吉祥字词、行业等为内容命名，如长发祥、茂盛瑞、王义大、同兴仁、永昌祯、寿世堂、松鹤龄、天马商场、金龙商场、红太阳酒都、红会（红十字会）酒家、四季美发廊、金桥大酒店、蓝波商场、小商品市场等。从事市场营销活动，讲究财源茂盛，一帆风顺。有很多吉祥语和禁忌语。为使生意红火，把一二三四五六七八九分别说成“海罇茬严拐劳星别稍”，把赚钱、折本、转让、倒闭、清理、暂时停业、摊点、肩挑营销分别说成“顺头、泼了、顶出去、关门、盘点、歇业、坐庄、行庄”。卖酒的不说“酸”，卖瓷的不说“打”，南瓜叫“倭瓜”，猪舌头叫“赚头”，猪耳朵叫“顺风”，等等，不一而足。

第三章 饥餐渴饮
——汉水流域衣食住行的魅力

衣食住行是人类生活方式的重要组成部分。无论社会如何发展，民俗如何变迁，生活条件如何改善，有关衣食住行方面的传统与习惯总会保持相对稳定的民族特点，代代相传，延续不断。衣食住行民俗文化是民俗文化的基本构成，既属于物质民俗，又渗入精神民俗甚至是社会民俗中。衣食住行是人类物质生存需求的最基本反映，其原料创造的物质性，成品制作方式方法乃至风格等的精神性，使用过程中禁忌与信仰等的社会性，无不证实衣食住行民俗文化的本质及文化功能。魏德明在其《佤族文化史》一书中强调："衣食住行不仅是人类物质文化的重要组成部分，也蕴含着人类的精神文化。只有透视到了一个民族的衣食住行背后的精神因素，这个民族深层的文化生命力才能真正显露出来。"① 衣食住行与人类生存息息相关。正如崔金泰等在其《生息相关》一书引言中强调的那样："拉链、牛仔服、纽扣的发明简单到只需要想象力；饼干、冰淇淋的发明则印证了'民以食为天'这句古老的俗语；建造无窗楼房、通风大楼需要观察大自然已有的成就；改进汽车、自行车就不仅需要专业知识，而且要有创造性思维……善于思考、乐于思考的人类，即使面对的是身边小事，也会认知观察、认真思考。"② 事实确实如此，衣食住行民俗文化正是人类在其生存过程中观察、思考、创造而成的。而在《中国文化中有关衣食住行的100个趣味问题·衣食卷》一书序言中干脆将衣食住行概括为"文化史常识"："涉及的内容，照学科术语说，是'文化史常识'，就是古老历史中人们衣食住行、吃喝拉撒等方面的

① 魏德明著，云南省民族研究所、云南民族出版社编：《佤族文化史》，昆明：云南民族出版社，2014年，第121页。

② 崔金泰等编著：《生息相关》，北京：中国少年儿童出版社，2001年，"引言"。

掌故、趣闻。"[1] 衣食住行的掌故、趣闻正是组成民俗文化的核心要点，是人类日常生活中的身边小事，更是人类"文化史常识"积淀的源头。汉水流域衣食住行民俗文化是汉水流域人们日常生活的折射，内涵丰富，值得研究。

一、服饰民俗

关于服饰或衣服，我国古典文献多有记载，从中可发现其发展演变历程及厚重的文化内涵。《礼记·礼运》载：昔者先王"未有麻丝，衣其羽皮"，后圣有作，"治其麻丝，以为布帛"[2]。《墨子·辞过》载："古之民未知为衣服时，衣皮带茭，冬则不轻而温，夏则不轻而清。圣王以为不中人之情，故作诲妇人治丝麻，梱布绢以为民衣。"[3]《周易·系辞下》载："黄帝、尧、舜垂衣裳而天下治，盖取诸乾坤。"[4] 类似记载还有很多，不一一列举，这些记载充分展示了我国服饰文化的根须脉络。

服饰文化在我国承袭已久，其内涵概括起来有三点：一是古代服饰颜色的变迁。据《受益一生的国学智慧课》一书叙述："夏朝君主的服饰为黑色，商朝崇尚白色，周朝崇尚红色，秦国崇尚黑色，汉朝以红色为尊等等。一直到了唐朝武德年间，统治阶级将黄色定为皇帝专用色，并下令其下臣民的服饰一概不得使用黄色。"[5] "色彩"即颜色。但是古

---

① 默石：《中国文化中有关衣食住行的100个趣味问题·衣食卷》，北京：金城出版社，2011年，"序言"。

② 崔高维校点：《礼记》，沈阳：辽宁教育出版社，1997年，第76页。

③ 戴红贤译注：《墨子》，太原：书海出版社，2001年，第28页。

④ 宋祚胤注译：《周易》，长沙：岳麓书社，2000年，第349页。

⑤ 墨羽：《受益一生的国学智慧课》，北京：中国商业出版社，2018年，第154页。

代中国“颜色”一词的意义与今天的并不完全相同，最初只指面色。比如《楚辞·渔父》里有“颜色憔悴”，《说文解字》里说：颜，眉之间也；色，颜气也。注云：凡羞愧喜忧必形于颜，谓之颜色。因为“心达于气，气达于眉间”是谓之色，可见最初“颜色”指的是面色，而非万物之色彩。到了唐朝，“颜色”才有了指自然界色彩的含义。比如唐朝诗人杜甫在诗作《花底》中写道：“深知好颜色，莫作委泥沙。”成语“五颜六色”也反映了“颜色”的这种意思。红色象征喜庆，象征着节日的快乐，也有警告的含义，红色还象征着热量、活力、意志力，还有火焰、力量等。黄色是中心色，象征大地的颜色。在中国有“黄生阴阳”的说法，把黄色奉为彩色之主，是居中位的正统颜色，为中和之色，居于诸色之上，被认为是最美的颜色。此为红黄色渐次流行根本所在。

二是汉服的流行。汉服是中华民族传承数千年的传统服装，最能体现中华民族的服装特色。在汉服文化中，上衣下裳，是最基本、最传统的款式。“谢枋得曰：‘乾天在上，衣象，衣上阖而圆，有阳奇象。坤地在下，裳象，裳下两股，皆阴偶象。上衣下裳，不可颠倒，使人知尊卑上下不可乱，则民志定，天下治矣。’”① “衣”包括九个部分：领、襟、衭、袪、袖、衿、带、系、衽。汉服自西周开始，历经几千年的传承，终于在唐朝得到了系统化的升华。据《开元礼》中记载，汉服按功能可以分为冕服、朝服、公服、常服四大类。

三是冠、巾、帽冠的意蕴。冠、巾、帽冠为我国古代贵族、官宦士大夫等上层社会人士佩戴的帽子，象征着身份尊贵，至汉代有冕冠、通天冠、长冠、法冠、武冠、进贤冠、方山冠等不同类型。

白以娟主编的《中外民族民俗》一书对服饰民俗做了全面科学的界定：“服饰民俗是指人们在长期的社会生活过程中所形成的有关穿着、

---

① 丘濬：《丘濬集》第三册，周伟民等点校，海口：海南出版社，2006 年，第 1379 页。

佩戴和装饰的行为习俗和文化规范。服饰民俗既是人们物质生产的产物，又是人们政治、宗教、哲学、伦理、审美等观念的结晶。服饰民俗是人类集体智慧的创造，体现着人类历史文化的传承和发展。”① 并进一步总结出服饰民俗的具体类型：“服饰民俗由四大类构成：第一类是衣着，第二类是各种附加的装饰，第三类是对人体自身的装饰，第四类是具有装饰作用的生产工具、护身武器和日常用品。”② 可见，服饰民俗的本质是人类社会围绕身体衣着修饰创造的物质民俗，以及由此形成的多维观念，从类型来看，不仅仅局限于衣着，更包含了对身体的修饰，如理发、修脚等，其内涵极为丰富。

汉水流域服饰民俗文化内涵丰富，特色鲜明。以汉水下游的汉口服饰民俗为例，来加以说明。《中国地方志民俗资料汇编·中南卷》所载的《汉口小志》（民国四年铅印本）中所述汉口服饰民俗非常详尽：“冬夏衣服花纹彩色，由季而异。夏时则好蛋青、血青、宝蓝、白色、灰色、米汤娇色、出炉银色，以淡为雅素。冬期则爱玄青、二蓝、品蓝、玉色、虾青、灰青等色。花纹则随时变改，男女老稚无大分别。（《新译汉口》）极寒之际，男女衣服多着狐羊皮里，以御寒气，妇人则多用火炉、火钵，燃烧白炭、炭巴等类，以助体温。（同上）夏间热度颇烈，轻罗薄纱，愈轻愈好，下等劳动家有终日赤髆者，亦有通宵露宿于外者。（同上）女子以红绿为吉服之色，凡有婚姻、庆事时，家内一切修饰，如帷帐等类皆以红色布制之，其他家具类用红色，满堂光耀，彩幔缤纷，俗称为‘满堂红’。（同上）缠足为往昔家族习惯，现虽渐渐改良，然普通以脚小为最贵。刳木如桥缀于鞋底，名曰‘弓鞋’。莲勾小者，缓行似敲玉棋，急走如挝羯鼓，其声青脆可听。（参《汉口竹枝词》

---

① 白以娟主编：《中外民族民俗》，北京：旅游教育出版社，2013 年，第 172 页。

② 同上书，第 173 页。

注）起义时，汉口人士多穿着洋式衣服，现已仍旧，因其逼窄拘束，有碍身体自然之发育故也。女子亦间有剪发着洋装者。”① 此服饰习俗涉及服饰颜色、喜庆服饰、传统服饰等，有些习俗至今仍在汉水下游悄然承袭着。汉水流域服饰民俗事象丰富，然专业文献记载不多，现根据笔者调研和观察将汉水流域小孩服饰习俗稍作整理如下：

戴“箍子”习俗。“箍子”亦叫镯子，江汉平原有小孩戴圈子的习俗，汉水中上游也有此习俗。戴在颈上的叫“狗颈箍”，手上的叫“手箍”，脚上的叫“脚箍”。“箍子”主要由外祖母家在孩子做“周岁”时送，或由亲朋好友集资置办。主人请大家吃一顿饭，以示答谢。“箍子”一旦戴上就不能随意取下来，一般到10岁或20岁时才能取，或者到孩子成亲那天取下。丈夫戴“箍子”要由妻子跪在床前踏板上取下来，反之则由丈夫跪在踏板上取。取下来的“脚箍”“手箍”“狗颈箍”要传给后人。

襄阳地区有戴圈（类似项链）的习俗，其用意与百家锁相同，但圈的制作有严格的规矩。首先在过周岁的当天，用红头绳系成蝴蝶结将圈套在小孩颈上，每年生日用红布加包一层，下端由蝴蝶结形成“如意”的云字头。这样一直到12岁，颈上的红圈照例要加包12层布，到12岁生日那天，予以庆贺，然后摘下沉甸甸的布圈，扎系在活鲤鱼上，父子祖孙齐到河里放生，让鱼儿拖着项圈游向远方，老人们企求鲤鱼带着项圈一起跃过龙门，预示孩子将会健康成长。有条件的家庭在小孩周岁时，还要请银匠给小孩打手镯，有的

① 丁世良、赵放主编：《中国地方志民俗资料汇编·中南卷》(上册)，北京：书目文献出版社，1991年，第324页。

则是外婆家或舅妈、姑妈、姨妈家赠送，手镯上除有铃铛外，还带一个用小桃核磨成的小篮，既美观又能避邪。

送“喜头”习俗。汉水下游水乡人家的婴儿出生后，爱用有鱼形图案的布来包裹，这些图案，或挑花、刺绣，或布贴，以生命力旺盛、活蹦乱跳的鱼来象征孩子的活泼可爱，祈愿其长命百岁。婴儿的童巾、童帽也爱绣上花鸟鱼虫图案。二朝、九朝或满月时，父亲要给孩子举办庆贺仪式。亲朋好友来贺，所送之礼物必定少不了面条和鱼，面条象征长寿，鱼则象征有余。送鱼最好是送“喜头”，即鲫鱼，因为喜头鱼煮汤给产妇吃可以催奶，同时，此鱼因俗名“喜头”谐音而一语双关。水乡人家给孩子取乳名，也喜用鱼的名字。男孩肤色黑的，叫“柴鱼”（乌鳢），女孩肤色白的，名叫“白纪”，长得胖的叫“胖头”（鳙鱼的俗名），长得差而又好动的就叫“路子色”，也有直接叫“喜头”的，给孩子取个鱼的名字，祝愿他（她）像鱼一样长得乖，命儿贱，好养活。

留“瓦片”“桃尖”“狗尾巴”“贱毛”习俗。此习俗在汉水流域民间较为普遍。小孩在12岁以前，剃头时多在头顶上留块瓦片形的头发；有的在头的一侧或两侧留一块或两块桃形的头发；有的在后脑勺留个狗尾巴，俗称留“瓦片”和“狗尾巴”，寓意小孩像狗一样好养，认为养得太娇贵了小孩爱生病，并且桃能驱邪，愿保小孩子无病无灾，健康平安。要到12岁过生日以后，才能剃掉。蓄“贱毛”习俗是在小孩头顶上留一片头发，俗称“蓄贱毛”，意为孩子生得“贱”，才好养活，普通百姓家若生个宝贝儿子，或是几代单传，或是晚年得子，或是独子，或是生而多病，就会给其蓄“贱

> 毛”。“蓄贱毛”的男孩一般得拜寄给一户“贱”人做干儿子，所拜的干爹干妈或是子孙多的穷户，或是讨米叫花、马脚巫婆之类。这“贱毛”需从“胎头”蓄起，即在第一次剃头时只剃掉脑袋周边的胎发，保留头顶的“锅盖蒂”，直至顶上的头发长长了，结成辫子，吊在脑后，其母还得像给女儿梳头一样，经常给儿子梳辫子。这种“贱毛”一般要蓄到12岁左右（也有到10岁或15岁、18岁的，依初蓄时许愿所定年数而异）。剃掉“贱毛”时，一般都要举行简单的仪式，当然也少不了给“待诏”师傅（剃头匠）送个红包。

以上所述仅限于汉水流域服饰影响较大的一些方面，如历史沿革、对后世影响、与外部文化习俗交流濡染以及发展趋势等。汉水流域服饰虽不像其他少数民族服饰那般绚丽多彩，但它对汉水流域文化的发展与未来的潜在影响却要深远得多。汉水流域服饰对汉水流域的文化交流而言是一种特殊的联系纽带，它在当今汉水流域社会生活中扮演着特殊的重要作用。正如我国民俗文化学创始人钟敬文先生在强调民俗文化强化民族凝聚力的社会作用时所指出的：在民族传统文化中，源远流长的民间风俗、风尚所起的凝聚作用，是特别值得注目的。这正是我们尊重民俗文化学的高度社会价值之所在。

二、饮食民俗

《礼记·礼运》载：昔者先王“未有火化，食草木之实，鸟兽之肉，饮其血，茹其毛”[①]。《墨子·辞过》载：“古之民未知为饮食时，素食

① 崔高维校点：《礼记》，沈阳：辽宁教育出版社，1997年，第76页。

而分处，故圣人作诲男耕稼树艺，以为民食。"① 我国古典文献关于饮食文化记载较多，此不赘述，梳理可知其发展脉络。研究饮食民俗文化应先认知饮食文化。赵荣光在其《中国饮食史论》中指出："饮食文化是无比复杂的人类社会生活现象，它同人类文化的任何门类都有极密切的关系。因此，可以说任何一个民族的文化在一定意义上讲都是一种饮食文化。全面地了解了一个民族的饮食文化，也就从一定意义上了解了那个民族的历史。反过来说，只有全面了解了一个民族的历史，才可能全面地了解那个民族的饮食文化。"② 我国人类社会从茹毛饮血、刀耕火种的饮食文化诞生承袭至今，饮食文化乃至饮食民俗文化内涵何其浩瀚。明确指出饮食文化为"文化"，当首推伟大的中国民主主义革命先行者孙中山先生。这位哲人在他的《建国方略》《三民主义》等文献中，曾对我国饮食文化作了很精辟的论述。他指出："是烹调之术本于文明而生，非深孕乎文明之种族，则辨味不精；辨味不精，则烹调之术不妙。中国烹调之妙，亦足表文明进化之深也。"③ 肯定我国饮食烹饪技艺发展是我国文明进步的表现之一。孙先生之后，诸如蔡元培、林语堂、郭沫若等文化名人，也都不乏此类论点。中国饮食文化研究在近现代产生了雨森兼次郎的《食物大观》，林巳奈夫的《汉代的饮食》，筱田统的《中国食物史》《中世食经考》《近世食经考》等诸多成果。20 世纪 70 年代以来，中国饮食文化的研究，进入了以中国人自己的研究为重心的深化阶段。自 80 年代初起，陆续出版了一些烹饪专业大中专教材和饮食文化方面的书籍，如饮食史、饮食民俗、饮食艺术等，饮食文化研究出现繁盛局面。如何研究饮食文化，清晰梳理其发展进程，吕思勉先生在其所

① 戴红贤译注：《墨子》，太原：书海出版社，2001 年，第 29 页。
② 赵荣光：《中国饮食史论》，哈尔滨：黑龙江科学技术出版社，1990 年，第 402 页。
③ 孙中山：《建国方略》，牧之等选注，沈阳：辽宁人民出版社，1994 年，第 6 页。

著《先秦史》中给我们指明了方向："饮食之演进，一观其所食之物，一观其烹调之法。"[①] 此论不仅是为研究饮食文化进程明确了方向，更是为后人研究饮食民俗文化划定了范围。

汉水流域饮食民俗文化是汉水文化的重要组成部分，是汉水流域人们在生产和生活过程中，对所食用的有关食物和饮用的有关饮料，在加工、制作和食用、饮用中如何添加或使用原料、辅料、工具等的物质表现，以及由此形成的在居家膳食、人生仪礼、原始信仰等特定领域的饮食技法理念、饮食习俗、传统思想和美学意蕴等实践结晶。对汉水流域饮食民俗文化的研究，具体思路可按照食俗界定、食源、食具、食技、食型、食庆、食礼、食语、食忌、食尚、食思、食义等 12 个方面展开。食俗界定主要探讨食俗文化与饮食文化、民俗文化的关系，以及汉水流域饮食民俗文化的特征和区位划分。汉水食源文化是汉水流域人们在生产生活过程中，对饮食原料名称的辨别，发展的历程，概念的认知，类别的区划、保护与开发所积累的思想认识的总和。汉水食具文化是汉水流域人们对饮食器具起源、形成与发展的认识，饮食器具等级化与社会价值考量，美食与美器搭配形成的理念等。汉水食技文化是汉水流域人们在饮食制作过程中，探索饮食色香味与食源食具搭配技巧，形成的调味理论和品味理念等。汉水食型文化是汉水流域人们在长期生产生活中品评出来的名菜、小吃和饮品等饮食类型及其发挥的品牌效益。汉水食庆文化是汉水流域人们在四时节庆时探索形成的有关节庆饮食习俗表现。汉水食礼文化是汉水流域人们在人生礼仪（包括婚丧嫁娶、祝寿乔迁）活动中饮食习俗的具体演绎。汉水食语文化是汉水流域人们在饮食过程中表达的与饮食有关的方言俚语及其社会价值的具体表现。汉水食忌文化是汉水流域人们在饮食过程中逐渐形成的，饮食与健康、饮食与

---

① 吕思勉：《先秦史》，北京：北京日报出版社，2018 年，第 293 页。

养生、饮食与长寿之间的关系认知和禁忌行为认知。汉水食尚文化是汉水流域人们饮食行为中体现出的对食物、食具、食神等的崇拜所形成的信仰。汉水食思文化是汉水流域人们在饮食过程中，对饮食与中国传统文化、饮食与儒家思想、饮食与道家思想、饮食与佛家思想的关系加以认知而形成的独特的饮食文化思想。汉水食义文化是汉水流域人们探索饮食与社会经济发展、饮食与社会文明进步、饮食与生态伦理思想的关系，从而梳理出的食俗文化成形保护与推广的具体意义。在此我们对以上内容不作深入探究。

汉水流域沟通南北，交汇东西，其饮食民俗文化区位，按照中国地域文化区位，可划分为汉水上游（陕南的汉中、安康、商洛）的三秦饮食民俗文化区、汉水中下游（十堰、襄阳、荆门等直至汉口）的荆楚饮食民俗文化区、汉水支流唐白河流域（河南南阳）的中原饮食民俗文化区，以及与汉水流域紧密相连的以巴蜀文化区为代表的外围辐射饮食民俗文化区，同时，更进一步地细分出干流三秦与荆楚交汇饮食民俗文化区和支流中原文化与外围巴蜀文化辐射饮食民俗文化区。

以下从饮食品种、饮食烹饪、宴席与礼仪三个方面对汉水流域饮食民俗文化进行探讨。一是饮食品种。汉水流域地理环境中上游山地居多，兼有盆地，中上游以五谷杂粮为主，兼有水稻种植，下游主要是平原，以水稻种植为主。副食种类比较多，四季蔬菜、家禽家畜、鱼类水产、山中野物无所不有。由于物产丰富，在饮食上也形成了自己独特的风味和特色。汉水流域日常饮食由食和饮两部分构成，其食制通行一日三餐，俗称“一天三顿饭”。三餐之名，汉水流域民间因区域广袤而出现一些差异。早餐，有的称“早饭”，有的称“早起饭”；午餐，有的称“午饭”，有的称“晌午饭”；晚餐，称“晚饭”，多数称“喝汤”。正餐之前的饮食统称“垫”，零食叫“零嘴儿”。

在一日三餐中，汉水流域民间多食用以下食品：糊涂、面疙瘩、面条、窝窝头、包子、馄饨、饺子、米饭等。著名的菜肴有陕南的商州封猪头、油炸天宝、秦巴四珍鸡、酸辣月河桃花鱼、陕南农家三炒、商芝肉、酥竹鼬和泥鳅钻豆腐等；郧阳（今十堰市郧阳区）名菜有郧阳三合汤、郧阳大鸡、网油砂、竹溪蒸盆等；江汉平原名菜主要有清蒸武昌鱼、鱼糕（鱼丸）、蟠龙菜、沔阳三蒸、清炒红菜薹等；唐白河流域名菜有扒猴头、镇平烧鸡、玄妙观斋菜等。

汉水流域小吃品种也特别丰富：陕南小吃主要有浆水面、蒸面、麻辣烫、酸菜面、炕炕馍、紫阳蒸盆子、姜丝拌汤、浆巴馍、椒盐饼子、鬼谷子腊肉等；十堰特色小吃主要有脆皮素蹄筋、房县黑木耳豆渣、锅出溜、黄龙剁椒鱼头、柳林腊肉、罗汉笋爆双脆、胖胖锅火巴泥鳅、皮蛋剁辣椒蒸土豆、清炒小花菇、三鲜汤、神仙豆腐、瓦块鱼、香橙排骨、绣球素梅花虾球、郧阳三合汤、郧阳酸浆面等；汉水下游的江汉平原特色小吃品种非常多，主要有八卦汤、柏泉板鸭、蔡甸藜蒿、蔡甸藕汤、陈记炸酱面、汉南甜玉米、臭鳜鱼、楚宝桂花赤豆汤、风味蟹黄灌汤包、福庆和牛肉米粉、复兴村油焖大虾、什锦豆腐脑、桂花赤豆汤、桂花糊米酒、洪山菜薹炒腊肉、花赤豆汤、黄陂豆丝、黄焖甲鱼、煎虾饼、橘瓣鱼圆、烤喜头鱼、牛肉豆丝、清蒸武昌鱼、云梦鱼面等；唐白河流域的南阳特色小吃有新野板面、博望锅盔、邓州胡辣汤、邓州窝子面、邓州小磨油、方城丹参、方城烧卖、方城羊肉烩面、郭滩烧鸡、黄河口水煎包、脚踏肉、菊花肉、老庄樱桃扣碗、蜜汁江米藕、南阳蒸菜、内乡缸炉烧饼、炝锅面、砂锅鱼头、水煎包、桐柏胡辣汤、王店火烧、玄妙观斋菜等。

汉水流域的饮品主要有茶、酒和水。茶主要有陕南富硒茶，武当道茶，竹溪梅子贡茶，孝感市大悟县的大悟绿茶、双桥毛尖，襄阳市的隆中茶，谷城县的汉家刘氏茶，随州市的神龙有机茶等，以及含有中药性质的绞股蓝茶、金银花（二花）茶、杜仲茶等品种。汉水流域的酒主要有白酒、啤酒和黄酒。汉水中上游的白酒主要是民间自酿的粮食白酒，以陕南为甚，工业化酿制的白酒有郧阳区的梨花村酒、武当山的武当酒、神农架的生态酒、谷城县的石花酒、武汉的黄鹤楼酒等，至于汉水流域白酒营销品种就更多了。汉水流域的啤酒发展要数荆门金龙泉啤酒最负盛名，黄酒有汉中洋县谢村黄酒和南郑县黄官黄酒，房县的白马尿黄酒已享誉全国，郧阳黄酒也较为有名。汉水流域驰名的水有丹江口农夫山泉和竹溪 VOSS 芙丝高端矿泉水。

二是饮食烹饪。杨郧生的《汉水流域民俗文化》一书，将汉水饮食烹饪技法概括为炒、煎、烧、炸、熘、爆、拌七种，将汉水流域常见的烹饪技法全部展现出来，其实汉水流域最主要的烹饪技法是蒸和烫。蒸之烹饪技法是鄂菜主要技法，流行于汉水中下游并辐射全流域。屈家岭文化、大溪文化等遗址发现的新石器时期的“甑”，表明汉水下游江汉平原以“蒸”法制作食物的历史已历万年，从蒸稻米、蒸肉到蒸鱼、蒸菜，鄂菜将“蒸”之技法演绎得淋漓尽致，汉水流域人们用“蒸”之烹饪技法创造出了很多名菜，如清蒸武昌鱼、沔阳三蒸、竹溪蒸盆、商芝肉等。另一烹饪技法为源自川菜的“烫”，《中国文化全知道》一书研究发现：“特别是在清朝，外籍入川的人更多，以湖广为首，陕西、河南、山东、云南、贵州、安徽、江苏、浙江等省的人也都有移民四川的。他们将其家乡的饮食习尚与名馔佳肴带入四川，这些饮食文化都对川菜的发展起到了推动作用。川菜博采众长，‘南菜川味’、‘北菜川烹’，继承传统，改进创新，形成了风味独特，具有广泛群众基础的四川菜系。”①川菜“烫”之烹饪技法创造的名菜在汉水流域普遍流行，如火锅、开水

① 丁雯编著：《中国文化全知道》，北京：北京联合出版公司，2015 年，第 389 页。

白菜等。

三是宴席与礼仪。汉水流域鄂西北地区宴席自清咸丰年间始形成“八大件”“十大碗”格式。光绪初年渐将“八大件”“十大碗”席面演进为“三点水”席面。“八大件”为农村的常用正席。入席前，四个凉盘：卤制牛肉、猪头肉、猪肝、缠肠（香肠或花生豆）。四碟小菜，中间放一糖果干盘。入座后，八道热菜依次端上：肉糕、鲜鱼、蒸鸡、肚片、羊肉、猪蹄、腰花、蒸酒米，开始饮酒。“十大碗”席，在“八大件”基础上加两样正菜，从龙眼肉、宫保鸡丁、糖醋里脊、米粉肉、夹馅莲藕或炒肉丝、炒肉片中选两种配入，成十碗即可。

县城除“八大件”“十大碗”席面外，一直崇尚“三点水”席面，“三点水”原为“吉祥宴”，因有一道鸡和一道羊肉（取“鸡”谐音“吉”，“羊”，古“祥”字）。做“三点水”席无羊肉时，还会用猪肉做一道假羊肉菜。“三点水”的程序是入席前先摆四大凉盘（亦有摆六个的）并四小碟菜，中间放一大干果盘，然后入席饮酒，菜按“十大碗”席面正菜，吃一道上一道，碗盘交替使用。十道菜之中夹三道甜味流食，如八宝稀饭、莲子羹、甜酒（蒸糯米发酵制成）或银耳羹。凡用甜羹前，先上两碗开水，作清洗调羹用。民国中期后“三点水”变成“两点水”，只上莲子羹和甜酒。修襄渝铁路时，安徽、湖北民工来此，常会求购银耳做羹，同时市场上银耳罐头很多，为了简便，银耳羹代替了莲子羹。一经使用，人们互相效仿，银耳羹与甜酒成了“三点水”席面中必用品。20 世纪 80 年代后，“三点水”中又加进了海参、鱿鱼或墨鱼菜，成为“海味三点水席”。90 年代初，“太阳牌锅巴”“麻辣锅巴”也作一道菜，加入了“三点水”席。“三点水”席十道菜依次出完，另上六菜一汤始吃饭。“三点水”用盘碗甚少，出菜却多，尤能热吃，加上中碗、小碗、羹汤调节，一席菜可吃三四个小时。

汉水流域的席面，富有特色的当推“十三花”。“十三花”就是十三道菜，分别为“五大、五小、一糕、一汤、一丸子”。“五大”即红肉、白肉、酥肉、杂烩（雅称“全家福”）、蛋卷；“五小”即炒肚丝、爆腰花、炖肥肠、烧蹄筋、海带粉；“一糕”为甜糕；“一汤”为勾芡甜汁；“一丸子”为瘦肉丸子汤。十三个菜上完之后，再上主食。主食多为馍菜。

“十三花”的制作，是将猪身不同部位的肉，经煮、炸、蒸、烧等工艺分别做成。如：将猪头及猪心、猪肝、猪肺等卤制成凉菜，做下酒菜（此道菜不列“十三花”之数）；将膘肉经煮烧，制成红肉；将瘦肉剁泥经炸，制成丸子；将奶脯肉切成细条，加淀粉、水、鸡蛋、调料等调和成稠糊状，放入油锅炸成酥肉。“五大”以清蒸为主，将以上各种半成品分别装入专用的“蒸碗”，并加入适量菜蔬、粉条、薯块等“底菜”，上笼蒸约一小时。上席时，将蒸好的肉翻入大碗，浇上调好的清汤，在顶端放置半个蒸熟并染红的蛋清（去掉蛋黄），称“红顶席”。这个“红顶”，如清代官员头上的红宝石帽顶，象征富贵、高升，体现出典型的士大夫食文化色彩。“五小”以烧为主，将事先煮熟切好的肚丝、腰花、肥肠、蹄筋等，不用上笼，用勾芡的汤烧制，其特色是姜、胡椒、醋等调料出头，略显出酸辣之味，与口味清淡的“五大”有别。

“十三花”的吃法也颇具特色，开席前，先上凉菜，器具为尺五见方的红漆木盘，有盖，俗称“合子”，内分九格，分别盛入酱肉、酱肝、卤肉、石花菜、发菜、排骨、靠骨肉、耳丝等，开席时，侍者揭去合盖，由主人逐席敬酒，然后同席人互敬互饮。下酒菜用过之后，即上主菜，这时去掉酒盏盘，不再饮酒，这也是“十三花”酒席的一个特色。上菜的次序是一大带一小，一般第一道菜先上“全家福”，象征平安、福寿之意。上新换旧，桌上始终保持两菜，当地人称之为“流水席”。“五大”“五小”上完之后，端上清水，涮过勺、盏、筷子，再上甜糕、甜汁，之后便上丸子，表示“圆满完结”之意（“丸”与“完”谐音）。最后，上四座菜，并上主食。这是“十三花”比较原始而传统的吃法。

“十三花”用菜忌用萝卜，这也反映出了当地的经济基础和人们的食文化观念。“十三花”的特点是：巧妙利用了猪身上的各个部位，体现了围绕全猪做菜肴的特色；最大限度地运用了多种烹调手法，因而烹饪的菜形、色、味各不相同，并形成了以清淡为主的风味特色；后期制作工艺简单而程式化，省时且便于大量制作，适应了红白喜事人多就餐的需要。宴席座次礼仪非常讲究。酒席座次是“尚左尊东”“面朝大门为尊”。若是圆桌，则正对大门的为主客，主客左右手边的位置，则以离主客的距离来看，越靠近主客，位置越尊，相同距离则左侧尊于右侧。若为八仙桌，有正对大门的座位，则正对大门一侧的右位为主客。如果不正对大门，则面东的一侧右席为首席。如果为大宴，酒桌与酒桌间的排列讲究首席居前居中，左边依次 2、4、6 席，右边为 3、5、7 席，根据主客身份、地位、亲疏分坐。其实，汉水流域饮食民俗多镶嵌于四时节令和人生礼仪、语言文学等民俗文化之中，后面有专章叙述，故此处不展开。

三、居住民俗

据《礼记·礼运》载：“昔者先王未有宫室，冬则居营窟，夏则居橧巢。”[1] 而《墨子·辞过》载：“古之民未知为宫室时，就陵阜而居，穴而处，下润湿伤民，故圣王作为宫室。为宫室之法，曰：室高足以辟润湿，边足以圉风寒，上足以待雪霜雨露，宫墙之高足以别男女之礼。”[2] 此

① 崔高维校点：《礼记》，沈阳：辽宁教育出版社，1997 年，第 76 页。

② 戴红贤译注：《墨子》，太原：书海出版社，2001 年，第 27 页。

文献叙述的我国先民居住情况，展示了居住文化的根须和脉络。正如吕思勉先生在其所著《先秦史》中所说的那样："人类藏身，古有两法：一居树上，一居穴中。"① 指出了我国先民们的居住场所。究其根由，居住民俗的本质，《中国民俗文化与民间艺术》一书的概括较为精到："在长期农耕社会中形成和传承的民居及居住民俗，是东方农业文明的载体，它们生动、形象、充分地展示着中国传统文化的丰富内涵。居住民俗是人们物质生活的重要内容，是不同时代生产技术水平、物质条件及历史文化传统的集中反映。"② 居住民俗大约涉及人们居住场所结构及居住行为习惯两个方面，受到自然与人文社会环境的制约。

汉水流域同黄河流域一样，开发较早，有灿烂的文化遗址，也是中华民族发祥地之一。几千年来，勤劳、淳朴的汉江两岸劳动人民，世世代代居住在这块美丽的土地上，在与自然斗争中，根据当地的自然条件，因地制宜，经过无数次的改造、变革，逐渐形成了风格独特的居住特点和民居民俗。汉水流域的民居大体有利用自然物或为了适应自然条件，因地就势而建造起来的居住设施，如崖洞、窝棚、船居等；就地取材而建造起来的居住设施，如竹楼、石板房等；"上栋下宇"式的住房和由此发展改造而出现的近代住宅等。汉水流域的民居发展、演变，是一部典型的人类民居发展史。

崖洞为先民穴居遗风。汉水流域的秦巴山区，山大沟深，岩石峥嵘，不乏天然洞穴，可避风雨，故远古猿人下地行走，学会简单协作之初，仍就天然崖洞栖身，后被称为"崖居"，当地山民称为"崖窝"。据《汉中府志》《兴安州志》《三省边防备览》和《隋书·南蛮传》等古籍

① 吕思勉：《先秦史》，北京：北京日报出版社，2018 年，第 311 页。

② 李国平、宋梅、孙长龙主编：《中国民俗文化与民间艺术》，石家庄：河北人民出版社，2016 年，第 49 页。

记载，这里远古山民多“随山洞而居”，南来的流民“栖谷依崖”。此处民居殊异，至今在汉水流域的秦岭、巴山深处，仍保留着上古穴居的遗风。山民因山就势，利用天然崖腹，开辟居室院落。以石垒砌洞口或以竹枝树梢编扎作墙遮蔽洞口，前开门窗，崖洞附近用石砌或用木栏围墙成院，便成一幽静的崖院。此种“崖窝”，自然成趣，山野气息极浓，不仅安全、避风、避雨，而且冬暖夏凉。洞内设置简陋，许多人家居室、炊煮、取暖、牲畜均在一洞之中，人在地上铺草为床，或以原木支架为床，而遇灾荒、兵燹，则弃之而去。崖窝人家，深居山中，外人如行此地，常闻鸡犬之声，不见村屋之形，真乃“得山水之势，享自然之乐”，故有“神仙洞”之美称。随着现代化进程的加快，人们居住条件日益改善，破崖陋洞已成为历史的陈迹。

窝棚为先民巢居遗风。窝棚，古称干栏，又叫庵棚、茅庵、窝帐棚，为我国史前人类居住建筑形式之一，大约出现在新石器时代晚期，主要流行于长江流域及其以南地区。和穴居遗风一样，上古巢房的遗风，也仍然在汉水流域秦巴山区山民的生活中保留着。无论是山区，还是平川，无论是果园、菜圃，还是在快成熟的庄稼地畔，经常可以看到颇具巢居特色的窝棚。《续碑传集》中记述外省流民到汉水流域“来种山地，结草为棚”。《隋书·地理志》称“蓬室柴门”，就是指的窝棚。《三省边防备览》中称居窝棚的山民为“棚民”。窝棚一般有两种：一种是用竖立的木桩为柱作底架，或选山林中生长的树木作柱，在木柱上架梁搭木板或竹笆，其上建起长脊短檐的棚子，屋顶覆盖茅草，上面住人，下边养牲畜，或者种庄稼。上楼用木梯，站在上面可居高远眺，看管园圃。夏日，妇女们在上面一边看庄稼，一边做针线，十分方便。夜晚，山民睡在上面看守庄稼，既安全，又居高临下，如遇野兽伤禾，以竹筒为号，或敲击木梆，其声回荡山谷，远近相闻，以驱害兽。《魏书·僚传》说："獠者，盖南蛮之别种，自汉中达于邛笮川洞之间，所在皆有。种类甚多，散居山谷，略无氏族之别。又无名字，所生男女，唯以长幼次第呼之。其丈夫称阿谟、阿段，妇人阿夷、阿等之类，皆语之次第称谓也。依树积木，以居其上，名曰'干兰'，干兰大小，随其家口之数。"① 这种住宅形式不但有利于采光、通风，还有利于防水、防盗、防虫兽，因此早在《旧唐书·南蛮传》中，古人就曾云："山有毒草及沙虱、蝮蛇。人并楼居，登梯而上，号为'干兰'。"② 汉水流域的窝棚即属此。另一种是依山势择一平地，以木桩搭一人字形帐篷形状，中间架一横木，用竹为椽，上边覆以茅草或麦草、稻草、苞谷杆禾。现在也有使用帆布和塑料薄膜的。旧社会，一些贫穷人家，无处居住，便住在这种窝棚内度日。窝棚内设置极为简陋，多数人家睡卧、炊煮、饲养牲畜均在一棚之中，人在地上铺草为床，如遇灾荒，弃之而去。这种窝棚式建筑是与汉水流域气候较热、潮湿多雨，又有丰富的竹木资源相适应的。现在，这种窝棚已主要为看护山野庄稼和园圃之用，以此为居的已十分罕见。

吊楼。在汉水流域的秦岭、大巴山深处，千沟万壑，山势崎岖，山间平地较少。山民傍山就坡建筑住宅。为扩大屋坪，低处以土筑或砌石为墙，用当地竹木建楼，楼面用竹编构，再覆以掺和石灰的黏土。楼面与上坡屋基相平，楼上层房屋与上坡平房相连。楼上住人，楼下饲养牲畜或放置用具和作粪塘。此种不用楼梯的两层土楼与平房相连的住宅建筑，谓之"吊楼"。《巴蜀史迹探索》一书叙述这种吊楼说："其在南方之域，气候炎热、潮湿熏蒸，则由树栖而进入楼居，下畜牲畜，上层住

---

① 魏收：《魏书》，长春：吉林人民出版社，1995 年，第 1378 页。

② 刘昫等撰：《旧唐书》，长沙：岳麓书社，1997 年，第 3339 页。

人。”[1] 此种土吊楼，凉台宽敞、开阔、凉爽、空透，既因山制宜利用了地形，扩大了宅基面积，又适宜当地炎热潮湿的气候特点。土吊楼住宅多为单家独户，坚实别致，衬托以芭蕉、棕榈、竹林，掩映于绿林之中，形成一派绮丽的南国风光，给山民的居舍带来了神奇的魅力。

船居。据《巴蜀史迹探索》一书论述：“巴蜑皆水居之民，习于乘船”。[2]《说文解字》谓：蜑，南方夷也。《华阳国志·巴志》说，川东、鄂西、陕南还有所谓“南蛮”聚居。《南蛮源流史》也有类似记述。由此可知，古时将汉水流域一带的山民也称“南蛮”。汉水自古就是沟通陕南、鄂西与华中地区的交通要道，素有“千里汉水黄金道”之称。曾有“千帆秋水下襄樊”的水运盛况。沿江人民多以水运、捕鱼、营渡为生。因此汉水沿岸诸县，多有船居。中华人民共和国成立初期，还有一些船居者，他们多以渔猎、船运、摆渡等业谋生。船居一般有两种：一种是在船上居住，一家老少，吃、住、劳动常年均在船上，随船流动，水上生活。居住的船分前舱、中舱、后舱，一家人按辈分及已婚、未婚分舱居住。一种是以旧船篷安放在岸上或码头上定居，吃、住在陆上船篷内，劳动在船上、水上，或渔猎，或营渡。篷内设施简陋，生活极为清苦。1957年后，这些沿江的船民、渔民，先后编入当地农业社队，陆续上岸定居，加之汉江水运的萧条，船居者大为减少。

吊脚楼。又叫望江楼、临江楼。汉水流域的吊脚楼式民宅建筑古朴别致，顺山势而上，吊脚楼悬在半空，独具一格，主要集中于汉水中上游两岸的沿江集镇。汉水中上游两岸多为峡谷，山崖险峻，平坦地势较少，其沿江集镇多利用河阶平地建设。为扩大街坊、民宅建筑面积，临江的半边街，多为半陆地、半悬空一排楼的吊脚木楼。汉江沿岸的吊脚

---

① 邓少琴：《巴蜀史迹探索》，成都：四川人民出版社，1983年，第114页。

② 同上书，第61页。

楼，结构造型因山势制宜，多种多样，有石顶木撑的，有以砖石为柱的，还有以木柱倒“八”字形斜撑的。其上架木为枕，铺以楼板，或竹编覆土，与街坊地面相平，其上建宅。为减轻吊楼的负荷，多采用杉木结构的屋架，四壁有用木板作墙的，有木骨泥墙，竹骨泥墙，屋顶盖瓦或覆以茅草，窗户临江而开，犹如空中楼阁，景致幽清。盛夏，若置身临江吊脚楼，凉风习习，暑气顿消。临江眺望，江水风光尽收眼底，此种民宅建筑，现在沿江许多集镇仍保留着。

石板房。汉水流域的秦岭、大巴山板石资源丰富，当地山民建宅，就地取材，多用板石作盖瓦，称为“石瓦”。用石板盖的房屋，称之为“石板房”。在镇巴、石泉、汉阴、紫阳、岚皋、安康、白河、竹溪等县的巴山深处，几乎家家户户都是石板房，蔚为奇观。紫阳县的习俗谣中就有“盖房不离用石板”之句，可见早先石板房之普遍。这种板石，为一种页岩资源，是从山崖上用铁钎剥离下来的，经过加工后可制各种规格的建筑材料。板石表面光滑，厚度均匀，一般为 3 ～ 5 厘米，质地坚实平展，用以盖房，古朴典雅，独具特色。它取材方便，造价低廉，结实耐用，防风抗雹，并有一定抗核辐射功用。在大巴山暴雨区，石板房最为适宜。这种石板房住宅，每一户都有自己的一个竹篱小院，院中植有果木瓜菜，环境很怡爽，在绿竹掩映之下，显示出一派绮丽典型的巴山风光。现在，这种板石已成为重要出口物资，远销日本、美国和东南亚等地，深受外商赞誉，成为汉水流域一宝。

山民居室。汉水流域的秦巴山区，山势陡峻，山间平地极少。山民为了建筑住宅，利用当地丰富的片石，砌石为坎，扩大宅基地坪。其石坎高约丈余，乃至数丈，往往地下部分建筑费用远远超过地上部分。其民宅多以土筑墙，或木骨泥墙、竹骨泥墙，架木为椽，屋顶就地取材，覆以茅草、麦草，或盖泥瓦，或盖石板。主屋内一分为三，迎门而入是堂屋，两边为睡房，主屋就是正房，一般为三间。正房两边为厢房，也称厦房，一边住人，一边为厨房或仓储之用，堆放柴草、杂物、农具等。多为独家庄房，少有村落集居。以竹篱或木栏围院，院内有畜禽圈棚。房前房后植树，种植果木瓜菜，自然成趣，山野气息极浓。近几年来，出现了一批傍山就崖的砖瓦楼房或平房，往往给人一种“柳暗花明又一村”的韵味。

平坝居室。生活在汉水流域的汉中、安康盆地诸县以及平坝县区的人民，世世代代住在由天楼、地枕和四壁组成的固定空间，即“上栋下宇”式的住房。这种住房分草房、瓦屋。其建筑形式有“一口印”“一正两厦（厢）”“四合院”“钥匙头（即一正一厦）”“一字形”等。一口印，也叫三合院，住宅平面布置紧凑，内小天井，正房三间，中间为堂屋，两边为卧室（当地人称“睡房”）。正房上设“行坐挑”。当地人民习惯在廊檐下休憩、纳凉、吃饭、聊天。东西厦房各两间或三间，开间进深均比正房小，厦房两端有围墙（又称院墙）相连，围墙中间开一大门（当地称巢门），内院空间安全宁静，适于防风和御盗。一正两厦，又叫“一正两厢”。正屋三间，两厦房各为两间或三间，与一口印基本相似，但无围墙和大门，是一个敞院。四合院，即由正房、两厦房和过厅组成的较为讲究的独立院落，中有一小天井，比“三合院”更高一着，旧时多为有钱人家的居室，一般耕民望尘莫及。钥匙头，正房三间，厦房两间或三间，无围墙和大门，其平面结构形似古时开锁的钥匙，故称“钥匙头”，多为普通农家居室。无论哪种民宅建筑形式，其建筑材料不过土坯、砖石、泥瓦、木料、石灰、茅草而已。唯富裕之家，砖墙瓦顶。

中华人民共和国成立后，居住条件逐步改善，茅庵草舍渐被瓦房和平、楼房所代替，农村许多人家住上了设计整齐、朴素大方的现代化两三层楼房独院。目前，汉水流域，无论山区、丘陵，还是平川，新式住宅如砖石水泥楼房等愈来愈多。随着物质文明的发展，“上栋下宇”的住宅，尤其是那些茅庵草舍，一定会像远古时代的“冬窟夏庐”一样，终将为现代化的住宅所代替。

汉水流域的民居建筑习俗很有讲究。有看山、观水、察土、定宅基之说。从程序来看，首先是定方位。根据自然地形、地貌、水流方向、气候特点等决定“大向”，即大致朝向。一般规则是坐北朝南的“负阴抱阳”格局。《老子》云，“万物负阴而抱阳”。《周易》上说：“一阴一阳之谓道。”古人的仰观，是观测太阳，如用以定时的“辰”的确定是通过对太阳的观测，古人的大地二方向定位观念，当是源于对太阳运行的实际观测，在此基础上很自然地形成了“喜东南厌西北”的自然观以及“尊左”习俗。而这一观念又给古时民居建筑带来了深刻的影响：汉水流域民居建筑的朝向喜好或东或南。从汉水流域考古发掘的梁山、阮家坝、马家营、陈家坝等文化遗址分析，这些聚落对居住环境已有所选择，并且选择建立在对地理环境有所认识的基础上。此外，还具备了方位的概念，懂得方位与日照和风寒的关系。这种聚落布局模式可归纳为四个字：“近水向阳”。一些特殊的民居，因禁忌、避煞、自然条件的限制以及礼制上对方位的要求而朝东或西，较少有朝北的。有些地方还有“屋宅忌西”之俗。考据《论衡·四讳》曰：“俗有大讳四：一曰讳西益宅。西益宅谓之不祥，不祥必有死亡。”① 所谓西益宅，就是向西边增建房屋。这些都是汉代对方位的另一种解释，方位多请“地仙”用罗盘“格定”。

其次是破土动工。要择吉辰良日，即黄道吉日，方可破土动工。有的要用香火祈拜山神土地、鲁班大师，请泥、木匠及宗族长辈施礼祝

① 高苏垣选注：《论衡》，岳海燕校订，北京：商务印书馆，2020 年，第 161 页。

福，在“破土”处奠酒，有的地方还要念祝福辞。而后，手端一个盛有“五谷”（稻、麦、苞谷、豆、芝麻）和盐、茶、米、面的大盘子，向东、西、南、北、中五方敬撒，祈祝招财进宝，人丁兴旺，健康长寿，大吉大利。还要置办酒席，款待工匠、帮工和亲友邻居，气氛热烈。

再次是立门。一些地方民俗认为，门是内外空间分隔的标志，是迈入室内的第一关，因此，又将一家一户称为“门户”。汉水流域人民同全国各地一样，历来重视各种门的处理。曾有人发出慨叹：中国古典建筑是门的艺术。其实，在寻常民居里，门岂止是“艺术”，还关系到人的生活，故当地山民更是对之投以深切的重视，将门置于修房造屋的首位。大门为气口，是宅之主要或唯一入口，一般民居多坐北朝南，大门应位于南、东南、东三方，又以东南为最佳，俗称青龙门。对照当地传统民居的大门位置，多与此俗相合。民俗还认为宅之大门要避凶迎吉。山里人爱山水，视山水为自然界中之极致的祥物，故住宅的大门总是朝向山峰、山口（近处的山口又不可对，谓之煞气），或迎水而立，以迎山傍水为主。因此，民间谚语有“门对垭口，坟对包（山包）”“大门迎水立，银水（取‘迎水’的谐音）往进流”之说。二门在大门之内，厅之外，又称作仪门，较大门次要。房门是各卧室之前后门。民俗认为卧室是非常重要的部位，为一宅的子孙繁衍之地。因此，房门要特别注意位于三吉方（南、东南、东）。便门是宅房通往柴水之左右小门，宜开在西角之三吉方。后门即后厅开门，一般民居极少开后门，一是为安全所计，二是认为开后门就“漏气”。许多传统民居若大门与二门在一直线时，都要在大门内设屏墙（当地称作“照壁”）。还有“门不相对”“门不直冲巷”的俗谚。此类规定和做法同样繁杂，此不赘述。总之，实质上就是借助门建立建筑与自然的良好关系。门的大小尺寸的确定，最基本的原则是门之高、宽尺寸不能“相克”。立门

（指立大门或二门），要选定吉日良辰，在门框的上方悬挂红布一块，并用红纸写上“立门大吉”四字，贴于门顶，还烧香放炮，祈求家庭和睦、大吉大利。

最后是上梁。上梁也是民居建筑习俗中的重要一环，山民们十分重视，要在梁正中悬挂红布一块，并用红纸写上“上梁大吉”四个字贴于梁的正中，还要唱上梁歌，如：一祝上梁好吉祥，家里出个状元郎；二祝上梁喜洋洋，金子银子堆满箱；三祝上梁好心畅，心宽体壮寿无疆。……并设酒肉款待泥木工匠和帮工，以示庆贺。新宅落成之后，房主迁入新宅，还要“贺房子”，亲友邻居前来庆贺。贺喜人向主人馈赠吉祥如意的礼品，唢呐鞭炮齐鸣。主人敬备酒席，款待来宾。客主同聚堂屋，畅饮贺房美酒。饮食中，互叙情谊并唱酒曲助兴。

据巫其祥等的《陕南民俗文化研究》一书介绍，陕南民间民居建筑中有镇邪民俗，一切民俗都潜藏着禁忌和镇邪。在汉水流域的山乡，为了消除这种禁忌，常常借风水来完成，利用引水、开沟、挖塘、改道、植树以及符镇手段（如石敢挡、镇山海、照妖镜、太极八卦图、镇山兽与文字等），以平抚人们的恐惧心理。这在客观上却形成了一个地方的民族和地方民俗特色。于此展示汉水上游陕南地区居住民俗的神秘而又科学的一面，拓展了汉水流域居住民俗文化内涵。

四、出行民俗

出行民俗又称交通民俗。据《墨子·辞过》载：“古之民未知为舟车时，重任不移，远道不至，故圣王作为舟车，以便民之事。”[①] 说明我国古代先民出行水路交通情况。郭艳萍等在其《中国民俗旅游》一书中

① 戴红贤译注：《墨子》，太原：书海出版社，2001 年，第 29 页。

介绍："人类从古代就开始了对水路的开辟。江河湖海本来是隔断人类交通的天堑，但是，当人类受到自然现象的启发，使用技术和工具利用它们进行航运的时候，江河湖海就被赋予了路的意义，成为陆路之外重要的交通通道。而且人类逐渐认识到，水运的速度和运输量是传统的陆路运输无法比拟的，所以人们不断地整修河道、开辟航线、挖掘运河、建造舟船，扩大水路交通的范围，水路交通体系越来越完备，从而形成了丰富多彩的水路交通习俗。"① 除水陆交通外，相对形成的陆路交通民俗内涵亦很是丰富。《中国民俗旅游》一书中亦有准确的界定："陆路交通民俗是指发生在陆地上的与道路、桥梁、交通工具有关的观念、信仰、行为等习惯。迄今为止，人类最古老而且最普遍的交通方式仍是步行。对这一方式最初的文化改进就是路。人们懂得选择平坦的路面、最近的路程行动，于是产生了开路、补路的修建习俗。"② 水陆交通习俗共同构成出行民俗具体而完整的形态。

汉水流域水陆交通情况，前文贸易民俗章节已述。现以汉水流域民众出行情况，略以展示汉水流域出行民俗文化之情状。汉江穿越了流域内多座城市，均修建有汉江大桥。汉水流域在汉江大桥修建以前，南来北往都要搭船过河。渡船分义渡和私渡。义渡是太公只掌舵，过往行人自行划桨。太公生活开支和修船费用，来源于收获季节粮食的募捐筹集。私渡只要过往行人按价付钱就可搭船过河。小孩第一次坐船过河，要丢铜钱（硬币）到河里，叫作"买河"或"祭河"。汉水流域旅行的人，在中华人民共和国成立前出门坐蔸子。坐蔸子有一套行话，前呼后应，坐蔸子的或仰，或靠，或斜，或倾，三人配合默契。遇到险要处坐

① 郭艳萍、吕继红主编：《中国民俗旅游》，北京：中国旅游出版社，2016 年，第 124 页。

② 同上书，第 114 页。

蔸子的要下蔸子步行。“挑脚抬轿，搁下就要”，到达目的地后就按价付钱。另外，民间外出有“逢七不出门，逢八不归家”之说。旧时有腊月三十（过年）外人在郧县（今郧阳区）下馆子不要钱的习惯。在汉水流域，船是人们赖以生存的工具，靠它渔猎而食，运输代步。《汉书》中形容吴越之人“以船为家，以鱼为食”。《春秋大事表》则说吴人“不能一日而废舟楫之用”。船在汉水流域有着不可替代的重要地位。于是，有关水和船的谚语和习俗便应运而生。船工、农耕者势单力薄，自给自足，彼此隔离，同外界缺乏沟通，便有了谚语“各扯各的帆，各行各的船”之说；汉水流域人们普遍以安分守己为美德，注重谦卑的德行修养，崇尚中庸，船在人们心目中充当了息事宁人的载体，又有了谚语“和好一个人一条船，得罪一个人一堵墙”“帮人帮到底，渡船渡到岸”等。这些谚语所表现的，实际上就是一种极有特色的汉水流域出行习俗，展现出宽容、平和的文化意蕴。

第四章　群居合一

——汉水流域家庭社会的构成

关于社会组织民俗的研究，我国古典文献有过记载。如《礼记·礼运》载，孔子言大道之行曰："故人不独亲其亲，不独子其子，使老有所终，壮有所用，幼有所长，矜寡孤独废疾者，皆有所养。"[①] 而现代民俗学界对社会组织民俗的本质定义、构成内涵探讨亦较为全面。高丙中的《民间风俗志》一书认为：社会组织民俗是"人们在建立并沿袭群体内的互动关系以推动群体事件的时候所形成的习俗惯制。……从组织的功能要素来看，社会组织民俗包括四个方面：关于组织目标的民俗，关于组织成员的民俗，关于组织整合的民俗，关于组织活动条件的民俗"[②]。此论客观科学地界定了社会组织民俗含义，厘清了其构成内涵。由此可言，家族亲族、民间村落等的组织在设定组织目标、整合组织结构、组织成员行为、组织活动条件等习俗惯制均为社会组织民俗文化的具体表现。王世达与陶亚舒在《中国当代文化理论的多维建构》中直接将社会组织民俗界定为家庭社会体制，并指出其随民族区域不同而存在诸多差异："家庭或社会中明显的具有持久性的一套社会惯例。广义地说，也可以算作制度民俗。家庭或社会民俗在人们约定俗成的基础上往往制度化，例如不同的社会体制、社会组织形式、家庭婚姻制度、乡亲制度等。作为一种地域文化现象。它的差异性是显而易见的。"[③]吕思勉在其著作《先秦史》中强调，"人类为社群动物，而非家庭动物"[④]。其

---

① 崔高维校点：《礼记》，沈阳：辽宁教育出版社，1997 年，第 75 页。

② 高丙中撰：《民间风俗志》，上海：上海人民出版社，1998 年，第 181 页。

③ 王世达、陶亚舒：《中国当代文化理论的多维建构》，北京：华龄出版社，2007 年，第 41 页。

④ 吕思勉：《先秦史》，北京：北京日报出版社，2018 年，第 249 页。

实研究社会组织民俗，不仅仅要关注其本质、含义和构成，更为重要的一点是通过探讨，厘清其群居合一之功能，以及与社会和谐之关系。汉水流域社会组织民俗文化集中体现为家族与亲族民俗、村落民俗和民间组织民俗三个方面。

一、家族与亲族民俗

关于家族与亲族的界定、起源与发展，是民族学学科研究中的常见问题之一。民俗学关于家族亲族的研究，则和民族学有所区别，重在研究与家族亲族有关的民俗习惯，包括家族亲族结构、家族亲族成员的地位和作用及家族亲族的社会特征。

（一）家族民俗

钱穆在其《中国文化史导论》中指出："'家族'是中国文化一个最主要的柱石，我们几乎可以说，中国文化，全部都从家族观念上筑起，先有家族观念乃有人道观念，先有人道观念乃有其他的一切。……人道观念的核心是家族不是个人。因此中国文化里的家族观念，并不是把中国人的心胸狭窄了、闭塞了，乃是把中国人的心胸开放了、宽大了。"[①] 此论提升了我们对家族文化的认知，拓展了对家族民俗文化研究的视野。汉水流域家族民俗文化体现在两个方面。一是家族的构成。基于血缘关系的构成，如父子连名制，产生于母系氏族解体、父系氏族确立之后。首先是确保父系血统按直系血亲承递，并可以清楚地区分直系

① 钱穆：《中国文化史导论》(修订本)，北京：商务印书馆，1994 年，第 51 页。

血亲和非直系远亲；其次是私有财产出现后，男子为使父系直系亲属，特别是直系子孙，享有财产继承权，父子连名制应运而生。姻缘关系的构成，由夫妻之间的婚姻关系发展而成，拓宽了家族关系的外延。两种构成体现了家族封闭性和开放性并存的特点。二是基于家族血缘制度的民俗文化事象。其一，修家谱、排辈分、别亲疏、定尊卑；其二，立家法、制宗约、订族规、明礼仪；其三，建祠堂、祭祖宗、立牌坊、传香火。由此，作为一个历史概念，家族本身就是重要的民俗事象。例如家族中父母和子女之间的关系，家族成员之间的关系，家长的权力，财产的分配与继承关系，以及家族信仰、禁忌等。因而，家族是社会民俗的全部或部分反映，而家族又在一定程度上依靠相关习俗而存在和延续。

修族谱习俗在汉水流域家族民俗文化中体现得较为普遍。此习俗将家族的沿袭构成、来龙去脉以文字形式载于族谱传至后世。汉水流域是我国移民较为普遍的区域之一，潘世东在其《明代汉江文化史》一书中清晰地记载了汉水中上游某些家族族谱记录的其移民汉江的时间、地点等情状："不论是自愿还是强制，大量移民在洪武、永乐年间进入唐白河、丹江流域却是不争的事实。这种现象不仅方志中有相关记载，族谱等宗族文献也可提供印证。"① 潘世东举证如下：南阳唐河桐河乡《惠氏家谱》载，洪武元年（1368 年），惠伯通从山西洪洞大槐树迁唐河；南阳唐河桐河乡《申氏族谱》载，洪武二年（1369 年），申流从山西洪洞县迁唐河；南阳邓州《孙氏族谱》载，洪武二年，孙璞由山西洪洞迁邓州；南阳构林镇《马氏列祖碑》记录，洪武二年，马武由山西洪洞迁邓州；南阳小店乡《杜氏家谱》载，永乐二年（1404 年），杜玮由山西平

① 潘世东：《明代汉江文化史》，北京：九州出版社，2019 年，第 115 页。

阳府迁南阳；南阳桐柏县《二槐堂王 淮源宗支族谱》载，洪武二年，王八老由江西吉水同水乡泥田村徒居桐柏砂子岗；南阳唐河源潭镇《杨氏宗谱》载，洪武十四年（1381年），杨澄由山西弘农迁至唐河；南阳邓州赵集镇《崔家寨人六百年历史回眸》载，洪武二十二年（1389年），崔成由山西洪洞迁邓州；南阳《勾氏族谱》载，明初，勾凤由山西洪洞迁入南阳；南阳卧龙区英庄乡《贾氏宗谱》载，明初，贾文举由山西洪洞大槐树迁入南阳；南阳新野土集镇《白氏族谱》载，明初，白敬甫由山西洪洞迁新野；南阳《李氏族谱》载，明初，李文绎由山西洪洞大槐树迁南阳；南阳《赵氏家谱》载，明初，赵子敬由山西洪洞迁南阳。还有邓州市地名办公室组织编撰的《河南省邓州市地名志》亦记载大量家谱资料。如高台庙陈氏：据碑载，明洪武二年陈兴由南京水西门外陈家沟迁来。后张楼张氏：据祠堂碑，明洪武二年张忠良自南京府剪子巷至邓。孔楼孔氏：据家谱载，孔显，南京凤阳府灵璧县人，明洪武二年知邓州事，于此建村。丁家营丁氏：据家谱载，明洪武二年丁从善由江西南昌府迁邓。周洼周氏：据家谱载，明洪武三年，周保官由陕西关中迁此。花园王氏：据家谱载，明洪武二年，王道富由湖北麻城迁此。此类家谱资料民间各家有较多收集并整理，是珍贵的家族民俗文化研究文献。

汉水流域家族民俗在家族成员称呼上亦较有特色。以汉水下游的汉口家族成员称呼为例。据《中国地方志民俗资料汇编·中南卷》所载的《汉口小志》（民国四年铅印本）载："家庭称谓，各有不同。大半呼祖父为爹爹，祖母为婆婆，又有呼之为太者。呼母为妈，呼父为爹，又呼为爷爷，亦呼女叔为爷爷。呼伯父为伯伯，呼叔父为叔叔，呼伯母为伯娘，叔母为婶娘。呼小孩为毛头，又小孩多名搭毛、转运者。小孩不清吉者，多投寺记名，以和尚、道人呼之。妇女均呼奶奶，年尊者即呼太婆，现在无论何人均呼太太、老太太矣。”① 此家族成员称谓现象，在汉水流域仍有遗存，但现在大多称谓与其他地区一致。

(二) 亲族民俗

由若干家庭血缘关系发展起来的血亲集团（宗族）和由配偶关系发展起来的姻亲集团的总和，构成了亲族和亲族关系。亲族关系体现有二。一是以本人为基点的垂直亲族关系。以本人为基点，向上和向下推衍四代，如“四世同堂、五世同堂”就是近亲的缘故。五服制度即血缘等级差序格局，从孝服上分为五等：斩缞（最重孝服）、齐缞（次重孝服）、大功（稍轻孝服）、小功（次轻孝服）、缌麻（最轻孝服）。二是平行亲族关系（在血缘范围内）。第一旁系即本人兄弟姐妹及三代子孙，第二旁系即父兄弟姐妹及三代子孙，第三旁系即祖父兄弟姐妹及三代子孙。汉水流域民间有“一辈亲、两辈远、三辈没人管”之俗语，表现的就是一种血缘上的亲疏关系。

汉水流域亲族的民俗传承体现在以下几个方面。一是亲族各成员的称呼、地位和相互关系的传承。汉水流域家族和亲族成员的称呼与其他区域汉族传统称呼较为一致。祖父称爷爷，祖母称奶奶；伯父称伯伯、大爷，伯母称大大、大娘；父亲称爸爸、爹、伯、叔、大，母亲称妈妈、娘、婶；叔父称叔叔，叔母称婶子；丈夫称外掌柜、外当家的、孩他爹、他伯、那口子；妻子称老婆、老伴、孩子他娘、里掌柜、屋里、家里、媳妇儿，现时青壮年夫妻也称爱人，也有称名或姓前冠一“小”字

① 丁世良、赵放主编：《中国地方志民俗资料汇编・中南卷》(上册)，北京：书目文献出版社，1991 年，第 324 页。

或“老”字的，如“小李”“老王”；姑丈称姑父，姑母称姑姑；姨丈称姨父，姨母称姨；外祖父称呼喂爷，外祖母称呼喂婆；舅父称舅舅，舅母称舅母或舅娘；丈夫的父亲称公公，丈夫的母亲称婆子；妻子的父亲称岳父、孩儿他喂爷（与外人说话时有称“老丈人”者），妻子的母亲称岳母、孩儿他喂婆（与外人说话时有称“丈母娘”者），现夫妻间互称对方的父母为爸、妈，农村多称爹、娘；丈夫的姐妹称大姑子、小姑子，妻子的姐妹称呼为大姨子、小姨子；丈夫的兄弟称大伯子、小叔子，已有子女的称他大爷或他叔叔，妻子的兄弟称大舅子、小舅子或孩他舅舅，现夫妻双方的兄弟姐妹多随对方互称哥、弟、姐、妹。同辈朋友间称哥、弟，有称哥儿们、弟兄们、老姐姐、大妹子的。对无亲属关系的男性老人或长辈称您老、某老（如王老、郭老）、老伯、老哥、老弟等，平辈称老表。从以上称谓可以发现，家族成员的称谓要区分辈分，确定各辈之间的关系，从而向社会呈现本家族的内部结构，便于了解和进行社交活动。汉水流域对亲族成员称呼传承较好，遵从传统，有舅、伯、叔之分，有姑、婶、姨之别，有别于一些受西方文化影响较深的地区，将所有长一辈的男性均呼为叔，所有长一辈的女性均呼为姨之现象。

二是分家体现出的财产和权力的继承习俗。建立在血缘氏族基础上的以父亲为中心、以嫡长子继承制为基本原则的社会组织形式。父亲以父族姓氏为标识，结合同父共祖的群体，保持确立祖宗的地位（“为先祖主者，宗人所尊也”）。姻亲有母族或妻族，其姓氏加夫家姓氏，处于从属地位。汉水流域家族分家，即一家儿子多，成家立业后的儿子，要离开父母兄弟另立家庭过日子，请亲族长辈，如舅舅、伯伯等参与见证，按照国家法律、家庭成员数量情况对土地承包权进行转让，对家庭生产生活用具、家具、产业等资产进行协议分割。

三是家规、家法与族规、族训习俗。据邹惠珊所著《平利民俗辑录》界定："家规是指家庭中礼仪规矩，包括父母尊长的意志及口头训导。家法是指过去封建家长和族长统治家人及族人的一种法度，民间俗称'王法'。家规大部分适用于家庭，家法扩大到家族，是一个姓氏家族的俗成公约。家法延展到社会，就是师徒及师生之间的'王法'。"①尽管汉水流域民间尚存"一日为师，终身为父；严父出孝子，严师出高徒"之说法，甚至极个别家庭遗存有"罚跪""体罚"等有悖于现行法律法规的封建礼教余毒的家法，但随着法制社会的建立和社会治理体系的逐步完善，此现象最终会被新的社会文明替代而消失。为了推动国内对家谱的研究利用，发掘家谱这一祖国文化宝藏，改变我国家谱研究的内轻外重状况，充分发挥家谱在学术研究和统战工作中的重要作用，国家档案局、教育部、文化部（现部门名称已改为文化和旅游部）三部门于1984年发布了《关于协助编好〈中国家谱综合目录〉的通知》（国档会字〔1984〕7号），充分肯定了家谱的文化功能和家谱修订工作的现实意义，强调家谱是我国宝贵的文化遗产中亟待发掘的一部分，蕴藏着大量有关人口学、社会学、民族学、民俗学、经济史、人物传记、宗族制度以及地方史的资料，它不仅对开展学术研究有重要价值，而且对当前某些工作也起着很大作用。据此文件精神，家谱族谱续修工作得以推广和规范。大多家谱族谱续修时在原有谱序上整理添加有族规族训的内容。现以华中科技大学何存兴编撰的《郧阳何氏宗谱》族规28条、族训8字为例来反映汉水流域族规族训内涵。

① 邹惠珊：《平利民俗辑录》，西安：三秦出版社，2014年，第171页。

族规28条：

1. 孝敬父母长辈；2. 和睦兄弟姐妹；3. 和谐家庭宗族；4. 友善乡亲邻里；5. 不对子女偏心；6. 以礼对待外姓；7. 不得恃强凌弱；8. 切忌以富欺贫；9. 保护祠堂祖墓；10. 妥善保护家谱；11. 重视教育子女；12. 禁止邪教巫术；13. 切勿酗酒滋事；14. 不准淫荡赌博；15. 待人文雅礼貌；16. 习尚俭朴节约；17. 为学发奋读书；18. 为农精耕细作；19. 为商公平交易；20. 为军英勇保国；21. 为工钻研技术；22. 行行精通业务；23. 为官清正廉洁；24. 严禁贪污腐败；25. 崇尚遵纪守法；26. 赋税一分不差；27. 凡事严于律己；28. 与人大度宽容。

族训8字：

孝：父母生身，哺育洪恩；知恩图报，乃是人伦。孝敬长上，慈爱幼童；体恤亲戚，社会新风。父母教导，理应听从；纵有不是，态度宜恭。年老患病，急请医师；喂药熬汤，耐心细心。重生敬老，蔚然成风；死后安葬，简朴隆重。忤逆不孝，法律不容。

悌：兄弟姐妹，手足情深；同根连理，枝叶繁荣。少小同巢，长大分居；兄宜友爱，弟应谦恭。彼此勉励，互相关心；和睦共处，妯娌相亲。切莫偏私，有伤感情；些微小事，不存心胸。豆萁相煎，教训沉痛；宜兄宜弟，可教后人。

忠：火要空心，人要忠心；忠诚耿直，无愧于人。讲究原则，是非分明；对待祖国，赤胆忠心。对待人民，矢勤矢忠；对待权贵，不亢不卑。对待穷困，大力解除；对待亲戚，和睦友邻。对待逆贼，绝不宽容；对待先进，比学赶超。对待自己，谦虚谨慎。

信：言而有信，处世准绳；不弄虚假，所说必行。慎终追远，诚信为尊；言词必果，行为必信。宁人负我，绝不负人。昔人小子，放羊山村。谎说狼来，邻人齐拯；原来上当，被他作弄。后真狼来，无人问津；狼吃羊羔，自己危困。此一故事，言简意深；害人开始，害己告终。

礼：巍巍华夏，礼仪之邦；彬彬有礼，文明显扬。讲求礼仪，不逞强梁；与人交往，崇尚贤良。非礼勿做，戒之家邦；尊老爱幼，礼貌端庄。粗鄙言行，有失大方；追念先祖，家风发扬。美言嘉行，视为榜样；进退应对，礼节周详，见贤思齐，姓氏之光。

义：见义勇为，不甘落后；路见不平，拔刀相助。不畏强暴，扶持小弱；胸怀坦荡，不瞒观点。严于律己，力戒贪欲；宽以待人，不负雠仇。顾全大局，先忧后乐；正人正己，不存私欲；光明磊落，勇于剖析。大义灭亲，爱憎有度；爱慕真理，孜孜以求。美哉斯人，光前裕后。

廉：心如宝镜，公正清廉；俯首为民，不弄私权；淡于名利，道义为先。不同流俗，不染污泥；中通外直，清香益远。有权在手，为群奉献；有钱在手，为公节俭。非义之才，拒不沾染；情操气节，奉为经典。安贫乐道，不媚不谀；世人皆浊，清白方显。伟哉斯人，耀宗光远。

耻：知足常乐，终身不耻；忍辱负重，甘为孺子。居官为民，没有架子；凡求诸人，先求诸己；凡责诸己，勿责诸人。喜好憎恶，禀之法理；平易近人，爱人如己。嫖赌逍遥，引为奇耻；吃喝玩乐，不与为伍；自尊自重，大智大勇。①

① 何存兴编纂：《郧阳何氏宗谱》，出版者不详，2009年，第50-51页。

此28条族规、8字族训，读来朗朗上口，通俗易懂，既蕴含传统文化之精髓，又暗合社会主义核心价值观之要义，可谓族规、族训之典范。

四是家祭族祭习俗。汉水流域家祭是指以家庭为单位祭祀本家庭直系去世先人，族祭是相互祭祀旁系去世先人。时间多为清明节和中元节(农历七月十五日)，《平利县志》（四卷・清乾隆二十一年刻本）载，汉水上游陕南安康平利县除此两节祭祀先祖，尚有：“（六月）六日，各拜坟墓，亦夏祭意。……（十月）一日，祭祖先，烧纸钱，曰‘送寒衣’。”① 汉水流域家祭族祭习俗，在“岁时节令”章节还有专门表述，此不展开。

二、村落民俗

村落是因地缘或血缘关系结成的生活共同体，也是社会的基本单位。它的产生和发展，与家族、亲族、姻亲关系的产生和发展有着极为密切的关系。民俗的集体性和社会性特征，其发端和传承也是以村落这一共同体为起点的。师进通主编的《偃师民俗志》一书认为：“村落民俗包容了村风村貌、村落的构成、村规民约以及村民的传统崇拜和信仰。”② 现存村镇与传统村落亦有很大不同。汉水流域传统村落民俗文化遗迹，有几处尚可一观。据巫其祥等编著的《陕南民俗文化研究》一书介绍，陕南汉阴县洞河张氏堡子，是张姓人家聚族居住之所，原名“永

---

① 丁世良、赵放主编：《中国地方志民俗资料汇编・西北卷》，北京：书目文献出版社，1989年，第155页。

② 师进通主编：《偃师民俗志》，北京：光明日报出版社，2012年，第142页。

宁堡”，取“永久安宁”之意，由张氏于清乾隆六年（1741 年）从湖南迁至陕南汉阴，清嘉庆元年（1796 年）始建，嘉庆五年（1800 年）竣工，此堡坐南朝北，内设重重机关，用于防御盗贼，盛极一时，远近闻名，随时代变迁而衰落，改革开放后有新建，现存有“永宁堡”三字石刻横匾、“恩进士”石雕匾额、张氏宗祠木匾等文化遗迹。[①] 另外，汉水上游陕南地方志书记载有古代驿站，如唐代汉中褒城驿站、清代汉阴驿站等，虽遗迹难寻，但有文献所记，可从中挖掘出文化意蕴。陕南寨子遗迹亦可算村落民俗文化组成部分。据《汉阴县志》载，汉阴一县寨子多达 186 座，较为有名者，如七星寨、金花寨、十女寨、云门寨、虎头寨等，每个寨子都有说不完的故事。清代严如熤在其《三省边防备览·策略》中，详尽叙述了寨子建筑选址、建筑材料、战略地位、防御战术、组织管理等，并设置有寨总、寨长、寨副、大旗、小旗等职，专司山寨管理，蕴含丰富的村寨民俗文化。除此之外，明安生所编著的《十堰古寨堡》一书，尽显鄂西北古寨和古村落之风貌，是研究十堰村落文化的珍贵文献。时至当下，国家十分重视对传统村落的保护。据《住房和城乡建设部等部门关于公布第五批列入中国传统村落名录的村落名单的通知》，地处汉水中上游的十堰有 7 个传统村落入选住房和城乡建设部第五批中国传统村落名录，它们是郧阳区安阳镇冷水庙村、郧西县上津镇津城村、竹山县秦古镇独山村、丹江口市六里坪镇伍家沟村、丹江口市盐池河镇盐池湾村、丹江口市蒿坪镇蒿坪村、丹江口市石鼓镇贾家寨村。按照《住房城乡建设部 文化部 国家文物局 财政部关于切实加强中国传统村落保护的指导意见》（建村〔2014〕61 号）的要求进行保护。

---

① 巫其祥、李明富：《陕南民俗文化研究》，北京：高等教育出版社，2014 年，第 99-103 页。

村落民俗文化集中体现之一为乡规（村规）民约。据叶植主编的《襄樊市文物史迹普查实录》所载，襄阳石刻文物有不少关于乡规民约的记载，如在湖北省襄阳市樊城区太平店镇刘河村，清代光绪年间，当地村民就曾经制定有一份保护庄稼的乡规民约，并刻有“稼穑维艰”碑。其碑文如下：

稼穑维艰①

从来气运之隆口汗击乎民俗，民俗之盛衰，恃乎绅者者所以维民俗而固气运也。善图者必端其本，善除弊者清其源。如我乡里以纳禾为重，地方以和睦为先。盖三时不害，斯百谷乃成。情因地接襄邑，民俗偷薄，恐有不法之徒，勿论男妇大小，以致成群结党潜入地亩，或以捡拾柴草为名，任意互相践踏，遭害已极，莫此为甚。我等不忍坐视。因约绅耆公议，禁止以后尔等无知之徒，不得仍蹈前辄。倘有不遵，一经查明，立即禀官，定将治以抢劫之罪。为此公论以勒石云尔。凡有例禁开列于右：

一议不准包娼窝赌、宰杀耕牛、花鼓淫戏。倘有不遵者，定即禀官究其惩。

一议不准撒放六畜，若有违者，立即打死勿论。

一议不准铲青草、打秧蒿，倘有不遵者罚小戏三本。

一议不准春季摘豆角、小麦地内拔大麦并拔豆秧，若有违者罚小戏三本。

一议不准偷搬苞谷，已种者亦不准私搬，若有违者罚钱二百纳甲，红白喜事不准乞丐滋事。

一议不准粟谷地内割莠子，凡有豆秧概不准割，若有违者罚小

① 叶植主编：《襄樊市文物史迹普查实录》，北京：今日中国出版社，1995年，第795页。

戏三本。

一议不准捡野棉花，并五谷概不准捡，若有违者罚小戏三本。

一议来历不明不准窝藏并将抢捡庄稼，人等若有强抢者定将本主重罚。

大清光绪十年九月吉日　　　　　　　　　　阖甲公立

该书记载此类乡规民约较多，还有坐落于今保康县城西南约 23 千米的后坪镇洪家院村，在清道光二十五年（1845 年）所刻的“严禁柞山”碑等，内容关注的是粮食作物耕作环境保护，是人们为更好地从事农业生产，更好地生存而约定群体遵从的简明条款。

随着社会的发展，当下我国各地区乡村也立有乡规民约，或记载于地方志书，或见诸报端，其内涵也有变化。如《襄樊市志：1979—2005》载乡规民约内容七条如下：

（1）十提倡：提倡讲究个人卫生，做到勤洗手、勤洗澡、勤换衣服、勤剪指甲。提倡垃圾袋装和垃圾运输封闭化。提倡净菜上市。提倡一个单位一个垃圾袋（筒）。提倡不带宠物上街。提倡使用公共筷子和实行分食制。提倡不吸烟不奉烟。提倡积极参加户外锻炼，参加健康娱乐活动。提倡网上购物、网上应聘、网上交易、空中课堂、网上和手机会议等新的生活方式和交往方式。提倡家禽、家畜圈养，改栏、改灶，建沼气池，创建整洁卫生人居环境。

（2）十禁止：禁止随地吐痰；禁止随地便溺；禁止乱扔垃圾；禁止乱泼污水；禁止乱堆乱放；禁止食用野生动物；禁止咳嗽打喷嚏不掩口；禁止在禁烟场所吸烟；禁止在公共场所市场喧哗；禁止

光背赤膊进入公共场所。

（3）襄樊市文明行车公约：遵章守法，按道行驶。控制车速，节约能源。变道示意，停车有序。少鸣喇叭，礼让三分。雨天行车，谨防飞溅。烟头垃圾，不扔车外。文明待客，微笑服务。车容整洁，各行其道。停车有位，禁止占道（录自襄樊市交警一大队宣传栏）。

（4）十要十不要：要爱国守法，不要违法乱纪。要爱惜市容，不要乱设摊点。要讲究卫生，不要乱贴乱画。要维护交通，不要乱行乱停。要爱护花木，不要毁草伤林。要移风易俗，不要铺张浪费。要相信科学，不要愚昧无知。要言行有理，不要粗痞斗狠。要敬业守信，不要失职失信。要团结互助，不要冷落无情。

（5）三德规范：社会公德规范：文明礼貌，爱护公物，助人为乐，保护环境，遵纪守法。职业道德规范：爱岗敬业，诚实守信，办事公道，服务群众，奉献社会。家庭美德规范：尊老爱幼，男女平等，夫妻和睦，勤俭持家，邻里团结（摘自襄樊市襄城区鼓楼社区居委会文化宣传栏）。

（6）公民道德规范：明礼诚信，团结友善，勤俭自强，敬业奉献。

（7）村规民约：遵纪守法，勤劳致富；学习技术，治愚治贫；关心集体，讲究公德；家庭和睦，邻里相亲；尊老爱幼，扶贫济困；维护正义，见义勇为；戒除赌博，反对迷信；晚婚晚育，少生优育；节约能源，整治环境；热心公益，文明行事（襄阳区张湾镇红星社区居委会宣传栏）。①

---

① 湖北省襄阳市人民政府、襄阳市地方志编纂委员会编：《襄樊市志：1979—2005》，北京：方志出版社，2015年，第3070-3071页。

网络新闻报道的如十堰市竹山县创建的“十星文明”新村，有“红白喜事新办、简办，反对奢侈攀比，红白喜事相互支援，不允许以资酬劳，不摆凉菜果盘；禁止赌博，禁止燃放烟花爆竹；人人都要孝老敬贤，尊老爱幼；基本农田任何人不能建房……”① 等村规民约，其内涵明显紧密对接社会治理与社会发展需要，尽管某些约定如计划生育条款，与当下政策有些许出入，但是整体均与当下社会治理体系现代化促进措施格调一致，体现出社会主义新农村建设、乡村文明建设之“精神脱贫”新举措，拓展了村落民俗文化内涵，展现出村落民俗文化的实用功能。

三、民间组织民俗

当家族村落这一初级社会关系继续发展，血亲家庭间的义务互助关系网络扩大，不同村落间的地缘关系随之多层次化地靠拢，以及人们按照职能、技能和艺能缔结社缘的时候，便产生了新的社会集团——民间组织。民间组织有广义和狭义之分。广义的民间组织即为民间一切有组织的人们的生活群体。狭义的民间组织为人们由于信仰、特长、兴趣、爱好和某种需要等而结成的有组织的群体。夏庭松在其所著《民间组织管理概论》一书中将“民间”与“组织”分开解释后再整体把握，使民间组织含义更为严谨：“所谓民间，即非官方政府，是百姓群众间。所谓组织，这是我们人类社会生活中最常见、最普遍的社会现象。静态看，组织就是指社会集团，是人与人、人与事的关系的系统或模式。用动态的观点看，组织就是一个开放的社会技术系统，是管理者把分散

① 十堰日报（数字报）：《聚焦竹山县“十星创建·精神脱贫”之三：村规民约得民心乡风文明润新村》，2017 年 11 月 16 日，http://syrb.10yan.com/html/20171116/27210.html。

的、没有联系的人、财、物、时间、信息、知识、环境等因素在一定空间和时间内联系和配置起来现时创造的一个有机整体；它是一个有机的'生长体'，是随着历史时代和社会环境的演变而不断适应和自动调整的团体。"①

其实我国民间组织早已有之，现代民间组织是在传统民间组织基础上发展演变而成的。莫冬燕在其《非营利组织财务管理》一书中明确指出："在我国传统社会中，长期存在着具有一定数量的民间会、社组织，如'善堂''善会''合会''讲学会''诗文社'等，这些不同形式的民间会、社组织，在一定意义上可以说是我国现代民间组织的历史源流。"② 按照民间组织的非官方和非营利等本质属性，民间组织可简单分为民间协助社会治理组织、民间文艺学术研究组织、民间行业管理组织、民间宗教信仰组织四类。

以民间行业管理组织为例来看，汉水流域民间行业管理组织民俗体现在行业工匠技艺传承与师承习俗等方面。一是行业工匠的技艺传承。在工匠生产民俗中，首先值得注意的是他们的技艺传承。如历经数千年而不衰的"百工五法"，即矩（是工匠们通过直角尺来正方的工具，古代叫作"鲁班尺"，现在叫作"直角曲尺"）、规（用来画圆的工具）、绳（画直线的工具，古代叫"绳墨"，现在叫"墨斗"）、水（是以水为准，来测地面的平斜）、悬（指用来测定端正垂直的垂绳，泥瓦匠盖房砌墙前要先吊线，下端悬以重物，用的正是悬法）。最初人们根据下大雨时地面水的流向来判断其高低与平斜，后来工匠们发明了一种叫"水臬"的测平工具（现代的水平仪就是在其基础上加以改进而制造

---

① 夏庭松：《民间组织管理概论》，北京：中国社会出版社，2001 年，第 2 页。

② 莫冬燕编著：《非营利组织财务管理》，大连：东北财经大学出版社，2018 年，第 2 页。

的)，是我国古代工匠技艺中最杰出的创造之一。工匠们的技艺传承，总是通过收徒授艺、言传身教、实践为主的办法来实现。创艺艰辛，得道不易，记之于心，流传于口，代代相传，遂奉为诀而不轻易传人。各行工匠中流传着的大量艺诀、艺谚，正是他们经验的总结。

二是行业工匠的师承习俗。数千年来，拜师收徒之风极盛，并形成了严格的师承制度，从选徒、拜师、传艺到出师，各行业都有自己的一套规矩。一般说来，师傅对徒弟实际上采取的是家长式管制。职业行话又称“行业语”，是各行工匠为了本行业的技术保密、内部交换想法或其他特殊需要而创造、传承的一种同行用语，外行人很难明白其中含义。行业禁忌指各行各业的工匠，都有自己特殊的语言禁忌和行为禁忌。祖师崇拜是我国各类工匠传统民俗中的一个重要组成部分，每逢祖师生日、重要节日或重要工程开工之日，都要举行隆重的祀典。这些习俗主要反映了各行工匠对本行业开创者或技艺超群者的怀念与崇拜。汉水流域民间各行业的工匠，在技艺上代代相传，形成了各自独特的风格和传统，体现出师承关系的系谱性、亲缘化（艺徒大多是工匠自己的子弟或亲戚）和技术传授的封锁性之特点。受师承关系的制约，再加上工匠之间竞争的激烈，他们在技术传授上都相当保密，对非同一师承的同行，防范尤其严格。从一定意义上来说，这种封锁性是一种保守性，在一定程度上阻碍了生产技艺的交流与传播。基于行业工匠所处的传统社会环境和拥有的信仰观念，本着行业技术保密、行业活动顺利开展和自身安全之需要，往往会在行业生产活动中祈求神灵佑护，使行业管理组织习俗附着神秘色彩。

前文贸易民俗部分所述社旗山陕会馆为汉水流域贸易民俗文化研究奠定了基础，其实社旗山陕会馆展现出的民间行业组织民俗内涵，更是汉水流域民间组织民俗考察的珍贵典型。社旗山陕会馆有诸多墨书题记、对联、匾额，多为建筑风貌描述、店户开业贺词之类，涉及行业组织管理的当数石刻碑记。社旗山陕会馆石刻碑记有“同行商贾公议戥秤定规概”之行业组织管理习俗，具体内容为：“赊旗店，四方客集货兴贩之墟。原初马头，买卖行户原有数家，年来人烟稠多，开张卖载者二十余家。其间即有改换戥秤，大小不一，独网其利，内弊难除。是以合行商贾会同集头等，齐集关帝庙公议，秤足十六两，戥依天平为则，庶乎较准均匀者，公平无私，俱各遵依。同行有和气之雅，宾主无踈戾之情。公议之后不得暗私戥秤之更换，犯此者罚戏三台，如不遵者，举秤禀官究治。惟恐日后紊乱规则，同众禀明县主蔡老爷，金批钧谕，永除大弊。”① 此碑所记公议之内容，是针对欺行霸市的商贾短斤少两以获利的现象，组织公议，戥秤天平为则，称足十六两为准，共同遵守，不得私自更改，并报告给县令大人公证，犯者禀官治罪，以维护行业杂货买卖之公平环境。此类碑记还有“公议集货行规碑记”“过载行差务碑”，还有涉及管理者德行的“赊镇区区长曲公牖民德政碑记”等，均为珍贵的民间组织民俗文化文献。

至于其他民间组织习俗，鉴于文献所限，暂不讨论。时至当下，各类民间组织发展迅速，数量庞大，必须按照我国现行相关法律法规进行管理，如民间组织需向所在地民政部门登记审批，需按组织章程要求开展活动等，科学规范，已渐次成俗。

① 山西省政协《晋商史料全览》编辑委员会编：《晋商史料全览·会馆卷》，太原：山西人民出版社，2007年，第140页。

第五章　生命节律
——汉水流域人生礼仪的演绎

“礼”以礼制、礼仪、礼法、礼意为基本含义。孔子所言之“礼”为奴隶社会等级制度的社会规范和道德规定之总称。而人生礼仪，民俗学界界定较多，较为严谨且生动形象的界定，当数王丽娜主编的《中国民俗通鉴》，她认为：“人生礼仪，有人又称之为‘通过仪礼’。出生时的祝贺鞭炮标志着新生命的诞生，而丧礼上的丧钟则是生命的终结。意思是说，在一个人的一生当中，从他呱呱坠地，直至寿终正寝，必须要通过一系列的阶段，从一种社会状况向另一种社会状况转变，这就好比是人生道路上的一系列节日，或者说是一个个关口，所以称为通过仪礼。除了生日礼是周而复始、每年一次的以外，别的人生礼仪全是一次性的，它不可能重复，对于一个生命来说，它只能通过一次而不可能重复。正因为如此，人生礼仪对于每个人来说，就显得格外珍重。”① 人生要经历的事情有很多，而关于身体成长、生命成熟的阶段就那么几个，如出生、婚姻、生育、丧亡等，但演绎出的文化，即人生礼仪民俗文化，内涵极其丰富。周礼有“八纲”之说，即“冠礼、婚礼、丧礼、祭礼、朝礼、聘礼、射礼、乡礼”，但随着时代变迁，“礼”之情状变化较大，当下民俗学界关注的人生礼仪主要集中在冠礼、婚礼、丧礼、祭礼及其他礼仪，故此本章从冠礼、婚礼、丧礼、祭礼、杂礼（祝寿、敬老等）几个方面简略探析汉水流域人生礼仪民俗文化之特色。

---

① 王丽娜主编：《中华民俗通鉴》第 9 卷，呼和浩特：内蒙古人民出版社，2006 年，第 79 页。

一、冠礼民俗

冠礼是人长到成年时举行的一种仪式，叫作成人仪式或成丁仪式。冠礼起源很早，康学伟所著《先秦孝道研究》一书认为："冠礼是表示男子成年而举行的仪式，它的形成当是比较早的事。民族学有丰富的例证说明，成丁仪式在世界野蛮民族中几乎是普遍流行的。中国的冠礼起于何时遽难确考，但创制于原始社会，当无疑义。"① 其实，我国古典文献也多有关于冠礼的记载。《礼记·曲礼上》载，"二十曰弱，冠"②，又曰，"男子二十，冠而字"③。《礼记·檀弓上》载："幼名、冠字、五十以伯仲，死谥，周道也。"④ 可见，《礼记》记载的冠礼，行礼时间为二十岁，标志性程序为取"字"，"幼"只有名而"冠"后才有"字"。古时的名字是将名与字分开的。冠礼有狭义和广义之分。狭义的冠礼仅仅是指二十岁行冠礼时的一系列仪式，如《仪礼·士冠礼》强调冠礼程序就包括筮日（占卜挑选吉日）、戒宾（邀请亲朋好友来观礼）、筮宾（于众宾客中占定加冠之人）、宿宾及赞冠者（约请加冠人及助手）、为期（约定明日加冠之具体时辰）、陈列器服、三加冠仪式（依次着缁布冠、皮弁、爵弁）、醴冠者、见母、取字、醴宾、见兄弟姑姊及乡大夫、乡先生等具体步骤。广义的冠礼应包括"冠"前的一些礼仪，周礼"八纲"将冠礼视为人生第一礼，但"冠"之前人生就无礼仪吗？事实并非如此，人生二十岁以前，至少要经历出生、入学等礼仪。基于此，探讨

---

① 康学伟：《先秦孝道研究》，长春：吉林人民出版社，2000 年，第 79 页。

② 崔高维校点：《礼记》，沈阳：辽宁教育出版社，1997 年，第 2 页。

③ 同上书，第 5 页。

④ 同上书，第 22 页。

冠礼应将“冠”前人生礼仪纳入其中，方可为完整冠礼，因有“杂礼”专章探研周礼“八纲”之外的传统礼仪，故而将“冠”前礼仪统归为生育礼作为杂礼的部分而展开。

冠礼是传统社会人生礼仪的重要内容，当下社会行冠礼习俗已淡化。汉水流域冠礼民俗多见于各地清代与民国方志记载，现简要梳理。《孝义厅志》（十二卷·光绪九年刻本）载：“（冠礼）不行已久，惟塾师犹讲及之，余不知三加为何物矣。”① 《宁陕厅志》（四卷·清道光九年刻本）也有类似记载。《南阳县志》（十二卷·清光绪三十年刻本）将冠礼与婚礼一起阐述，载曰：“冠礼举行少。婚姻男女率从幼定，及婚多以夜。”② 讲到冠礼淡化、婚姻由父母而定、夜晚结婚等情况。《内乡县志》（十二卷·清康熙三十二年刻本）曰：“冠加三，古礼也，男子二十冠而字。内乡冠礼间行于士大夫之家，而久不行于民间。迩来冠不告庙，字不命之于宾，成人之道废矣。司马温公、朱文公、丘文庄公家礼仪节具在，举而行之，不难也。”③ 指出当时冠礼只在上层社会流行，民间已废弃，强调民间再恢复行冠礼的可能性。《云梦县志略》（十二卷·清道光二十年刻本）记载：“冠礼，古礼也，不行久矣。温饱之家不待成童，突而弁兮，称字称号，比比皆是。惟乡村间粗识字者，其子至二十岁始命之以号，红笺约二尺许，横书二字，仿匾额式，正中直书‘戚友同赠’数字，新正粘贴堂壁，犹有已冠而字之遗意。礼失而求诸野，信然。”④ 点出当时民间温饱之家稍通文墨者不伦不类行冠礼之乱象，冠

---

① 丁世良、赵放主编：《中国地方志民俗资料汇编·西北卷》，北京：书目文献出版社，1989 年，第 73 页。

② 同上书，第 248 页。

③ 同上书，第 251 页。

④ 丁世良、赵放主编：《中国地方志民俗资料汇编·中南卷》（上册），北京：书目文献出版社，1991 年，第 339-340 页。

礼本义已出现变迁。《应城县志》（十四卷·清光绪八年蒲阳书院刻本）载："冠礼，俱遵《家礼》。将婚夕，父母祀祖先，宴客醮子，亲友制小匾书其字，用鼓乐赠之。女家亦择吉为女笄，谓之'上头'。其将嫁之先，宗党治酒食燕女，谓之'辞嫁饭'。"① 将冠礼与婚礼兼而记述，点明冠礼程序非常简化，时间为婚前头一晚。

《德安府志》（二十卷·清光绪十四年刻本）载："冠礼，古礼也，不行久矣，而城乡间犹有遗意。男子年二十命以号，或因成室，戚友题尺额号匾赠之。又或用红笺约二尺许，横书二字，仿匾额式，正中直书'戚友同赠'数字粘壁上，令人知其号。"② 与《云梦县志略》记载大致相同。《安陆县志补》（二卷·清同治十一年刻本）载："冠礼之不行，于今也久矣。吾里俗有赠号匾一事，凡戚友谊重者，于其人之子弟及冠之年，或因成名，或因成室，精制尺额，题其子弟之字于其上，以赠贺之；若无字者，则公取字字之。《礼》曰：'冠而字之，成人之道也。'此一事殆有饩羊之意。"③ 指出当时冠礼行之时机，及冠之年，成家立业或名声远扬就可行冠礼赠号匾，若无字则取字字之，程序简化。

《咸丰县志》（二十卷·清同治四年刻本）载："冠礼，男家于成婚前一日行之，延宾告祖，并请未婚童子十人，名曰'陪十兄弟'；女家亦于是日请未笄女子十人，名曰'陪十姊妹'。"④ 此记载"陪十兄弟""陪十姊妹"使冠礼有了新的内涵。《郧西县志》（二十卷·清同治五年

① 丁世良、赵放主编：《中国地方志民俗资料汇编·中南卷》（上册），北京：书目文献出版社，1991 年，第 344 页。

② 同上书，第 346 页。

③ 同上书，第 350 页。

④ 同上书，第 449 页。

刻本）载："古三加礼久废，大抵发可束则加冠，髻可合则加笄云。"①强调当时该县域内行冠礼的条件为发可束后加冠、髻可合后加笄。

《襄阳县志》（七卷·清同治十三年刻本）载："冠礼，行于婚礼前一日。先期，肃具名简，请成童二人相仪，名曰'陪郎'。至期，张筵作乐，陪郎导婚者拜祖先及父母亲长毕，夹辅左右，揖让升堂，父亲醮子。升席后，告坐下拜，告肴三下拜。礼将毕，婚者手红花二枝传二陪郎，遂遍众宾。实冠礼也。女家亦于是日行笄礼。请二童女相仪，卜二吉妇梳妆，筵宴，母醮之，但不传花。"② 此载说明当时襄阳区域内冠礼程序较为丰富，陪郎及红花习俗可能是今时婚俗请伴郎、新娘手捧花之习俗的源头。《随州志》（三十二卷·清同治八年刻本）载："男子生期岁，随谓之'抓周'。诸戚俱至，各与儿以绣履、彩帽诸物。即长，有命字礼。卜期，燕亲友，请其中齿长而有德者命之字，余举酒贺，亦古人冠而字之之义也。"③ 此论将冠礼与生育习俗之"抓周"一同讲述。《光化县志》（八卷·清光绪十年刻本）载："行于婚礼前一日，戚友走贺留宴。是夕，请成童十人相仪，名'陪郎'，张筵作乐为婚者加冠。陪郎导之，拜先祖及父母、亲长毕，夹辅左右，揖让升堂，婚者首坐，陪郎以次序坐。婚者手红花二枝，击鼓传陪郎，遂遍众宾，始字。婚者乃以字行。女家亦于是夕行笄礼，请童女十人相仪，筵宴不传花。"④ 此记与《襄阳县志》所记大致相同。

通过梳理以上关于冠礼之记载，可知清代汉水流域冠礼民俗文化内

① 丁世良、赵放主编：《中国地方志民俗资料汇编·中南卷》（上册），北京：书目文献出版社，1991年，第456页。

② 同上书，第458页。

③ 同上书，第459页。

④ 同上书，第469页。

涵之丰富，尽管与清以前之冠礼相比简化乃至淡化许多，但仍保留冠礼之基本程序。一是行冠礼的时间多在 20 岁、婚前或成名之后。时下民间有在孩子 12 岁、18 岁宴请宾客的习俗，具有冠礼之意蕴；二是清代汉水流域行冠礼时多有保留告祖先之程序；三是“陪郎”“传红花”习俗对后世婚俗有一定影响，击鼓传花之习俗，带有娱乐性质，含有古之“射礼”的影子；四是冠礼习俗与生育习俗、婚俗有紧密关系。可见，汉水流域冠礼习俗尽管淡化成为一种文化记忆乃至文化遗产，但对后世研究、挖掘、传承汉水流域民俗文化仍具有重要的现实意义。

二、婚礼民俗

婚礼较之冠礼更为重要，人可以不“冠”，但不可不“婚”。二十弱冠，冠而后婚，婚后才具有生育权利是古礼强调之惯制。《礼记·昏义》载：“昏礼者，将合二姓之好，上以事宗庙，而下以继后世也，故君子重之。……故曰：‘昏礼者，礼之本也。’”① 强调了婚礼的重要性，是人生礼仪之本。婚礼程序复杂，特色鲜明。据《仪礼·士昏礼》载，婚礼有纳采、问名、纳吉、纳征、请期、亲迎等六道程序，被后世誉为婚姻“六礼”，文化内涵丰富。其一，纳采，即男方请媒人向女方提亲。《仪礼·士昏礼》载：“昏礼。下达。纳采用雁。”② 雁为信义之标志。其二，问名，即女方答应议婚后，男方请媒人问女子名字、生辰等，并在祖庙占卜以定凶吉。郑玄注：“问名者，将归卜其吉凶。”③ 其三，纳

① 崔高维校点：《礼记》，沈阳：辽宁教育出版社，1997 年，第 227 页。

② 杨天宇撰：《仪礼译注》，上海：上海古籍出版社，2004 年，第 25 页。

③《十三经注疏》整理委员会整理：《十三经注疏·仪礼注疏》（上），北京：北京大学出版社，1999 年，第 63 页。

吉，即男方卜得吉兆后即与女方订婚。郑玄注：纳吉，“归卜于庙，得吉兆，复使使者往告，昏姻之事于是定”①。其四，纳征，即为纳币，男方送聘礼到女方家。《仪礼·士昏礼》载：“纳征，玄纁束帛、俪皮，如纳吉礼。”② 其五，请期，即男方携礼至女方家商定婚期。“‘请期’者，谓男家使人请女家以昏时之期，由男家告于女家。何必‘请’者，男家不敢自专，执谦敬之辞，故云‘请’也。女氏终听男家之命，乃告之。”③ 其六，亲迎，俗称迎亲，即婚期之日男方迎娶女子至家。《仪礼·士昏礼》载：“主人爵弁，纁裳缁袘。从者毕玄端。乘墨车。从车二乘。执烛前马。妇车亦如之，有裧。”④ 而《白虎通》曰：“婚者昏时行礼，故曰婚。”⑤ 据陈华文等所著《婚姻习俗与文化》一书研究指出：“昏时成礼与古代曾流行过的掠夺婚存在着直接联系，是乘着夜幕进行抢掠的习俗遗存。”⑥ 所以《仪礼·士昏礼》强调，迎亲者得穿上黑色的衣服，连车子也都是黑色，概为此故。此婚姻“六礼”，清代汉水流域还有较好的承袭，今时传统形式之婚礼还有采用，除此之外，汉水流域尚有一些奇特婚俗，于此一并略微研探。

---

①《十三经注疏》整理委员会整理：《十三经注疏·仪礼注疏》（上），北京：北京大学出版社，1999 年，第 68 页。

② 杨天宇撰：《仪礼译注》，上海：上海古籍出版社，2004 年，第 28 页。

③ 郑玄注、孔颖达疏：《四库家藏 礼记正义》（五），济南：山东画报出版社，2004 年，第 1767-1768 页。

④ 杨天宇撰：《仪礼译注》，上海：上海古籍出版社，2004 年，第 30 页。

⑤ 陈立撰：《白虎通疏证》，吴则虞点校，北京：中华书局，1994 年，第 491 页。

⑥ 陈华文、朱良、陈淑君：《婚姻习俗与文化》，哈尔滨：黑龙江人民出版社，2004 年，第 78-79 页。

（一）婚姻六礼

汉水流域婚姻六礼，在各地方志书中多有记载。《孝义厅志》（十二卷・光绪九年刻本）载：“殷实守礼之家，择佳婿，择门第，尚检朴。先用星者合年、月、日、时。其问名、纳采、亲迎，土著、附籍各从其俗。”① 此载已涉及婚姻六礼之问名、纳采、亲迎，较为简略。而《定远厅志》（二十六卷・清光绪五年刻本）记载的婚姻六礼较为详细，且依《会典》强调婚礼所涉物品数量不同而有庶士婚礼与庶人婚礼之别。现以其载庶士婚礼为例，摘录如下：

> 《通礼・士婚礼》（八品以下官同）：纳采。诹日具书，媒氏告于女家，主人以子弟一人为使者，奉书如女氏。女氏主人出迎宾，揖让入门。升堂，宾东面致辞奉书，主人西面受书再拜，宾避拜，请退俟命。主人使子弟待宾，以书入告于寝如仪。具复书出授宾，宾受书。主人布席礼宾毕，宾揖辞，主人送之如初。使者还复命，主人拜受书，礼使者行家人礼。
>
> 诹吉纳币。具书备礼物，章服一称（八品以下官如其品，士眡九品），币表里各四两，容饰合四事，食品六器，媒氏告于女家，主人遣使奉书、物行礼；女家受礼告寝，复书、礼宾，宾复主人，均如纳采。（《会典》：是日，婿家具燕，用牲二。）
>
> 昏有日，主人备鹅、酒，书昏期于柬，使媒氏奉于女家告，女

① 丁世良、赵放主编：《中国地方志民俗资料汇编・西北卷》，北京：书目文献出版社，1989 年，第 73 页。

氏主人报柬授媒氏复。

昏前一日，女家使人以衾具张陈婿室。至日，婿家筵于室中，位东西面，别以案陈合卺器；设醮爵于堂东。初昏，婿摄公服俟于堂下。婿马一乘，二烛前马，妇舆一乘，襜盖前饰采绢二，俟于门外。主人盛服，醮子于堂东，命之迎。婿出，乘马如女家，雁及妇舆从。其日，女氏主人告于寝如仪毕，主人位内堂东，主妇位内堂西，父醮女如婿仪。婿至女家门外，主人出迎，婿执雁从入。主人东阶上西面，婿西阶上，北面奠雁再拜，主人不答拜。姆加女景，盖首出，婿揖之降，主人不降送。姆导女升舆，女家亦以二烛前舆，婿乘马先俟于门。妇至降舆，婿导妇入室逾阈。媵布婿席于东，御布妇席于西；婿妇交拜讫，姆脱妇景，婿揖妇即席，婿东妇西坐，行合卺礼。(《会典》：是日具燕，用牲三。)

厥明，妇夙兴俟见。舅位堂东，姑位堂西，皆南向，妇以贽见于舅姑再拜，舅姑受贽。妇具酒馔，行盥馈礼。舅姑就位，妇奉馔，舅姑卒食，乃酳；妇再拜送酒，舅姑卒饮；共飨妇于阼阶，及飨妇送者，均与前同。三日，妇见祖祢于寝。陈设如荐仪，主人在东，昏者从，主妇在西，妇从，再拜。主人升诣香案前，上香奠酒，告毕俯伏，兴，退立于东。妇进当门中阑再拜，兴，复位。主人复位，及主妇以下皆再拜，兴。礼毕，退。

诹日，婿以贽见妇之父母，迎入，奠贽再拜，主人答拜，见主妇，婿拜于寝门外，主妇答于门内。出，主人醴婿，皆如仪。[1]

① 丁世良、赵放主编：《中国地方志民俗资料汇编·西北卷》，北京：书目文献出版社，1989年，第146-147页。

此记载涉猎了婚姻六礼中的纳采、纳吉、纳征、请期和亲迎，没有问名，且简单叙述纳采、纳征礼仪，详细叙述亲迎礼节，将纳吉与纳征一起叙述为“诹吉纳币”，而请期亦只有“昏有日，主人备鹅、酒，书昏期于柬，使媒氏奉于女家告，女氏主人报柬授媒氏复”此句，可谓一笔带过。清代汉水流域陕南地区婚姻六礼较古之六礼有了较大变化。下面具体看看汉水流域婚姻六礼民俗文化的变迁情况。

《汉口小志》（不分卷·民国四年铅印本）载婚礼：“俗谓纳采为‘行茶’，果味虽备，必主以茶盐，而名之曰‘山茗海沙’。语又云：‘一片黄茶叶，定倒须弥山。’”[①] 强调媒妁上女家提亲，女家行茶礼为其特色习俗。《孝感县志》（二十四卷·清光绪八年刻本）载：“婚礼有六，今才三：纳采、请期、奠雁耳。而俗名纳采曰‘行茶’。果味虽备，必主以茶盐，而名之曰‘山茗海沙’。语又云：‘一片黄茶叶，定倒须弥山。’其不即行茶者，止送鞋样，稍侑以缣帛，曰‘样礼’。又，婿家有以银或金造成牌式，镌婿生庚于上，女家如式报之，曰‘送庚牌’。其概从略者，名曰‘笑亲家’。”[②] 此记载将孝感地区清代婚姻六礼中的纳采之礼的别样特色表述清晰。

《黄陂县志》（十六卷·清同治十年刻本）：“嫁女至婆家，于第二日晨早拜祖宗，拜公婆，有至第三日始拜者。母家于第三日、第九日送茶果，为‘三朝茶’、‘九朝茶’，谓之‘馔房’。至满月时回母家，婿必同往。初婚时，富厚之家有行奠雁礼者，以鹅代。其贫家不用鼓乐、旗帜、官衔牌者，亦必用轿二乘，行亲迎之礼，不似他县之但以花轿迎

---

① 丁世良、赵放主编：《中国地方志民俗资料汇编·中南卷》（上册），北京：书目文献出版社，1991 年，第 319 页。

② 同上书，第 326 页。

女，俟于中堂也。女至婿门时，婿先下轿，摆香案祀神，谓之‘回车马’，有文一篇。呼礼毕，然后升轿进门。”① 此记载只提到亲迎之礼，将亲迎之礼后的拜祖宗、公婆及回门习俗展现开来。

《云梦县志略》（十二卷·清道光二十年刻本）载：“男女两姓，通媒妁合婚。择吉书男女年庚于红笺，曰‘鸾书’，乡俗曰‘庚帖’。婿家通名投刺，富者具币帛、首饰，佐以酒醴、羊、豕、鹅、雁、鱼、果，谓之‘送聘’，并宴媒妁。寒素之家不能备礼物，薄银、钗珥同庚书致送，谓之‘压庚’。女及笄，婿家请期。既允，届期前数日，婿家以羊酒、衣饰送于女家，谓之‘上头’。女家以妆奁送于婿家，丰俭有无，各从其便。婚礼前一日，延宾礼媒，备花轿，高灯前导，间有鼓吹亲迎者。新妇至门，用红毡或布袋覆地，递传入室，曰‘传代’。合卺，设筵待新妇。次晨，婿偕新妇拜尊长。犹存六礼遗风。匝月，夫妇备茶果往拜外舅家，谓之‘回门’，亦有三朝、九朝往拜者。外家设筵待之。至于计聘金之厚薄，使致叹摽梅，云邑旧无此习，而下里荒村或朴陋鲜文，每每有之，要不失厚别之意而已。”② 此载，提及纳吉、纳征和亲迎等礼，暗合古之六礼意蕴，且展现了婚礼特殊习俗，如“上头”“传代”“回门”等。

《应城县志》（十四卷·清光绪八年蒲阳书院刻本）载：“初议婚，媒以描金鸾凤朱纸书男女生年、月、日，谓之‘鸾书’。将娶，男家具彩币、牲牢，曰‘报期’。纳币，曰‘过礼’。届期，鼓乐花轿至女家，女兄弟扶女出，首覆红帕，胸悬小镜，拜辞祖先，撤箸一束，曰‘不家食’。舆至婿门，婿设香案牲醴向女轿行礼，谓之‘回车马’。新妇至堂阶下舆，择待字二女持灯扶新妇跨之，曰‘捧花灯’。以红毡藉地，递

---

① 丁世良、赵放主编：《中国地方志民俗资料汇编·中南卷》（上册），北京：书目文献出版社，1991年，第338页。

② 同上书，第340页。

传入室，曰‘传代’。登堂，婿左妇右，傧相赞拜，曰‘周堂’。礼成，鼓乐送入洞房，坐帐合卺。质明，妇庙见，拜舅姑，出所制绣囊、巾履为贽，以次拜诣（诸）族党；凡受拜者赠以金钱，谓之‘拜仪’。三日，新妇拜厨，治酒食，令婿送至岳家，曰‘谢亲酒’；女家亦备仪馁女，曰‘送看茶’。周月，婿偕妇归宁，谓之‘回门’，亦有三朝、九朝回门者。”① 此婚俗亦简化古之六礼，略提纳吉、纳征，重亲迎礼，且展现出清代应城地区“拜仪”“谢亲”之特色。《德安府志》（二十卷·清光绪十四年刻本）所载婚礼与《应城县志》（十四卷·清光绪八年蒲阳书院刻本）所载婚礼略同。

《安陆县志补》（二卷·清同治十一年刻本）载有“听房礼”“闹房”之特殊习俗：“今俗不令媵待，亲眷男女人等皆窃窥窃听，谓人不听则鬼听，名曰‘听房礼’。……今俗亲迎，谓三日内无尊卑大小，一概准入新妇房闼，喧哗戏谑，无所不至，名曰‘闹房’。”② 此记载与时下婚礼闹洞房、听房习俗如出一辙。

《荆州府志》（八十卷·清光绪六年刻本）载有“十朝饭”之婚礼特俗：“亲迎……十日，女父母家来饷食，谓之‘十朝饭’。”③ 还载有驻防之婚礼：“驻防婚娶，初聘延媒妁踵女家通言，议允始择良辰用钗镯、酒果之属，谓之‘行礼’。及岁，由原媒踵女家索庚选吉。先一日送奁具。设筵邀亲友，行礼合卺。次日，谒祖先，执贽见舅姑及戚友，名曰‘识大小’。逾夕，女归宁。”④《钟祥县志》（二十卷·清同治六年刻本）载有彩礼习俗：“婚姻之礼，士大夫之家初不论财，定庚惟请媒

---

① 丁世良、赵放主编：《中国地方志民俗资料汇编·中南卷》（上册），北京：书目文献出版社，1991 年，第 344 页。

② 同上书，第 351 页。

③ 同上书，第 384 页。

④ 同上书，第 385 页。

妁，男先于女，无所谓聘金者。已定后，岁时婿家或馈簪服于聘媳，女答以履袜时物。亲迎、纳采，称其家之有无，女之妆奁亦如之，独小户贫家始有财礼之说，然亦以代衣饰，为数无多。惟纳币日装五色肉卷，切大盒一对，上列楼阁人物，亲迎毕，分送媒妁，延客食之。”① 此载专题叙述纳征礼仪之变迁。

《沔阳州志》（十二卷・清光绪二十年刻本）载有问名礼俗：“婚娶皆仿古，六礼之遗。定聘，先遣媒妁通问，乃往订庚帖，谓之‘发八字’。迨渐长，则具钗镯、酒果之仪，同媒致女家请换庚书，谓之‘填庚’。其后送节，过礼催妆，执雁亲迎，皆存古意。”②

《咸丰县志》（二十卷・清同治四年刻本）载有婚礼别称之特色：“婚礼，制数仪文循分尽礼，或曰为‘喜事’，或曰‘接亲’，或曰‘过公头’，称呼各随相沿。娶亲，男家请媒茶定，谓之‘过门’；随具仪物、庚帖，女家填写八字。长成，纳采、请期。”③

《随州志》（三十二卷・清同治八年刻本）所载婚礼强调了纳吉、纳征内容：“卜吉，然后行纳币礼。”④《枣阳县志》（三十四卷・民国十二年铅印本）也载有纳吉而后通知女方再行亲迎之礼的内容。《宜城县志》（十卷・清同治五年刻本）有以“换庚”行纳采、问名之礼的记载。《光化县志》（八卷・清光绪十年刻本）有民间不行亲迎之礼的记载。通过清代及民国时期汉水流域各县志所载婚俗，汉水流域对古之婚俗六礼，有一定承袭，亦有一定发展，从而形成特色习俗，但普遍对亲迎之礼承袭得较为完备。

---

① 丁世良、赵放主编：《中国地方志民俗资料汇编・中南卷》(上册)，北京：书目文献出版社，1991年，第392页。

② 同上书，第402页。

③ 同上书，第449页。

④ 同上书，第459页。

婚姻六礼的变迁受到移民的影响，移民文化的本质是文化移民。清朝中期以后，汉水上游地区婚俗的主要表现是土著婚俗与客民婚俗交错、礼制婚姻与非礼制婚姻并存。在各地方志的记载中，土著婚俗与客民婚俗的差异非常明显，如《孝义厅志》（十二卷·光绪九年刻本）记载："其问名、纳采、亲迎，土著、附籍各从其俗。"[①] 土著居民婚姻礼仪与时间安排大体与北部的关中地区一致，议婚时不用庚帖，以媒人口说为凭；迎娶时，女婿不用亲自上门迎接，新妇入门拜天地，转筵；第二日新妇拜见翁姑及家中大小；第三日新妇下厨；第十日新婚夫妇一同回门。而川楚客民婚俗则与此有异，首先，婚姻议定时必以庚帖作为婚约的凭证，同时男方还送上钗环等饰物。其次，迎娶前一日，女家要为新娘举行送行仪式，亲戚赠送财物，名为"添箱"；傍晚时邻里妇女准备果碟茶酒为新娘饯行，名为"送行"或"伴嫁"。客民与土著迎娶仪式最大的不同是迎亲，土著居民多不行亲迎礼，而客民在迎娶之日，新郎插花披红乘马随轿，张灯结彩，鼓吹至女家迎亲。先拜女家祖父母，再拜父母。拜完后酒过三巡，要为新婿披红簪花，新娘则穿大红嫁衣，顶上红盖头上轿。新婿骑马先导，女方的姑、姨、婶、嫂、姊妹等随轿带着嫁妆送至新婿家里。时至今日，汉水中上游婚礼民俗在全流域各地习俗文化交流碰撞中悄然流变，文化移民使得婚姻习俗在承袭中传扬和发展。

（二）奇异婚俗

奇异婚俗多为婚礼变迁而遗留的婚姻陋俗。《孝义厅志》（十二卷·

① 丁世良、赵放主编：《中国地方志民俗资料汇编·西北卷》，北京：书目文献出版社，1989年，第73页。

光绪九年刻本）载：“至俗云养女济贫、招夫养子及转房一切恶习，无知之民或所不免，士大夫之家则绝乎未闻也。”[①]《荆州府志》（八十卷·清光绪六年刻本）载：“亦有家贫而出赘者，至论财诸恶习，近俗幸无之。”[②]《郧县志》（十卷·清同治五年刻本）载：“至以婿作子，异姓乱宗，不明大义，近日此风业已寝息。”[③] 在汉水中上游的偏远山区奇异婚俗遗存不少，如旧时流行于汉水流域各地贫困山区的童养媳、冲喜、娃娃亲、换婚、叔嫂婚、招夫填房等婚俗；流行在汉水流域的商洛、南阳一带的冥婚习俗；流行于荆州的“粗接媳妇细嫁女”习俗；等等。中华人民共和国成立后，这些婚姻陋俗逐渐消亡。

以“招夫养夫”习俗为例：“招夫养夫”是指丈夫的身体残废，丧失劳动能力，家庭生活难以维持，经过三方协商，另招一夫抚养原夫和全家。这种婚姻虽事先订有协议，但协议很难保证执行，原夫常受后夫的虐待和欺凌，反而加剧了原夫的不幸。清代徐珂在《清稗类钞》中对此有所记述：“汉中恶俗，往往有指媳以继子，招夫以养夫，甚且以胞弟妻其孀嫂，谓之转房。弟若不可，则嫂可以吞房灭伦控之。且一女可嫁数家，曰放鸽。”[④] 光绪《定远厅志》也载：“惟老山内流民、土著杂居，不知礼法，任意胡行。妇人寡居，生有子女，不能守节者，招夫上门，名曰‘招夫养子’，甚至夫在贫难，又招后夫，名曰‘招夫养夫’，生子均分，毫不为耻。”[⑤]这些原始的婚姻习俗，随着社会进步逐渐消失。

---

① 丁世良、赵放主编：《中国地方志民俗资料汇编·西北卷》，北京：书目文献出版社，1989 年，第 73 页。

② 丁世良、赵放主编：《中国地方志民俗资料汇编·中南卷》(上册)，北京：书目文献出版社，1991 年，第 385 页。

③ 同上书，第 449 页。

④ 徐珂编撰：《清稗类钞》第五册，北京：中华书局，1984 年，第 1997 页。

⑤ 余修凤：《定远厅志》卷五，光绪五年刻本，第 4 页 a。

汉水流域奇异婚俗的形成原因与移民有关，是移民与土著习俗逐渐相融的产物。特殊婚姻是专偶婚以外的种种非正常婚姻形式，有的是旧社会的畸形产物，渗透着封建意识和迷信思想，如“童养媳”“冲喜”“纳妾”“冥婚”“娃娃亲”等；有的是旧时认为属于非正常的婚姻，现在随着人们思想观念的转变，已属于正常婚姻形式，如“寡妇改嫁”“招上门女婿”等；有的是随俗成婚，于己有益、对人无害，如“叔嫂婚”“招夫填房”等。对特殊婚姻应根据不同情况区别对待。

汉水流域时下尚有一些其他婚俗，略述如下。一是改嫁习俗。旧时，改嫁是婚姻中的一种特殊现象，寡妇改嫁更是如此。“寡妇”即妇人亡夫后的称谓。夫亡后妇女改嫁本来是天经地义的事情，但是在旧社会却受到非议，遭到阻拦，寡妇甚至惨遭辱骂和殴打，被视为大逆不道的事情，因此酿成了许多悲剧。旧志书中为那些终身不改嫁的节妇、烈女树碑立传，进行宣扬，就是那个时代的奇异现象。中华人民共和国成立后颁布的《中华人民共和国婚姻法》则明确规定，寡妇改嫁，任何人不得干涉，这充分显示了社会主义制度的优越性，也反映了新的民风民俗正在形成，并得到了社会舆论的认可和广大群众的同情、支持。在南阳各县寡妇改嫁的习俗中有一种叫“错榫”的名词，比较新鲜，实际情况与上述相同，只是另取个名称而已，这就是原夫亡后，女方改嫁给亡夫的同胞兄弟为妻者，嫁兄为“上错”，嫁弟为“下错”，此种形式多出现在贫苦之家。这种婚俗虽属寡妇改嫁类型，但与一般寡妇改嫁情况不同。这种改嫁多属双方了解、相互情愿的，因此婚前或婚后的情况要比前者好得多。中华人民共和国成立以来，男女平等、自由恋爱之风兴起，夫死妻后可再娶，妇亡夫后可再嫁（俗称后婚），再不受“从一而终”的礼教禁锢，并可自主选择，充分说明了新制度对人权的尊重和保护。

二是离婚者的再婚民俗。旧时无婚姻法，俗以礼（理）为法，关于离婚及再婚一事，虽古已有之，但历史记载甚少。在一般人的心目中，都忌讳婚姻破散、夫妻分离，因为它象征家庭的解体，所以普遍认为，中途离异，是丢人的事情（应当指出，有些离婚也是合情、合理、合法的事情，是结束不幸婚姻的正确途径）。再婚时，结婚典礼不太讲究，不甚隆重，不愿张扬，只是让最亲近的家人和好友聚宴一次，就意味着结婚了。

三是夜婚习俗。在南阳市区内，旧社会有晚上结婚的特殊民俗。这种奇异的婚俗据传是从明朝初期开始的。明朝初建，皇帝朱元璋将其子藩封全国各地为王，其中第二十三子朱桱被封到南阳，为唐定王。唐定王荒淫奢侈，作威作福，在府内后花园修筑石砌假山——王府山，并命爪牙在山头观望，若发现接娶新娘者，便命喽啰将其抢到唐定王府，任其蹂躏后方才放回，不从者则投入牢笼。因惧其淫威，昔时南阳城内人乃改婚嫁之时为夜晚。1950 年春，中央人民政府颁布了《中华人民共和国婚姻法》，实行婚姻自由，一夫一妻制，严禁蓄婢纳妾、买卖妇女和侵犯妇女的合法权益，从而确立了平等的新婚姻家庭制度。国家实行婚姻登记制度，包括结婚登记、离婚登记和复婚登记，凡已到婚龄的男女双方经过自由恋爱，自愿结婚，须到婚姻登记机关进行结婚登记。夫妇双方感情不和，经调解无效或由法院裁定离婚者，或离婚后双方又自愿恢复夫妻关系者，均由婚姻登记机关发给证书。凡经过婚姻登记机关登记并颁发结婚、离婚证书的婚姻关系，具有法律效力，受到法律的保护。

汉水流域婚姻民俗文化在承袭古之婚姻六礼的同时，在清代与民国时期又有发展和变迁，体现出德和与人和之文化特征。中华人民共和国成立后，男女结婚年龄前后经过两次调整。原来为男 20 周岁，女 18 周岁，后改为男 22 周岁，女 20 周岁。后又随着政府晚婚晚育政策的实施和男女自身文化素养的提高，晚婚晚育现象渐成风气。择偶由原来重门户、地位、身份变为重知识、人品、才能。20 世纪 80 年代以前，“门当户对”的婚姻习俗有了很大改变，在农村出身贫下中农的青年也很好找对象了，青年女子向往找一个“商品粮”户口的对象。在 20 世纪 80 年代中期以前，与军人结婚则有一种光荣感和自豪感，尤其在女性看来，能嫁得一身“国防绿”将是人生最大的幸福，体现出当时人们对中国人民解放军的敬慕之心。改革开放以来，青年人更加看重知识、人品和才能，身高、长相、人品屈居基本条件，家庭经济状况和兄弟姐妹多少以及个人能力大小、未来发展为主要参考内容。有工作的青年在婚嫁理想中追求双方都有工作，每月有固定收入。社会风气的务实化使这一时期的青年男女多从人品和收入等条件选择伴侣。随着知识经济的产生和发展，文凭、学历成为青年择偶的一项重要条件。随着市场经济的深入发展，一些新思想、新观念也对婚嫁要求产生潜移默化的影响。在婚嫁方面，一些男青年认为，只要有共同语言，能够互相理解和支持，不一定非要男比女强，女方若有能力，也可以超过男方。在年龄方面，过去讲究男大于女，只许男大女一轮、不许女大男一岁的观念也受到新思潮的挑战。如果女方各方面条件较好，即使比男方大一些，男方也能够接受。在一些女青年看来，只要条件好，年龄不能成为二人通往婚姻之途的天堑鸿沟。人们越来越重视个人的人品、能力和资产，高经济收入阶层在现阶段具有相当大的吸引力。

旧时，由于封建礼教的禁锢和约束，婚嫁全凭父母之命、媒妁之言，婚姻多为包办型、买卖型、近亲型、转亲型、娃娃亲型、童养媳型、指腹为婚型等。中华人民共和国成立后，党和政府大破封建陋习，大力提倡自由恋爱之风，但在很长一段时间内大部分青年男女即使自由恋爱亦不敢公开，更不敢张扬，父母包办之婚姻依然存在。进入20世纪60年代以后，自由恋爱结婚越来越成为青年男女的追求，但民间青年男女对恋爱一词仍讳莫如深，情人相见，冷静有余，热情不足。到了80年代以来，通过介绍和自由求婚的方式占主导地位。在城镇，求婚方式日益社会化，朋友、同学、同事自由选择对象，也向开放型发展。经济的发展和文化生活的丰富为青年男女提供了更多的交往机会。随着社会变革和移风易俗的深入贯彻，在乡村，青年男女经人介绍，约定时间，来到介绍人或朋友家，或于集镇餐馆相亲。相亲时男方需给女方送见面礼。见面礼数量没有定规，在20世纪70年代一般是10～100元不等，80年代一般为200元左右。一般惯例，女子若接了男方的见面礼，表明女子心中同意该亲事；若拒收见面礼则意味着此婚事不成。若男方各方面条件较好，即使不给见面礼或少给见面礼，女方也会同意这门亲事。相亲时，男方要设宴款待来宾，若男女双方同意，父母赞同，需再行约定日期，女方到男方家定亲。是日，男方必须设宴款待，媒人与男方主人亲陪。宴后，男方必须将订婚礼物经媒人手当面清点交予女方。订婚礼在城镇多为现金和首饰，在农村一般为现金或衣服料子等。女方从媒人手中接过聘礼，婚约即正式达成。

三、丧礼民俗

丧礼，即丧葬礼仪，简而言之为埋葬死者的礼仪，是由丧而葬一系列具有惯制性的礼仪程序，如下葬方式就有土葬、火葬、天葬、水葬、悬棺葬等。丧礼源于原始信仰。据《丧葬史》一书研究认为："从各种葬法所表达的共同愿望来看，丧葬的起源与原始人的灵魂和灵魂不死信仰紧密地联系在一起。"① 人有灵魂是原始人乃至许多现代文明人均笃信的一种观念。英国文化人类学家泰勒的"万物有灵论"强调了所有生物（人、动物、植物）都有灵魂。恩格斯关于人类对于灵魂的认知亦有论断，他认为，在远古时代，人们还完全不知道自己身体的构造，并且受梦中景象的影响，于是就产生一种观念：他们的思维和感觉不是他们身体的活动，而是一种独特的、寓于这个身体之中而在人死亡时就离开身体的灵魂的活动。从这个时候起，人们不得不思考这种灵魂对外部世界的关系。如果灵魂在人死时离开肉体而继续活着，那就没有理由去设想它本身还会死亡；这样就产生了灵魂不死的观念。② 此论实质上是在探讨人的内部心灵与外部客观世界的关系。丧葬礼仪程序复杂，文化内涵丰富，我国古典文献多有记载。《礼记·檀弓下》载："丧礼，哀戚之至也。节哀，顺变也。君子念始之者也。复，尽爱之道也，有祷祠之心焉。"③ 强调人死戚悲为人之常情，要做到顺应死者意愿，节哀顺变。汉水流域丧礼民俗在清代及民国时期各地方志多有记载，这一时期丧礼上承古制，下启当下，内蕴厚重，特色鲜明。

汉水流域中上游丧礼习俗散见于各地方志。据《雒南县志》（十二卷·清乾隆五十二年增刻本）载："父母没，或次日，或三日棺殓。孝子以白布缠头，寝息苫块。讣报亲友，挂纸幡于门外，或用金鼓，亦有

① 陈华文：《丧葬史》，上海：上海文艺出版社，2007 年，第 3 页。

② 中共中央马克思恩格斯列宁斯大林著作编译局编译：《马克思恩格斯选集》第四卷，北京：人民出版社，2012 年，第 223-224 页。

③ 崔高维校点：《礼记》，沈阳：辽宁教育出版社，1997 年，第 29 页。

不用者。亲友赴吊，随答白布、麻巾，期只三日。遇七期、百日，或行家奠，或作佛事，亲友备仪，赠铭旌，行奠礼。临葬，绅士家先期刊刻墓志行述，择吉日点穴。请亲友，报葬期，议执事，具外椁。葬前三日，亲友备仪致奠；即日备馔谢客，各送墓志行述。先一夕，孝子行奠，请知礼者相礼。葬日，晨兴行遣奠礼，扶柩往墓所，鼓乐前导，亲友祖奠，预请尊贵者至墓所祀土、书主。葬毕，迎主归，行虞祭礼。三日，孝子孝妇具酒馔至墓祭奠，谓之‘复山’。至于齐民，称家有无以为隆杀，仪节不甚相远也。”① 此载将清代汉水流域上游陕南地区丧葬礼仪展露无遗，具体涵盖丧礼之殓、告、祭、葬、择吉点穴、刻墓、做佛事等习俗。《孝义厅志》（十二卷・光绪九年刻本）载有丧礼哭泣习俗：“男左女右，昼夜于孝堂坐草哀泣。将葬，破土后，哀泣如前。”②

《定远厅志》（二十六卷・清光绪五年刻本）有丧礼洗尸礼仪设人分工之记载：“立丧主、主妇、护丧、赞、祝、诸执事人，治棺及凡丧具。护丧者使人讣于有司及戚友。执事者帷寝，设浴床于尸床前，袭床在浴床西，东陈沐浴巾栉、含具，含用金、银屑三，袭事陈其旁，常服一称，冠及礼服各以其等，带靴皆备。侍者迁尸浴床，南首。诸子哭踊，妇人出（女丧则男出），乃去尸衣，覆以敛衾。侍者奉汤及巾栉沐浴。丧主及诸子止哭；眂执事者结袭衣，纵置于床，南领。”③

《宁陕厅志》（四卷・清道光九年刻本）有唱孝歌记载：“间族人有邀约姻亲击鼓唱曲于柩旁，名曰‘唱孝歌’，亦曰‘打丧鼓’。”④《内乡县志》（十二卷・清康熙三十二年刻本）有“听堪兴（舆）家，

① 丁世良、赵放主编：《中国地方志民俗资料汇编・西北卷》，北京：书目文献出版社，1989 年，第 72 页。

② 同上书，第 74 页。

③ 同上书，第 148 页。

④ 同上书，第 155 页。

争难得之风水"[1]的记载。《郧县志》（十卷·清同治五年刻本）有"散孝帛"丧俗记载："郧俗自属纩、棺殓、成服、题主、卜吉发引、安窆，亦与礼制大略相同。惟吊唁者勿论戚族给白布数尺缠头，谓之'散孝帛'；又有不论亲朋各予一巾布者，谓之'满散孝'。"[2]《房县志》（十二卷·清同治四年刻本）有"报庙"丧俗记载。《竹溪县志》（十六卷·清同治六年刻本）有"守夜"习俗记载。诸多清代方志所记丧俗在汉水流域中上游得以普遍承袭。据张明义《武当山丧葬习俗谈》一文叙述，武当山地区民间的丧葬习俗包括下榻、报庙、抹尸、穿寿衣并戴寿帽、入棺、告丧、立灵牌、守灵、打井、吊孝、打"待尸"、告别仪式、出棺、落井、祭祀（"七期"、戴孝）等十五道程序。[3]此研究尽展汉水流域中上游民间丧葬礼仪之复杂特色，承袭有古之葬礼的意蕴。

陕南民间还有"背茅人过火坑"特色丧俗。据巫其祥等著《陕南民俗文化研究》一书介绍："在陕南民间古老的丧俗中，有一种古怪的习俗叫'背茅人与过火坑'。大凡因工伤事故或凶死，即非正常死亡在外的人，死者的尸体一律不得进入宅院大门之内停放，必须经过'背茅人与过火坑'的端公（巫师）仪式后，尸体才能入棺停入屋内。"[4] 此俗可能为陕南端公巫术文化的遗存。

汉水流域下游丧礼习俗也颇具特色。据《襄阳县志》（七卷·清同治十三年刻本）载："亲殁，遍讣亲友，衣衾、棺椁，称家有无。或三

---

① 丁世良、赵放主编：《中国地方志民俗资料汇编·中南卷》（上册），北京：书目文献出版社，1991年，第252页。

② 同上书，第449-450页。

③ 张明义：《武当山丧葬习俗谈》，《武当学刊》（哲学社会科学版）1996年第16卷第1期。

④ 巫其祥、李明富：《陕南民俗文化研究》，北京：高等教育出版社，2014年，第181页。

日，或七日，遵礼成服，请四庠生相仪；间有鼓乐大轿携妇女赴城隍庙报神者，知礼者不为也。朝夕灵前奉食，每七日一奠，百日奠止。迨卜吉安葬，具简启知亲友。先二日，备筵戒宾；是夜堂祭，请四庠生相仪，并士人有品望者题主。次日开吊。葬日，旗幡前导，孝子扶柩至葬所，手举土块掩棺，众佣筑土成坟，焚化纸马、冥房及纸钱、纸镪，归而虞祭。三日省坟，期而小祥举奠，再期而大祥举奠，二十七月除服。"[①] 此所载之丧俗，与汉水中上游丧俗差别不大，特色之处在于"赴城隍庙报神""请四庠生相仪""焚化纸马、冥房""二十七月除服"等，此俗时下已传至汉水中上游。《随州志》（三十二卷·清同治八年刻本）载有"惟丧家妇女不出送，翼日妇女至墓哭"[②]之习俗。

《沔阳州志》（十二卷·清光绪二十年刻本）载："丧事，初属纩时延僧封殓，三日行成服礼。每七日祭奠，谓之'应七'。朝夕上食。葬之先一夕，发引奠献诸仪，悉准《家礼》。祭延相礼四人导引，用童子数人歌《蓼莪》之诗，且序亡者生平备历艰辛之事，为文读之以致哀，曰'唐（堂）祭'。请戚党有齿德者题明旌、神主，然后用鼓乐送丧舆至墓所。封窆毕回灵。称家循分，犹存哀戚真意。至于坐夜陋习，击鼓铙歌，不过僻壤愚民踵《蒿里》《薤露》挽唱之余风而已。按，丧殡用鼓乐，非古也。而士大夫亦行之者，俗以为孝子荣亲之意，矫之则群嗤为吝财。"[③] 此记载清代沔阳地区"唱诗挽歌"特色丧俗，并认为坐夜（今之守夜）为民间陋习，视"鼓乐"殡葬习俗是当时士大夫之家吝财的表现。《钟祥县志》（二十卷·清同治六年刻本）载："葬之日，先期延宾，曰'开吊'，或三日，或一日。请街邻宾客，酒食縻（靡）费，

① 丁世良、赵放主编：《中国地方志民俗资料汇编·中南卷》（上册），北京：书目文献出版社，1991 年，第 458 页。

② 同上书，第 460 页。

③ 同上书，第 402 页。

以集众为荣。”① 此所记载为陋习。《荆州府志》（八十卷·清光绪六年刻本）载：“丧，则初属纩之时，延僧封殓。三日行成服礼。每七日备祭，谓之‘过七’，至四十九日而止；或有延僧作道场功德者。死后，朝夕上食，至百日始罢。有乘初丧而婚娶者，谓之‘乘凶’。今延僧及乘凶诸恶习，士大夫家无是也。发引先一夕，凡陈设奠献诸仪，悉准《家礼》。祭用童子数人，歌《蓼莪》之章，谓之‘唐（堂）祭’。延乡党有齿德者题铭旌、神主。是日用鼓乐导从，丧车至墓所，封窆毕然后归。凡送死之事，称家循分，不事靡文，不尚虚气，犹得丧易宁戚之遗意。”② 此载与《沔阳州志》（十二卷·清光绪二十年刻本）所载大致相同，特色之处在于民间“乘凶”丧俗。

《安陆县志补》（二卷·清同治十一年刻本）载：“邑丧仪，自嘉庆朝来多有不称家有无，舍哀戚，尚浮华。有仿赛会而为之者，仪仗、灯彩、鼓乐将之，必迎代拜宾数员，章衮从事，变凶而吉，他郡无是也。其乐工优伶，名曰‘响房’，刁难讹索，倨侮把持，最为恶习。并有丧主家直向其匍伏稽谢不为耻者。徐侍御嘉瑞两丁艰，皆预榜丧次，遵行古礼，不用音乐，庶为近之。”③ 此载将清代安陆区域丧葬陋习展露无遗。

《应城县志》（十四卷·清光绪八年蒲阳书院刻本）载有“三日孝子拜墓，谓之‘复山’。出门谢客，稽首门外，不进见，曰‘谢孝’。夜宿灵位前，曰‘守灵’”④等特色丧俗。《云梦县志略》（十二卷·清道光二十年刻本）载：“始死之日或次日，用阴阳家言择时，与亡命及孝

---

① 丁世良、赵放主编：《中国地方志民俗资料汇编·中南卷》(上册)，北京：书目文献出版社，1991年，第392页。

② 同上书，第385页。

③ 同上书，第351页。

④ 同上书，第344页。

子命无冲克即行大殓。附身、附棺者，称家为丰约，有官职者殓以命服。子妇衣履皆以麻，诸孙亦如之，常服用白布，惟子妇下缝不齐，余皆齐。择期成服。亲邻皆往吊，礼以冥资。孝子备牲醴致祭，亲戚亦有设奠者，葬礼亦如之。届期，舁柩于门外，祖祭然后行。士宦家饰棺用毡若幔，曰‘棺罩’，一曰‘笼棺’，执绋者素衣冠相送。庶民、寒士无力者，数人舁棺至茔地浅埋而已。无久厝不葬者，此与古丧礼尚觉相似；惟守夜作七，间有僧道忏罪破狱，则不经甚矣。”① 此记载特色之处在于“用阴阳家言择时”“有官职者殓以命服”“棺罩（笼棺）”“守夜作七”等丧俗。《孝感县志》（二十四卷·清光绪八年刻本）载有“送孝”丧俗：“受吊仅三五日，致素缣布于所亲，曰‘送孝’。”②

《汉口小志》（不分卷·民国四年铅印本）载：“丧礼，含殓丰厚，多以宝玉殉葬者。死者木主多聘贵显者题点，下葬必卜地卜日，延浮屠黄冠，方相明器以巧为能，亭彩幡帐以多为贵。人死至七日为‘头七’，递数以至七七或十七，俗云每七日过一阎罗，请僧道诵经，焚楮。又以竹为箱形糊以纸，而实寓钱其中，谓之‘箦’，或装纸袋内，谓之‘包袱’，上书死者姓名，不经之甚，然莫之或易也。小家喜唱孝歌，业此者扁所居，曰‘悲乐堂’，鼓盆歌，令人绝倒。回煞，俗呼‘回殃’，芦秆作梯，倚于屋檐，云亡人由此而下地，或洒灰以验足迹。停棺之家，灵门贴一‘罨’字，不知何取，讯之土人，亦不解也。”③ 此所载丧俗，是民国时期汉水下游具有代表性的丧俗，体现出“多以宝玉殉葬”之奢华，“每七日过一阎罗”之信仰，“寓钱”于竹箱内之实在，“鼓盆而

① 丁世良、赵放主编：《中国地方志民俗资料汇编·中南卷》（上册），北京：书目文献出版社，1991 年，第 340 页。

② 同上书，第 326 页。

③ 同上书，第 320 页。

歌”之淳朴，凡此种种为今之乐道。

汉水流域最有特色的丧葬习俗当数“寄死窑”。汉水流域的丧葬习俗，许多与各地相同，唯独与丧葬有关的“寄死窑”习俗，在国内却极为特别。自21世纪以来，有关在武当山发现“寄死窑”的消息经《湖北日报》《长江日报》《北京青年报》等传媒披露后，引起了极大关注。

“寄死窑”又叫“待死窑”“自死窑”“借死窑”“老人洞”“老人仓”“参洞”等。这些遗迹广泛分布于汉水流域中游的湖北丹江口市习家店、官山，十堰城区夏家店、郧西县、郧阳区白浪、竹溪县龙坝、泉溪，河南丹江流域的淅川，陕西境内的安康等地汉江支流河谷的山崖上。

郧阳的“寄死窑”大多凿在江边的崖壁上，离水面有高低不等的距离，官山一带有的“寄死窑”就在房院背后的山崖上。考古工作者发现，各地窑洞构造大体一致，形制略有区别。以郧阳一地为例，从郧阳城关到青曲镇沿汉江两岸山崖上，“寄死窑”相对分布较多。一种形制是窑口上方呈拱弧形，入洞后窑体横向开凿，宽高各1.5米左右，长约2米。人弯腰进去，可躺下坐起，不能直立。这类窑凿制比较粗糙、分散。一种是方形窑口，窑内空间宽、高约2米，长约3米，窑形呈筒子状，许多窑内石壁上凿有放灯的小碗及烟痕。这类窑相对集中分布而零散开凿地排列。还有一种窑比较集中，排列有序，窑底呈同一水平线，间隔距离大致相等，窑门外凿有浅显的波浪形、树叶形花纹图案。

丹江口市官山镇沿汉江支流官山河的官亭、袁家河、观音堂等村和十堰城区白浪郑家湾的“寄死窑”，洞口呈长方形、正方形或下底稍宽的矩形，洞口约一米见方，窑内呈不规则的长方体，有的是拱形顶，高、宽约1米，长约2米，有大窑、小窑两种规格。有的窑内凿有放灯的石碗，有的窑口两侧有对称的栓门杠石凹。

“寄死窑”在民间传为古之遗存的丧葬习俗，而学界从文化人类学角度进行阐释，形成死亡地说、远古遗存说、生存法则说、灾年不得已说、野葬遗留物说等说法，这些说法为后世探研汉水流域丧葬习俗起源演变之成因与文化意蕴奠定了基础，然“寄死窑”之丧俗文化现象尚需进一步解读。

四、祭礼民俗

祭礼在我国古代属于上层统治阶级为治理社会，通过祭祀公认的至上神灵以实现人文教化和文明传承的礼仪活动，在民间主要是祭祀先祖及所信仰的神灵。本节探讨的主要是汉水流域民间除了丧葬祭祀以外的祭祀祖先的礼仪习俗，有“春秋两祭”之说法。祭礼在我国古代文献中多有记载。《礼记·祭统》曰：“凡治人之道，莫急于礼。礼有五经，莫重于祭。”① 可见祭礼之重要。事实的确如此，祭祀经过传承发展，已成为我国传统文化中流传时间最长、受众人数最多、影响最为突出的文化形式之一。

传统社会祭祀对象，除已逝祖先外，还有天地、山川水月、鬼神以及户、灶、中溜、门、行等五祀之神，几乎涉及日常生活所有对象，用作祭祀的物品也有特殊的规定。天下九州（大小诸侯、同姓之国、卿大夫、百姓）要尽力贡献祭品。一些场合的祭品有太牢、少牢之分。关于祭祀奉献给天子的物品，应依诸侯国税率轻重、距离远近和土地大小制定等差，不能由人随意决定。遇到灾荒饥馑年景，祭祀用特豕、特豚。《礼记·祭统》强调“祭有十伦”，包含有鬼神之道、君臣之义、父子

① 崔高维校点：《礼记》，沈阳：辽宁教育出版社，1997 年，第 165 页。

之伦、贵贱之等、亲疏之杀、爵赏之施、夫妇之别、政事之均、长幼之序、上下之际等原则。祭礼的本质功能在于人文教化和文明传承，民间祭祀还蕴含有纪念已逝先祖和神灵信仰崇拜的文化之意。

汉水流域当下祭礼民俗文化，受清代及民国时期祭祀礼仪影响较深，现梳理汉水流域清代及民国时期各地方志记载的祭礼情况，以祭祀祖先为对象（其他民间所信仰之神灵祭祀散见于四时节令习俗记载），从祭祀时间、祭祀所用物品及祭祀文化意蕴等层面，探讨汉水流域祭祀民俗文化之厚重。具体情况见下表：

表1 汉水流域清代及民国时期祭祀民俗梳理

序号	方志名称	版本	祭祀时间	祭祀所用物品及程序	祭祀文化意蕴
1	《雒南县志》十二卷	清乾隆五十二年增刻本	每岁元旦、清明节前数日、七月十五夕、十月初一日夜、冬至、除夕、二分日、二至日、朔望、忌辰	每岁元旦，无论贫富，备庶羞、香楮祭祖先，族大者合族会祭。祭毕，饮福受胙。清明节前数日，合族奠远祖墓，次各赴亲支墓，亲友拜扫。七月十五夕，荐新麻、新谷，谓之“祭麻谷”。十月初一日夜，家家祭奠，剪楮衣焚之，谓之“送寒衣”。冬至祭先，多在黄昏时。除夕设主祭献，随人丰俭。绅士守礼之家，又于二分、二至日设主献鲜，每朔望、忌辰，荐新致奠	“祭麻谷”“送寒衣”

续表1

序号	方志名称	版本	祭祀时间	祭祀所用物品及程序	祭祀文化意蕴
2	《孝义厅志》十二卷	清光绪九年刻本	节序、生辰、忌辰	四时祭礼：凡民间少有家庙，每逢节序、生辰、忌辰，近则祭于墓，远则祭于家龛。祭献礼物，土著、附籍尚不甚殊。惟秋祭，附籍者于七月十五日；土著者于十月初一日	
3	《汉南续修府志》三十二卷·西乡县卷	清嘉庆十九年刻本	元日、元夜、清明、七月十五、十月朔	祭则元日设祖先神主于堂上，元夜祭于门外，并神主焚之。清明，祭于坟，男女少长咸至。七月十五祭于门外，十月朔亦如之	
4	《宁陕厅志》四卷	清道光九年刻本	节序	民家少有家庙，每逢节序，多祭于墓，享祭献荐。土著、附籍，尚不甚殊；惟秋祭，附籍人于七月十五日，土著人于十月初一日	
5	《南阳县志》十二卷	清光绪三十年刻本	清明节、七月望、十月朔日	士大夫祭于祠，无祠者祭于寝室。至清明节、七月望、十月朔日皆酹酒、焚楮，拜扫墓前	

续表1

序号	方志名称	版本	祭祀时间	祭祀所用物品及程序	祭祀文化意蕴
6	《内乡县志》十二卷	清康熙三十二年刻本	清明节	祭，所以尊祖敬宗，《礼》曰：祖有功，宗有德，自士而上皆得立庙，庶人祭于寝内。乡士大夫家有合祭、墓祭之礼，庶人则惟知墓祭耳。考定礼，庶人亦得祭四亲，则高曾祖考固皆可祭于寝，若四亲以上不拘世次，并宜于清明节至墓所祭之，庶不失追远之意也	追远
7	《大冶县志》十八卷	清同治六年刻本	清明、中元、岁除及忌日、冬春之际	清明扫墓，登谷荐新，中元、岁除及忌日焚楮致奠。大家则建祠堂兴瑞，人于冬春之际舁其祖神行锣过邑，遍历彼族	登谷荐新
8	《云梦县志略》十二卷	清道光二十年刻本	每岁清明，或七月望日，或孟冬朔日及岁暮	士夫家建祠堂，家自为俗，无祠堂者祭于寝室。每岁清明，或七月望日，或孟冬朔日及岁暮皆有祭，其仪不尽依《家礼》；要之，春露秋霜自有感于不容已者	春露秋霜自有感于不容已者

续表1

序号	方志名称	版本	祭祀时间	祭祀所用物品及程序	祭祀文化意蕴
9	《应城县志》十四卷	清光绪八年蒲阳书院刻本	清明、中元、伏腊、小年、除夕	祭礼以清明为重，比户祭祖坟，后或祭宗祠，或祭于寝，皆延傧相习礼。中元，则陈肴馔，焚冥镪于庭。伏腊、小年、除夕皆然	
10	《德安府志》二十卷	清光绪十四年刻本	清明节、七月望日、孟冬朔及岁暮	士大夫家有力者建祠堂，无祠堂者祭于寝。每岁清明节谒墓，七月望日、孟冬朔及岁暮皆有祭。其仪不尽依《家礼》，而春露秋霜绰有报本返始遗意	春露秋霜，报本返始
11	《天门县志》二十四卷	民国十一年石印本	冬至，岁首，寒食，初秋七日、十三日或中元日	祭，则士夫家有宗祠者，每岁冬至必祭，族姓咸集，祭酒以宗子。若岁首拜墓，省松楸，禁樵牧。寒食上冢，具牲醴、酒食，焚香楮，挂幡，施鞭爆，或有用鼓乐者。及初秋七日，具酒馔，安座，迎始祖及五代以下祖考神灵于堂，晨昏焚香奠茶。至十三日或中元日，复设馔，用纸封楮钱，上书祖考妣姓名，祭毕焚化，谓之“送神”。此则通行勿替，亦荐新谷之遗也	“送神”，荐新谷

续表1

序号	方志名称	版本	祭祀时间	祭祀所用物品及程序	祭祀文化意蕴
12	《咸丰县志》二十卷	清同治四年刻本	清明春祭、秋祭	春祭，每于清明扫墓，垄上标挂纸钱，醴斋陈设，丰俭随力，间亦有男女偕往，祭毕饮福墦间者。新冢祭于社前。秋祭，封包纸钱，书祖先名讳，祭于中庭，日晡焚之	
13	《竹溪县志》十六卷	清同治六年刻本	正月上元夜、清明日、七月十四日、中元日、十月、除日	正月上元夜，送灯拜奠。清明日，男妇皆祭坟，设肴馔、酒醴；祭毕，即茔前席地食饮，谓之“腹(馂)余”，亦寒食意也。七月十四日，迎祖考神灵于堂，晨昏奠茶酒。中元日复设馔，化楮钱，如送神。十月设祭，有宗祠者族姓咸集。除日，设祭送灯，亦如上元仪	清明日茔前席地食饮，有寒食意
14	《随州志》三十二卷	清同治八年刻本	中元及年节、春祭	祭礼，以中元及年节为重。祭及三代以上，焚楮谓之“冥袱”，惟春祭移于墓	

续表1

序号	方志名称	版本	祭祀时间	祭祀所用物品及程序	祭祀文化意蕴
15	《谷城县志》八卷	清同治六年刻本	元旦、端午、中秋、岁除、清明、中元节	小祥、大祥、禫祭，具牲醴粢盛祭于主，焚楮帛于外，明器略如送葬具。有力之家，则延礼宾，备物以祭，行三献礼，礼毕乃释服。时祭，则以元旦、端午、中秋、岁除祭于堂，清明祭于宗祠，无祠者祭于墓。值中元节，荐新稻、特祀祖先；既夕，至野外以垩圈地，置纸钱于中焚之	荐新稻
16	《枣阳县志》三十卷	清同治四年刻本	中元、岁除、清明	中元及岁除皆祭于堂，清明祭于宗祠，无祠者祭于墓。客户及贫家，值中元节，于野外以垩圈地，置纸钱于中焚之	
17	《宜城县志》十卷	清同治五年刻本	正月元旦、五月端午、八月中秋、岁终除日、清明、中元	小祥、大祥、禫祭，具牲醴、粢盛祭于主，焚楮帛于外，明器略如送葬具。有力之家则延赞礼，备物以祭，行三献侑食毕，乃释服。时祭，则以正月元旦、五月端午、八月中秋、岁终除日，祭品随时不一。清明则有墓祭，几宗亲之墓皆至，子姓咸在，具时羞，焚纸钱，	凡遇良辰辄深春霜秋露之思，颇合事亡如存之义

续表1

序号	方志名称	版本	祭祀时间	祭祀所用物品及程序	祭祀文化意蕴
				剪楮为幡插墓前。中元荐新稻、特祀祖先。既夕,以垩圈地焚楮镪于中,以为化送冥资也。 统计期年之中,凡遇良辰辄深春霜秋露之思,颇合事亡如存之义。惟乡俗有外神与祖先并列者,率奉天地、司命、观音、财神、关帝诸神居寝堂之中,祖先次列两旁,于礼未安。而簪缨巨族,构建宗祠奉祀者亦鲜,何以联宗支、序昭穆以敦孝友睦姻之风乎?故欲厚民俗,必自敬宗收族始	

注:据丁世良与赵放主编的《中国地方志民俗资料汇编 · 中南卷》(上册) 及《中国地方志民俗资料汇编 · 西北卷》(书目文献出版社, 1991 年版、1989 年版) 相关内容整理制作。

据上表统计来看，汉水流域祭礼习俗文化内涵丰富。一是祭祀时间，多集中在清明、中元、除夕三个节点，冬至日祭祀也有，还有的地区逢节（传统节日）必祭，如谷城、宜城等县于端午、中秋亦祭。二是祭祀所用物品，涉及牲醴、酒肴、稻谷，以及纸钱、楮帛幡、冥袱等物，各地略有不同。三是祭祀地点，或室内祭祀，或祭于坟地，时下清明均祭祀于坟前，中原祭于家院。四是祭祀程序繁简不一，有的地方还宴客礼宾。五是特色祭祀，如中元日“以垩圈地焚楮镪于中，以为化送冥资也”，集中在谷城、枣阳、宜城等地，竹溪有“上元夜，送灯拜奠”习俗，此习俗时下在汉水中上游如十堰地区普遍流行。六是祭祀文化意蕴集中体现在节庆之日以“荐新稻”方式追忆先祖，即“凡遇良辰辄深春霜秋露之思，颇合事亡如存之义”，向已逝先祖汇报后世子孙生活情状。有些地方如“祭毕，饮福受胙”“祭毕，即茔前席地食饮”展现出祈福于先祖之意愿及传承“寒食”文化习俗。

五、杂礼民俗

杂礼，出自《四库全书总目提要》：“其私家仪注，无可附丽，谨汇为‘杂礼书’一门，附礼类之末，犹律吕诸书，皆得入经部‘乐类’例也。”[①] 泛指古代私人撰著的礼仪著作。今民俗学界习惯将古之“八礼”之外的传统礼仪均归为杂礼。汉水流域的杂礼主要有生育礼、寿诞礼和敬老礼等。

（一）生育礼

汉水流域上游陕南民间有“麒麟送子”习俗。春节期间见有舞狮子者，新婚或久婚不孕之家，邀请舞狮者至堂屋，抱一小孩儿先坐于麒麟背上，于堂屋神龛上点燃香烛，龛前鸣鞭，其后舞狮者龛前拜神（堂屋正墙贴有神像），然后进卧室绕床一周，此为“麒麟送子”。主人家要

---

① 永瑢、纪昀主编：《四库全书总目提要》，四库全书总目提要编委会整理，海口：海南出版社，1999 年，第 125 页。

给舞狮者及狮背上的小孩封赏红包。陕南民间还有“抓周试儿”习俗。陕南民间“抓周”又称“试晬”“试周”“抓生”等。于小孩周岁当日，在堂屋八仙桌上摆放弓箭、秤、笔墨纸砚、书籍、钱、算盘、打牛鞭、玩具、零食，若是女孩还加针线、尺子、化妆品等，在亲朋好友见证下，把小孩放坐于所摆物品空隙处，让其随意抓取，以此判断小孩志趣爱好和性情前程等。于小孩出生满月时摆“满月酒”习俗亦较为流行。

汉水流域下游的江汉平原，生育习俗文化氛围亦较浓厚。据《枣阳县志》（三十卷·清同治四年刻本）载：“生子，遣人到妇家报喜，具名柬延请妇之亲属。妇家以布帛、米麦、鸡鸭、红砂糖、红蛋等物馈之；戚友相贺，亦馈以布帛、米麦等物。期岁，诸戚俱至，与儿以绣履、彩帽、衣饰、果品，各随其宜。陈书籍、笔砚、刀剑、弓矢及杂物于席上，任儿抓取，谓之‘抓周’。”①另据《天门县志》（二十四卷·民国十一年石印本）载：“凡初生男子，多用鸡卵染红宴贺客，亦遍致于亲友族邻，谓之‘送红蛋’。受者亦致鸡、米、鱼、蛋于产妇，谓之‘送汤饼’。至小儿周岁时，又制衣帽、靴履、银佛、金钱之类相庆，仍张筵礼宾，且或演剧屡日。”② 而《汉口小志》（不分卷·民国四年铅印本）载：“小孩出生时必延请稳健催生婆日夕伺候，又必预备红糖、红蛋等物亲往母家报喜。满三日后，即将小孩净洗一次，谓之‘洗三’。满月后款待宾朋，谓之‘吃满月酒’。”③大致看来，“抓周”“满月酒”等生育习俗在汉水流域大同小异，流传较为普遍。

① 丁世良、赵放主编：《中国地方志民俗资料汇编·中南卷》（上册），北京：书目文献出版社，1991年，第463页。

② 同上书，第399页。

③ 同上书，第319页。

地处鄂西北的十堰地区，生育习俗较有特色。除“抓周”“满月酒”习俗外，还有洗九（送祝米）习俗、过继习俗、送灯习俗、孕妇禁忌等。一是洗九（送祝米）习俗。小孩出生后，娘家要“送祝米”。“送祝米”一般在第九天进行，通称“洗九”。日子确定后，外公、外婆、舅父、舅母、姨父、姨母就要花一笔钱去“送祝米”。凡生头胎，要“抬盒”，这盒用木材做成，三格一盏，盒漆得红亮，中间一根杠供两人抬。盒底层装槽米两斗，中层油条 200 根，上层装大小衣料、项链、长命锁、鸡蛋、红糖等，盒顶用绳子拴两只母鸡，外面用红纸贴封，写上喜庆祝词。启程由外公牵头，一行前往。富裕人家非常讲究，要抬“亮盒”。亮盒用玻璃镶成，内物透明，可供路人观看，以示荣华。所送除食物外，衣料是绫罗绸缎，还请唢呐送行，外公、外婆得坐“椅兜子”。中下等家庭则用一担箩筐挑着东西去送“祝米”，礼物数量少，质量差一些，箩筐上面放松、柏枝各一根，表示虽“清贫”，却“亲近”，要亲朋不要见笑。贫穷家庭只是用小篮子提点力所能及的东西，客套话是“不怕空手汉，只怕不来人”“人到情到”。“洗九”规矩较讲究。外公、外婆等一行到来，鸣放鞭炮，用大号迎亲，外公、舅父等男客请到客房，外婆、舅母等女客请到堂屋，上烟敬茶之后，礼宾先生派人发些油条给满堂客人，以示主人“大方”。吃饭时座位非常讲究，长辈坐上席，晚辈坐下席。上席有大小之分，亲的坐大首，疏的坐小首，佳肴满桌，酌酒敬酒连续不断。第二天早餐，因都是“己亲”，酒糟内加三个鸡蛋，以示重谢，饭菜则较随便。月子里的产妇，有很多禁忌，孕妇和来“好事”的妇女不能进内屋，说是怕“踢奶子”。小孩“满月”后，小两口则带小孩和礼物去娘家走亲，也叫“出窝”，以示对“送祝米”的回谢。

二是过继习俗。旧时郧阳（今属十堰）民间多在继承人未成年之前，伯父母无后过叔之子，或叔父母无后过伯父之子（也有异姓过继的）。过继礼仪由舅父主持，宴请部分亲友，并从中选定中人，立下过继文字，遍告同族、乡邻周知。一门两不绝。此俗过去乡间较多，兄弟俩仅有一子，为续立门户，经同族长者说和，双方同意，立字为约，共同抚育。在子婚后，若系兄子者，新生第一子则立长门，次子立弟门；如系弟子者，新生第一子则立弟门，次子立兄门。也有不论兄或弟之子，均先立长门，后立弟门的。中华人民共和国成立后，此俗已不多见。

三是送灯习俗。生第一个孩子，外家和主要亲戚于正月十日左右给孩子送灯。头年送火蛋灯，第二年送镜灯，第三年（最后一年）送铁丝灯笼（长期使用）。俗语："头年红、二年明、三年送个铁丝笼。"送灯，伴送面鱼，头年送一条大鱼，第二年大鱼身上爬一条小鱼，第三年大鱼背上爬两条小鱼，还要用红头绳系上麻钱或纸币于鱼身。所送之灯，于正月十四日晚开始点灯三晚，元宵夜是彻夜灯明，头一天点半根蜡，最后一晚燃尽剩烛。送灯者少则数个，多则数十，若灯过多，还需请人看灯，以防火灾。第三年送灯，主家要下请帖，设宴招待。

四是孕妇禁忌。妇女怀孕后，饮食口味时有变化。民间有"酸儿辣女"之说法。怀孕后需注意保健、防止流产。产后喝红糖水和甜麸子酒，吃鸡蛋、鸡肉、鱼等一些滋补食物，以促进产妇身体恢复和多产乳汁。生第一胎当天，丈夫要到岳母家报喜，生女孩捉母鸡（称花祝之喜），生男孩捉公鸡（称章祝之喜），饭后，岳母要把准备的尿布、鸡蛋等让女婿带回家，并商量送祝米（密）的日子。第三天"洗三"吃面，给孩子取乳名。起名要体现有理想、免灾祸和时代特色，如长命、来福、援朝、转社、爱国、惩娃儿等。七天后产妇开始吃大荤（猪油），前半个月补嘴（调味口），后半个月补腿，吃鸡、猪腿等（强身体）。月子里禁吃酸、冷、硬、生，并要避风，月子得病，月子里治。没满月禁生人（娘家人除外）入产房，以免“踩奶”。产妇未满月忌进入邻居屋内。满月接吃满月酒，以示庆贺。娘家接出月（回娘家住一段时间）。婴儿百日可坐轿轿儿。周岁时外婆等主要亲戚要表示庆祝，并于周岁当天在桌子上摆上各种玩具或其他实物，让小孩自行抓取，以抓起什么东西来判断小孩未来的爱好或长处。同时戴上狗圈和百家锁（项链和银牌），直到 12 岁时，由孩子自行取掉。穷人生孩子一般没有上面那么多讲究，俗有“吊大的葫芦把儿不歪，苦大的孩子不生灾”“小时穿片子，长大穿缎子”的说法。

（二）祝寿礼

我国真正意义上的祝寿礼俗始于南北朝，由生育礼给小孩子过生日演化而来。唐代“圣寿节”的出现为祝寿礼俗的高峰，风流天子唐明皇将自己的生日作为“圣寿节”，首开全国为皇帝庆寿的先例，后历代帝王均将自己生日视为“圣寿节”。至明清时期，不管是做寿的范围还是规模，都空前扩大，以前只局限于王公贵族的上流社会人士才能做寿，到了清代，民间普通人家也能做寿。为老人祝寿，称之为“寿诞礼”，坊间俗称“做寿”。我国古代对人的各个年龄段有不同的称法：60 岁为“花甲寿”，70 岁为“古稀寿”，77 岁为“喜寿”，80 岁为“伞寿”，88 岁为“米寿”，90 岁为“卒寿”，99 岁为“白寿”，108 岁则称为“茶寿”；除此之外，尚有上、中、下之分寿，一百岁为上寿，80 岁为中寿，60 岁为下寿。男女寿诞也有不同的称呼，比如男称椿寿，女称萱寿，此类称呼均有各自独特来历，都需要儿女与晚辈用“做寿”这一方式来体现对长辈的爱戴和孝心。民间“生日年年有，寿诞六十首”的俗谚流传较广，意思是说人只有到了“耳顺之年”，即60岁，才有资格做寿。寿诞礼就是“过生日”，此外还有“做寿”“祝左”“贺寿”等名称。但是寿诞礼根据年龄和性别的不同而有所差异。在小的时候庆贺诞生的仪式不叫寿礼，而称为“过生日”。20岁、30岁、40岁、50岁一般都不举行庆贺之礼，人们认为小孩子、年轻人做寿是不妥的，是要折寿的。而只有到了一定年龄，才能称为“做寿”。

据巫其祥等所著《陕南民俗文化研究》一书介绍：“陕南人有尊老爱幼的传统习俗和美德，人们‘过生日’只重视12岁以下的儿童和60岁以上的老人，中青年人除在几个关键年，如33、36而外，一般不庆祝生日。按照民间习俗，60岁以下的诞辰纪念称‘做生日’；60岁以上，而父母双亡，才称‘做寿’或‘祝寿’。若父母健在，还不能‘做寿’。”① 商洛一般将过生日俗称为“吃生”，50岁后谓之大寿。出嫁女儿要赶回娘屋，子女都要为父母祝寿。礼品有寿面、寿酒、寿桃（桃状蒸馍）、果品、衣料等。德高望重者，亲朋邻里有送寿联、寿幛者。近年，流行送寿糕、燃寿烛，唱“祝您生日快乐”歌。同时，迷信者相习送礼待客“过门槛子”，意“逢九不吉”，特别忌36岁、49岁生日，已亲礼品中必有红色内衣以“消灾避祸”。

中华人民共和国成立前，在汉水流域中上游，年过半百，堂前无父母，家门无孝服即可办寿辰。尤以地方富户士绅为甚，一年一度大肆张罗，耗费无度。亲朋好友，前来祝贺，送寿联、寿幛、寿果，祝“福寿双全”。主人以佳肴美酒款待。势大有钱的人家，摆“长寿筵”，唱祝寿戏。一般穷苦人家，财资无力，即日出门“避寿”，当晚回家。中华人

---

① 巫其祥、李明富：《陕南民俗文化研究》，北京：高等教育出版社，2014年，第148页。

民共和国成立后虽有改变，但“办生日”仍存在，不过规模甚小，仅限儿女、女婿、近亲备礼以贺，主人款待一餐，以示“合家欢乐”。陕南人很讲孝道，素有为老年人“做寿”的传统习俗。但却很有讲究，无论男女，不管年岁多大，社会地位多高，只要父母健在，都不能“做寿”。所以民间习俗和规矩有“三不做寿”，即父母在世不做寿，孝服在身不做寿，未满花甲不做寿。否则，会被看作催父母早死，斥之为大逆不道。汉中地区一些地方还有一个约定俗成的规矩，即使父母已经仙逝，但如果岳父母还健在，也不能“做寿”。岳父母均已下世后，兄弟做寿也要讲究“长幼有序”，长兄没有开祝寿的先例，老二断不可抢先为自己做寿，否则，就会被斥为不知恭俭之礼的小人。

汉水流域下游亦有祝寿习俗记载。据《天门县志》（二十四卷·民国十一年石印本）载：“俗谓人岁十干一匝，曰‘整生’。先期亲友族邻多有馈送。富者张乐设筵，延宾为父母上寿，亲朋祝寿，子弟必随拜答谢。余亦设馔礼宾，互相酬答。”[①] 可见，祝寿礼俗在汉水流域较为普遍。

汉水流域杂礼习俗除生育礼、祝寿礼外，还有入学礼俗和其他日常传统礼俗。《礼记·曲礼上》曰，“人生十年曰幼，学”[②]，强调人出生后至10岁要开始学习了。传统社会稍有条件者将孩子送入私塾学习，接受儒家思想教育，我国传统社会各地私塾礼仪较为一致，即入学要先拜孔子，再行拜师礼。至于其他传统日常礼俗，如见面礼由传统的“稽首”演变为今日的握手；见父母尊长由“跪拜礼”演变成而今的鞠躬

---

① 丁世良、赵放主编：《中国地方志民俗资料汇编·中南卷》(上册)，北京：书目文献出版社，1991年，第400页。

② 崔高维校点：《礼记》，沈阳：辽宁教育出版社，1997年，第2页。

礼；古之行走的“趋礼”而今还在部分沿用。汉水流域中下游有有关行走礼的特色习俗——“楚步”，是对人们走路姿势的描述，说是汉水中下游的人们走路的姿势多为腰背微躬，双手背在后面。由于汉水流域移民现象沿袭年代久远，在漫漫的强制迁徙中形成了较为固定的走路姿势，这一奇异习俗流行于汉水中下游的荆楚大地，人们干脆称之为“楚步”。至于拜贺庆吊礼、入座饮食礼等习俗，在承袭过程中均有一定的变化，在此不展开赘述。

第六章　不避子卯

——汉水流域禁忌信仰的厚重

禁忌不是迷信，是一种由于某种信仰而需要限制某些行为的惯制习俗，久之而成为民俗文化，是人类社会对客观世界认知根本经验的积淀，是人类社会对未知领域在社会心理或精神层面，基于自身生产生活需要在行为上的维系选择和文化传承。关于禁忌，我国古典文献多有记载。如论述秦汉以前各种礼仪制度的儒家经典《礼记·曲礼上》云："入竟而问禁，入国而问俗，入门而问讳。"① 用今日语言来讲就是，每到一个地方就先打听当地的禁忌，每到一个国家就先了解该国的民俗，每到一户人家就先问清避讳什么。《汉书·艺文志》亦载："及拘者为之，则牵于禁忌，泥于小数，舍人事而任鬼神。"② 这两个文献所述之"禁"是对"禁忌"一词较早的记载。关于禁忌的含义，据毛锦钦所著《博罗民俗》一书认为："禁忌包含两方面的意义：一是对受尊敬的神物不许随便使用，因为这种神物具有'神圣'或'圣洁'的性质，随便使用是一种亵渎行为，违犯这种禁忌会招致不幸，遵循这一禁忌，会带来幸福；二是对受鄙视的贱物和不洁、危险之物，不许随便接触。违犯这种禁忌，同样会招致不幸。可见，禁忌是一种信仰习俗或迷信习俗，它常被强调为禁止或抑制，也就是说，一切被禁忌的事物，同时也是具有危险的事物，谁违犯了禁忌，或迟或早会受到制裁和惩罚。"③ 除此论将禁忌民俗视为迷信习俗颇值商榷外，视禁忌习俗为信仰习俗则十分肯定，由禁忌形成一系列行为限制，折射出信仰习俗之厚重。国际上，人

---

① 崔高维校点：《礼记》，沈阳：辽宁教育出版社，2000 年，第 8 页。

② 安平秋、张传玺分史主编：《汉书》，上海：汉语大辞典出版社，2004 年，第 787 页。

③ 毛锦钦：《博罗民俗》，广州：暨南大学出版社，2014 年，第 198 页。

类学、宗教学及民俗学界公称禁忌为“塔布”，源自 1777 年英国航海家柯克在太平洋波利尼亚群岛的汤加岛上发现的当地土语 Taboo 或 Tabu 的译称。万建中所著《中国禁忌史》一书在大量分析国际人类学、宗教学及民俗学界关于禁忌界定的观点基础上，提出理解禁忌的基本特征要把握三个关键：一是禁忌是一种否定性的行为规范；二是既然禁忌是一种社会心理层面上的民俗信仰，那么违禁所造成的不幸或恪守禁忌所带来的平安就停留在心理层面或者精神层面；三是禁忌的处罚不可抗拒。此论对我们理解禁忌作为一种信仰民俗提供了可信依据。

汉水流域禁忌信仰民俗研究可见于为数不多的汉水流域民俗文化研究著述中，黄元英先生所著的《商洛民俗文化述论》以“有所不为——商洛禁忌民俗”为题做了专章讨论，将汉水上游陕南集自然与人文复杂环境于一体的商洛禁忌民俗从语言禁忌、行为禁忌、时间禁忌、颜色禁忌四个层次展开，其研究条理清晰且别具一格，可谓汉水流域禁忌民俗研究的典范。如其将商洛语言禁忌分为三种类型：“一为避恶祸，即在生活中不能使用不吉利或暗含凶灾的语言；二为避尊亲，即尊者和长者的姓名或与之谐音的事物不能随便说出；三是有关性的话语。”[①] 而其对行为禁忌不再分类而是下定义：“行为禁忌就是人们在行为过程中应该避开或避免做的事。行为禁忌与原始自然崇拜、图腾崇拜和灵魂崇拜有关。人们对自己的崇拜物常常心怀敬畏，因而产生许多忌讳，久相沿习便形成行为禁忌。”[②] 而在探讨时间禁忌时干脆指出商洛时间禁忌之主要特色：“在商洛尤其是山区民众的意识里，时间是有‘宜’与‘忌’、

① 黄元英：《商洛民俗文化述论》，西安：三秦出版社，2006 年，第 177-178 页。
② 同上书，第 181-182 页。

‘吉’与‘凶’、‘良辰’与‘恶日’等不同性质的，通俗的说法就是分为‘好日子’和‘瞎（坏）日子’。”① 最后研究颜色禁忌，先列举我国传统文化中关于颜色禁忌的文献记载，然后结合商洛民俗中的颜色禁忌，选择重点的红色禁忌又进行划类研讨：“商洛民众对红色的禁忌最为普遍。概而观之，主要表现为两种情况：一是追求喜庆吉祥。……二是祈求震邪消灾。”② 此研究禁忌民俗尤其是研究汉水流域的禁忌民俗之方式技巧，为我们提供了可贵可咨的经验。禁忌信仰民俗涉猎人们日常生活的方方面面。汉水流域禁忌信仰民俗主要包括图腾崇拜与物候禁忌、人生礼仪禁忌、日常生活禁忌、四时节令禁忌、宗教信仰禁忌等方面。

一、图腾崇拜与物候禁忌

“图腾”一词源于北美印第安人的一支阿尔贡金部落奥吉布瓦人之土语 Ojibway，具有“我的亲族”之意。清末进步学者严复先生将“图腾”一词首次推介给国人，其译著《社会通诠》指出：“图腾者，蛮夷之徽帜，用以自别其众与余众也。”③ 强调了图腾是“自别其众与余众”的标志，贴近图腾之本质，即原始氏族视某物（动物、植物、物体）为本氏族的标志、图徽或象征。图腾禁忌是对图腾至高崇拜的文化折射。在汉水流域民间，普遍流传有二月二龙抬头，此日不能挑水、泼水，否则会发洪水，妇女不能做针线以免扎坏龙眼睛之习俗。潘世东先生在其《汉水文化论纲》一书中分析该习俗：“有原始图腾制的遗迹。龙作为图

① 黄元英：《商洛民俗文化述论》，西安：三秦出版社，2006 年，第 186 页。
② 同上书，第 189-190 页。
③ 甄克思：《社会通诠》，严复译，北京：商务印书馆，1981 年，第 3 页。

腾，备受尊崇，对龙的不恭不敬都会受到惩罚。”[①] 此类由于龙图腾崇拜的禁忌习俗，嵌于汉水流域人们生产生活各个方面。汉水发源地的陕西汉中宁强县是羌族聚集地。古羌族以羊为图腾，因此“羌人在行冠礼仪式中，冠礼人向杉杆始祖像跪下，并得端公所赠一羊毛线系于头颈上。同时，在祭羊神时，端公替一活羊围羊毛线，这羊不准杀食”[②]。此习俗文化在与其他文化交流碰撞中熠熠闪光。汉水下游的江汉平原是古楚人聚集地，楚人崇凤习俗遗存时有发现。《楚俗在汉代的流变》一文提出：“汉朝是以楚人为主体而建立起来的王朝，楚人崇凤习俗自然也成为汉代风尚。在故楚之地，此风更甚。汉墓中多见雕饰凤鸟、绘饰凤纹的器物，汉代建筑的屋脊上多以凤鸟为装饰，汉代画像石和墓中壁画也多表现凤鸟。”[③] 汉水流域原始图腾崇拜所产生的诸多禁忌，多体现于天象物候、动植物方面。

汉水流域自古就以农业经济发达而闻名，早在汉代的画像石上，就有阉牛的题材，牛这种大型畜力很早被用于农业生产便证明了其农业经济的发达。但由于古代科学技术的落后，尽管汉水流域在利用牛这种畜力方面较之全国其他地区觉醒、成熟较早，但是从远古留存下来的那些颇具迷信色彩和神秘感的农业生产禁忌中我们依然可以看出先民们在这样一个不发达的、封闭的农业系统里，对农业生产对象的崇敬、依赖、乞求的心理和对自然灾害无可奈何的被动恐惧心理。这种心理是农民对丰收企盼的折射。由于思想认识的局限，这些农业生产上的禁忌在一定程度上对生产产生了消极的影响。虽然一些农业生产禁忌有其深厚的历

---

① 潘世东：《汉水文化论纲》，武汉：湖北人民出版社，2008 年，第 144 页。

② 邓宏烈：《羌族宗教文化研究》，成都：巴蜀书社，2013 年，第 104 页。

③ 蔡靖泉：《楚俗在汉代的流变》，载方培元主编《楚俗研究》第 3 集，武汉：湖北美术出版社，1999 年，第 481 页。

史渊源，但随着科学文化的普及，这些禁忌目前已基本上被破除或消解。

在农业生产习俗中，忌讳暮冬打雷。有道是："正月雷声发，大旱一百八（即180天）。"天旱缺雨，庄稼就有可能歉收。这种忌讳打雷的民俗之形成，具有远古时代对雷神敬畏的成分，表现了先民对于自然灾害的畏惧之情。为避免冲犯雷神，就要停止耕田和播种，以示迎接雷神的庄重和严肃。汉水流域民间一直到现在都认为从正月初一到初五是不能劳动和动土的，否则不吉。因为春节期间是祭祀拜神活动最频繁的时期，如果生产劳动则会被神灵误认为祭祀者不专心或不虔诚，若冲犯了神灵，一年百事不顺。

天象中的日月星辰和风雨雷电都曾存在着禁忌，对流星、彗星等星辰的禁忌就是如此。在汉水流域民众的生活中，为了提示对某些星辰的禁忌，往往给予它一个世俗化的名称，如称流星为亡星，称彗星为扫帚星、妖星，称摩羯星为克星，等等。汉水流域民间认为只要流星、彗星一出现，人间将有灾祸发生。因为"天上一颗星，地上一口丁"，地上添丁一口，天上便增加一颗星星。若地上所添丁口的地位名望显赫，那么天空中的星辰便明亮一些，反之，则灰暗一点。人与天上的星辰是对应的。因此，若天上有一星辰陨落，地上便将有一丁故去。若陨落的是一颗明亮耀眼之星，那将意味着大将、名人死亡，甚至兆示皇帝驾崩或国家有难。凡遇流星划曳天空时，为消灾免祸，不可以用手指点，更不可大呼小叫，而应马上朝天吐口唾沫，只有如此，方能袚除不祥。彗星的出现更是汉水流域民间的大忌，认为是战乱、灾荒之兆，颇具神秘感。"彗星东出，有寇兵"（《开元占经》），"虹霓彗星者，天之忌也"（《淮南子》）。《七纬·春秋运斗枢》则转引《古微书》云：彗星出于东，是"将军谋王"；出于北，则"夷狄内侵"；出于西，"羌胡叛中国”；出于南，“天下兵起”。太岁则具更大的魔力和破坏力，背着或冲着太岁迁徙、行走、建房等则必遭祸殃。因此世人对它尤为敬畏。若见上述诸凶星临头，则需千方百计规避之。星占迷信形成后，人们为求吉星高照，衣、食、住、行、婚、丧、嫁、娶都有禁忌，得求助于巫人作法，拼做“镇物”以消灾除祸。旧时农村，尤其是穷乡僻壤之地，迷信和巫人大有市场，盖出于此因。

对于雨后天霁所出现的虹的禁忌，可谓源远流长，在《诗经·鄘风·蝃蝀》中就有这样的记述：“蝃蝀在东，莫之敢指。”就是说在天空的东方若出现彩虹，人们不要用手指它，否则，不吉不祥将会降临。虹，又叫蜺，雌雄虹合称虹蜺，《说文解字》中将虹又称作螮蝀，形状如虫。《山海经》说虹有两头，意为雌雄同体相交。因此，虹之出现，意味着不吉。在汉水流域民间，如果天空的南面和北面出现彩虹，那么就兆示着灾难的来临，世人深以此为忌。而东方和西方若出现彩虹，则兆示着天气不风则雨。流传于宛地的俗谚云：“东虹呼雷西虹雨，南虹出来卖儿女，北虹出来大杀大砍。”又云：“东虹风，西虹雨，南虹北虹涨大水。”从流传于宛地的关于虹的谚语中，我们既可以看到汉水流域民众对于虹出现的不同方位与气候变化之间的关系的经验，同时也可以从中清晰地看出广大民众对于虹的敬畏心理。

雷，亦是汉水流域民众深深忌讳的天象，人们有感于雷电在自然界中无与伦比的巨大威力而对其存有诚惶诚恐的畏惧心理。尤其是在不该打雷的季节里，若出现雷电，更讳莫如深，认为是灾难的预兆。这种心态，从流传于宛地的民谚里可窥见一斑。谚曰：“正月打雷土谷堆，二月打雷粪谷堆，三月打雷麦谷堆。”“土谷堆”，即多土丘，多坟，正月打雷，兆示疫病将流行，死人多，坟头激增。二月和三月，正是初春和仲春季节，由于雷电的作用，空气中的氮元素激增，随雨入地，能使农作物高产。这充分表现出民众对正月打雷的忌讳。有谚曰：“十月电，阎王不得闲。十月雷，人死用耙推。”农历十月已届冬季，本不该出现雷电这种天气征候，但若出现了雷电，则预兆来年疫病流行，大量死人，所以阎王不得闲，人死用耙推。这对喜生恶死的凡夫俗子而言，其忌讳心态不言自明。

对天象的禁忌，表现了传统农业氛围中的汉水流域民众在受到天气条件制约而无法排解时，所做出的旨在维持心理平衡的反应。自然环境中的一些天气现象，给善良的百姓带来灾难和痛苦，使得他们惧怕某些天象，因怕而敬，企图用敬的方式来讨好天神，使其不再降灾于民。人们表面是敬它，实际上是怕它，于是就用一些繁文缛节和敬语来讨好它，以求得它的谅解。在汉水流域汉画像石墓的穹顶上常常绘饰有日月星辰，就是出于这种动机。这种信仰和禁忌，完全是由于生产力水平和人们认识能力低下而造成的。

对动植物的禁忌亦可能为原始图腾信仰的附属品。在汉水流域日常生活中，有许多动物禁忌，其中无论是属于信仰的，还是属于感情道德的，对人都具有不同程度的约束力。

民间对于鸡、乌鸦、猫头鹰、老鼠、蛇等的禁忌，是远古动物崇拜和图腾崇拜在民俗中的遗存。这些动物在远古时期都曾因充当过原始人的祖先或保护神而受到先民无休止地崇拜，禁忌也就随之而产生了。乌鸦在汉水流域民间被视为不祥之鸟。由于它通体漆黑，有如丧服，又加之其音质如同木匠以锯解木，喜食腐物，故而被世人视为不祥之物。自古以来，乌鸦都备受世人厌恶。汉水流域民间坚信，若早晨起床后听到乌鸦之鸣则为不吉，若乌鸦绕屋飞行，则此宅主凶。“有灾乌鸦叫”，汉水流域民众对此深信不疑。猫头鹰，古书上称其为鸱号鸟，汉水流域民间称其为夜猫子。因其叫声凄厉，曾被古人称为“恶声之鸟”，它的出现预示着不祥，“夜猫子进宅，无凶不来”，汉水流域民间如是说。在民间，猫头鹰一直是不祥的化身。《史记·屈原贾生列传》载，一只猫头鹰飞入贾谊的屋子里，贾打开占书一查，书上说这种鸟飞来，预示着主人即将亡去。猫头鹰昼伏夜出，栖息于荒岗乱坟间，叫声刺耳怪异，世人觉得它与心目中的鬼的生活习性相同，所以深恶之，生活中十分忌讳它的出现。

在汉水流域，对于养蚕亦有许多禁忌，如养蚕者忌讳死及其谐音，故而蚕屎不能称为“屎”，而唤其“蚕沙”，戴孝人不能进入蚕房。忌说蚕长，而要称蚕高。出蚕后在蚕室方向忌讳动土，蚕室内忌睡觉，这是唯恐蚕懒不作茧。据《汉口小志》（不分卷·民国四年铅印本）载：“俗谓老鼠作啧匕（吡）声不吉，闻者即披发而起，将发咬口中以抵制之。又谓母鸡作雄鸡鸣不吉。又谓狗子作人哭不吉。”①

原始的动物崇拜的复杂多样性，导致了民间动物禁忌的多样性。原始动物图腾崇拜在民众意识中的留存，导致人们自觉不自觉地将自己的命运与动物的某些行为联系在一起，视动物的某些正常或异常现象为自己某种宿命的兆示，这便是动物禁忌产生的思想认识基础。在这种思想认识之上，又加上人类意识深处的鬼神观念的作用，人们无法排除灵魂中对动物的某些畏惧成分，对动物的禁忌便由此而产生。人们企图用禁忌的形式来表达对动物的崇拜，以调节与它们的关系。这种对动物的禁忌民俗，在鬼神等超自然观念未被彻底消除之前，恐怕不会很快完全退出历史舞台，它必将代代繁衍下去，在以后的历史流变中，吐故纳新，获得一些新的质料和内容。

① 丁世良、赵放主编：《中国地方志民俗资料汇编·中南卷》(上册)，北京：书目文献出版社，1991年，第324页。

对于枝繁叶茂的大树、古树，汉水流域民间常常认为是仙家的藏身之所，对此有许多禁忌。桃、柏、槐等树种更被视为神树，丝毫不能亵渎。对这些大树，一不能污言秽语相加，二不能砍伐。更有许多传说，说得活灵活现，言某县某乡某村为某事急需木材若干，打起了古树的主意，在砍伐时锯得树木流血，而且树倒之时就是参与砍伐的各色人等魂丧九泉之日，遭到了恶报，等等。此类传说，不仅见于民众口头流传，而且也广见于古代典籍文献。曹操，这位叱咤风云的英雄人物，在传说中便命丧于此。“建安二十五年正月，魏武在洛阳起建始殿，伐濯龙祠树而血出。又掘徙梨，根伤而血出。魏武恶之，遂寝疾，是月崩。”[①] 树与人同，乃血肉之躯，有知觉和意识，故而世人多不愿向百年老树举刀。正因为树木与鬼神有如此密切的关系，所以民间自汉代始，常会在坟地种植一些树木，如松、柏、银杏、桂等，以安慰亡灵。

在对树种的选择及种植处所上，亦有禁忌。汉水流域民间素有厚生重死的传统。生，源自生命的孕育；死，终于墓穴棺椁的营造。所以，在人生两极，民间于用木上有许多讲究。生命的孕育始于青年男女的结合。在婚嫁家具的制作上，汉水流域民间多用楝木、椿木，民众赋予了它们优美而富有想象力的说辞，词曰：“楝木床（梆），椿木腿，先领（即生育）小伙子（即男孩子）后领女儿（即女孩子）。”[②] 有儿有女，美满家庭之相也。除此之外，柞木、楸木、桐木等也可用来当作制家具的材料。它们以具有胀缩性小、不易翘曲开裂的优越性而在家具生产中得到广泛使用。楠木、红木，材色黄褐略带浅绿，木纹斜行，富光泽，

① 干宝撰：《搜神记》，北京：华龄出版社，2002 年，第 102-103 页。
② 刘克、许宛春编著：《南阳民俗文化》，开封：河南大学出版社，2003 年，第 114 页。

木质稠密，能耐久，具香气，虽为家具的上乘材料，但因价高而不能受到一般普通家庭的青睐。榆木虽然材质优良，纹理细致，坚硬耐用，本为制作家具和棺木的上好材料，但终因其木质顽硬而受到汉水流域人们的摒弃。在汉水流域有“榆木疙瘩不开窍”的俗语，故而世人唯恐下辈人不聪明、不知理，内心深处拒斥用该木种制作结婚家具或棺材。况且，榆木之叶皮可以食用，味微甘滑，易遭虫蛀，民间对榆木的禁忌便更易理解了。

二、人生礼仪禁忌

人生礼仪禁忌主要是指在人生礼仪如生育礼仪、成人礼仪、婚嫁礼仪、丧葬礼仪、祭祀礼仪等方面所涉时间、物品、程序等禁忌，其功能在于提高人们对人生礼仪的认识，规范人们的人生礼仪行为，拓展人生礼仪的文化内涵。汉水流域人生礼仪禁忌民俗主要体现在生育、婚嫁和丧葬等方面。

生育礼仪贯穿了人们的后代从孕育、出生、抚养到成人前的各个阶段，其禁忌多有讲究，各地各有不同，但一些重要禁忌尚能普遍遵从。以唐白河流域的南阳为例，汉水流域的生育禁忌可简要举例如下：

一是孕妇忌吃兔肉，怕小孩嘴豁；忌吃辣椒，怕小孩烂眼；孕妇忌与丈夫同床，怕小孩生疮。

二是给婴儿起名时，忌与长辈与亲戚的名字同字重音，以免大、小难分。

三是给婴儿起名时以害（坏音）寓好，如狗娃、石磙、铁蛋等，都寓为结实、长寿。认石磨为干父，意谓坚硬耐磨之意；认乐队艺人为干父，意谓托吃“百家饭”之福；收集各家碎布拼凑衣物，意“集百家之福于一身”，而且必做“道士”服。

四是取织完布的“帮机头”做成裤子，名叫“蓑衣裤”，以示姣生。

五是孕妇一月产期不满，最忌串邻或外出。

六是孕妇分娩后一月期间，最忌夫妻房事，以免造成女方身体生病乃至丧命。

七是禁忌冷水洗浴。因为如不注意，一则恐伤胎气，二则恐伤孕妇身体。

八是孕妇忌坐于房檐下面，因为唯恐孕妇和胎儿中风。

九是禁忌孕妇接触丧葬方面的各种事物，俗称为“凶冲喜”，将对胎儿不利。

十是孕妇忌食驴、马肉。据说吃了驴、马肉，会使怀孕期延长，将超过 10 个月而到 12 个月以致造成难产。这种“食驴马肉，令子延月”的禁忌古已有之，名医孙思邈在其著作中也曾提到过此种忌讳。

十一是禁止在娘家或他人家中分娩，原因是怕在娘家或他人家里分娩，出现差错，人家担当不起责任。

此生育禁忌，从时间阶段看，涉及孕育、出生、抚养等环节；从习俗产生主体看，讲到了孩子父母家及外祖父家；从习俗内容看，涉及到了饮食、出行、服饰、起名、疾病治疗等方方面面。整体看来，汉水流域生育禁忌习俗文化内涵丰富而独特。

汉水流域婚姻禁忌习俗主要体现在三个方面。一是属相禁忌。男女婚配讲究属相的穿、冲、刑、破。民间有“自古白马怕青牛，鼠羊相逢一旦休，虎见青蛇如刀割，猿猴遇猪结冤仇，辰龙见兔泪汪汪，鸡狗相配可到头”的说法。同时注意婚嫁时最忌鳏寡之人接近新人，并注意要防备和忌讳三种属相，即甲子辰相蛇鸡牛，己酉丑相虎马狗，寅午戌相猪兔羊，亥卯未相龙鼠猴。此禁忌习俗是古之婚姻六礼中问名礼的演变，结婚双方生辰八字有宜有忌，要求相配。

二是结婚对象双方关系禁忌。忌近亲结婚。民间有“姨娘亲，打断筋，侄女当媳姑是婆，近亲害处多又多”之说法，此为大忌。还有“骨血倒流，一辈子发愁”的说法，意为外甥女不能嫁给舅家表兄弟。一个家族内禁忌通婚，除非“出五服”，否则有伤伦理道德。同姓之间忌通婚。因为姓氏学观点认为，同姓之人“五百年前是一家”，同属一个宗祖。直到当今，这种婚俗禁忌在我国许多民族中仍然普遍存在。异辈通婚是民间最典型的乱伦行为，必在禁忌之列。特别是有直系血亲关系的，忌之最甚。实际上这个禁忌也是符合科学道理和社会道德的。

三是礼仪禁忌。结婚宴宾时，上全鱼时头忌讳直对主客，也不能指向其他客人，而只能指向主客的左上方。其来历是：春秋时吴公子姬光，欲使专诸刺吴王僚，因僚“尤好鱼炙”，专诸遂往太湖学炙鱼三月，尝其炙者，皆以为美。姬光请吴王僚过府尝鱼，僚心戒备，街道陈设伏兵，侍席力士百人，庖人献馔，皆从庭下搜简更衣。专诸藏短剑于鱼腹，用手掰鱼以进，近僚执剑径刺其胸，直贯三层坚甲，透出脊背，僚登时气绝。因此，鱼首所向，为服宴者之大忌。但由于习俗演变，如今普遍将鱼头直对主客视为最为尊重和荣耀了。两个祭日（清明、十月一日）忌嫁娶，因为俗称此两节是鬼节。忌由女方主动要求嫁娶。俗话说：“典当勿催赎，女子勿催嫁。”婚期一般由男方先提出意见，很少由女方主动提出嫁期的，因为这样容易使男方产生疑惑，怀疑女方是否有短处，恐怕时间长了败露而迫不及待地出嫁之。另外，忌讳孕妇送亲，一不方便，二也容易发生意外，招惹麻烦。结婚送新娘的轿子或车辆不走回头路，特别是汉水流域南阳地区。因此有“东来西走，不走重路”的规约，这或许是怕“重”字，担心走重路就意味着重婚。

四是行为禁忌。忌婚前性生活，传统男女在恋爱期间发生性行为被认为是不道德的事，是轻率和幼稚的行为，是见不得人的事。如果违犯这一禁忌，会被社会和家庭所鄙视。此俗随着社会发展、婚恋观念的转变而有所变化。

汉水流域丧葬禁忌习俗主要表现为三方面。一是所涉丧葬物品禁忌。做棺材忌用榆木，忌用桑木，一为榆与“愚”同音，恐后代子孙愚昧无知；二因桑与“丧”同音，人最忌讳。棺材一般用松柏木，忌用柳木。因为松柏象征长寿，柳树不结籽，或以为会导致断绝后嗣。寿衣用料忌用缎子，因“缎”与“断”音同，怕断子绝孙。抬棺材所借用的檩、椽等物，归还原主时，必以红麻相腰，以免主人犯嫌。服孝期间，忌亲人穿红挂绿，涂脂抹粉。讣告丧帖，禁用有颜色的纸。发丧帖时的对外称谓很有研究：父亡母在者儿子自称“孤子”，母亡父在者儿子自称“哀子”，父母双亡者儿子自称“孤哀子”。二是丧葬礼仪行为禁忌。服孝前期最忌戴孝帽、穿孝服进入人家宅院。给死者穿“殓衣”时，禁止孕妇近前，因恐死者的亡灵扑着胎儿。守灵期间，通常是非丧事不谈，面垢禁洗。妇女忌讳涂脂抹粉，男子忌讳理发、剃须，否则显得感情色彩不合。旧时禁忌娼妓、囚徒或暴病、凶死的人葬入祖坟。因为这些人有的有辱祖宗，有的遗祸后人。对这些人只能另找地方草草埋葬了事。三是丧葬礼仪心理禁忌。称亡人忌说“死”了，应说“老”了、“不在”了、“享福”去了。而回族为避“死”字，则说“无常”了。男性或女性老人一方亡者，必择单日（一、三、五……）出殡。双亡者不拒单日、双日。死者的“寿衣”忌讳双数，汉族民俗认为以单数为好，一般是五、七、九件不等。忌讳用双数，因为唯恐死亡的凶祸再次(两次，为双数）降临家里。

这些丧葬禁忌习俗，折射出汉水流域人们对丧葬礼仪的朴实认知观，无论是物品、行为还是心理，丧葬禁忌习俗除了表达人们对丧葬的认知外，还暗含有人们避凶趋吉的美好愿望。其实丧葬习俗包括丧葬禁忌习俗，其随移民和文化渗入而发生改变。明清时期，大量流民进入汉水上游地区，也带来了一些新的丧葬礼仪。在楚民较多的秦巴山地中的山阳、镇安、定远、孝义、宁陕等地，入葬前一夜，丧家的族人会邀请亲友在死者的灵柩旁击鼓唱曲，称为“唱孝歌”，也叫作“打丧鼓”，有的地方则称为“坐夜”。这一习俗与相邻的鄂湘地区颇为相似，如湖北长阳、湖南慈利等地的丧俗就是如此，乡人遇有丧事之家，即使素不相识，也会邀约很多人在死者家里击鼓唱歌，通宵达旦，整夜不歇，而丧家仅以酒食供给歌者作为酬谢，由此不难看出这一民俗与移民的关系，某些“遇丧而避”的丧葬禁忌亦必然会因文化交融、文明进步而悄然改变。

三、日常生活禁忌

日常生活禁忌包括人们生产生活的方方面面，如衣食住行等。汉水流域的日常生活禁忌习俗主要表现在居住、出行及日常饮食禁忌等方面。

汉水流域日常居住禁忌习俗体现为：一是方位选择禁忌。一般建在平地的民宅，讲究背风向阳，最忌前高后低，民间俗谚有“前低后高，世出英豪”之说法。民宅最忌“喝风向”（东北方向或正北方向)，“喝风向”则冬进冷风，无阳光。新建住房忌讳选在干燥无润处，或太潮湿背阳的地方。宅基地要选在向阳有水的地方，因为阳光和水源都是人们生活中不可缺少的。

二是设计及内部构造禁忌。一般在山冈建筑的民宅最忌前宽后窄，谚云：“前宽后窄，必出妖怪。”反之则好，所谓“前窄后宽，必定做官”。分家另居最忌乱住。长辈应居上（正屋），晚辈应居偏（偏房）。偏房门、窗、檐最忌高于主房，此谓“小不压大”。窗楣忌高于门楣，此谓“楣高眼低”。邻家房屋高度如超过自家房屋，可在自家屋脊正中竖起一块青砖，象征超过别人。最忌“院中高，屋内低，进屋如同下楼梯”。建房的椽、檩忌用楝木，因“楝”同“殓”。门上过木（横木）以枸木为上，寓“吃喝够用”之意。做门忌用桑木（桑与丧同音），喜用杏木，取谐音“幸”字，寓为进出“幸运”。做门、窗、桌、床等家具时应用“五、七、九”的长度，否则要犯忌。门不离五，取“五福临门”之意；床不离七，寓“床有娇妻”；桌不离九，“九”与“酒”音谐，寓“吃肉喝酒”之意。“椿木当梁，自找灾殃，蛀虫一吃，架落墙躺。”此为大忌。宅院忌讳呈簸箕形，即左右陪房（厢房、偏房）向外展开，俗以为会失财。所以建左右陪房时，要注意外段向里收三分，俗以为这样可拢财聚宝。宅院忌讳不呈四边形，尤忌三角形，俗谓“三条腿的院子”，因为三条腿意味着不稳定、不平安，也就预兆着不安定、容易出事。

三是外部环境布局禁忌。民宅最忌前栽桑（桑、丧同音，寓意不吉），后栽柳（柳、溜同音，意为溜走），迎门栽棵“鬼拍手”。民宅院中植树栽枣不栽桃，栽桃不栽枣，禁忌栽桃又栽枣，因枣、桃被迷信者寓为“早逃”，预示在劫难逃。民宅在冈丘山地建筑时，地基必须深挖见土，最忌建在石板上。“夹竹桃、夜来香，花虽好看毒气放，庭院最忌种上它，散放毒气人遭殃”，因此民间忌讳在住院内种植夹竹桃。院门有三忌：直对大路为“路箭”，直对大树为“木箭”，直对纵向墙头为“土箭”。若无法回避，则以“石”或“砖”刻上“泰山石敢当”或“姜太公在此”等字，嵌于对面以镇之。凡公共场所的大树、古树视为官树（公家的树）、神树和风水树，全村保护，严禁砍毁。宅基地的选择要看周围的地理环境，宜散居。因为旧有“居不近市”的习俗。河南一带，也忌讳宅无出路，恐将来遇见红白喜事不好借路。按俗理说，红白喜事皆走公道，忌入私宅。宅基地的形状宜为四方形或南北方向的长方形，忌讳东西方向的长方形。古人认为，子午线为南北线，宜长；卯酉线为东西线，宜短。俗语曰：“卯酉不足，居之自如；子午不足，居之大凶。”又有“当院横着长，必损少年郎”的说法。此种种居住禁忌习俗，不仅涉及居所本身，还兼及其环境，不仅考虑到内部设计构造、职能分工，还兼及外部方位选择，体现出汉水流域居住禁忌习俗文化内涵之丰富。

汉水流域出行禁忌习俗主要表现在：一是出行时间禁忌。离家外出或回家，有“七不出门，八不回家”的禁忌，凡每月的初七、十七、二十七不能外出，因与“丧事”中的“七”日相符，故避之。初八、十八、二十八不宜回家，因“八”与“爬”是谐音，意必跌倒。离家外出，择其善日而出行。因此，每月的初五、十四、二十三是不宜外出的忌日。而每月的三、六、九日是出发的良辰佳期。谚云：“每月杨公忌，闭门不乱去，遇上三六九，顺利往外走。”有的地方忌讳正月初五出行，认为初五为破五，恐有不吉。有的地方忌讳黑道日出门远行，因此每逢农历的“五”字日（初五、十五、二十五）都不出远门。上午属阳，下午属阴，看望病人忌讳在下午或晚上，恐使病人的病情加重，同时也有尊重病人之意。一人或人少时忌走夜路，特别是忌走生路，因为天黑容易迷路，发生意外。

二是出行行为禁忌。汉水流域民间许多地方都有“老不留宿”的规矩，认为留老年人住宿在自己家里，万一因身体有病，出了问题不好负责，所以尽量让老年客人当天返回为妥。民间讲究一人不进庙，二人不看井。意思是说，一人外出，进到寺庙里或者某个院落里，恐有意外之事；两个人不能同时看井的深浅或石雕技术等，因为一旦碰到心怀叵测的歹人，容易造成落井之祸。外出前忌讳与家人争吵，否则情绪烦乱，心神不宁，一人出门在外容易发生差错。外出忌讳财帛外露。民间有“出门不露白，露白会失财”的说法。一旦露出财帛，容易招惹贼人暗算。外出时所带行李或货物不要交给素不相识之人。民间有说“货不离身，身不离金”之说法，把东西交给别人容易被坏人趁机掠走。外出之人忌讳轻易到江河湖沟里游泳，因为“远怕水，近怕鬼”。陌生地方的水深水浅，心里没底，下水游泳、洗澡易出事故。

三是出行语言禁忌。汉水流域外出乘船，艄公最忌话中带“翻、坎、落、沉”等字。如果乘船者询问艄公：“请问贵姓?”艄公示意：“免贵，本翁姓‘耳东’。”乘者发问：“未曾有此姓啊?”艄公答道：“登岸后你便知。”少时客登岸，艄公笑答，本人姓“陈”。“陈”与“沉”音同，因而避之。此类出行禁忌体现出汉水流域人们出行趋吉避凶、祈福求安的民俗心理。

汉水流域日常饮食禁忌主要表现有：一是食物品种禁忌。凡是野兽自己死亡，身上没有创伤或疮疤的，其肉禁止食用。干肉、鲜肉、鱼肉等，如发现肉内有红色斑点，禁吃。腹中没有鱼胆的鱼，说明内脏已经腐败，胆汁消融，本身有毒，禁止食用。晚餐不宜太晚、太饱，半夜最忌饱食。因为不运动而不消化，容易积食患病。甜食类食物吃得太多容易使脾胃滞气，产生饱闷感，进而化热、发胖，又易损齿、生虫、生痰，因而忌多吃甜食。淀粉含量高的食物，如红薯、山药、栗子、菱角等，食用过多会引起气胀便秘，所以忌讳多吃。辛辣类食物，如花椒、辣椒、胡椒等，多吃容易动火，伤阴耗气，因此孕妇、有出血现象的患者、容易发火的人，都应节制食用。

二是日常养生保健饮食禁忌。在唐白河流域南阳民间讲究不吃相克的食物。相克的食物即两种不能同时进食的食物，食之会引起副作用甚至更严重的后果。相克的食物如西瓜忌羊肉，猪肉忌甘草，柿子忌螃蟹，狗肉忌绿豆，生葱忌蜂蜜，李子忌鸭肉，兔肉忌芥菜。身患疾病者要忌口。如心力衰竭、肾小球肾炎等病人，要忌食肥肉、鱼子、奶油、动物内脏和鳗鱼等含有高胆固醇的食物。慢性肾炎、肾功能减退的病人，要限制进食含蛋白质丰富的食物。患肝炎、胆囊炎、胆结石症的病人，应忌食高脂肪和油腻食物。患痔疮、肛裂的病人，忌食辛辣食物。

服中药时的饮食禁忌也有很多。凡是与药性“相反”“相恶”的食物，皆在禁忌之列。“相反”“相恶”者指服温补药忌食寒性食物，如：服温补的人参、鹿茸丸、参茸卫生丸，忌食螃蟹、海带等寒性食物；服寒凉药忌食热性食物，如服牛黄清心丸、安宫牛黄丸、黄连上清丸等，忌食羊肉、狗肉。此外，还有鳖甲忌苋菜，荆芥忌鱼蟹，天门冬忌鲤鱼，白术忌桃子和李子，等等。服西药也有很多饮食禁忌。如忌酒的药物有：甲硝唑、山道年、四氯乙烯、水杨酸制剂、镇静药、降血压药和降血糖药等。忌茶的药物有：镇静药、小苏打、氨基比林、乌洛托品、洋地黄、小檗碱、红霉素、四环素等。忌油腻荤食的药物有：氯霉素、链霉素、庆大霉素、卡那霉素、新霉素及呋喃妥因等。忌牛奶的药物有：利福平、氯霉素、咖啡因、氨基比林及四环素等。服用呋喃唑酮、帕吉林、异卡波肼及苯乙肼等药物的病人，应禁食豆类、酒类、奶类、香蕉、巧克力等食品。服用驱虫药，如山道年、四氯乙烯、六氯对二甲苯等，应忌油腻饮食。服苦味健胃药，忌同时饮糖水。服用左旋多巴，忌高蛋白饮食等。凡此种种，不一而足。患者饮食禁忌与服药禁忌是科学与文化的结合物，是先辈们在生活中积累并承袭给后世的宝贵经验。

饮食禁忌对人们的饮食行为有规范功能，在法令产生之前，饮食禁忌起着社会契约的作用，约束人们的饮食行为；在法令产生但又不完善时，饮食禁忌又起着补充约束作用。于是在人类社会生活的一定时期内，通过饮食禁忌的规范，个人饮食行为与他人、与社会协调一致。同时，饮食禁忌中的某些内容和条款，在生产、生活、交换、分配中，调整着人与自然、人与社会、人与人之间的关系。

四、四时节令禁忌

四时节令禁忌是人们对季节时间变化与生活关系规律的认知。通过千百万次地观察和试验，人们逐渐认识到其中的变化规律，获得了宝贵的经验和教训。因此在时间节令方面也产生了许多禁忌习俗。了解并掌握这些禁忌，将会对危险的信号有所预防，从而使自己更好地与自然界保持协调，消灾避祸，平安无恙。

汉水流域节日禁忌内涵丰富。正月初一日，忌见扫帚，怕扫兴；忌拿剪刀，怕减（剪）子（儿子）；忌泼掉洗脸水，怕跑财。初一中午，吃饭前先把做成的饭舀一勺，往锅外抛撒一点，寓吉庆有余之意。正月初五日又叫“破五”。吃饺子时忌说“饺子烂了”，须说“打发了”，即“大发财”之意。春节五日所集存的垃圾，应在当日夜间倒出院外，并念：“穷土去，富土来，今年一定大发财！”正月十六日，忌使驴、马。据传此日是马王爷生日，素有“老驴老马歇十六”之说。早贴对联为忌讨债人上门讨债。正月二十三日，古称“老君散丹日”，这天妇女们也不做针线活，曾有“正月二十三，老牛歇一天”的习俗。有的用黄纸剪成“金牛”贴在门的上方，或写“金牛”二字也可。但下边还写有四句顺口溜，以示吉庆，顺口溜的内容较多，如“正月二十三，老君散仙丹，门上贴金牛，四季保平安”“春日春月春水流，春人路上唱春秋，春堂学生写春字，春女房中绣春牛”。忌讳在无春年（即无立春日之年）里结婚，否则恐有不吉利事情发生。民间认为立春宜晴不宜阴，认为晴则兆丰年，阴则兆灾年，因此民间忌讳立春阴天或雨天。惊蛰日及此后几日内听到雷声是正常的，预兆年景好，风调雨顺，五谷丰登。忌讳惊蛰前闻到雷声，认为这样将预兆凶年。春节忌讳吃药，否则认为会常年生病。农历六月、腊月忌搬家，否则认为不祥。春节忌讳打碎器物，俗以为打碎了器物，新的一年内必有凶遇。一旦碰到失手碎物，可紧说一声“岁（碎）岁（碎）平安”，或者“越打越发”“旧的不去，新的不来”等，以作禳解。

汉水流域四时节令禁忌习俗影响着其他节日习俗。汉水上游地区的岁时民俗与北方地区不大相同，比如过小年祭灶是在腊月二十四日，而不是北方通行的腊月二十三；四月八日要书毛虫帖子，以嫁毛虫；五月端午这一天举行龙舟竞渡活动，等等，这些岁时习俗显然与湖南沅澧流域相似。汉水上游地区对灶神的祭祀特别隆重，用鸡或猪首为祭礼，与北部的关中和陕北地区相比，不仅在时间上略有差异，而且祭品也更为丰盛，其特点与相邻的川楚地区相同。四月八日为浴佛节，汉水上游地区除了请山僧设斋坛，鸣钟鼓，作浴佛道场外，还在这一天家家书写毛虫帖子，以嫁毛虫。宁陕、西乡等县还举行城隍庙会。这些活动与江南亚热带地区的岁时习俗毫无二致。与关中、陕北相比，汉水谷地各县最具有地方特色的习俗是端午节举行大规模的龙舟竞渡活动。人们在这一节日里要吃粽子、悬艾挂蒲、饮雄黄酒以辟邪，同时万人空巷，在河边观看龙舟竞渡比赛。不仅如此，汉水谷地各县把五月五日、五月十五日分别称为小端阳和大端阳，五月十五日时同样也设宴庆贺。这种过大、小端午的民俗也是当地湖广移民聚集的结果，与关中、陕北相比非常独特。凡此种种，不一而足。四时节令禁忌涉及节日语言、行为和心理等禁忌，是汉水流域禁忌信仰民俗的重要组成部分。

五、宗教信仰禁忌

汉水流域民间宗教信仰呈多元姿态，有道教、佛教及其他宗教信仰等。汉水流域与道教渊源颇深，汉水上游的汉中是道教重要发源地之一，中上游十堰有闻名世界的武当道教。汉末三国时期，汉中“五斗米道”以“五斗米教”教旨为思想基础、以“五斗米教”教众和教团为群众组织基础，强调政教合一，全民崇教，并以道教民，劳武结合，提倡诚信，反对欺诈虚妄，禁止造酒、喝酒。武当道教基于养生需要，一是倡导少食，进而达到辟谷的境地。所谓辟谷，亦称断谷、绝谷、休粮、却粒等。谷是谷物蔬菜的简称，辟谷即不进食物。辟谷之术，由来已久。据说辟谷术源于赤松子，赤松子是神农时的雨师，传说中的仙人。《史记》记载，汉初名臣张良欲从赤松子游，“乃学辟谷，道引轻身”，后经吕后劝阻，张良不得已，才恢复进食。长沙马王堆汉墓发现的《却谷食气》是我国现存最早的载有辟谷的文献，其内涵很是深奥。汉代行辟谷之术的道人较多，《淮南子》云：“单豹倍世离俗，岩居谷饮，不衣丝麻，不食五谷，行年七十，犹有童子之色。”① 还有人以食药来辟谷，曹丕《典论》记载，汉末郤俭能辟谷，饵茯苓。他到处传授其术，以致

① 刘安：《淮南子》，许慎注、陈广忠校点，上海：上海古籍出版社，2016 年，第 471 页。

茯苓价暴数倍。曹植在《辩道论》云："余尝试郤俭，绝谷百日，躬与之寝处，行步起居自若也。"① 二是忌食荤腥宜食气。道教主张人体应保持清新洁净，认为人察天地之气而生，气存人存，而谷物、荤腥等都会破坏"气"的清新洁净。所以，陶弘景《养性延命录》云："少食荤腥多食气。"道教把食物分为三六九等，认为最能败清净之气的是荤腥及"五辛"，所以尤忌食肉鱼荤腥与葱、蒜、韭等辛辣刺激的食物，主张"不可多食生菜鲜肥之物，令人气强，难以禁闭"。此外，《类修要诀》所收录的《胎息秘要歌诀·服气饮食杂忌歌诀》亦云："真神兼本属，禽兽及虫鱼。此等血肉食，皆能致食危。荤茹既败气，饥饱也如斯。生硬冷须慎，酸咸辛不宜。"② 汉水流域佛教文化遗存较多，佛教文化传承根脉清晰。汉中市有万寿寺，襄阳市亦有承恩寺、广德寺、鹿门寺、白水寺等。虔诚的佛教徒吃素，讲究清鲜淡雅，擅烹蔬菽，且工艺考究，以素托荤，历史悠久，影响深远。

汉水流域人们宗教信仰除了道教、佛教外，较有影响的还有伊斯兰教信仰。勉县是五斗米道教的发源地和祖庭所在地，道教和佛教等宗教自古较兴盛。伊斯兰教自明末清初由回民传入勉县，也得到了较快的发展，在勉县较有影响。在汉水流域的安康、南阳等地亦有传播，对汉水流域饮食习俗有一定影响。

端公舞在汉水流域的陕南汉中和湖北襄阳南漳、保康、谷城一带流行，其巫教祭祀舞蹈成为汉水流域民间信仰特色。这种巫舞是从古代楚国流传下来的，和全国其他地方的巫舞相比，历史更为悠久，形式也较

① 曹植：《辩道论》，载曹操、曹丕、曹植《三曹集》，宋效永校点，长沙：岳麓书社，1992年，第299页。

② 胡文焕编：《类修要诀》，孙春芳点校，北京：中医古籍出版社，1987年，第45页。

为古朴。如巫师所用的法器“单鼓子”，就格外小，很神秘。而汉水流域、东北等地巫师们所用的单鼓子，就逐步变大了，大得显眼，最后演变成了民间的世俗歌舞，如天津的“大锣鼓”。襄阳荆山下的端公舞，所用的法器还有“钺斧刀”“师刀子”“引导旗”等。“钺斧刀”本是权力的象征。浙江河姆渡文化遗迹就有“钺斧刀”形状的“玉斧”。夏商两朝最高权力的象征也是这种“钺斧刀”。而如今襄阳荆山下的端公舞还用这种“钺斧刀”，竟然连续传承了四五千年，怎能不是一个奇迹？“师刀子”和“引导旗”，据考证，是由夏后启“舞九代”左手操翳，右手持环演变而来，是夏代的遗风。这些夏楚遗风至今仍然在襄阳荆山山麓活跃着，近些年来，吸引着日本、美国等国际友人不远万里来到襄阳荆山腹地参观考察并欲录制为影视进行文化转化、创新和传播。

汉水流域民间祭祀、民间俗神信仰等方面亦有禁忌习俗。在汉水下游荆楚大地，古楚民间“信巫鬼、重淫祀”，信仰对象十分广泛。祭祀活动也很频繁：二月初二敬土地，二月十九朝观音，上九日敬玉皇，三月十五敬财神，四月八敬佛祖，六月二十四祭雷祖，腊月二十三敬灶神，正月初八敬米神，以至龟、蛇、鸡、猪、犬、马、牛、羊等都各有生日，连老鼠也有个“嫁女日”，关老爷还有个“磨刀日”，甚至连厕所都有“紫姑神”专管。是时，或焚香致祭，或望空禀祝，或春祈许愿，或秋报酬神，礼数虽殊，心诚若一。除此之外，还有些地方性神祇，也受到当地民众的隆重祭祀和礼遇。这种民间自发性的祭祀活动，至今香火不断。

在信仰习俗方面，陕南地区与相邻的川鄂两省有很多相同的地方，这是前人早已注意到的事实，民国《镇坪县乡土志》就说：“（镇坪）界邻蜀楚，民杂五方，其习尚亦各有不同。蜀人多业农，楚人多贸易。蜀人信巫，家有人患病，必请巫禳解，名曰“打保符”。家道顺畅，亦请巫扮演庆神，名曰“跳要神”。楚人好醵金迎神赛会，为酒食是议，无论贫富，丧葬必请火居道师（在家俗人）敲锣击鼓，呼天喊地，丑态百出。”① 另据孙潍《旬阳县风俗碑记》记载：“邑界楚蜀，尚巫鬼，重淫祀。其风由来旧矣。更有值亲生日，延巫祝祷，名曰‘接星’。祷疾，名曰‘观灯’。丧葬延浮屠作佛事，且属纩时，必扶于椅上，曰‘上马位’。含殓时，必用术家指弄，曰‘开咽喉’。又或祀古树、怪石、枯木、古墓，以为神降。”② 由此，则知汉水上游地区的信仰习俗深受移民政策的影响，带有浓厚的荆楚色彩，这一点在对吴楚水神杨泗将军的崇拜上尤为突出。究其原因，说法颇多。据左鹏先生在其著《汉水》一书中考证：杨泗将军本为长江中、下游地区水神，特别在湖南地区被普遍信仰。而在移民进入之前，汉水上游各地的民俗，包括信仰习俗大致与四川相似，供奉的水神是战国时蜀太守李冰或其子李二郎。后来，这位吴楚之地的水神受到汉水、丹水上游流域人民广泛崇拜，显然得归功于清初的南方移民，尤其是湖南、安徽的移民。杨泗将军庙主要分布在汉水、丹江沿岸，多数是船民为了祈求航运时得到保护而修建并祭祀的。据地方志记载，各地杨泗将军庙的修建时间，几无例外都在康熙以后，而石泉县则在乾隆年间，这正是吴楚移民大量涌入的时期，大约从侧面显示出杨泗将军崇拜是移民迁入后随之而来的信仰。由此可言，因移民而带来的信仰文化的流变并融合后生根流传，是宗教信仰文化传承发展的方式之一。

汉水流域禁忌信仰民俗除以上所述内容外，在日常用语方面亦有诸

---

① 刘式金编：《镇坪县乡土志》卷3《风俗志》，1923年，第1页a。

② 孙潍：《旬阳县风俗碑记》，载李启良、李厚之等搜集整理校注《安康碑版钩沉》，西安：陕西人民出版社，1998年，第259页。

多讲究，这些用语集中镶嵌于人们日常生产生活中。一是关于“死”的语言禁忌。一般情况下，不能直接称死，称谓一般按年龄、辈分、地位有所区别。老人，特别是直系长辈，死了叫“过世”或“逝世”；威望高的老人或长辈死了，或称其为“仙逝”，或叫“作古了”；见了旁人家死了人，多称其为“老了”或“老人了”；同辈人死了，多称为“走了”或“病故了”，或“到远处去了”，或“享福去了”；已婚不够六十岁的非正常死亡者，多称其为“背盐去了”；未成年人夭折死亡的，叫“丢了”。“死人”多称其为“亡人”。节日期间，特别是春节，无论是大人小孩，为图吉利，语言中都不能出现一个“死”字。二是疾病的用语禁忌。得病了，对外人多不说“病了”，而叫“不好过”或叫“打坐工”。病倒了，常称为“倒床了”或“倒了千斤了”。三是节日语言禁忌。年夜饭必须有一盘鱼，“鱼”与“余”同音，象征“年年有余”。初一早晨吃饺子，寓意于形中，不称饺子，而叫“元宝”，希望在新的一年里发大财。四是乘船出行的用语禁忌。水运无论坐船还是行船，不能说“沉、打、翻、淹、颠、到”等字眼。如船开到了，不能说“到了”，要说“拢了”或“船靠岸了”，因为“到”“倒”同音，“倒”有翻船的意思；如果烟熏人，只能是“烟秋人”，不能说“烟死人”，因为“烟”“淹”同音；称船上的帆为“篷”，因“帆”和“翻”谐音。五是商贸禁忌词语。如忌用“舌头”，做生意的人忌讳一个“折”字，“舌”和“折”同音，所以将“舌头”改称“转头”，因为“转”和“赚”同音，听起来吉祥。凡此种种，不一而足。汉水流域的用语禁忌体现出人们避凶趋吉的心理和对美好生活的向往。

第七章　节变岁移
——汉水流域岁时节令的变迁

岁时节令是一个时间概念。斗转星移，年复一年，一年四季，时间流淌，烙印在人们心田的是节日及其文化印痕。关于时间的认知，朱狄在其《信仰时代的文明：中西文化的趋同与差异》一书有述：“时间有两种：一种是所谓绝对时间，它和任何事物无关，它是自身在永远均匀地流逝着的一种延续性；另一种是所谓相对时间，它是一种由事物可感觉的运动而被感觉到的时间，这种时间会受心理因素的支配，所以它又可以称为心理学的时间，节日所创造的时间正是这种虚幻的心理学时间，它不再是纯粹的延续性所规定的时间，而是一种处于节日特有的符号方式中所呈现的时间，它的每一个瞬间都是被选择、被填补、被强化了的间隔，而不再是自然流逝的时间流。”① 由于民族、地域、时代、文化等诸要素不同，形形色色的节日就产生了。

节日总是在独特的时间之中。在节日中人们的行为总是和平时有所区别的，参与者也会感到此时此刻自己正处于一种特殊的状态之中。在这种有别于平时的时间里，人们会精心策划准备，选择特殊的轻松心态，或穿着新衣，或品味美食，以具有文化意义的行为象征符号，去填补该时间，去庆祝该时间，并强化成一种约定俗成的定向行[illegible]，定好周期和频率去重复。中国传统节日源于农耕生活，包括专为农耕生活而定的二十四节气；同时中国传统节日文化不仅仅是单纯的庆祝、[illegible]乐，而且还是中华传统文化“人文化成”的组成部分。所有的中国传[illegible]日，都有着一个共同的主旨，也就是说，中国传统节日共同追寻着一个[illegible]

---

① 朱狄：《信仰时代的文明：中西文化的趋同与差异》，武汉：武汉大学出版社，2008年，第51页。

的终极目的，那就是，这所有的节日都各自在适当的时间、适宜的场合，运用节日中的各项活动，来适时地调节和协调人与人、人与天地万物的关系，也就是协调着“天、地、人”的关系，以期达到人人和谐的社会与“天人合一”的境界。民俗学家萧放在其《传统节日：一宗重大的民族文化遗产》一文中给传统节日做了界定：“传统节日是一宗重大的民族文化遗产，它承载着丰厚的历史文化内涵，是民众精神信仰、审美情趣、伦理关系与消费习惯的集中展示日。”①

我国的四时节令体系萌芽于先秦时期，成长于秦汉魏晋南北朝时期，成形于隋唐两宋时期，元明清时期又有重大发展。来自于农耕文明，又反馈给农耕文明的中国传统节日，是本民族岁时节令文化的活字典。由春节、元宵节、清明节、端午节、七夕节、中秋节、重阳节等组成的完整而和谐的中国传统节日体系，错落有致地分布于一年四季。关于节日分类，标准不同，表现不一。乌丙安在其《中国民俗学》一书中探讨了节日分类，从节日性质出发将节日分为单一性质的节日和综合性质的节日；从节日的主要内容出发，将节日分为农事节日、祭祀节日、纪念节日、庆贺节日、社交游乐节日等五类。② 陶立璠在其《民俗学概论》一书中将节日分为宗教性节日、生产性节日、年节以及文娱性节日。③ 这些分类显示了对节日从不同角度的理解，对于节日的传播和传承具有积极意义。张勃在其《节日的定义、分类与重新命名》一文中将节日的特殊性概括为名称的特殊性、历法上位置的特殊性、活动内容的特殊性、活动空间的特殊性和节日体验与情感的特殊性等五个方面，其中节日历法位置的特殊性科学解答了四时节令分布的依据：“从时间上

① 萧放：《传统节日：一宗重大的民族文化遗产》，《北京师范大学学报》(社会科学版) 2005 年第 5 期。

② 乌丙安：《中国民俗学》，长春：长春出版社，2014 年，第 290-292 页。

③ 陶立璠：《民俗学概论》，北京：中央民族学院出版社，1987 年，第 186-194 页。

看，汉族的传统节日主要有三个类型，其一是月日相同的重数节日，如正月初一的春节、二月初二的龙抬头节、三月初三的上巳节、五月初五的端午节、六月初六的天贶节、七月初七的七夕节、九月初九的重阳节等等。其二是二十四节气当中的一些重要节气日，也发展成为节日，如立春、清明、夏至、冬至等。其三是与月亮绕地球公转有关的月朔、月望、月晦日，如十月初一送寒衣节，正月十五元宵节，七月十五中元节，八月十五中秋节，正月晦日，等等。这些日期都是历法上的特殊时间，本身具有一些特殊意义。比如九月九重阳节，在中国传统社会的阴阳观念中，九是最大的阳数，重阳最早是消灾免恶的日子，与阳到了极点有很大的关系。"① 该论述不仅回答了节日历法位置的特殊性，而且对于四季传统节日的分布和类别的论断亦是科学准确的。关于节日的认可度和流传范围，《传统节日与当代社会》一文指出："自汉代以迄清朝两千年的漫漫历史长河中，每到立春、除夕、元旦、人日、元宵、上巳、寒食、清明、浴佛、端午、七夕、中元、中秋、重阳、春秋社日、腊日、冬至等这些重要的节日来临，从官方到民间，从城市到乡村，人们总是全身心地投入到节日庆典活动之中。"② 该文点出重要传统节日的四季分布，并深入剖析其节日文化的传播魅力。

汉水流域很早便已是我国农业发达的地区之一。农业生产要求掌握准确农事季节。古代先民的天文知识开化甚早。楚民视自己为日神之远裔，火神之嫡嗣，祝融便是传说中掌管岁时农时、负责定时放火烧荒和收藏火种的"火正"。1978 年在湖北随州出土的战国初年曾侯乙墓内的漆棺上，绘有完整的二十八宿图。这说明，至迟在公元前 5 世纪，古代

---

① 张勃：《节日的定义、分类与重新命名》，载李松，张士闪主编《节日研究 · 第十二辑》，北京：学苑出版社，2018 年，第 39-40 页。

② 刘魁立、萧放、张勃等：《传统节日与当代社会》，《民间文化论坛》2005 年第 3 期。

汉水流域先民已经懂得以二十八宿为坐标来观测天象了。我国较早出现的一部记载地域性岁时习俗的专著便是《荆楚岁时记》，岁时节日的产生，是人们对天象循环、寒暑交替等自然规律感知与把握的结果。各种原始信仰是节日民俗产生的土壤和温床；祈望人寿年丰则是一切节俗活动的人生寄托。岁时节庆民俗有强烈的时间性和民俗内容的规定性，每一年的什么时间有什么样的民俗活动都是固定的。岁时节庆习俗是伴随人类社会的产生而形成并逐渐发展的，但由于居住的地域、生产方式和生活方式不同，往往不同地区的人们所遵循的习俗不同。本节将汉水流域重要传统节日按四季列出，依照新春喜气、盛夏热情、金秋风韵、严冬暖阳来展现各季节节日民俗文化情状。

一、新春喜气

在汉水流域春天的节俗主要有大年拜贺、闹元宵、龙抬头、社日、寒食、清明、立春、花朝、踏青等。如汉水下游的荆州民间是最看重过年的，其习俗也多。民谚云："过年为大""有三十过年，无三十也过年""叫花子也有三天年"。自除夕到年初一，各地男女老少穿戴一新，喜笑颜开，参加丰富多彩的大年拜贺活动，出现了以迎春纳福为主题的各种民俗习尚。俗话说："百里不同风，千里不同俗。"与全国各地相比，荆州民间过年的习俗，既有"大同"，亦有"小异"，小异之处则体现出不同形式的楚文化内涵。如"开门礼俗"的内容就有开门炮、出行、拜年、拜年酒、贴春联、贴年画等。"玩春景"的活动形式包括玩龙灯、舞狮子、采莲船。荆州民间在元宵节张灯观灯，可谓源远流长。早在汉代就有了灯事活动，隋、唐、五代出现了各种制作精巧、独具匠心的花灯，其中镂刻金箔的"鱼形灯"最引人注目。

一年之计在于春。春暖花开，万物复苏，春季给人以希望，以春节（民间俗称过大年）为代表的春天节日，总是让人喜气洋洋。汉水流域民间有“正月玩过，二月晃过，三月四月才干活”的俗语，意味着人们在春季的时间里，忙于过节，要过大年、闹元宵、整理仪容（理发）、踏青、祭祖，还要应时准备农耕播种，基此承袭和演绎春季节日文化之浓厚。纵观各类涉及四时节令的文献，春季节日一般包括春节、元宵节、二月二、三月三、清明节等。

（一）春节

春节，俗称过年，指农历正月初一，为阴历年。这是我国民间最隆重、最热闹的一个传统节日。春节的历史很悠久，它起源于殷商时期年头岁尾的祭神祭根活动。按照我国农历，正月初一，古称元日、元辰、元正、元朔、元旦等，俗称年初一，到了民国时期，改用公历，公历的1月1日称为元旦，农历的一月一日叫作春节。“春节”和“年”的概念，最初来自农业，古时人们把谷的生长周期称为“年”，《说文解字·禾部》有云：“秊（年），谷孰也。”在夏商时代产生了夏历，以月亮圆缺的周期为月，一年划分为十二个月，每月以不见月亮的那天为朔，正月朔日的子时称为岁首，即一年的开始，也叫“年”。“年”的名称是从周朝开始的，至西汉才正式固定下来，一直延续到今天。但古时的正月初一被称为“元日”，中国近代辛亥革命胜利后，中华民国临时政府为了顺应农时和便于统计，规定在民间使用夏历，在政府机关、厂矿、学校和团体中实行公历，以公历的1月1日为元旦，农历的正月初一称春节。1949年9月27日，中国人民政治协商会议第一届全体会议决定采用世界上通用的公历纪年法。公历的1月1日定为元旦，俗称阳历年；

农历正月初一通常都在立春前后，因而把农历正月初一定为春节，俗称阴历年。传统意义上的春节是指从腊月初八的腊祭或腊月二十三的灶祭，一直到正月十五，其中以除夕和正月初一为高潮。在春节这一传统节日期间，我国的汉族和大多数少数民族都要举行各种庆祝活动，这些活动大多以祭祀神佛、祭奠祖先、除旧布新、迎喜接福、祈求丰年为主要内容。活动形式丰富多彩，带有浓郁的民族特色。

汉水流域的春节习俗形式丰富，意蕴深厚。汉水中上游的春节习俗形式多样。据《雒南县志》（十二卷·清乾隆五十二年增刻本）载："'元旦'，五鼓起，放爆竹，燃香烛，祀家神、祖先，次拜尊长，次出门拜亲友、邻里。绅衿谒官师，或有走拜寺庙者。嗣后，互相请吃节酒。五日，缚纸娘操帚，并取前四日所积扫土，晨送大门外，谓之'送五穷'。"① 据《孝义厅志》（十二卷·光绪九年刻本）载："'元日'五更，祭先祖及诸神祇。择时开门，向吉方迎喜神，附籍人谓之'出天行'。以次拜谒寺庙，贺尊长。年节初三日送年后，择吉遍诣亲友家拜年。新春十日，喜晴忌雨，一鸡、二犬、三猪、四羊、五牛、六马、七人、八谷、九油，十麦。谚云：'新春十日晴，年丰乐太平；新春十日阴，谷米贵如金。'"② 据《鄖县志》（十卷·清同治五年刻本）载："朔日为'元旦'。绅士居民肃衣冠，焚香祀神，敬祖先，燃爆竹，'出天方'迎祥迪吉，然后尊卑以次罗拜，谓之'拜年'，拜毕饮屠苏酒，非独鄖邑然也。亲族贺年，以三日内为敬。第三日，取年前所设松柏枝悬于门首者，并旧年所换桃符向东焚香燎之，盖贞下生元，除旧迎新义

① 丁世良、赵放主编：《中国地方志民俗资料汇编·西北卷》，北京：书目文献出版社，1989年，第72页。

② 同上书，第74页。

如是也。自此，肆筵设席，互相酬酢，谓之‘请春酒’。其《豳风》所云‘为此春酒，以介眉寿’之意乎！”① 上述清代志书所载汉水中上游春节习俗，得以较好地承袭，时至今日，其习俗在民间多有展现。如黄元英先生所著《商洛民俗文化述论》载春节习俗有：贴春联，换中堂，挂红灯；吃年饭，守除夕，头炉香；出天方，送穷灰，过十五。② 此记述将除夕和正月十五元宵节等节俗结合展现，然春节是其叙述中心，其习俗韵味尽显。

汉水下游的春节习俗清代志书亦多有记载。据《荆州府志》（八十卷·清光绪六年刻本）载：“‘元日’，祈年，洁屋宇，陈设酒醴，焚松柏枝。子妇夙兴，各盛服祀神，男子谒庙，谓之‘出天行’。少长叙拜，戚友相过贺。三日市无列肆，宅内亦不扫除。至初三日，燃烛于大门，将屋檐所插松柏枝合楮焚于街际，谓之‘烧门神纸’。‘人日’，以七种菜为羹，剪彩为花胜以相遗。此节明代诸藩宫中作之，士民家不然。初九日，谓之‘上九’。夙兴祀神，陈枣汤，焚松枝柏叶，亦如‘元旦’。是日士人谒城西太晖观进香，凡荆郡属邑及潜、沔诸处，远者数百里悉至，诵佛号膜拜而前者，其趾相属（三月三日、九月九日亦然。）。”③ 而时下荆州春节习俗意蕴依旧。《沔阳州志》（十二卷·清光绪二十年刻本）所载春节习俗别有韵味：“‘元旦’祈年，鸡鸣作饭，盛服祀神。燃灯烛、焚香，出大门行礼，谓之‘出天行’。少长叙拜，戚友相过而贺。三日宅内不扫除。至初三，将屋内所插柏枝合楮钱焚于阶前，谓之‘送

① 丁世良、赵放主编：《中国地方志民俗资料汇编·中南卷》(上册)，北京：书目文献出版社，1991年，第450页。

② 黄元英：《商洛民俗文化述论》，西安：三秦出版社，2006年，第91-95页。

③ 丁世良、赵放主编：《中国地方志民俗资料汇编·中南卷》(上册)，北京：书目文献出版社，1991年，第385-386页。

年’。初九日，谓‘上九日’。夙兴祀神，赴天齐庙焚香，鼓乐、鞭炮，连宵达旦，有三步一拜者，有一步一拜者，并有袒身拜者，名曰‘报母香’。”① 此记载春节习俗如出行、拜年、迎春接福等，在汉水下游当下得以很好承袭，其特别之处在于于正月初一日“洁屋宇”或“三日宅内不扫除”，初三日“烧门神纸”等，大多习俗与汉水中上游相同，在全流域得以传承和发展。唐白河流域的南阳春节习俗有贴春联、挂年画、放鞭炮、拜年等，与陕南商洛并无二致，较有特色的是“破五”习俗，据《南阳民俗文化》一书介绍：“正月初五俗称‘破五’，人们是为了避穷神才称初五这天为‘破五’的。‘三天戏，五天年。’广大民众都把‘破五’看作是春节后一个重要日子。由于这一天是财神的生日，因此民间常置办酒席，燃放鞭炮，欢天喜地迎接财神的到来……初五这天的中午全家要吃饺子，俗称‘食元宝’，此俗和接财神目的一样，反映了普通民众希冀远离贫困、享受荣华富贵的心情。‘破五’过后，年才算彻底过完，可以开展一系列生产活动了。”② 总之，汉水流域春节习俗文化的独特之处在于，一是氛围浓厚，放爆竹、走亲拜年、出行拜庙，活动丰富；二是内涵厚重，既有节日庆祝仪式，祭神祭祖，也不忘利用节日占卜物候，祈望年丰，将春之气息演绎得淋漓尽致。

（二）元宵节

正月是农历的元月，古人称夜为“宵”，所以称正月十五为元宵节。元宵节起源于汉朝。民间流传着因周勃、陈平去除了吕氏的势力，而日

① 丁世良、赵放主编：《中国地方志民俗资料汇编·中南卷》(上册)，北京：书目文献出版社，1991 年，第 403 页。

② 刘克、许宛春编著：《南阳民俗文化》，开封：河南大学出版社，2003 年，第 94 页。

子刚好为正月十五日，汉文帝为纪念此日，往后每年到民间与民同乐，并把此日定为元宵节。至汉武帝时，司马迁在太初历中把元宵节列为民间节日之一。据严敬群主编的《中国节日传统文化读本》考证，另有一说是元宵燃灯的习俗起源于道教的“三元说”：“正月十五日为上元节，七月十五日为中元节，十月十五日为下元节。主管上、中、下三元的分别为天、地、人三官，天官喜乐，故上元节要燃灯。”① 元宵节盛于隋宋，有“宋时汤圆隋时灯”的说法。北方的元宵宋时称为牢丸、浮圆，南方则称汤圆、圆圆、团子。吃元宵取月圆人团的吉兆之意。而元宵节又称“上元节”，也是民间道教“三官大帝”的寿诞，天官大帝主司赐福之事，“天官赐福”便由此生。元宵以白糖、玫瑰、芝麻、豆沙、黄桂、核桃仁、果仁、枣泥等为馅，用糯米粉包成圆形，可荤可素，风味各异。可汤煮、油炸、蒸食，有团圆美满之意。玩“灯”与食元宵（汤圆）是元宵节两大特色习俗，全国各地均有留存和发展，大同小异。

汉水流域元宵节习俗承袭已久。据《雒南县志》（十二卷·清乾隆五十二年增刻本）载：“‘元宵’，张灯花，放爆竹，鸣金震鼓，往来街市，谓之‘闹元宵’。是日，家家请婿并女，谓之‘吃十五’。送灯油，谓之‘添油’。用荞面蒸盏燃灯，按十二月，以卜雨泽；散照房室，谓之‘禳火灾’、‘照毒蝎’。十六日，男妇出外，谓之‘走百病’。自元日至十六日，妇女皆忌，女工不举。”② 据《孝义厅志》（十二卷·光绪

① 严敬群编著：《中国节日传统文化读本》（珍藏版），北京：东方出版社，2009 年，第 60 页。

② 丁世良、赵放主编：《中国地方志民俗资料汇编·西北卷》，北京：书目文献出版社，1989 年，第 72-73 页。

九年刻本）载："十五日，各家门首张灯，击锣鼓，舞龙灯，妆（装）狮、象，歌舞终夜，谓之'闹元宵'。并燃灯在地照虫，谓之'除虫害'。"① 据《郧县志》（十卷·清同治五年刻本）载："十五日为'上元节'。通衢张棚结彩，火树银花，灯烛辉煌。又有火龙、竹马、狮子，皆以纸竹装点为之，而明光一照，翊翊欲活，居然自他有耀，谓之'元宵灯会'。是日，家家各以酒米治粉团食之，象形兼会义也。十六日，挈壶郊游，谓之'游百病'。群谓此日出游，百病不生，亦习俗然也。"② 汉水下游元宵节俗，据《荆州府志》（八十卷·清光绪六年刻本）载："'上元'张灯，自十一日起，至十三、十四、十五三夜尤盛。影灯裁绘，剪纸像人物、花果、鱼龙、禽鸟，聚于南门关庙，谓之'灯市'。妆演故事，俳优百戏，箫鼓喧阗，列户悬灯于门，宵分始息。'元夜'迎紫姑，卜问丰歉。各乡村燃炬火以照田间，声彻远近，谓之'赶毛狗'。食粉饵，曰'元宵'。"③《沔阳州志》（十二卷·清光绪二十年刻本）载："'上元'，谓'灯节'。各村购灯置社庙或人家，以敬社公。自十一日起，至十五日尤盛。箫鼓喧阗，列户悬灯于门，宵分始息。是夜幼女辈请紫姑，向丰歉。乡人燃炬、放爆竹照田间，锣声彻远迩，谓之'赶毛狗'，逐疫意也。食汤圆，曰'元宵'。"④ 唐白河流域的南阳元宵节除吃汤圆习俗外，还有"躲灯"习俗，即新婚男女在正月十五日这天相携到岳父母家过元宵节，至今在个别乡村仍然相沿。

---

① 丁世良、赵放主编：《中国地方志民俗资料汇编·西北卷》，北京：书目文献出版社，1989年，第74页。

② 丁世良、赵放主编：《中国地方志民俗资料汇编·中南卷》（上册），北京：书目文献出版社，1991年，第450页。

③ 同上书，第386页。

④ 同上书，第403页。

（三）二月二

农历二月初二，亦叫中和节，是中国民间传统节日之一。大约从唐朝开始，中国人就有过“二月二”的习俗。关于“二月二”，民间流传着这样一个神话：

> 武则天惹恼了玉皇大帝，玉皇大帝传谕四海龙王，三年内不得向人间降雨。百姓民不聊生，困苦不堪。司管天河的龙王担心人间生路断绝，便违背玉帝的旨意，为人间降了一次雨。玉帝得知后，把龙王打下凡间，压在一座大山下，并在山上立碑：“龙王降雨犯天规，当受人间千秋罪；要想重登灵霄阁，除非金豆开花时。”人们为了拯救龙王，到处找开花的金豆。第二年二月初二这天，人们在翻晒玉米种子时，猛然想到这玉米就像金豆，炒一炒开了花不就是金豆开花吗？于是家家户户爆玉米花，并在院子里设案焚香，供上开了花的“金豆”。龙王抬头一看，知道这是百姓在救他，便大声向玉帝喊道：“金豆开花了，快放我出去！”玉帝一看人间家家户户院里金豆花开放，只好传谕，召龙王回天庭。从此，民间形成习俗，每到二月初二这一天，就爆玉米花，以纪念龙王重回天庭。

该故事增强了二月二的文化意蕴及其魅力。如二月二有的地方忌讳盖房打夯，以防伤“龙头”；不磨面，不碾米，不行大车，怕“砸断了龙腰、龙尾”。俗话说，“磨为虎，碾为龙”，有石磨的人家，这天要将磨支起上扇，方便“龙抬头升天”。因为“二月二”是“龙抬头”的日子，所以这天民俗的吃食多带个“龙”字。吃饺子叫“吃龙耳”，吃春饼叫“咬龙鳞”，吃面条叫“扶龙须”，吃馄饨叫“吃龙眼”，吃米饭叫“吃龙子”，面条、馄饨一块煮叫作“龙拿珠”，还有“龙抬头，吃猪头”的习惯。这些都表达了人们祈望一年风调雨顺，获得好收成的愿望。在“龙抬头”这天吃饺子，讲究吃“肉菜饺子”，即馅中有肉又有菜，取“肉菜”之谐音“有财”，寄寓新年财源滚滚之意。吃春饼叫“咬龙鳞”，因为春饼圆且薄，形状好似鳞片。饼内卷入酱肘子、猪头肉等肉食以及韭菜、萝卜、豆芽等蔬菜。春饼配菜种类多，但有个共同特点，都是鲜嫩的时令菜蔬和野菜，一口咬下去，满口都是春天的味道。中国人素来以龙为图腾，因此往往会在农历二月初二这天用各种形式祈求神龙赐福，以表达心中的美好愿望。

汉水流域二月二习俗亦有承袭。据《雒南县志》（十二卷·清乾隆五十二年增刻本）载：“（二月）二日，煮‘元宵’灯盏食之，云‘咬蝎子’。”[①] 据《孝义厅志》（十二卷·光绪九年刻本）载：“（二月）初二日，各乡市镇演戏，延火居道士庆祝土祇神会，谓之‘祈年’。士农工商集饮社酒，计议职务。妇女不用针。谓之‘龙抬头’，云用针则多患目疾。是日，喜晴忌雨。谚云：‘土神会雨淋，春荞不得成。’”[②] 唐白河流域的南阳二月二民间各户将青灰撒在房屋四周，并在院内和麦场上撒作囤仓图形，中间挖一小坑，置五色杂粮，取五谷丰登之意。在这一天要迎春龙。龙王主管云雨，经过冬眠的龙，到了这一天，被春雷唤醒，就要抬起头来，开始兴云布雨，从此春耕大忙便要开始了。南阳民间歌谣有“二月二，龙抬头，大囤满，小仓流”之句。民谣表达了民众祈求龙王保佑民间，以求风调雨顺、五谷丰登的愿望。除此

---

① 丁世良、赵放主编：《中国地方志民俗资料汇编·西北卷》，北京：书目文献出版社，1989 年，第 73 页。

② 同上书，第 74 页。

之外，民间还有熏虫习俗。“二月二，龙抬头，蝎子蜈蚣都露头。”这天，家庭主妇要在门窗、炕沿处插香熏虫，并剪制鸡形图案，悬于房中，以避百虫，保护全家安康。

（四）三月三

三月三的前身是上巳节。上巳节是我国古代重要的节日，先秦时期，与三月三合并。宋王楙《野客丛书》卷十六“上巳祓除”条记载：“自汉以前，上巳不必三月三日，必取巳日；自魏以后，但用三月三日，不必巳也。”[①] 三月上旬的第一个巳日即为“上巳”，农历三月三多逢巳日。魏晋之后，则取三月三，不再取巳日，上巳节与三月三合并。起初上巳节与三月三称谓不同，民俗亦有异。“上巳”一词可见《太平御览》卷五十九引《韩诗外传》：“溱与洧，三月桃花水下之时，众士女执兰（拂）［祓］除。郑国之俗，三月上巳之日，此两水上招魂，（拂）［祓］除不祥也。”[②] 在汉水流域的湖北十堰武当山，三月三日是一个特别的日子。据卢迎生与左攀合撰文章《道教庙会的功能、意义及其管理——以武当山“三月三”庙会为例的考察》介绍：“武当山自明代开始就有盛大的庙会活动。武当山九宫之首静乐宫，乃明成祖为纪念真武降生而修建，历来是‘三月三’真武圣诞庙会的首选之地。”[③] 另据周作奎《梦里分明谒太清——武当山“三月三”祖师诞辰法事》一文介绍：“道经记载说，古代净乐国（在古均州城内——现湖北省丹江口市）太子，于黄帝紫云元年三月三日诞生后，无意继承九五大统，立志要修

① 王楙：《野客丛书》，郑明、王义耀校点，上海：上海古籍出版社，1991 年，第 228 页。
② 李昉编纂：《太平御览》，夏剑钦校点，2 版，石家庄：河北教育出版社，1994 年，第 528 页。
③ 卢迎生、左攀：《道教庙会的功能、意义及其管理——以武当山“三月三”庙会为例的考察》，《中国道教》2017 年第 5 期。

道太虚，普福苍生。他于15岁辞别父母进入武当山的深山幽谷，苦心砺志，修身炼性，42年后功成飞升，被玉皇大帝敕封为北方玄天上帝（即真武大帝），坐镇武当山，扫荡妖魔，造福黎民。武当山遂成为真武大帝的祖庭。每年的三月三日真武祖师诞辰之日，武当山道士都要举办规模盛大的法事活动，隆重庆祝真武大帝的寿诞。各地的善男信女、斋公香客络绎不绝，到武当山参加真武祖师的诞辰庆典法会。"①可见，三月三在汉水流域尤其是在武当山周围区域具有特别的意义。三月三习俗在汉水流域清代方志中多有记载。据《孝义厅志》（十二卷·光绪九年刻本）载：三月"初三日，以酒肴游郊外山川，谓之'踏青'"②。据《荆州府志》（八十卷·清光绪六年刻本）载："'寒食日'宜雨，主岁丰。谚云：'雨打墓头钱，今岁好丰年。'初三卜蛙声，上昼叫上田熟；下昼叫，下田熟；声哑水小，声响水大。又，是日阴雨丰年兆，晴明则旱而桑贵。谚云：'三月初三晴，桑上挂银瓶；三月初三雨，桑叶上苔痕。'"③

（五）清明节

在古代清明节是比较特殊的节日，既属于"节气"，又属于"节日"。从清明节正式登上节日舞台到现在，一直受到官方和民间的推崇，大量咏诵清明节的文献作品传世，其中以吟咏清明节的诗词作品为最

---

① 周作奎：《梦里分明谒太清——武当山"三月三"祖师诞辰法事》，《中国宗教》2005年第4期。

② 丁世良、赵放主编：《中国地方志民俗资料汇编·西北卷》，北京：书目文献出版社，1989年，第74页。

③ 丁世良、赵放主编：《中国地方志民俗资料汇编·中南卷》（上册），北京：书目文献出版社，1991年，第386页。

盛。有直接以清明节为题目的诗歌作品：杜牧《清明》、王禹偁《清明》、黄庭坚《清明》、高翥《清明日对酒》、赵愚斋《客中清明》、薛昭蕴《喜迁莺·清明节》、冯延巳《鹊踏枝·清明》等。有内容涉及清明节的文献作品：魏承班《渔歌子·柳如梅》、张泌《满宫花·花正芳》、李煜《蝶恋花·春暮》、苏轼《座上赋戴花得天字》等。与中国的其他传统节日相比，清明节在时间上具有不确定性，清明的阳历时间现为每年的4月4日、4月5日或4月6日，阴历具体时间不定，乃是冬至日的不确定导致了清明节日期上的不确定。最初，“清明”并非是以节日的身份出现，清明的产生与岁时的划定有关。在两汉时期，清明是“二十四节气”之一。《淮南子·天文训》有言：“两维之间九十一度十六分度之五，而升日行一度，十五日为一节，以生二十四时之变。”① 地球公转十五度为一个节气，二十四个节气组成一年。清明节起源说法有多种，但学术界较为一致的观点是，清明节是二十四节气之一，是传统节日之一。清明节习俗文化亦呈多元姿态，扫墓、斗鸡、拔河、蹴鞠等均为其表现，然祭祀扫墓民俗是其根本，一直延续到当下。

汉水流域清明节习俗散见于清代诸多志书中。据《雒南县志》（十二卷·清乾隆五十二年增刻本）载：“‘清明节’，家家上坟祭扫，新冢添土。”② 据《孝义厅志》（十二卷·光绪九年刻本）载：“‘清明’前，各家具牲醴，备纸钱、炮、烛，诣先人茔墓祭扫，土著人谓之‘标坟’，附籍人谓之‘挂青’。剪五色纸吊插坟上。新坟于春社前祀之，俗云‘新坟不过社’。”③ 据《郧县志》（十卷·清同治五年刻本）载：“‘清

① 刘绩补注，陈广忠校理：《淮南鸿烈解》，合肥：黄山书社，2012年，第65页。

② 丁世良、赵放主编：《中国地方志民俗资料汇编·西北卷》，北京：书目文献出版社，1989年，第73页。

③ 同上书，第74页。

明日'，祭先拜墓，剪纸旗，焚香楮，亦时祭之意，世俗相沿。或约亲友于拜墓后遍览郊外，携酒看山为乐，谓之'踢青'。"[①] 汉水下游清明节习俗，据《荆州府志》（八十卷·清光绪六年刻本）载："'清明'，祀先祖，男女挈榼相望，绮纨角胜，歌哭迭应，楮钱满陌，更以纸幡标垄头以识之。近来有延客上新冢者，鼓乐喧阗，甚至张帏坐唱，殊乖入墓思哀之意，士夫之知礼者无之。"[②]《沔阳州志》（十二卷·清光绪二十年刻本）载："'清明'，祀祖醮坟，楮钱满陌，更以纸钱挂垄头，谓之'吊钱'；亦有具醴馔登墓门，拜毕而聚食墦间者，尚见孝思不忘之意。"[③] 唐白河流域南阳清明节有《锣鼓一打颤咚咚》歌谣："清明前后种棉花，夏至前后耩芝麻。红薯种子来留下，那个东西能养家。"蕴含着清明时节农耕习俗内涵。

除春节、元宵节、清明节外，汉水流域尚有其他春天节俗。据《孝义厅志》（十二卷·光绪九年刻本）载："'立春'前一日，各设香案于门外，朝东礼拜，谓之'迎春接福'。是日，喜晴厌雨。谚云：'但得立春晴一日，农夫不用力耕田。'其言颇验。……（二月）十五日'花朝'，多行婚姻之礼。二十日，喜阴雨，晴则反春。谚云：'正月二十晴，果实熟成林；二月二十晴，树木重发生。'"[④] 据《郧县志》（十卷·清同治五年刻本）载："'立春'前一日，府县官率属，盛仪仗迎春于东郊，高抬装演戏出，观者如堵。迎春先一日，春官着彩衣，率装戏演于公堂，鼓乐吹笙，宣唱吉语，谓之'演春'。又，迎春之日，城乡民人

① 丁世良、赵放主编：《中国地方志民俗资料汇编·中南卷》(上册)，北京：书目文献出版社，1991 年，第 450 页。

② 同上书，第 386 页。

③ 同上书，第 403 页。

④ 丁世良、赵放主编：《中国地方志民俗资料汇编·西北卷》，北京：书目文献出版社，1991 年，第 74 页。

察看土牛头、身、腹、角、耳、尾、膝、蹄系何颜色，及芒神系腰、行缠、左右鞋裤全否，牛在前后左右立，以觇岁事而卜丰啬，惟老农多悉之。‘立春日’，春官于绅士人家送土牛，乘阳气也。……（二月）初一日为‘中和节’。十五日为‘花朝节’。种瓜蓏，耘麦苗，此平秩东作，农民春耕之始。……（四月）八日为‘浴佛会’。荆楚皆以是日诸寺各设斋，以五香水‘浴佛’作‘龙华’，以为弥勒下生之征。今俗多用朱书咒语，谓之‘嫁毛虫’。农人烧畬治田，乘时布种，自此无暇日。”①

据《荆州府志》（八十卷·清光绪六年刻本）载：“（正月）‘立春’先一日，官师班春于草市岱岳庙，觇土牛采色以卜岁事。农人牵生牛于有司堂上，扮播种犁田形样，洒谷满堂，取丰稔之兆。（《荆楚岁时记》：‘亲朋会宴，啖春饼、生菜，贴宜春字，剪彩为燕戴之，或错缉为幡胜谓之“春幡”。’）……‘元日’起至十二日止，每日取水一瓶秤之，验其轻重，以卜十二月之雨水多寡。‘元日’即正月，二日即二月也。其日水重，则其月雨多。谚云：‘正月有三白，田公笑吓吓（呵呵）。’又云：‘若要麦，见三白。’谓三番雪也。（二月）‘社日’，村农醵钱扮赛，街市各坊建醮演戏，每岁二月朔二、八月朔二皆然，即春祈秋报之意。十五日‘花朝’，晴则百果实。又为劝农日。日间宜晴，夜间宜雨，土人隔尾掷筐于外，仰则占绵（棉）花丰获。……（三月）‘上己（巳）’悬荠菜于门。荆人好作风鸢之戏，谚云：‘杨柳青，放风筝。’是日游人蹋青泛舟，东至白云塔儿，西至龙山太晖观，看花修禊（禊），登山临水，亦一胜游也（《荆楚岁时记》：‘上己（巳）日取鼠曲汁蜜和

---

① 丁世良、赵放主编：《中国地方志民俗资料汇编·中南卷》（上册），北京：书目文献出版社，1991年，第450页。

粉，谓之“龙舌料，以厌时气”。’）。”①

《沔阳州志》（十二卷·清光绪二十年刻本）载：“（正月）‘立春’先一日，设芒神及春牛于东郊迎春亭，官吏彩仗鼓乐迎之。礼毕演春，农民牵生牛于公堂，扮犁田播种状，洒谷满堂，取丰稔之兆。至‘立春日’，用彩仗鞭春牛，盖即‘出土牛，送寒气’意尔。……（二月）‘社日’，村农醵钱，建醮赛会，事竣聚饮，谓之‘饮福酒’。家家扶得醉人归，觉有熙皞景象。‘秋社’亦然。即古春祈秋报遗意。”②

二、盛夏热情

汉水流域夏天节俗内涵丰富，各地略有不同。如四月八日为浴佛节，汉水上游地区除了请山僧设斋坛、鸣钟鼓、作浴佛道场外，还在这一天家家书写毛虫帖子，以嫁毛虫，下游浴佛节侧重于作浴佛道场。端午节是我国民间三大传统节日之一，汉水流域民间多称之为“端阳”。端午节尽管名称颇多，含义各异，但以楚人驾舟拯救、纪念屈原为端午节的主要内涵，是世人皆知的。由此可说，先秦时代的楚人及楚国的文化民俗氛围，对端午节的形成起到了至关重要的作用，端午节乃是荆楚地区的传统节日。千百年来，以祭奉屈原而形成的仪俗，在汉水下游的荆州民间主要有划龙舟、吃粽子、悬挂蒲艾、喝雄黄酒、系香袋等。汉水流域夏天主要有端午节、六月六等节俗文化，其他还有夏至等节气习俗，呈现出汉水盛夏之节日热情。

---

① 丁世良、赵放主编：《中国地方志民俗资料汇编·中南卷》（上册），北京：书目文献出版社，1991 年，第 385-386 页。

② 同上书，第 402-403 页。

（一）端午节

端午节又名重午、端五、重五、五月五、五月节、端阳、浴兰节、女儿节、天中节等。诸多称呼大多都有文献记载，河北省《万全县志》（十二卷·民国二十三年铅印本）云："初五日，谓之'端阳节'，俗呼'端午'。"①《荆楚岁时记》曰："五月五日，谓之浴兰节。"②《帝京景物略》云："都人重五女儿节，酒蒲角黍榴花辰。"③《帝京景物略》又云："五月一日至五日，家家妍饰小闺女，簪以榴花，曰女儿节。"④《事物异名录》引《提要录》："五月五日午时为天中节。"⑤ 此外，端午节在不同的地方还有蒲节、诗人节、龙舟节、粽子节、苦瓜节、医药节、地腊等称呼，是我国重要传统节日之一。

关于端午节的起源，说法不一。一为屈原说。《荆楚岁时记》注解云："按五月五日竞渡，俗为屈原投汨罗日，人伤其死，故并命舟楫以拯之，至今竞渡是其遗俗。"⑥ 二为曹娥说。《后汉书》载："孝女曹娥者，会稽上虞人也。父盱，能弦歌，为巫祝。汉安二年五月五日，于县江溯涛婆娑迎神，溺死，不得尸骸。娥年十四，乃沿江号哭，昼夜不绝声，旬有七日，遂投江而死。至元嘉元年，县长度尚改葬娥于江南道傍，为立碑焉。"⑦ 三为伍子胥说。《史记》有载，伍子胥，楚人也，名

---

① 丁世良、赵放主编：《中国地方志民俗资料汇编·华北卷》，北京：书目文献出版社，1989 年，第 207 页。

② 宗懔：《荆楚岁时记》，姜彦稚辑校，长沙：岳麓书社，1986 年，第 34 页。

③ 刘侗、于奕正：《帝京景物略》，北京：北京古籍出版社，1980 年，第 76 页。

④ 同上书，第 68 页。

⑤ 厉荃原辑，关槐增纂：《事物异名录》，长沙：岳麓书社，1991 年，第 23 页。

⑥ 宗懔：《荆楚岁时记》，姜彦稚辑校，长沙：岳麓书社，1986 年，第 36 页。

⑦ 许嘉璐分史主编：《后汉书》，上海：汉语大词典出版社，2004 年，第 1689 页。

员。他数谏吴王，让其灭越王勾践，吴王不听，反近佞臣太宰嚭，太宰嚭与伍子胥有隙，多次离间伍子胥。后被吴王赐死，伍子胥死前立誓："必树吾墓上以梓，令可以为器；而抉吾眼悬吴东门之上，以观越寇之入灭吴也。"① 吴王听说此事后非常生气，让人把伍子胥的尸体挖出来，将尸首放在鸱夷革上顺着江河漂走。吴国人可怜伍子胥，建造了祠庙来纪念他。四为越王勾践说。《荆楚岁时记》注："《越地传》云起于越王勾践，不可详矣。是日竞采杂药。"② 五为龙图腾说。闻一多引用《吴越春秋》《说苑·奉使篇》《汉书·地理志》《海外北经》《洞冥记》《越绝书》《越绝外传·纪策考》《越绝外传·记范伯》等书推测出，吴越后人都是"龙子"，他们断发文身，属于同一民族。端午节最初是吴、越两地的节日，起源于此地的端午节，后在中原文化和吴越文化的交流中被传播到了其他区域。闻一多在《端午考》中断定："我们不但可以确定前面提出的假设，说端午的起源与龙有着密切的关系，并且还可以进一步推测，说它就是古代吴越民族——一个龙图腾团族举行图腾祭的节日，简言之，一个龙的节日。"③ 端午节起源的诸多说法，本身就是端午文化丰富而又多元的体现，而端午节食俗文化更是端午文化的重要组成部分和体现。

汉水流域端午节民俗内涵丰富。据《雒南县志》（十二卷·清乾隆五十二年增刻本）载："（五月）五日，亲友互相馈遗。插艾于户；食角黍，饮火酒。妇人簪榴花、戴彩胜；小儿佩避兵符、系长命缕，以雄黄遍涂耳鼻。"④ 据《孝义厅志》（十二卷·光绪九年刻本）载："'端阳

① 司马迁：《史记》，韩兆琦译注，北京：中华书局，2010年，第4549页。

② 宗懔：《荆楚岁时记》，姜彦稚辑校，长沙：岳麓书社，1986年，第36-37页。

③ 闻一多：《端午考》，载《神话与诗》，武汉：武汉大学出版社，2009年，第196页。

④ 丁世良、赵放主编：《中国地方志民俗资料汇编·西北卷》，北京：书目文献出版社，1989年，第73页。

日'，食角黍、饮雄黄酒，门前各插蒲艾，以驱疫疠。午后，煎蒲艾及百草汤，沐浴除疾，并以丹砂、雄黄等涂抹小儿耳鼻，辟虫。"① 据《郧县志》（十卷·清同治五年刻本）载："（五月）五日为'天中节'。是日作艾虎，插蒲剑于门，取辟邪之义。家家各以箬叶裹糯米为粽，曰'角黍'。又制纱囊，杂〔彩实〕香屑系以五色丝线，谓之'续命缕'。是日，舟人竞渡。五色画船绘作游龙，箫歌鼓铙，逐波上下，悬标夺锦，名曰'划龙舟'，观者集于河干。"②

汉水下游端午节习俗。据《荆州府志》（八十卷·清光绪六年刻本）载："（五月）五日，采百草，悬艾于户，食角黍，书符作门帖，以雄黄、朱砂入酒饮之，用艾茎洒雄黄酒于户舍墙壁，小儿则以其末涂耳鼻，云辟百毒。是日竞渡，楚俗咸同，而江津龙舟尤盛。……十五日，谓之'大端阳'，列户亦酒食征逐。"③《沔阳州志》（十二卷·清光绪二十年刻本）载："《隋书·地理志》：屈原以五月望日投汨罗，土人追至洞庭湖，莫得济者，遂相传为竞渡之戏。沔俗近亦增盛，城乡各镇皆然。金鼓花爆，龙舟飞舞，观者如堵，事虽戏而犹有古意。沔俗五月节作'急脚子会'，三十六人蒙面具，朱碧辉煌，形状诡异，执旗鸣金，遍走城乡，仿古傩礼之遗。五日，悬艾，食角黍，用雄黄、朱砂和酒饮之，以其余涂小儿头耳，云辟百毒。十五日，谓'大端阳'。"④

对于唐白河流域南阳端午节龙舟竞赛，唐代邓州南阳（唐代时邓州下辖南阳）人张建封曾作《竞渡歌》，予以形象生动的描绘：

---

① 丁世良、赵放主编：《中国地方志民俗资料汇编·西北卷》，北京：书目文献出版社，1989 年，第 74 页。

② 丁世良、赵放主编 ：《中国地方志民俗资料汇编·中南卷》(上册)，北京：书目文献出版社，1991 年，第 450-451 页。

③ 同上书，第 387 页。

④ 同上书，第 403 页。

五月五日天晴明，杨花绕江啼晓莺。
使君未出郡斋外，江上早闻齐和声。
使君出时皆有准，马前已被红旗引。
两岸罗衣破晕香，银钗照日如霜刃。
鼓声三下红旗开，两龙跃出浮水来。
棹影斡波飞万剑，鼓声劈浪鸣千雷。
鼓声渐急标将近，两龙望标目如瞬。
坡上人呼霹雳惊，竿头彩挂虹霓晕。
前船抢水已得标，后船失势空挥桡。
疮眉血首争不定，输岸一朋心似烧。
只将输赢分罚赏，两岸十舟五来往。
须臾戏罢各东西，竟脱文身请书上。
吾今细观竞渡儿，何殊当路权相持。
不思得岸各休去，会到摧车折楫时。①

南阳端午节还有食“五黄”的食俗，即黄瓜、黄蒜、蛋黄、糖糕、雄黄酒。除此之外，几乎家家都悬挂朱符，插着蒲龙艾虎，用软布缝制“老寿星”、蒜头、“五毒”、老虎等给小孩戴。有的用切碎的蒲根，拌上雄黄泡在酒里，抹在小孩五官上，以避虫毒的侵害。②

（二）六月六

“六月六”是六月里的一个大节，因节期在六月初六而得名，又称

① 陈伯海主编：《唐诗汇评》（增订本），上海：上海古籍出版社，2015 年，第 2211 页。
② 刘克、许宛春编著：《南阳民俗文化》，开封：河南大学出版社，2003 年，第 98-99 页。

“天贶节”“天贶日”。贶，为赐赠之意，天贶即天赐。这一名称源自北宋。宋真宗赵恒为了掩盖订立澶渊之盟的耻辱，采用王钦若的建议，假称托梦见神人告之降天书《大中祥符》三篇于京师和泰山，于是改年号为大中祥符，并下诏定第二次降天书的六月初六为天贶节。至南宋时，六月初六被定为崔府君诞辰。崔府君为东汉时人，曾有磁州护驾之功。宋高宗在临安（今浙江杭州）为其建造宫观，供奉香火。每逢节期，官方献香设醮，百姓至观进香以求护佑。明清时期，民间六月六的主要节日活动是晒衣晒书、沐浴等。明刘侗、于奕正的《帝京景物略·春场》载：“六月六日，晒銮驾，民间亦晒其衣物，老儒破书，贫女敝缊，反覆勤日光，晡乃收。”① 清顾禄的《清嘉录》中也有“人家曝书籍图画于庭，云蠹鱼不生”② 的记载。

近代以来，民间十分重视六月六，各地称谓不一，习俗不一。汉水流域六月六习俗亦有承袭。据《雒南县志》（十二卷·清乾隆五十二年增刻本）载：“（六月）六日，晒衣物，做曲合酱，间有上坟烧纸泼汤者。母家授新嫁女以单衣，谓之‘辟凉’。”③ 据《孝义厅志》（十二卷·光绪九年刻本）载：“（六月）初六日，晒衣服，曝书籍。二十日，忌雨。谚云：‘六月二十雨一点，十处禾苗九处旱。’每进‘伏日’要雨，谓之‘顺伏’，主秋成。”④ 据《郧县志》（十卷·清同治五年刻本）载：“（六月）六日为‘天贶节’。人家曝衣晒书，不生虫蠹。”⑤ 据

① 刘侗、于奕正：《帝都景物略》，北京：北京古籍出版社，1980 年，第 69 页。

② 顾禄：《清嘉录》，王密林、韩育生译，南京：江苏凤凰文艺出版社，2019 年，第 187 页。

③ 丁世良、赵放主编：《中国地方志民俗资料汇编·西北卷》，北京：书目文献出版社，1989 年，第 73 页。

④ 同上书，第 75 页。

⑤ 丁世良、赵放主编：《中国地方志民俗资料汇编·中南卷》(上册)，北京：书目文献出版社，1991 年，第 451 页。

《荆州府志》（八十卷·清光绪六年刻本）载："（六月）六日，谓之'龙晒甲日'。人家暴晒衣物，以为不患霉蛀。"①

除端午节、六月六等主要节日外，汉水流域夏季尚有多种其他节俗。据《雒南县志》（十二卷·清乾隆五十二年增刻本）载："（四月）八日，俗谓城西灵山是释迦经行处，远近男妇咸往祈拜，自初一日至此，登山者不绝于道，邻郡、邻省间亦有至者。"② 据《孝义厅志》（十二卷·光绪九年刻本）载："（四月）初八日，乡民出钱演戏，作'城隍会'。各家用红黄纸条书云：'佛生四月八，毛虫今日嫁。嫁在千里外，永世不归家。'帖在门首，谓之'除虫害'。……（五月）二十日，俗云'龙晒衣'。喜晴，如雨谓湿龙袍，主四十八日大旱。土著人喜二十六日雨，谚云：'收秋不收秋，端看五月二十六。'……（七月）'立秋日'忌雷。谚云：'雷鼓立秋，五谷天收。'"③ 据《荆州府志》（八十卷·清光绪六年刻本）载："（四月）八日'浴佛'，寺刹作'龙华会'。……（五月）十三日，谓之'单刀会'。是日类多风雨，俗谓之'磨刀雨'，列户祠祀关庙。……二十六日为'谷生日'。土人有'得谷不得谷，但看五月二十六'之谚。"④

三、金秋风韵

汉水流域的秋天节俗风韵姿态优美，内涵丰富。七夕、七月半、八

① 丁世良、赵放主编：《中国地方志民俗资料汇编·中南卷》(上册)，北京：书目文献出版社，1991 年，第 387 页。

② 丁世良、赵放主编：《中国地方志民俗资料汇编·西北卷》，北京：书目文献出版社，1989 年，第 73 页。

③ 同上书，第 74-75 页。

④ 丁世良、赵放主编：《中国地方志民俗资料汇编·中南卷》(上册)，北京：书目文献出版社，1991 年，第 487 页。

月中秋、九九重阳等传统节日在民间有着独特的习俗。如在汉水流域民间就曾经流行过一种较为奇特的习俗，即八月中秋“到中秋，赛摸秋”。摸秋，就是中秋之夜偷摘他人田园的瓜果不视为偷，失瓜果的主人也不视为被盗。俗信这天月娘下凡，未生育的已婚妇女若摸秋不被人发现，可早得子。汉水下游荆州就有这样的俗谚：“中秋中秋，送子摸秋。”摸秋的妇女一般是结伴而行，所摸来的瓜果放置在床内侧，并与之陪睡，第二天将瓜果煮熟食之，据说可以怀上孩子。中华人民共和国成立后，摸秋之俗已消失。荆州民间特有的民俗还有重阳节吃九黄饼。相传东汉年间，重阳节达官贵人扶老携幼出游荆州龙山，正是天高气爽、风霜高洁之时，热饭热菜既不好带，又容易冷，为方便游人登山食用，荆州民间糕点师傅便制作了九黄饼。其名谓九黄饼，乃取九月重阳，登高赏金黄菊花之意也。此种饼，面如黄菊且口感酥脆，馅系用冬瓜条、桂花、冰糖、白糖拌和而成，吃起来香甜可口，颇受游人称赞，成为一种应时节令食品。至今荆州民间仍偏爱重阳节吃九黄饼。汉水流域秋季节俗，承载着金秋风韵，氛围浓厚。

（一）七夕节

七夕节，又称“乞巧节”，俗称“巧日”“巧节”，因节期在农历七月初七，又称“双七节”“七月七”。七夕节是与女性关系最为密切的节日，也称“女儿节”“少女节”或“女节”。民间传说此日是牛郎织女一年一度鹊桥相会的日子，故又称“双星节”“情人节”。七夕节是中国传统节日中极具浪漫色彩的节日。七夕文化在汉水流域非常浓厚，据杜汉华与杜睿杰的文章《汉水七夕文化考》考证：“汉水流域是牛郎织女神话传说和七夕节的主要起源地，这是汉水流域在全国有独具的条件，可以证明的。全中国只有汉水流域有与牛郎织女神话传说和七夕节习俗起源与演变直接相关联的起自先秦的古代文献、地方山水风物和民间传说、古老节俗，作为起源地的证据链，而且证据最多、最古老，又成系列。”[①] 究竟七夕文化起源于何地，姑且不论，但其起源与汉水流域有莫大关系是不争的事实。

汉水流域乞巧节俗内涵丰富。据《雒南县志》（十二卷・清乾隆五十二年增刻本）载：“‘七夕’，设瓜果、茶浆祀织女，以‘乞巧’。”[②]据《孝义厅志》（十二卷・光绪九年刻本）载：“（七月）初七日，妇女以瓜果祭于月下，用花针七口穿五色花线插瓜上，谓之‘乞巧’。士人作‘奎星会’。”[③] 据《郧县志》（十卷・清同治五年刻本）载：“‘七夕’为牛女会银河之期。前期，人家幼女用豌豆浸水中，令芽长数寸，以红笺束之，名曰‘巧芽’。至是夕，妇女幼稚焚香于庭，献瓜果，祷天孙以‘乞巧’。用瓷碗盛水，取芽投之，复于月光下照之，影如彩针、花瓣，或似鱼龙游戏，谓之‘得巧’。”[④] 汉水下游七夕节俗，据《荆州府志》（八十卷・清光绪六年刻本）载：“‘七夕’，《事始》云：‘楚怀王初置七夕，妇女是日以彩缕穿七孔针，陈瓜果于庭，以乞巧，有喜子网瓜上为得巧之验。’俗又于是夕祭祖祢，谓之‘迓亡’。连享七日，焚楮荐之，曰‘送亡’。新死者则于是月朔迓祭，于此夕奠送。”[⑤] 唐白河流域南阳乞巧节习俗，据《南阳民俗文化》介绍：“是夕，南阳各地的女子尤

---

① 杜汉华、杜睿杰：《汉水七夕文化考》，《襄樊职业技术学院学报》2011 年第 1 期。

② 丁世良、赵放主编：《中国地方志民俗资料汇编・西北卷》，北京：书目文献出版社，1989 年，第 73 页。

③ 同上书，第 75 页。

④ 丁世良、赵放主编 ：《中国地方志民俗资料汇编・中南卷》(上册)，北京：书目文献出版社，1991 年，第 451 页。

⑤ 同上书，第 387 页。

其是待字闺中的女子，结五彩丝在庭院中对月穿针，如能一次穿过，则谓之心灵手巧运气好，当年有喜气临头。……年轻女子出于对织女的崇拜，晚上把针撒于院内地上，双手寻摸，摸得到者，即谓织女已经赐巧。”①

（二）中元节

农历七月十五为中元节，有的地方为七月十四日，是祭祀祖先的重要节日，因节期活动多与鬼魂有关，故民间俗称“鬼节”，也称“七月半”“阴节”。中元节是民间重要的传统节日，在一些地方甚至重于过年。鬼节从七月十五前几天开始，到这天晚上结束。七月十五在我国传统历法中有着很多意义。它总是落在夏至与秋分之间，是满月之日，与成熟、黯淡及走向衰微相连。七月十五标志着冷风霜露的降临，《礼记·月令》中记载：“凉风至，白露降，寒蝉鸣，鹰乃祭鸟，用始行戮。”②动物的生活从生机勃勃转为衰微，植物的生长也趋于成熟并停滞。七月是一年中下半年的起首，七月半是下半年的第一个望日，与春季的播种相对应，秋季农作物趋于成熟，是收获的时节，亦是酬神祭祖、祈求子嗣与避御初寒的时节。中元节食俗主要体现在祭祀及秋收庆贺层面。

汉水流域中元节俗祭祀氛围浓厚。据《孝义厅志》（十二卷·光绪九年刻本）载：“（七月）十五日为‘中元节’。附籍人延火居道士设肴馔，备纸钱荐先祖、父母，谓之‘烧包赙’。”③ 据《郧县志》（十卷·清同治五年刻本）载：“（七月）十五日为‘中元’。人家各设祭筵祀祖

① 刘克、许宛春编著：《南阳民俗文化》，开封：河南大学出版社，2003 年，第 99 页。

② 崔高维校点：《礼记》，沈阳：辽宁教育出版社，1997 年，第 56 页。

③ 丁世良、赵放主编：《中国地方志民俗资料汇编·西北卷》，北京：书目文献出版社，1989 年，第 75 页。

先；至夕，于大门外焚香楮，酾酒醴，兼祭戚党亲友亡者。《荆楚岁时记》：相传僧道奉盂兰盆供养诸佛，又于河中放灯作‘盂兰会’。钟声、梵音，朗朗四达，彻夜不息。”① 汉水下游中元节俗，据《荆州府志》（八十卷·清光绪六年刻本）载：“‘中元日’，具酒馔献祭先祖。乡村宰牲尝新，父老子弟群聚宴会，谓之‘过月半’。寺观作‘盂兰会’，钟鸣达旦，江干灯火荧荧如繁星(《荆楚岁时记》：十五日，僧尼坐草为一岁。云四月八日结夏，至七月十五日解。众僧以长养之节在外恐伤草木虫类，故九十日安居。)。”② 《沔阳州志》（十二卷·清光绪二十年刻本）载：“‘中元’，备馔祭祖先，谓‘过月半’；新亡于七日后即荐之，皆写冥袱，于晚间焚化。”③

（三）中秋节

中秋节在阴历的八月十五日，又被称为“月夕”。宋吴自牧《梦粱录》：“八月十五日中秋节，此日三秋恰半，故谓之‘中秋’。此夜月色倍明于常时，又谓之‘月夕’。此际金风荐爽，玉露生凉，丹桂香飘，银蟾光满，……琴瑟铿锵，酌酒高歌，以卜竟夕之欢。”④ 有关中秋节的出现时间，周俐君的《清明端午七夕中秋重阳腊八考》一文认为中秋节出现在唐代：“一方面，唐代出现大量的玩月诗歌，诗歌主题和内容都反映了百姓集体参与节日庆祝的盛况；另一方面，中秋节固定为八月十

---

① 丁世良、赵放主编：《中国地方志民俗资料汇编·中南卷》(上册)，北京：书目文献出版社，1991年，第451页。

② 同上书，第387页。

③ 同上书，第403页。

④ 吴自牧：《梦粱录》，杭州：浙江人民出版社，1980年，第26页。

五日，元九《八月十五夜禁中独直对月寄》和李群玉《中秋越台看月》等诗歌对此都有所描写。”[①] 中秋节习俗较多，如赏月、观潮、“摸秋”、团圆等，在食俗方面主要是食月饼。

汉水流域中秋节俗别有韵味。据《雒南县志》（十二卷·清乾隆五十二年增刻本）载：“（八月）十五日，亲戚有瓜、饼之馈，至夕玩月。”[②] 据《孝义厅志》（十二卷·光绪九年刻本）载：“（八月）十五日为‘中秋节’。具月饼、瓜果、酒醴，少长咸聚，作乐畅饮，名为‘赏月’。”[③] 据《郧县志》（十卷·清同治五年刻本）载：“（八月）十五日为‘中秋节’。家家作月饼，嵌以采色花卉式样，互相馈遗。是夜，于月出时设瓜果、酒醴于庭，焚香庆月，街市灯火辉煌，歌管遏云，瞻仰月华，共喜团圆。”[④] 汉水下游中秋节俗，据《荆州府志》（八十卷·清光绪六年刻本）载：“‘中秋’，各家陈瓜果、饴饼以庆月。此夜之月，关于来岁‘元夕’，俗有‘云掩中秋月，雨洒上元灯’之谚。是夕，妇女连臂出游，谓之‘走百病’。”[⑤]《沔阳州志》（十二卷·清光绪二十年刻本）载：“‘中秋’送瓜，为望子女者兆喜庆，谓之‘送秋’。”[⑥] 南阳中秋习俗特色在于：“南阳民间还以中秋之夜的月光的明暗来推测次年元宵节的阴晴，‘八月十五雨星星，正月十五雪打灯’，揭示了自然

① 周俐君：《清明端午七夕中秋重阳腊八考》，硕士学位论文，曲阜师范大学，2015年，第38页。

② 丁世良、赵放主编：《中国地方志民俗资料汇编·西北卷》，北京：书目文献出版社，1989年，第73页。

③ 同上书，第75页。

④ 丁世良、赵放主编：《中国地方志民俗资料汇编·中南卷》（上册），北京：书目文献出版社，1991年，第451页。

⑤ 同上书，第387页。

⑥ 同上书，第403页。

界不同季节气候变化之间的联系和规律。时至今日，虽然在中秋求神愿月之俗逐渐消失，但长期沿袭下来的赠送月饼、家人团聚赏月之风仍经久不衰。”①

（四）重阳节

“重阳”一词最早见于先秦时期，但是词语“重阳”并非节日“重阳”，《楚辞·远游》云：“集重阳入帝宫兮，造旬始而观清都。”② 其中的“重阳”指的是天。重阳节在古代又被称为九月九日，这可能与《易经》有关，古以“九”为阳，九月九日乃是双九，则取“重阳”之名。重阳节起源于汉朝，《广群芳谱》引《风土记》云：“九月九日，律中无射而数九。俗尚此日折茱萸房以插头，言辟除恶气，为御初寒。汉俗，九日饮菊花酒，以祓除不祥。”③ 重阳节产生以后，后世之人于重九日通过佩戴茱萸、食蓬饵、饮菊花酒、登高等活动来祓除妖邪，避祸保身。《荆楚岁时记》记载：九月九日，四民并籍野饮宴。杜公瞻认为，其习俗的起源应是九月九日，桓景家中有灾祸，需通过佩戴茱萸、饮菊花酒、登高等活动进行避灾保安。④

汉水流域重阳节俗内涵丰富。据《雒南县志》（十二卷·清乾隆五十二年增刻本）载：“‘重阳’，相约登高，赏菊饮酒。作糕以馈女家。”⑤ 据《郧县志》（十卷·清同治五年刻本）载：“（九月）九日为

---

① 刘克、许宛春编著：《南阳民俗文化》，开封：河南大学出版社，2003 年，第 100 页。

② 屈原：《楚辞》，林家骊译注，北京：中华书局，2010 年，第 173 页。

③ 汪灏等：《广群芳谱》，上海：上海书店，1985 年，第 115 页。

④ 宗懔：《荆楚岁时记》，姜彦稚辑校，长沙：岳麓书社，1986 年，第 49 页。

⑤ 丁世良、赵放主编：《中国地方志民俗资料汇编·西北卷》，北京：书目文献出版社，1989 年，第 73 页。

‘重阳’。佩茱萸囊，以辟恶也；饮菊花酒，以延寿也。士人每相约登高览胜，赋诗言志。”① 汉水下游重阳节俗，据《荆州府志》（八十卷·清光绪六年刻本）载：“‘重九日’，蒸糕。饮菊酒、插茱萸以辟恶，登高览胜，悉仿龙山故事。‘重阳日’多暴风，谓之‘寒信风’，舟人防之。土人有‘三月三，九月九，无事莫到江边走’之语。又，‘重阳无雨至十三，得雨主来年不旱’。”②

除乞巧、中元、中秋、重阳等秋季节日外，汉水流域还有许多内涵丰富的秋季节俗。据《孝义厅志》（十二卷·光绪九年刻本）载：“（八月）初一日，要晴不要阴，主次年麦收。初二日，士农工商聚饮社酒，演戏，延火居道士庆祝土祇神会，谓之‘报赛’。又云：八月八天晴，次年春早成；八月要小不要大，主菜熟；‘白露’后逢壬不宜雨，雨则四十八天沾。……（九月）忌九子风。初一至初九日，忌南北方风，谓之‘南秤北斗’。初一日主本月，算至次年五月止，吹南风主秤价高，吹北风主斗价贵。”③ 据《荆州府志》（八十卷·清光绪六年刻本）载：“（七月）乡镇少年斗蟋摔，谓之‘开圈’。起处暑，迄寒露，胜负动至千百，亦弊俗也。（《江陵县志》）……‘立秋日’占风。谚云：‘秋前北风秋后雨，秋后北风干透底。’又，‘立秋’后虹见为天收，即大稔亦减分数，及‘白露日’雨，皆为荒歉之应。”④

---

① 丁世良、赵放主编：《中国地方志民俗资料汇编·中南卷》（上册），北京：书目文献出版社，1991 年，第 451 页。

② 同上书，第 387 页。

③ 丁世良、赵放主编：《中国地方志民俗资料汇编·西北卷》，北京：书目文献出版社，1989 年，第 75 页。

④ 丁世良、赵放主编：《中国地方志民俗资料汇编·中南卷》（上册），北京：书目文献出版社，1991 年，第 387 页。

四、严冬暖阳

汉水流域民间冬季有冬至、腊八、小年、除夕等传统节俗。拿冬至来说，和北方农村不同的是，汉水下游荆楚大地的人们，往往会在这天开始淘洗糯米，磨浆沥干，制成“沉（读去声）浆”，然后用糖或肉制成馅，包成团，先是祭祖、祭灶，然后合家团聚，共同分享，还可馈赠亲朋好友。又如农历腊月二十四，俗谓“小年”，又称为“小过年”“小除夕”，是荆州民间很看重的一个年节。民谚云：“腊月二十四，家家小团圆。”是日，“吃坏吃好，一人不少；有吃无吃，团圆一席”，一家人必须在一起吃团圆饭。现以冬至、腊八、小年、除夕等来展现汉水流域严冬节日习俗之“暖阳”意蕴。

（一）冬至

冬至是农历二十四节气之一，是全年中白天最短，黑夜最长的一天，所谓“终藏之气，至此而极也”。“极”是极致的意思，它有三层含义：阴寒达到极致，天最冷；阳气始至，上升才逼天气寒彻；太阳行至最南处，所以昼最短，夜最长。在现代天文学上，冬至预示着一年中最寒冷的冬季即将来临，但也寓示着阴阳交替时刻，是阴（夜）气盛极转衰，阳（日）气刚要萌生，是冬去春来的前兆。因此，古人非常重视冬至这个节气。冬至既是节气，也是重要的传统节日，古称“冬节”“长至节”“亚岁节”等，有“冬至大如年”的说法。冬至食俗丰富多彩，食饺子、汤圆、羊肉等，全国各地略有不同。

汉水流域冬至节俗散见于清代志书。据《雒南县志》（十二卷·清乾隆五十二年增刻本）载："'冬至'，卑幼拜尊长，如'元旦'仪。"① 据《郧县志》（十卷·清同治五年刻本）载："'冬至日'农功告竣。家家设酒馔供祖先；绅士家必聚族于祠堂中，虔祭祖先，悉遵《家礼》仪节。"② 汉水下游冬至节俗，据《荆州府志》（八十卷·清光绪六年刻本）载："'冬至'，谓之'亚岁'。荆人虽不拜庆，而袜履之献舅姑，仪如北地。冬月三一宜晴。谚云：'冬月三一晴，谷米一般平。'（三一，初一、十一、二十一也。）"③ 南阳在这一日，家家户户团聚吃饺子，据说此举可预防在寒冷的冬季被冻掉耳朵。此俗在汉水全流域均普遍从袭。另外，冬至日，汉水流域民间有拾落地桑叶之习，以之入药。还有冬至这天形成了独特的节令饮食文化，有冬至日吃饺子的习俗，有些地方还有在这天吃狗肉和羊肉的习俗，因为冬至过后进入天气最冷的时期，中医认为羊肉、狗肉都有壮阳补体之功效，汉水流域民间至今仍有冬至进补的习俗。

（二）腊八

通常情况下，腊八节被称为农历十二月八日或腊日，《风俗通义》记载："夏曰嘉平，殷曰清祀，周曰大蜡，汉改为腊。腊者，猎也，言

---

① 丁世良、赵放主编：《中国地方志民俗资料汇编·西北卷》，北京：书目文献出版社，1989 年，第 73 页。

② 丁世良、赵放主编：《中国地方志民俗资料汇编·中南卷》（上册），北京：书目文献出版社，1991 年，第 451 页。

③ 同上书，第 387-388 页。

田猎取禽兽，以祭祀其先祖也。”[①] 宗懔《荆楚岁时记》云：“十二月八日为腊日。”[②] 腊八节源于腊祭，腊祭的时间在何时呢？《说文解字》云：“冬至后三戌，腊祭百神。”可见，汉朝以前已经有腊祭仪式，腊祭当天要祭祀百神。腊祭是当年快要结束之时祭祀百神的日子，意在告别旧年，迎接新年。其实腊八除了腊祭以外，还有送腊药、制食腊八粥的习俗。

腊八粥的名称很多：一是咸粥，一是七宝五味粥。关于“咸粥”的叫法，《天中记》引《岁时杂记》称：“僧家以乳簟、胡桃、百合等造七宝粥，亦谓之咸粥，供佛及僧道檀越。”[③] 关于“七宝五味粥”的叫法，《东京梦华录》云：“初八日，……诸大寺作浴佛会，并送七宝五味粥与门徒，谓之‘腊八粥’。都人是日各家，亦以果子杂料煮粥而食也。”[④] 与普通的粥不同的是：从宋朝到明清，腊八粥在材料的使用上比较讲究，食材上略有不同。腊八粥的食材不仅有乳蕈、胡桃、百合，而且有松子、柿、栗等物。宋周密《武林旧事》：“八日，则寺院及人家用胡桃、松子、乳蕈、柿、栗之类作粥，谓之‘腊八粥’。”[⑤] 值得注意的是，这个时期的“腊八粥”食材中只有乳蕈、胡桃、百合等物，粥中并无荤腥。元代食用的腊八粥材料和宋朝基本一样，但是到了明清时期，百姓食用的腊八粥食材有所不同：除谷物外，腊八粥中已加入荤腥等材料。

汉水流域腊八节俗内涵丰富。据《雒南县志》（十二卷·清乾隆五十二年增刻本）载：“腊月八日，贫富概食粥。是日，以粥喂牲口及涂

① 应劭撰：《风俗通义校注》，王利器校注，北京：中华书局，1981 年，第 379 页。
② 宗懔：《荆楚岁时记》，姜彦稚辑校，长沙：岳麓书社，1986 年，第 53 页。
③ 陈耀文撰：《天中记》卷 5，陈龙光校，明万历十七年刻本，第 53 页。
④ 孟元老：《东京梦华录笺注》，伊永文笺注，北京：中华书局，2006 年，第 942-943 页。
⑤ 四水潜夫辑：《武林旧事》卷 3，清道光二十三年清吟阁刻本，第 15 页 a。

果树，云牲口肥壮，结果殷繁。”① 据《孝义厅志》（十二卷·光绪九年刻本）载：“初八日，土著、附籍俱以五谷、米面、杂猪羊肉、果属、菜蔬等煮粥食之，名‘腊八粥’，邻里互相馈送。”② 据《郧县志》（十卷·清同治五年刻本）载：“（十二月）八日，用五谷掺和煮粥，杂以菜果，谓之‘腊八粥’。凡酿酒之家，必取腊水为之，经年不坏。造醋亦必取腊水煮红高梁（粱）为粥，盛于缸，封固至次年春木旺之时，方可造醋。”③ 汉水下游腊八节俗，据《荆州府志》（八十卷·清光绪六年刻本）载：“‘腊八日’，寺院以豆果杂米为糜，供而食，曰‘腊八粥’。是日，人家汲水贮盎，谓之‘腊水’；酿秫，曰‘腊酒’；盐脯，曰‘腊肉’，盖亦《周礼》之昔酒，《大易》之腊肉也。”④《沔阳州志》（十二卷·清光绪二十年刻本）载：“‘腊八日’酿秫曰‘腊酒’，腌脯曰‘腊肉’，盖亦《周礼》之腊（昔）酒，《大易》之腊肉也。”⑤ 在南阳，腊八粥熬得越多、剩得越多越好，因其象征年年有余，兆示“年事毕，六陈足”。南阳民谣说：“腊八粥，喝几天，哩哩啦啦二十三。”

（三）小年祭灶

祭灶是一项在汉族民间影响很大、流传极广的传统习俗。民间祭灶，源于古人拜火习俗。《释名》：“灶，造也，创造食物也。”灶神的职

---

① 丁世良、赵放主编：《中国地方志民俗资料汇编·西北卷》，北京：书目文献出版社，1989年，第73页。

② 同上书，第75页。

③ 丁世良、赵放主编：《中国地方志民俗资料汇编·中南卷》（上册），北京：书目文献出版社，1991年，第451页。

④ 同上书，第388页。

⑤ 同上书，第403页。

责就是执掌灶火，管理饮食，后来扩大为考察人间善恶，以降福祸。祭灶在中国民间已有几千年历史了，灶神信仰是中国百姓追求“衣食有余”梦想的反映。民间传统上的祭灶日是腊月二十四。从清朝中后期开始，帝王家就于腊月二十三举行祭天大典，为了“节省开支”，顺便把灶王爷也给拜了，因此北方地区多在腊月二十三过小年，南方大部分地区则在腊月二十四过小年。腊月二十三日（或二十四日），民间称为过小年，是祭祀灶君的节日。灶君在夏朝就已经成了民间尊崇的一位大神。《论语》云：“与其媚于奥，宁媚于灶。”先秦时期，祭灶位列“五祀”之一。祭灶时要设立神主，用丰盛的酒食作为祭品，要陈列鼎俎、设置笾豆等等，带有很明显的原始拜物教的痕迹。灶君称谓，早期有炎帝、祝融之说。后来，既有灶君爷爷又有灶君奶奶之说。灶君神像贴在锅灶旁边正对风匣的墙上。两边配联多为“上天言好事，下界保平安”，下联也有写成“回宫降吉祥”的。中间是灶君神像。神像旁边往往画两匹马作为坐骑。祭灶时要陈设供品。供品中最突出的是糖瓜，现在统称麻糖。该食品既甜又黏，取意灶君顾了吃，顾不了说话，上天后嘴被粘住，免生是非。

汉水流域小年祭灶习俗颇有特色。据《雒南县志》（十二卷·清乾隆五十二年增刻本）载：“二十四日，夜设汤饼、酒果、鸡牲以‘祀灶’。”[①] 据《孝义厅志》（十二卷·光绪九年刻本）载：“二十三日夜，‘送灶神’。附籍人二十四备肴馔、酒醴接祖，名曰‘过小年’。是日不动磨，妇女是日不用针，夜间俱早睡，俗云‘老鼠嫁女’，见则次年多鼠害。”[②] 据《郧县志》（十卷·清同治五年刻本）载：“二

① 丁世良、赵放主编：《中国地方志民俗资料汇编·西北卷》，北京：书目文献出版社，1989年，第73页。

② 同上书，第75页。

十三日，‘祀灶’以雄鸡，献灶糖，以糖作饼，果品、时物供奉具备；又剪草和豆，并香楮焚之，谓之‘灶神马料’。亦有二十四日‘祀灶’者。”[①] 汉水下游小年送灶习俗，据《荆州府志》（八十卷·清光绪六年刻本）载：“二十四日为‘小年’，悉以竹枝扫户宇。夜具酒饧、果饵‘祀灶神’，以秣刍秣马。田父燎火畦塍间，曰‘照田蚕’。”[②]《沔阳州志》（十二卷·清光绪二十年刻本）载：“二十四日为‘小年’，悉以竹枝扫舍宇。晚具茶果、刍马‘祀灶神’。”[③] 而在南阳，腊八之后不久便到了二十三祭灶日，腊月二十四为民间打扫庭宇的日子。自腊月二十四后，民间嫁娶不择吉，逐日皆为吉日。除夕易门神桃符，静候新的一年到来。

（四）除夕

除夕之“除”字具有“去、易、交替”之意，除夕即为“月穷岁尽，一年之终止”之意。关于除夕由来，据《中华民俗通鉴》介绍，有“疯癫说”“点灯说”“妖怪说”“驱灾说”等说法，每一种说法都体现有独特的除夕习俗。“疯癫说”的故事由灶神引起。说是远古时期某一年的腊月二十三，玉帝派灶神到民间察看民情，灶神察看后向玉帝汇报说，民间百姓生活凄苦，一年三百六十五天都吃粗茶淡饭，第二年腊月初八玉帝派药王在民间“下药”，人们得以“疯癫”，开始不干农活，而是缝制新衣，杀猪宰羊，腊月二十四日后，“疯癫”得更厉害，完全停止生产，人们开始相互请客，大吃大喝，还敲锣打鼓相互串门。

---

① 丁世良、赵放主编：《中国地方志民俗资料汇编·中南卷》(上册)，北京：书目文献出版社，1991 年，第 451 页。

② 同上书，第 388 页。

③ 同上书，第 403 页。

直至下一年的正月十五，玉帝觉得太过，又派药王下凡整顿，人们从正月十六停止吃喝，男耕女织，恢复生产。此为除夕过年饮食习俗由来。

“点灯说”的故事，说是有一刁蛮公主游戏民间，夜宿客栈，被城隍鬼吃了心，成为悬案，恰遇一公子携书童进京赶考，夜宿同一客栈，公主灵魂借机附着在书童的肉身上，并祈求公子带其进京与国王相见。公子同意后，将书童灵魂留于客栈，为保证书童灵魂安全，离开时在客栈门口挂一盏红灯笼以辟邪。此为除夕挂红灯笼习俗由来。

而“妖怪说”将除夕之“夕”传说成四处祸害人们的妖怪，一猎人带着猎狗寻找“夕”，找了一年，直至腊月三十才在一村镇发现“夕”之踪迹，为防备“夕”夜晚突袭，猎人联合村民于腊月三十晚上敲锣打鼓、放鞭炮惊扰“夕”，“夕”最终被猎人解决，而腊月三十晚上守岁放鞭炮的习俗流传至今。

“驱灾说”是讲腊月三十晚上凶神来到人间降灾，恰逢一穷樵夫过年没什么好吃好喝，只得将家里火炉用柴火烧得旺旺的以求年的氛围，柴火中恰有辣椒秆和沉香树根，点燃后香气四溢而又辣味十足，凶神刚来到人间就被呛得泪流满面。第二年人间风调雨顺。此后有了腊月三十晚上烧旺炉火的习俗，据说可以驱灾。

我国古典文献中也有关于除夕及其习俗的记载。据《吕氏春秋·季冬记》记载，古人在新年的前一天用击鼓的方法驱逐“疫痨之鬼”，此即除夕由来。除夕有些习俗是具有积极意义的，如北方人吃饺子，南方人做年糕，是因为水饺形似“元宝”，年糕音似“年高”，寓意为吉祥如意好兆头。

汉水流域除夕习俗别有一番风味。据《雒南县志》（十二卷·清乾隆五十二年增刻本）载：“‘除日’，门换桃符，写春贴，井硙具封；阖室饮酒围炉至深夜，谓之‘守岁’。先数日，亲友互相馈遗不绝。”① 据《孝义厅志》（十二卷·光绪九年刻本）载：“‘除夕’，换桃符，张灯结彩。具鸡豚、酒肴祀先祖及寺庙神祇。长幼会饮，谓之‘年饭’。饭后，诸凡禁止不出门。夜间于先人坟茔送灯。长幼会饮‘守岁’，谓之‘团年’，土著人谓之‘辞岁’。是夜，煮新年三日之饭，曰‘压岁饭’。夜深‘接灶神’。”② 据《郧县志》（十卷·清同治五年刻本）载：“三十日为‘除日’。设馔祭先毕，阖家欢聚，序长幼，别男女，以卑承尊，然后分坐次，进肴馔，谓之‘延年饭’。家家制春联，换桃符，门第一新。是夕，燃香火，爇红炉，家人围坐聚谈，谓之‘守岁’。但闻爆竹之声通宵达旦，直有‘万条红烛动春天’气象。”③ 汉水下游除夕习俗，据《荆州府志》（八十卷·清光绪六年刻本）载：“‘除夕’，更春帖，燃爆竹于庭，以松柏、冬青、麻茎插户楣。设酒食聚饮，曰‘团年’。子弟向家长拜庆，曰‘辞年’。家中所用器具均散挂纸钱，曰‘散岁’。达旦不寐，曰‘守岁’。饭兼数日之炊，曰‘宿岁饭’，又曰‘隔年陈’（《风土记》：‘腊祭后，以藏钩为戏，分二曹以角胜负。手各藏物探取之，如奇一人，则往来于两朋，谓之诫鸥。旧言起于钩弋也。’《酉阳杂俎》：‘举人高映善意弨，段成式尝于荆州藏钩，每曹五十余人，十中其九，映言但意举止辞色，若察囚视盗也。’）（以上俱《施志》）。”④《沔阳州志》（十二卷·清光绪二十年刻本）载：“‘除夕’，更春帖，具年饭祀神。酒食聚饮，曰‘团年’。子弟拜家长，曰‘辞年’。家中器物

① 丁世良、赵放主编：《中国地方志民俗资料汇编·西北卷》，北京：书目文献出版社，1989 年，第 73 页。

② 同上书，第 75 页。

③ 丁世良、赵放主编：《中国地方志民俗资料汇编·中南卷》(上册)，北京：书目文献出版社，1991 年，第 451 页。

④ 同上书，第 388 页。

均散挂钱纸，曰‘散钱’。达旦不寐，曰‘守岁’。饭兼数日之炊，曰‘宿岁饭’。”①

时至今日，汉水流域除夕之“守岁”等习俗得以很好地承袭，年夜饭亦十分讲究，无论平时怎样节约都行，但在春节的年饭上不能节约，越讲究越好，内容越丰富越好。年饭的主食一般都是扁食（即饺子），同时还配有各种菜肴。为表示年年有余的含义，农家在过年的时候，一般都会置备鱼和莲藕。年饭是不能吃完的，还要留下一些，表示饭食丰盛怎么也吃不完的意思。在这里，年饭的“吃不完”“鱼”“莲”等已经超越了这些食品的自然状态而成为一种具有复杂意蕴的象征物。“莲”与“连”，“鱼”与“余”的读音相同，其所包含的连年丰收有余的意义不言自明。

汉水流域其他冬季节俗内涵亦很丰富。据《雒南县志》（十二卷·清乾隆五十二年增刻本）载：“（十月）秋报答土功，祭献山神，迎赛经月不绝。”② 据《孝义厅志》（十二卷·光绪九年刻本）载：“（十月）初一日，土著人具酒醴、纸钱于先祖墓前祭扫，谓之‘送寒衣’。（十二月）初五日，土著人食五豆粥，避瘟。……‘大寒’后，挑土垒坟。一年忌正、腊两头迎春。谚云：‘两春夹一冬，十个牛栏九个空。’以两春牛多瘟也。”③ 据《郧县志》（十卷·清同治五年刻本）载：“（十月）朔日，祭先拜墓，与‘清明’同，盖本春露秋霜之义。又以五色纸剪作花

① 丁世良、赵放主编：《中国地方志民俗资料汇编·中南卷》（上册），北京：书目文献出版社，1991年，第403页。

② 丁世良、赵放主编：《中国地方志民俗资料汇编·西北卷》，北京：书目文献出版社，1989年，第73页。

③ 同上书，第75页。

绘服色式样，或和香楮焚化，或挂于茔上，谓之‘送寒衣’。”[①] 据《荆州府志》（八十卷·清光绪六年刻本）载：“十月旦晴和则少寒，十六日为寒波风，俗讹为‘韩婆风’。”[②] 这些冬季节俗，涉及汉水上游十月祭祀山神的赛事活动和祭祀祖先习俗，以及十月一日食豆粥以避瘟和忌讳正月、腊月两头迎春的习俗，同时还涉及民俗中的祭礼习俗和禁忌信仰习俗，独特而别致。

汉水流域岁时节令习俗，除各季节主要传统节日习俗外，尚有一些节气习俗亦值得一提。在汉水流域，春节过完，“破五”以后，正月初七、初八、初九均有讲究。农历正月初七，称“人日”，摊煎饼，吃七宝羹。人日亦称“人胜节”“人庆节”“人口日”“人七日”等。传说女娲初创世，在造出了鸡狗猪牛马等动物后，于第七天造出了人，因此这一天是人类的生日。汉朝就有人日节俗，魏晋后更受重视。古代人日有戴“人胜”习俗，人胜是一种头饰，也叫彩胜、华胜，剪彩纸为花、为人，或镂金箔为人贴屏风或戴头发上。此外，还有登高赋诗的习俗。唐代以后，人们更重视这个节日，每至人日，皇帝赐群臣彩缕人胜，还登高大宴群臣。要是正月初七天气晴朗，则预示一年人口平安，出入顺利。在汉水流域还有一种说法，农历正月初七为“火星爷”生日，这天不能梳头，尤其是女孩子梳长发，梳头就是梳火星爷的胡子，火星爷会生气的。

正月初八为“谷日”，这天天气晴朗，则预示这一年稻谷丰收，如果天阴则预示这年收成歉少。民间以正月初八为众星下界之日，人

---

① 丁世良、赵放主编：《中国地方志民俗资料汇编·中南卷》(上册)，北京：书目文献出版社，1991年，第451页。

② 同上书，第387页。

们制作小灯点燃来祭祀，称为顺星，也称“祭星”“接星”。祭祀用两张神码，第一张印着星科、朱雀、玄武等，第二张则是“本命延年寿星君”。两张前后摞在一块儿，夹在神纸夹子上，放在院中天地桌后方正中受祀。神码前陈放着用香油浸捻的黄、白二色灯花纸做的灯花，放入直径寸许的“灯盏碗”，或用49盏，或用108盏，点燃。再供熟元宵和清茶。黄昏后，祭北斗。祭祀后，待残灯将灭，将神码、香根与芝麻秸、松柏枝一同焚化，祭祀才算完成。

农历正月初九为“上九日”，传说是玉皇大帝诞辰，道教宫观兴打醮。祭拜天公的仪式相当隆重，在正厅天公炉下摆设祭坛，一般都是用长板凳或矮凳先置金纸再叠高八仙桌为“顶桌”，桌前系上有吉祥图案的桌围，后面另设“下桌”。顶桌供奉用彩色纸制成的神座（象征天公的宝座），前面中央为香炉，炉前有扎红纸面线三束及清茶三杯，炉旁为烛台；其后排列五果（柑、橘、苹果、香蕉、甘蔗等水果）、六斋（金针、木耳、香菇、菜心、豌豆、绿豆等）祭祀玉皇大帝；下桌供奉五牲（鸡、鸭、鱼、蛋、猪肉或猪肚、猪肝等）、甜料（生仁、米枣、糕仔等）、红龟粿（龟形，外染红色，打龟甲印，以象征人之长寿）等祭玉皇大帝的从神。

立春为二十四节气之一，立春的“立”表示开始，“春”表示季节，故立春有春之节气已开始之意。汉水流域民间农谚有“春打六九头”“几时霜降几时冬，四十五天就打春”之语，从冬至开始到“五九”共四十五天，因而立春正好是“六九”的开始。立春亦称“打春”“咬春”，又叫“报春”。在古时，无论是在元日前还是在元日后，立春先一日，知州、知县领导下属及群众列队于土牛、芒神（古为管木之官，后作神）前，以之迎春，兆丰年。其时地方群众多以豆串挂于牛角上，乞免天花（牛痘）之灾。这个节令与众多节令一样有很多民俗，有迎春行春的庆贺祭典活动，有吃春饼、春盘，咬萝卜之习俗等。农历正月十七本不是什么节日，只是传说这天是老鼠嫁闺女的日子，所以这天不能动剪刀之类的器具，动了就是坏了老鼠的吉祥，到了晚上老鼠就会来咬你家的衣服和被子。

春分，又称为“日中”“日夜分”，在每年的公历 3 月 21 日前后（20—22 日）交节，农历日期不固定，这时太阳到达黄经 0°。另《春秋繁露·阴阳出入上下》说：春分者，阴阳相半也，故昼夜均而寒暑平。《明史·历一》说：分者，黄赤相交之点，太阳行至此，乃昼夜平分。所以，春分的意义，一是指一天时间白天黑夜平分，各为 12 小时；二是古时以立春至立夏为春季，春分正当春季三个月之中，平分了春季。我国古代将春分分为三候：一候元鸟至；二候雷乃发声；三候始电。便是说春分日后，燕子便从南方飞来了，下雨时天空便要打雷闪电了。春分是反映四季变化的节气之一。我们习惯以立春、立夏、立秋、立冬表示四季的开始。春分、夏至、秋分、冬至则处于各季的中间。春分这天，昼夜时间相等，所以春分秋分又称为“日夜分”，汉水流域民间有“春分秋分，昼夜平分”的谚语。还有“春分麦起身，肥水要紧跟”之说法。一场春雨一场暖，春雨过后忙耕田。春季大忙季节就要开始了，春管、春耕、春种即将进入繁忙阶段。

农历五月十三，俗称雨节，传说是黄帝的生日。阴历每年五月十三日，民间传说这一天是关老爷磨刀的日子，因磨刀要用水，所以这一天必定下雨，而且会有雷声，乃是关老爷的霍霍磨刀声。其磨刀的用水从南门处降下凡间，下雨便是吉兆，雨越大越好，预示当年的光景必将“风调雨顺，国泰民安”。倘若此日不下雨，则属不吉之兆，预示当年或许有自然灾难肆虐，社会动荡不安。长期以来，民间以此作为观察天气迹象和社会动态的参照物，并广泛流传着相关的口头谚语。因此有“五月十三，关老爷磨刀杀许三”的说法。汉水流域民谚有“大旱三年忘不了五月十三”“五月十三磨刀雨，六月初六龙晒衣”之说，每年这天如果一滴雨未下，那么六月初六这天肯定是雨天或阴天。农历五月初八和农历五月十八这两天本不是什么节日，但是汉水流域地区的民间习俗把这两天当作农事的重要日子，五月初八为“头八”，五月十八为“二八”，这两天如果下雨就预示着今年的收成好，所以也有头八雨和二八雨的说法。

第八章　俗谚口碑

——汉水流域语言文学的咏叹

民俗是文化的具体表现。在陈克先生看来，语言记载了民俗内容，是民俗的一部分："作为一种制度文化，语言有语音、语汇和语法等方面的规范，作为一种心理文化，语言又有思维方式、表达方式和象征体系等文化背景的规范。任何语言都是先从口语发展而来的，口语是大多数人交流的主要方式。语言的规范首先来自民间交往中的约定俗成，从这种意义上说，语言和民俗是一同产生的。"① 此论基于民俗的承袭性，认定民俗得以传承是有了语言，语言和民俗一同产生不无道理。然而是否所有语言均为民俗，或者语言就是民俗呢？事实并非如此，语言有其内在的构成部分，有不同的类型，民俗学界公认的是，语言的一部分即民间语言才算民俗的组成部分，这里的民间语言进一步讲就是民间大量使用且以口语为主的俗语言，这种语言当之无愧为民俗的一部分。我国传统社会将民间日常使用的口语称为"俚语""俗语""直语""谚语""鄙语"等，古典文献多有记载。如《新五代史·王彦章传》云："彦章武人不知书，常为俚语谓人曰：'豹死留皮，人死留名。'"《文心雕龙·书记》载："谚者，直语也。"《史记·白起王翦列传》曰："鄙语云'尺有所短，寸有所长'。"凡此种种，不一而足。

语言民俗包含了哪些内容，民俗学界探讨较多。日本民俗学家柳田国男认为，语言民俗应该涵盖命名、语言（词汇）、谚谜、民谣、物语、故事、传说等等。而黄涛先生认为："常引起民俗学者注意的语言现象可归纳为以下两类：(1) 日常生活中的俗语：亲属称谓、社交称谓、人名、谚语、歇后语、惯用语、俗成语、俗短语、方言词、流行语、招呼

---

① 陈克编著：《中国语言民俗》，天津：天津人民出版社，1993年，第17页。

语、脏话、骂詈语等；（2）特殊场合或仪式中的套语：咒语、吉祥语、禁忌语、委婉语、神谕、祷词、誓言、隐语（含暗语、黑话）等。"① 同时黄涛先生还在深入研究语言民俗之亲属称谓（拟亲属称谓）、人名、咒语等内容基础上，进一步探讨了语言民俗一般理论，"包括语言民俗的情境、语言民俗之'民'、语言民俗之'俗'等，也就是从理论上探讨语言民俗的存活形态、内部构造、运作规律等问题"②，为我们研究语言民俗提供了方法论经验。从学科范畴看，语言民俗其实是民间文学（文化）的集中承载物。语言民俗必然涵盖这类口头文学和民间文学民俗，在刘守华先生看来，"人民大众所创造和流传的这类口头文学，主要体裁有神话、民间史诗、民间传说、民间故事、民间歌谣、民间长诗、民间谚语、民间谜语、俗语、歇后语、民间说唱、民间小戏等"③。我国语言民俗内涵博大精深，汉水流域亦然。关于称谓民俗在前面亦有论述，本章仅从方言民俗、熟语民俗、神话传说、民间故事、乡土歌谣等方面略微展现汉水流域之语言民俗。

一、方言民俗

方言民俗是语言民俗的组成部分。方言展现民俗文化的功能毋庸置疑。盛银花认为："方言是语言的地域变体，是一个地方政治、经济、文化等信息的载体，是风俗习惯、群体性格、文化传承等地方文明的百科全书。具有浓厚地域色彩的民俗文化通过方言词语来体现。"④ 我国人口较多，方言片区划分比较复杂，按照现代通俗的分法，可将我国方言

---

① 黄涛：《作为民俗现象的民间语言》，《文化学刊》2008 年第 3 期。
② 黄涛：《语言民俗与中国文化》，北京：人民出版社，2002 年，第 261 页。
③ 刘守华、巫瑞书主编：《民间文学导论》，武汉：长江文艺出版社，1997 年，第 6 页。
④ 盛银花：《安陆方言与民俗文化》，《华中学术》2018 年第 23 辑。

分为七大方言区，即北方方言、吴方言、湘方言、客家方言、闽方言、粤方言、赣方言，每个方言片区的方言均具有独特性。

汉水流域范围包含了鄂豫陕等省份，方言特色亦较复杂。如汉水上游的陕南方言，分布在陕西汉中地区的汉中市、城固、洋县、西乡、南郑、勉县、略阳等地，安康地区的安康市、旬阳、平利、汉阴等地，商洛地区的商南、镇安、柞水等地，不包括商县、洛南、丹凤、山阳、白河五县，方言特点表现有四个方面。

一是语音。陕南方言的四声调值，互相不甚一致，但大部分具有共同的特点，如有［ɥ］韵母和以［ɥ］为介音的复韵母。

二是词汇。有些词语为其他方言所没有的。如：闪电——扯闪、扯火闪，那时候——卧张乎，麻雀——麻怪子，绿苍蝇——屎蚊子，蝇子——饭蚊子，西红柿——洋茄子，蚕豆——胡豆，馄饨——抄手儿，吃东西——吃饮食，院子——院坝，茶杯——折缸，干电池——灯油，手套——手袜子，木偶——木脑壳，头——脑壳，胳臂——手杆，腿——腿杆、脚杆，小儿子——幺儿子、老幺，旁边——肋巴，什么地方——阿个当、哪个当当，病了——不轻身、不安稳、不合窍，睡觉——睡瞌睡，住——拽，到了——拢了，纠缠——扯筋，倒霉——背时，小心——过细，坏——撇，整的、囫囵的——根的，一个、那个——一块、误块，等等。

三是语法。存在一些特殊的表达。如：不要吵、别吵——莫吵，什么——啥子，拿着——拿起，开着门睡觉——开倒门睡觉，坐吧、坐呀——坐腮，没有——没得，说过的——说了的，不懂——懂不到，来不及——搞不赢，是不是、是吗——是啊吧，好不好、好吗——好啊吧，跑得太厉害了——跑狠了。

四是内容分区。陕南方言内部根据主要语音的差异，分成两个区。

以汉中、城固、西乡、洋县、南郑、勉县、略阳和安康、汉阴、镇安、平利、旬阳各县市为一区，属中原官话秦陇片。而石泉、留坝、佛坪、宁陕、紫阳、镇巴、岚皋、镇坪、宁强各县，属西南官话片。安康地区的白河话比较特别。四声是：阴平声为低升（24）调，阳平声为高降（52）调，上声为高平（44）调，去声为中降（31）调。和河南绝大部分县、市的基本调型极为相似，这当是迁入的河南话。在陕南方言中，白河话既不同于汉中的中原官话秦陇片，又不同于石泉的西南官话四川方言，故而白河话独立于陕南方言。总的来说，整个陕南方言，虽是西北、西南官话都有，但汉中地区方言接近成都等处的四川话，安康地区方言接近郧西、竹侯等处的湖北话。[①]这些方言习俗辐射到汉水流域中上游。

汉水下游的江汉平原方言片区划分较为复杂，湖北北部的江淮话与河南信阳的江淮话同支系，并逐渐向普通话靠拢。咸宁城区的赣方言也被西南官话武汉话严重侵蚀。据王宏佳与汪国胜研究认为："江汉平原方言在语音上有几个显著的特点：保留了入声；保留了微母字重唇音［m］；中古全浊声母今读送气音，带有赣方言的特征。"[②] 唐白河流域的南阳，其方言片区划分及方言特色均有独特之处，此处不展开。汉水流域方言民俗内涵丰富，要素多姿多彩，但从其词汇所涉民俗文化事象来看，以南阳方言词汇为例，可从以下几类略以归拢，稍展其貌。

（一）物候词俗

汉水流域物候词俗包括天文、地理、节令、时间等方面。"天地玄

① 徐杰舜主编：《雪球——汉民族的人类学分析》，上海：上海人民出版社，1999 年，第 921-922 页。

② 王宏佳、汪国胜：《江汉平原方言语音的几个特点》，《方言》2011 年第 3 期。

黄，宇宙洪荒。日月盈昃，星宿列张。”(《千字文》)自从盘古开天辟地，人类就生活在蓝天之下、大地之上。寒来暑往，花开花落，日出而作，日入而息。大自然的节令物候与人类生存息息相关，南阳的方言土语中对此也有真实的反映。或运用生动形象的比喻，或借用惟妙惟肖的夸张，有的使用数词，以顺序排列的方法，把具体概念叙述得清清楚楚。

1. 天文

脖子白雨：猛雨。
扯闪：闪电。
打霜：下霜。
绛：彩虹。
冷子：冰雹。
溜冰：雨凇。
龙抓啦：雷击。
打炸雷：惊雷。
濛僧（丝）雨儿、罗面雨儿：细雨。
下猛雨：暴雨。
日头、老爷儿：太阳。
日头地儿、老爷地儿：太阳照着的地方。
阴凉地儿：太阳照不到的地方。
月黑头：无月光。
月亮地儿：月光照着的地方。
月亮头、月奶奶：月亮。
扫帚星：彗星。

贼星：流星。

2. 地理

地张儿、地者儿：地方。

饭场：乡下人吃饭时习惯集中的地方。

旮旯狭缝：住房或院子里狭窄之处；偏僻不被人注意之处。

圪岭儿：田埂。

害地：贫瘠土地。

好地：肥沃土地。

荒地：荒芜土地。

碱场板儿：盐碱地。

炕地：轮休（休耕）地。

料礓地：礓石地。

上浸地：易涝地。

摺孤摺瘦：偏僻、寂寞的角落。

沫子：做土肥用的土。

寥天野地：野外的地方。

山旮旯：山区偏僻、人迹罕至的地方。

土井：没有用砖石砌箍过的小水井。

斜漫杀子：道路慢慢地向一边斜过去。

斜三八疙摺：指房屋建筑或巷道、院落方向不一致，到处歪歪斜斜的样子。

3. 节令

熬年：除夕。

年下：春节。
破五：正月初五。
寒沙：寒食节。
十来一：农历十月初一，为送寒衣节。
腊八：农历腊月初八。
二十三、小年：农历腊月二十三。

4. 时间

常年：终年。
成年：整年。
成天：整天。
春上：春天。
大进：农历三十天的月份。
小进：农历二十九天的月份。
多当儿：什么时候。
白起：白天。
黑了：傍晚。
擦黑、带黑、沿黑：天刚黑。
黑麻眼儿：天完全黑了。
前半晌：上午。
后半晌：下午。
见天：每天。
将才、将价儿：刚才。
节骨眼上：关键时候。
前一、前儿：前天。

夜一、夜儿：昨天。

今一、今儿：今天。

明一、明儿：明天。

后一、后儿：后天。

大后一：大后天。

大前一：大前天。

麦罢：割了麦以后。

麦里头：割麦的时候。

麦头里：麦收前。

每常儿、往常儿、每先：从前、以往。

年根干儿：临近春节。

年时个：去年。

前年个：前年。

秋里头：秋收时候。

晌午头：中午。

实冻腊月：严寒的十二月。

遂当：遂即。

言发、眼下、镇仗儿：现在。

一蹦子：很大一会儿。

一目楞儿：很短一觉醒来。

一阵儿：一段时间、一会儿。

早起：早上。

（二）物种词俗

自然界的植物、动物种类繁多，不胜枚举。南阳方言土语中有关植物、动物的名称有的与外地大同小异、略有出入，有的则标新立异、别开生面。或用形容词加以形容、描绘，以加强感性认识；或用名词加以限制，使其含义更加具体、清晰；或用含蓄的字词加以界定，使人们更加容易产生联想，加深理解。

1. 植物

春厌花、绕子葵、转子莲儿：向日葵。
刺蕨牙：蓟菜的一种，又称刺角芽。
大麻子：蓖麻。
圪巴草儿：绊根草、狗牙根儿、狗尾巴草。
构树：乌桕。
轰柿：软柿子。
黄花苗：蒲公英。
酒谷：用来做黄酒的黍子。
空心菜：蕹菜。
漤柿：放在热水或石灰里泡几天，去掉涩味的柿子。
马食菜：马齿苋。
饭谷：用来做小米饭的黍子。
杆草：稻谷脱粒后的秆子。
麦秸：麦子打场后剩的秆儿。
陶秫：高粱。
芽子红薯：春季种的红薯。
秧子红薯、芊子红薯：麦茬红薯。
月月儿红：月季花。

2. 动物

草驴：母驴。
叫驴：公驴。
虫蚁儿：泛指鸟类。
花豆娘：纺织娘。
豁子、家豁：家兔。
羯子、圪羝：公羊。
水羊：母羊。
癞肚：蟾蜍。
郎猪：没骟过的公猪。
牙猪：骟过的公猪。
老鸹：乌鸦。
壳泡虫：土元虫。
麻鸦雀：喜鹊。
马知了：蝉。
蚂蚱：蝗虫。
牤牛：公牛。
米猫：母猫。
土布袋：蝮蛇。
小虫：麻雀。
夜鳖虎儿：蝙蝠。
蛐子、促促：蟋蟀。
长虫：蛇。
羿巴：尾巴。

（三）生产词俗

生产词俗主要涉及与农事有关的名称等。我国是一个历史悠久的农业大国，农业的丰产丰收就意味着丰衣足食、国泰民安。勤劳、勇敢的劳动人民在实践活动中创造出了一大批生动形象的农事词汇和日常用具词汇，同时还有许多建筑方面的词语。这些词汇简洁明了，许多可以望文生义，有的甚至可以从古汉语中找到它们的根源，我们从中可以梳理出它们在漫长的历史时期内逐渐演化的脉络来。

起粪：把厕所里的粪便挑出去。

起牛铺：把牛屋的粪土运出来。

倒粪：把牲口场上积垫的粪土刨开捣碎。

撮箕：用竹子编成的盛粪的用具。

哒哒：赶牛向右走的吆喝声。

咧咧：赶牛向左走的吆喝声。

喔：让牛停止走动。

吁：让驴、马停止走动。

扎鞭：赶牲口用的鞭子。

搁场：用水把地浇湿并用石磙轧平，以备打、晒粮食使用的劳动。

拉沫子：从地里拉回往牲口圈或厕所里铺垫的土。

捞车：架子车。

耪地：锄地。

收秋：收获秋庄稼。

（四）生活词俗

汉水流域生活词俗涵盖人们衣食住行等各个方面。“谷乃国之宝，民以食为天。”衣食住行是民生四宗大事，而其中“食”则是人类赖以维系生命的根本保障。身体是人们进行社会活动的本钱，没有一个强健的身体，一切活动将无从说起。疾病是人类的敌人，自古以来，人类设法以各种方式战胜病魔，保护自己健壮的肌体。南阳的方言土语中，有关这些方面的词语非常丰富，许多词汇都具有鲜明的地方特色和耐人咀嚼的韵味。

1. 饮食

粑子：贴在锅上蒸熟的巴掌大的馍。

扁食：饺子。

变蛋、皮蛋：松花蛋。

菜盒：用两张面皮夹着青菜而烙成的菜饼子。

菜蟒、卷箭：用面皮摊上菜后卷成一层一层的圆形状，再蒸成的菜卷儿。

大锅菜：把肉、粉条和多种蔬菜、干菜放在一锅加上佐料煮成的杂菜。

干饭：米饭。

圪闹：食物因怪味使人恶心。

圪渣：炕在锅底的饭。

锅盔：用发面和好，擀好饼，在锅里烙熟的厚饼馍。

好面：麦子面。

喝汤：吃晚饭。

黑耳粑子：贴在锅上蒸成的红薯面馍。

黑面：红薯面、杂粮面。

糊涂：玉米面稀饭。

花卷：一层白面一层杂面卷成的馍。

火烧：把发面切成小剂块，再抹上油盐，压扁后烤熟的圆形食品。

浇头：用以浇面条的带汤菜肴。

角子：圆面片内包馅，挤捏成荷叶形蒸成或油炸成的半圆形食品。

狼戴帽、没底蒸馍：窝窝头馍。

米噙面条：俗称“鲤鱼串门”。将小米或玉米糁煮熟后，再下进面条做成的饭。

面疙瘩：把面调和成颗粒状后做成的稀饭。

面水：面稀饭。

秦椒：辣椒。

臊子面：浇上肉类汤肴的捞面条。

嘶气：食物发馊变质。

死面：未发酵的面。

下水：动物的内脏杂物。

腥油：动物油。

瓖柴：草柴。

硬柴：木柴。

油旋：面剂上泼油揉成多层面做的油烙馍。

芫荽：香菜。

渣馍：将红薯粉碎滤出淀粉后剩下的粉渣，佐以葱花、萝卜丝，捏成馍状蒸熟的食品。

乌笃水：不开的水，不能喝的温水。

井拔凉水：夏天刚打出的井水。

2. 身体

鼻精：鼻涕。

脖罗盖儿：膝盖。

捶头：拳头。

矬不挤哩：身体壮实而个子矮。

奄蒙眼儿：眼睛半闭的样子。

肚膜脐儿：肚脐。

胳佬肢儿：腋窝。

和尚头：光头。

呼歇顶：吸呼门儿、头顶。

浑实：身体粗壮。

记：痣。

坷廊子：胸腔。

妈儿：乳房。

猛乍：个子高。

脑门儿后：后脑勺。

闪腰岔气哩：身材细高而又腰身不直的样子。

水蛇腰：细腰。

头停：身体各部位都长得均匀、标准。

五马长枪：个子高，有气势。

下（夏）发头：妇女齐脖的短发。

涎水：不自觉地流出来的口水。

眼庭珠：眼珠。

仡挤眼儿：眼睛全闭的样子。

眨巴眼、挤麻眼：眼睛老是不停地挤着、眨着。

3. 身体状况、疾病

疤瘌：疮疤。

吃麻呼：眼里有眼屎而看不清。

刺膦、沥心：胃酸。

发呓怔：说梦话。

圪蔫：有病精神不振作；得不治之症暂时维持生命。

疙痨：疥疮。

搁闹：反胃、恶心。

轰柿眼：烂红眼。

老腱：疟疾。

冒屎、冒稀：拉肚子。

心口疼：胃病。

羊羔疯：癫痫病。

噎食病：食道癌。

翘犍犍：身体健壮、精神饱满的样子。

病恹恹：人有疾病，精神萎靡不振的样子。

不美气、不得劲：有病；心情不舒服。

4. 生活用具、用品

背笼：背东西的大竹篓。

臭龙黄：硫黄。

床笆箔儿：用苇子、秫秸秆织成的铺在床上的箔儿。

醋水碟：喝菜汤时用来放汤匙的小碟子。

墩儿：凳子。

二号盆：农家用来发面、盛泔水的大瓦盆。

缸盆：农家用的釉瓷盆。

稿荐：铺在床铺上的草垫子。

圪篓：质地粗糙、容量较大的陶制黑色饭碗。

袼拜、袼褙：用纸或布裱糊成的厚片，多用来做鞋底、鞋帮用。

活馈儿：一拉便开的绳结。

夹浅：用竹子编成的下面有浅篮、上面有长把，专供挑担用的器具。

礌臼：用来捣碎大蒜或盐、辣椒等食物的石制工具。

箩头：用竹子或藤条编成的上面有把的、用来装东西的器具。

驴夹板儿：套在驴脖子上的一对小木板。

驴扎脖：套在驴脖子上的衬垫物。

牛坐坡：牛套后部的弯木。

拍子：用秫秸或芭茅的茎儿缝制成的用以盖锅、盆、水缸的盖子。

死疙瘩儿：不易解开的绳结。

洋火：火柴。

洋碱、枧：肥皂。

夜壶：便壶。

胰子：香皂。

椅床儿：没有靠背的小椅子。

雨械：雨伞。

5. 建筑住所

半坡闪：没有屋脊，凑着墙边盖起的一个房坡。

草扒棚：用柴草盖成的简易房子。

二夹梁：房子结构中上下两道梁中间的梁。

干店：旧时不备伙食、被子，仅供住宿的简易旅店。

锅地道：锅台下面盛灰烬的小道。

锅芒：锅台前放柴火、烧火的地方。

锅前脸：锅前沿。

后园儿、茅房、茅肆：厕所。

夹道：巷子。

笼门：院子门。

门钌铞、门了条儿：门搭子。

门上：门前面的地方。

灶火：厨房。

沤坑：旧时农家院子里积存雨水或脏水的土坑。

偏屋、偏房：上房前面两侧的房子。

上房、堂屋：正房。

五脊六兽：瓦房屋脊上装饰性的陶制品或上釉的禽兽类饰物。

砖简地：房子里用砖头铺成的地面。

6. 人称、品行、动作

大千世界，芸芸众生，称谓五花八门，品行优劣不一。人们的各种社会活动，各种人格表现，各种具体动作，又构成了数以万计的名词、动词、形容词，在南阳的方言土语中更是如此。尤其是南阳地处鄂豫陕相交地区，语系十分复杂，加上明清时期的汉水流域洪洞移民，山东、安徽、福建等地移民迁居于此，就更丰富了这里的词汇。从现存的大量人称、品行、动作词语来看，就不难发现它们的痕迹和影踪了。

（1）人称

白眼窝、三花脸、捣鸡毛：拨弄是非的人。

板不烂：指好惹事或脸皮厚的人。

憋撅头：爱顶撞、固执己见的人。

不成景、不成气：干不成正经事的人。

不分浆：好歹不分的人。

不懈缝：不开窍的人。

倒扎门儿：男子到女方家当女婿。

弟们：弟兄们。

二半吊：性格不正常、脾气变化大的人。

二不扯：穿衣、说话故意反常的人。

二疯子：神经不正常的人。

二擀子、二百五、二迷、二条：缺心眼的人。

二火煽、生红砖、红头牛：头脑简单又爱发火的人。

疙瘩蛋：啰唆，不明白的人。

花奶：对祖父辈的姨太太的称谓。

妗子：舅父之妻。

小舅子：妻弟。

舅倌儿哥：妻兄、妻弟。

犟筋头：脾气倔强的人。

老财：有钱的人。

老啃头：过于节俭，舍不得花钱的人。

老婆嘴：爱说闲话的人。

愣头青：性情鲁莽，遇事又爱出头露面的人。

蛮子：操外地口音的人。

磨怔头：办事拖拉、不操心的人，或爱到处乱转的人。

那主：那个人。

女儿、妮：闺女、姑娘。

偏心眼：对人不一样看待的人。

亲家：结婚的男女双方的父母互称。

人灯儿：看得娇的人。

人尖儿：出众的人。

肉拧头：说话或办事不利索的人。

郜：他。

娃儿：儿子。

娃儿们：对男性年轻人或晚辈的通称。

外头人、劳力：男子。

屋里人：妻子、女人。

五狼食：好吃懒做又贪玩的人。

（2）品行

小家败事：不大方，干不成大事的样子。

安生、省事：老实，不惹事。

摆调：故意设圈子要弄人。

褒贬：指出人或物的优缺点。

编圈儿：编造事情说假话。

别不叉哩：因有气而别扭。

捣脊梁骨：背后说人坏话。

捣腰磨气：挑拨是非。

讹人：趁机向人提出过分的要求。

费污：小孩调皮，不听话。

疯乍、疯查：泛指女孩子不稳重。

鼓捣：背后捣乱。

鬼诈、花摆：卖弄。

憨不楞登：憨傻。

猴跳：心眼多，精明，不轻易受人管教。

唧啦、吱唠：尖声大腔说笑。

焦、焦毛儿：滑稽、幽默。

焦乍：急躁、轻佻。

拉刮：当面指桑骂槐。

浪摆：故作风情，卖弄姿态。

溜刷：迅速、利索。

捋顺：服帖。

毛糙：草率、不细致。

磨憎：动作迟缓。

磨人：小孩任性地缠闹大人。

皮脸、皮柴：小孩顽皮。

腻摸：办事不利索。

抛撒、糟挤：浪费。

喷叉：说大话。

日冒：办事说话不牢靠。

软挤白得：说话不强硬。

烧、烧燥：炫耀。

烧毛：办事不沉着。

识页儿：知足。

嫌弃：讨厌。

野道：粗野、蛮横。

仡甲：小气、吝啬。

择楞：炫耀权势或钱财。

钻挤：办事投机，点子多。

(3) 动作

爱见：偏爱、喜欢。

摆治：治病；捉弄人；干事。

镖（人）：骗（人）。

不耳咗：不理会。

不失闲儿：闲不住。

不徐故：没注意。

不依：不同意。

不沾：不行。

藏老蒙儿：捉迷藏。

出溜：从上面滑下来，或不声不响地溜走。

蹬了：关系破裂。

掂对：调整，调配，安排。

叮当：吵架。

噘：骂（人）。

嘟哝、嘟囔、挖哝：小声自言自语，表示不满。

圪蹴：蹲下。

格意、恶心：讨厌。

欢实：活跃、起劲。

趔巴：远离，不近跟前。

卯下：留下、剩下。

念起：考虑到。

拍话：面对面地随意说话。

拍瞎话、说古经：讲故事。

烹了：把事情弄糟了。

摧（人）、摧答（人）：坑（人）、捉弄（人）。

摧落：批评教育。

嚷、日噘：批评。

肉摸：动作缓慢。

煞戏：唱戏结束。

说瞎话：撒谎。

搜调：没计划地乱花钱。

停停劲儿：把事情暂放一下，再等时机。

武扎：做、干。

协货：大声说话或喊叫。

邪呼：危险。

眼气：羡慕。

咬个牙印儿：说个标准、表个态。

夜摸：不想干活而离开现场，到处闲逛。

有鼻子有眼：叙述得清清楚楚。

针掇、拾掇：批评并有收拾人的意味。

整：开始干、打人。

整蹦：批评。

中：行、可以、同意。

7. 衣服、穿戴

服装和穿戴是人类文明的产物，不同的时代有不同的衣着打扮。“穿衣戴帽，各有所好。”适宜时代、季节、年龄、职业、身材、气质的打扮，能产生恰到好处的效果。人类经过了无数次的“服装革命”，南阳地区也经受了一次次的“服装革命”的洗礼，关于衣服、穿戴方面产生并留下了许多绘声绘色、生动形象的方言土语。

（1）衣服

大布衫：长衫。

大氅：大衣。

二大袍：短不短、长不长的棉袄。

嘎嘎：小孩的新衣服；花衣裳。

格撒撒、浪打浪：走路或风吹时起波纹的衣服。

撅屁股棉袄：短小的棉袄。

可身：衣服合身。

立整缝：裤子旁边的一条线。

偏开口：从旁边开衩的裤子。

煞裆裤：小孩穿的不开裆的裤子。

小布衫：单衣、衬衫。

小夹袄：用双层布做的上衣。

羊弈巴：前、后面下部带弧形的衬衣。

指甲盖儿、茄子盖儿：比喻衣服短小。

格正：衣服平整、没褶。

枯怵：衣服有褶皱、不板正。

（2）穿戴

衬铺：尿布。

耳糊（笼）子：戴在耳朵上的布制外罩，用以保暖。

呱哒板儿：木拖鞋。

虎头帽：用布做成的、貌似虎头的小孩帽子。

猛一钻、猛一抹、猛一塌：抹笼帽。

棉袜：用多层布纳成的厚袜子。

铺衬：零碎布块、布条。

认脚：两只鞋形状不同，不能换穿。

水裙：做饭时围在腰间的布兜子。

扎脖儿：围脖。

站带：紧勒腰间的布带子。

（五）礼仪词俗

汉水流域礼仪词俗涉及婚嫁、生育和丧葬等方面。南阳方言土语中存在着许多有关婚葬的词语，细细品评一番，将会发现它的科学性、合理性及其顽强的生命力。

1. 婚嫁

搬亲：结婚。

出门：女子结婚。

打发闺女：把闺女嫁出去。

定亲：订婚。

丢定物：送订婚礼物。

好：吉利的日子。

换亲：两家互相交换女儿做媳妇。

客、相公：女家对女婿的称呼。

认亲：新女婿春节首次到岳父家。

添箱：亲属或好友为出嫁的女子送礼物。
相亲：订婚前男女双方见面。
有头啦：已有结婚对象。

2. 生育

出身儿：怀孕后肚子凸起的样子。
独苗：独生子。
挪臊坡儿：妇女生小孩满月后带上孩子回娘家住。
双身、有了：怀孕。
双身婆娘：孕妇。
双生娃：双胞胎。
送米面：为生孩子而送的礼物，如米、面、红糖、衣物等。
小月子：流产。
有喜了：怀孕了。
月泊娃：未满月的孩子。

3. 丧葬

白事：丧事。
不在了、走了：死了。
不中了：刚刚断气。
枋子、老屋儿：棺材。
老了：老年人去世。
老盆：用来祭奠亡人焚纸的瓦盆。
幔鞋、张鞋：亲属在穿的鞋上缝层白布，以悼念去世的长辈、老人。
谢孝：家人在亡者安葬后到亲戚家送上礼品，表示谢意。

南阳方言民俗是汉水流域方言民俗的一个缩影，在汉水流域中上游乃至下游均有辐射和传播，其独特韵味值得深入挖掘和研究，如南阳民间大多称男人为“外头人”，称丈夫为“当家的”，称女人为“屋里人”，称妻子为“做饭的”，桐柏的一些乡村称妻子为“后头人”。这是在传统的男耕女织社会分工中男主外女主内思维定式的自然流露。男子大多是做家务以外的工作，诸如读书做官、从军打仗、狩猎打鱼、摇耧种地等，而做饭洗碗、织布缝衣、养鸡喂猪、生儿育女则是女子分内之事。这种分工就形成了各司其职的工作局面。这种民俗文化形象地表现了过去男女的社会职能的差异。

在内乡、西峡、淅川三县，有“晚上”一词，但它的意义与“天黑了”不同。这一方言所表示的时间指午饭以后到天黑这一段时间，即下午之意。为何会出现这种情况？因为这三县分别与陕西、湖北交界，大多是山区，过去经济、文化、教育都比较落后，交通不便，民众生活水平很低。一般情况下，一天只吃两顿饭，也就是早饭和晚饭。特别是冬季，昼短夜长，食物不足，加上农闲，人们一日两餐。吃了第二顿饭，天色已晚，所以饭后的时间也就称为“晚上”了。时至今日，虽然民众生活水平已经提高了，但这一方言仍保留在南阳方言中。方言不仅能体现各地文化发展历程上的差异，而且还能反映各地不同文化之间的差异。一般而言，说同一种方言的人，其社会生活民俗习惯都有一致之处。在此意义上论之，研究汉水流域的方言不仅对了解民俗有很大帮助，而且为民俗文化研究寻找到了一条新的途径。

二、熟语民俗

熟语又叫习用语，是人们常用的固定短语，是一种特殊的词汇单位。熟语在结构上相当于一个短语，使用时则相当于一个词的语言单位。韩宝育主编的《现代汉语》认为："熟语是语言中常用并定型的固定短语，是现代汉语词汇的重要组成部分。一般包括成语、惯用语和歇后语。"[1] 汉水流域熟语民俗主要有谚语、歇后语两个类型。

（一）谚语

谚语是描述人们生产、生活中长期积累的经验的简练语言，作为熟语的一种，是广大人民群众在长期的生活、生产中归纳、提炼出来的精粹语言。列宁曾经明确指出：谚语以惊人的准确性，道出事物十分复杂的本质。培根甚至认为：一个民族的天才、智慧与精神，都可以在谚语中找到。从本质上讲，谚语是劳动人民创造的语言财富；从存在形式上讲，它主要是在广大人民群众口头上广泛流传、长期使用的口语；从思想内容上讲，它是群众实践经验的结晶，是斗争智慧的花朵；从语言特征上讲，它句子简短，往往只是一个单句或三言两语。然而，它生动活泼，含义深邃，富含哲理，寓意深长。它有着启迪人生、规范行为的作用，因此为人民群众所喜闻乐见、广泛应用。关于谚语的分类，参照标准不同，所列类型亦不相同。按其产生和流行的时代有古谚与今谚之分，按流行区域又有吴谚、楚谚、秦谚等之别。武占坤、王勤的《现代汉语词汇概要》按内容将谚语分为农谚、气象谚、讽诫谚、风土谚、生活知识谚等五大类。[2] 而温端政所著的《汉语词汇学》根据谚语语义将

---

① 韩宝育主编：《现代汉语》（全 2 册），西安：陕西师范大学出版总社，2018 年，第 175 页。

② 武占坤、王勤：《现代汉语词汇概要》，北京：外语教学与研究出版社，2009 年，第 263-285 页。

其分为社会谚（哲理谚、社会知识谚、思想修养谚）和自然谚（生产谚、气象谚、风土谚、生活常识谚）两大类七小类。[①] 汉水流域谚语按照其语义划分有以下几类：

1. 社会知识谚语

社会知识谚语的语义内容多涵盖时事政治。从内容上讲，主要包括乡情、阶层、抗争三个方面。有的是揭露旧社会官场黑暗的，如“衙门深似海，弊病大如天”等；有的是宣扬乡邻亲情的，如“美不美，家乡水；亲不亲，故乡人”等；有的说明了一种处世哲学，如“你有千条计，我有老主意”；也有的反映了一种社会弊病，如“王八有钱出气粗，侄娃有钱不喊叔”等。现各类略举几例以展其貌。

（1）乡情

儿不嫌娘丑，狗不嫌家贫。
金窝银窝，离不了穷窝。
美不美，家乡水；亲不亲，故乡人。
穷死是家，丑死是妈。
远亲赶不上近邻，近邻赶不上对门。
在家千日好，出门一时难。

（2）阶层

当官的动动嘴，当兵的跑断腿。
狗咬提篮的，人敬有钱的。

---

① 温端政：《汉语语汇学》，北京：商务印书馆，2005年，第206页。

官大一级压死人。

官向官，民向民，老包向着陈州人。

亲帮亲，邻帮邻，天下穷人帮穷人。

晒不死的黄葱，饿不死的皇兵。

谁变蝎子谁蜇人。

贪官不嫌民穷，阎王不嫌鬼瘦。

王八有钱出气粗，侄娃有钱不喊叔。

衙门深似海，弊病大如天。

有福之人人伺候，无福之人伺候人。

穷不过十载，富不过百年。

(3) 抗争

饿死不做贼，屈死不告状。

狗咬狼，两下防。

你有千条计，我有老主意。

人善被人欺，马善被人骑。

三十年河东，三十年河西。

一人不要命，十人不敢动。

2. 社交哲理谚语

社交哲理类谚语主要有两方面：一是社交类谚语。社交指的是一个人在社会上的交际往来，它包括个人、集体、团结、友谊、工作、谈吐和训教等方面。“三个臭皮匠，赛过诸葛亮”，说明了集体商榷的必要作用；“一个篱笆三个桩，一个好汉三个帮”，说明人多势众的强大力量；

“病从口入，祸从口出”，则说明了得病是吃了不干净的食物，惹祸是说出了不该说的话，从而告诉人们一定要讲究饮食、注意说话这样一个深刻的道理。二是哲理类谚语。哲理主要蕴含于具体事理中。事理谚语包括思维、实践、观念几个方面，它往往根据某个事实，总结经验或教训，揭示自然规律，告诉人们判断是非正误的标准，比如“有理走遍天下，无理寸步难行”“真的说不假，假的说不真”，就说明了这样一些道理。

（1）社交谚语

一是主体个性类：

不打不相识。
不看僧面看佛面。
打虎要得亲兄弟，上阵还是父子兵。
大河没水小河干。
大路朝天，各走一边。
单丝不成线，独木不成林。
躲过初一，躲不过十五。
二十四五力不全，三十四五正当年。
胳膊扭不过大腿。
锅里不稠碗里稀。
过了这个村，再没这个店。
江山好改，本性难移。
井水不犯河水。
坑人如坑己，坑不着人家坑自己。

哪个人前人不说，哪个人后不说人。

能大能小是条龙，只大不小是条虫。

你走你的阳关道，我过我的独木桥。

宁与千人好，不与一人仇。

拧成的麻绳拉不断。

亲戚有远近，朋友有厚薄。

人不求人一般大，水不流时一般平。

人不伤心不落泪。

人上一百，各样各色。

人生一世，草木一秋。

人心换人心，八两换半斤。

人在人情在。

三个臭皮匠，赛过诸葛亮。

三人一条心，黄土变成金。

谁家灶火不冒烟。

他有关门计，我有跳墙法。

天上无云不下雨，世间无人事不成。

羊毛出在羊身上。

一个巴掌拍不响。

一个蛤蟆四两力。

一个小虫，顶不起个卧单。

一人为私，二人为公。

一人做事一人担。

有奶便是娘。

众人出圣人。

众人拾柴火焰高。

二是社交内容类：

鞭打快牛。
病从口入，祸从口出。
不见兔子不撒鹰。
不怕千里远，就怕隔层板。
车走车路，马走马路。
打了缸说缸，打了盆说盆。
打人莫打脸，揭人莫揭短。
打铁先要本身硬。
刀子嘴，豆腐心。
丢了个西瓜，捡了个芝麻。
风送人，雨留客。
干东行不说西行，贩骡马不说牛羊。
行要好伴，住要好邻。
好话一句三冬暖，冷言半句六月寒。
话凉伤心，饭凉伤身。
话是开心斧。
话说三遍没人听。
会干的钻门道，不会干的凑热闹。
会说话的想着说，不会说的抢着说。
家有千口，主事一人。
胶多不粘，话多不甜。
紧睁眼，慢开口。

酒后吐真言。

酒肉朋友易找，患难之交难逢。

君子之交淡如水。

老将上马，一个顶俩。

龙多不下雨。

没有过不去的河，没有翻不过的山。

明白人不可细讲。

南京到北京，走路也是工。

朋友遍天下，知心仨俩人。

七十二行，行行出状元。

气头话少说，亏理事莫做。

千里送鹅毛，礼轻仁义重。

亲是亲，钱财分。

三个姑娘一台戏。

三句好话当钱使。

三句话不离本行。

树老根多，人老话多。

树怕剥皮，人怕揭短。

树起招兵旗，自有吃粮人。

说者无意，听者有心。

同行是冤家。

头三脚难踢。

县官不如现管。

小孩嘴里有实话。

新官上任三把火。

一把钥匙开一把锁。
有缘千里来相会，无缘对面不相识。
在家靠父母，出门靠朋友。
张口容易闭口难。
嘴上没毛，说话不牢。

三是社交经验类：

不受苦中苦，难熬人上人。
不说过头话，不喝过量酒。
不听老人言，吃亏在眼前。
吃桑子黑屁股。
吃一顿早饭，可管十里；吃一顿中饭，可管三十里。
好看的是红与绿，好吃的是鱼与肉。
出了名，话就灵。
出门看天色，进门看脸色。
从小看大，三岁知老。
当面查钱不为丑。
赌近盗，奸近杀。
饿时吃糠甜似蜜，饱了吃糖也不甜。
狗不跟猫咬，男不跟女吵。
狗肉滚三滚，神仙站不稳。
吃萝卜，喝热茶，医生改行拿钉耙。
家丑不可外扬。
娇子如杀子。
借债还债，窟窿还在。

酒乱性，色迷人。

酒是烂肠毒药，色是剐骨钢刀。

酒中含毒，色中藏刀。

开口不骂无娘子，伸手不打笑脸人。

老不欺，少不哄。

芒种打火夜插秧，麻皮挂在屋梁上。

宁叫隔壁喂黄牯，不愿隔壁当知府。

皇帝死了也借锹。

牛胯里扯到马胯里。

朋友妻，不可欺。

千张豆腐压断脚，抵不到鱼刺嗦一嗦。

亲戚人家礼还礼，隔壁人家嘴还嘴。

人家骑马我骑驴，后面还有挑脚的。

人是无毛虫，最怕老北风。

人为财死，鸟为食亡。

三翻六坐九爬，十个月叫爹妈。

三个秀才讲书，三个屠夫讲猪。

少是观音老是猴。

好地怕种三年麻，好女怕养三个娃。

手闲疙瘩痒。

说话一箩筐，滤不到一筲箕。

小时偷针，长大偷金。

心闲长头发，人闲长指甲。

要想人不知，除非己莫为。

一顿饭养一个恩人，千顿饭养一个仇人。

有借有还，再借不难。

长嫂如母，长兄似父。

长疼不如短疼。

只怪自己麻绳短，莫怨人家古井深。

嘴巴越吃越馋，身子越歇越懒。

（2）事理谚语

一是思维事理类：

不会烧香得罪神，不会说话得罪人。

不怕先告状，就怕后无理。

秤锤虽小压千斤。

蠢人多舌，智者动脑。

儿大不由爷，撒兵不由将。

浑水越澄越清，真理越辩越明。

理是直的，弓是弯的。

麦秸垛怪大[①]，压不死老鼠。

没有高山，不显平地。

蠓虫过去都有影。

人比人，气死人。

人怕不动，脑怕不用。

人心隔肚皮，虎心隔毛衣。

肉伤好治，心伤难医。

---

① 怪大：很大。

山上有直树，世上无直人。
听话听声，锣鼓听音。
要想公道，打个颠倒。
一聋三分傻。
有理走遍天下，无理寸步难行。
纸包不住火，雪地埋不住死尸。

二是实践事理类：

不当家不知柴米贵，不养儿不知父母恩。
趁火打铁，趁水和泥。
搭锯就有沫。
耳听为虚，眼见为实。
喊破嗓子，不如甩开膀子。
看菜吃饭，量体裁衣。
看山跑死马。
临阵磨枪，不利也光。
路在人走，事在人为。
慢工出细活，细活要摸索[①]。
泥巴匠走了有挑的，木匠走了有烧的。
前头拉车，后头有辙。
砂锅不捣不漏，木头不凿不透。
树挪死，人挪活。
要饭三年懒支锅，撑船三年懒上坡。

① 摸索：干活动作慢。

要知父母恩，怀里抱子孙。
种瓜得瓜，种豆得豆。
种下葫芦籽，不怕没有瓢。

三是观念事理类：

爱徒如爱子，尊师如尊父。
不怕千招会，就怕一招独。
唱戏的是疯子，看戏的是傻子。
成才不自在，自在不成才。
吃人家的嘴软，拿人家的手软。
吃谁向谁，偷谁恨谁。
打狗还看主人面。
刀切豆腐两面光。
道士不亲，帽亲。
地没害地，戏没赖戏。
钉鞋凭掌子，唱戏要嗓子。
恶人先告状。
反贴门神不对脸。
隔行如隔山。
公说公有理，婆说婆有理。
狗皮袜子没反正。
狗眼看人低。
挂羊头，卖狗肉。

光棍人人敬，眼子[①]人人弄。

好话不背人，背人没好话。

好事不出门，坏事传千里。

好种出好苗，好葫芦出好瓢。

黑猫白猫，逮住老鼠是好猫。

黄鼠狼说它娃香，刺猬说它娃光。

会办事，两头瞒，不会办事两头传。

会看看门道，不会看看热闹。

会者不难，难者不会。

家有万金，不如一技在身。

姜是老的辣，醋是陈的酸。

浇花浇根，交人交心。

金有价，艺无价。

救场如救火。

来说是非者，必是是非人。

老鼠过街，人人喊打。

驴屎蛋，外面光，不知里面有多脏。

麻雀虽小，肝胆俱全。

卖瓜的不说瓜苦，卖酒的光说酒香。

猫狗识恩寸[②]。

没有金刚钻，揽不了瓷器活儿。

明白人好说，糊涂人难缠。

---

① 眼子：软弱无能，常被人欺的人。

② 恩寸：寸恩，指很小的恩惠。

能给明白人打一架，不给糊涂人说句话。

宁为兵头，不为将尾。

前三十年拿钱买艺，后三十年拿艺换钱。

墙倒众人推。

墙上一棵草，风吹两面倒。

人过四十不学艺。

人受憋督①武艺高。

三对六面，瞎话②立辨。

三个婆娘对面坐，不过三天就出祸。

山中无大树，茅草也称王。

山中无老虎，猴子称大王。

身体父母生，知识自己攻。

生就低黄瓜，上不了高架子。

师傅领进门，修行在个人。

师徒如父子。

石③米胡琴斗米箫，喇叭笛子一夜教。

是非不分，终日昏昏。

是腔不是腔，只管往外吭。

是亲三分向，不向急哩慌。

熟人多吃四两豆腐。

说的真方，卖的假药。

---

① 憋督：故意使人作难受气。

② 瞎话：故事。

③ 石（dàn）：旧时粮食的计量单位，一石等于十斗。

死猪不怕开水烫。

台上三分钟，台下百日功。

徒弟，徒弟，三年奴隶。

唾沫星子淹死人。

王婆卖瓜，自卖自夸。

武艺不学不通，本领不练不精。

武艺没假，把戏没真。

戏不够，神仙凑。

瞎话没有本，露水没有籽。

下多少米，出多少饭。

绣花枕头稻草包。

学历是死的，学问是活的。

严师出高徒。

羊在坡上晒不黑，猪在圈里养不白。

一富遮百丑。

一回生，二回熟，三回就能当师傅。

一家不知一家，和尚不知道家。

一路神仙一路法。

一拃没有四指近。

衣服穿一年就旧，冤仇隔十年还新。

用着拉到怀里，用不着推到崖里。

鱼找鱼，虾找虾，王八找个鳖亲家。

贼不打，三年自招。

只有再一再二，没有再三再四。

自己要有一桶水，才能给学生一碗水。

字是门楼书是屋，秀才饿死不卖书。

嘴是两张皮，咋说咋有理。

3. 修养谚语

修养谚语包括思想、德行、胆识、学识、惜时、智慧、谦慎等诸多方面。它对人们具有重要的指导意义，比如“人过留名，雁过留声”说明了一个人名声好坏的重要性，“养儿不教如养驴，养女不教如养猪”说明了教育子女的重要性，“一日之计在于晨”则说明了清晨计划一天行动的重要性。

一是思想德行类：

不怕脸丑，就怕心丑。

不怕路远，只怕志短。

不蒸馒头争（蒸）口气。

不做和尚不知头冷，不挨棍子不知腰疼。

大人不和小人怪，宰相肚里行舟船。

地怕不上粪，人怕瞎胡混。

风不刮，树不摇，心里没事不犯跷[①]。

风不刮，树不摇，老鼠不咬空心瓢。

跟着好人学好人，跟着神婆学下神。

害人之心不可有，防人之心不可无。

话要直说，路要直走。

坏人眼前得势，好人死后留名。

---

① 犯跷：犯猜疑。

火心要空，人心要实。

井里的喀蚂说井里干净，河里的喀蚂说河里宽敞。

君买臣心，父买子心。

君子动口不动手。

开弓没有回头箭。

砍柴不照纹，累死砍柴人。

狂风吹倒梧桐树，自有路人道短长。

露水灌不满井。

绿豆年年绿，黄豆年年黄。

马好不在叫，人好不在貌。

芒棰画个眼睛也成不了精。

拿着猪脑壳，还怕找不到庙门。

你敬我一尺，我敬你一丈。

前人栽树，后人乘凉。

人恶人怕天不怕，人善人欺天不欺。

人过留名，雁过留声。

人怕没脸，树怕没皮。

人穷志不短。

人争一口气，树争一张皮。

山顶有花山下香，桥下有水桥上凉。

少说闲话自无事，多做好事自有功。

舍命陪君子。

实践出真知。

世上无难事，只怕有心人。

是龙到处行雨，是蛇到处咬人。

树怕伤根，人怕伤心。

为人不做亏心事，半夜敲门心不惊。

细民怕狠人。

学好千日不足，学坏一日有余。

哑巴蚊子咬死人。

要想好，小敬老。

一人掘井，众人吃水。

一手捉不到两条鱼。

英雄气短，儿女情长。

有志不在年高，无志空长百岁。

针眼大的窟窿，簸箕大的风。

真人不说假话，明人不做暗事。

争着不足，让着有余。

只认得鼓眼睛将军，不认得闭眼睛罗汉。

二是胆识修为类：

斑鸠不下树，嗉子里有食。

烧的纸多，惹的鬼多。

不怕山高，就怕脚软。

不怕一万，就怕万一。

常在河边走，哪能不湿鞋。

撑死胆大的，饿死胆小的。

吃了扁担横了肠子，吃了秤砣铁了心思。

初生牛犊不怕虎。

春恋风，狗恋食。

大意失荆州。

公鸡杀了天还是要亮。

瓜熟自落，水到渠成。

光棍不吃眼前亏。

好汉不说当年勇。

虎不怕山高，鱼不怕水深。

会干的，不紧不慢；不会干的，满头流汗。

火要空心，人要虚心。

劳动出智慧，实践出真知。

老实人的脾气，三伏天的炸雷。

龙船造就，端午已过。

露头椽子先朽。

没有过不去的河，没有爬不上的坡。

明枪易躲，暗箭难防。

明人不做暗事。

能吃过天饭，不说过天话。

能叫使死牛，不叫打住车①。

能叫松松过，不叫闯了祸。

能走十里光，不走一里荒。

怕处有鬼，痒处有虱。

气度要宽，言语要谦。

钱是人的胆，字是人的脸。

枪打出头鸟。

---

① 打住车：车陷在泥坑里或掉进沟窝里，不能动弹。

强取不如巧夺。

穷莫与富斗，富莫与官斗。

人家夸，一朵花；自己夸，豆腐渣。

人怕出名猪怕壮。

人贫不语，水平不流。

人无千日好，花无百日红。

人有失手，马有失蹄。

人在矮檐下，不能不低头。

任凭风浪起，稳坐钓鱼船。

若要人敬己，先要己敬人。

三虎出一豹，三鹰出一鹞。

杀猪杀羿巴，一人一杀法。

身在公门好修行。

手不抓驴屎，不知驴屎臭。

树大招风，财大招贼。

贪心不足蛇吞象。

掏钱难买早知道。

天天防火，夜夜防贼。

戏法人人会变，巧妙各自不同。

小洞不补，大洞叫苦。

小心灯火，谨慎门户。

小心没大差。

学不尽的乖，走不尽的街。

淹死的都是会水的。

幺爹不爱一湾人，一湾人不爱幺爹。

一次被蛇咬，十年怕井绳。
一人不怕死，十人难抵挡。
一招鲜，吃遍天。
有山靠山，无山独担。
有智不在年高，无智空活百岁。
有智吃智，无智吃力。
长短是个棍，高低是个人。

三是学习惜时类：

不怕心笨，就怕嘴懒。
地要深翻，学要深钻。
读书不想，隔靴搔痒。
光阴似箭，日月如梭。
活老到，学到老，一生一世学不了。
积钱不如教子，闲坐不如看书。
门前车马不为贵，家有书生不为贫。
热天赶路要趁早，读书习艺要从小。
人笨事上学，刀笨石上磨。
竖起脊梁做事，放开眼光读书。
掏钱难买后悔药。
天无尽头，学无止境。
一寸光阴一寸金，寸金难买寸光阴。
一年之计在于春，一日之计在于晨。
一日不读口生，一日不写手生。
有书不读子孙愚。

早起三光，晚起三慌。

账要勤算，书要勤念。

字要日日写，书要天天读。

做官容易读书难。

4. 物候生产谚语

物候谚语指农业生产中与自然界有关的各种现象的谚语。这类谚语有的可以告诉人们关于时令变化的规律，如“热六月，沤七月，不冷不热在八月”等；有的可以告诉人们气象与农事的关系，如“立夏不下，高挂犁耙”等；有的则告诉人们天文与昼夜长短的必然联系，如“吃了冬至饭，一天长一线”等。而劳动生产是人类赖以生存的必要保障和农民的基本活动，也有很多谚语，如农业和商业谚语。这些谚语有的说明了降雪对麦收的重要作用，如“麦盖三层被，头枕蒸馍睡”；有的说明了肥料的作用，如“庄稼一枝花，全靠肥当家”；有的则指明了生意人对顾客态度和蔼的关键所在，如“和气生财”等。这正如高尔基所说的那样，谚语和诗歌总是简短的，然而在它们里面却包含着可以写出整部书来的智慧和感情。

(1) 物候谚语

以《孝感县简志》（二十三节·1959年湖北人民出版社铅印本）所载物候谚语为例：

正月：烧了门神纸，各人寻生理。

二月：二月二，胡芦黄瓜齐落地。雷打惊蛰前，高山也种田；雷打惊蛰后，低田种绿豆。雨洒惊蛰节，二月雨不歇；三月秒少田，四月秧生节。

三月：清明要明，谷雨要雨。麦子不怕四季水，只怕清明一夜雨。要得棉，谷雨前。

四月：立夏不下，无水洗耙；小满不满，芒种不管。初一落雨断江湖，初二落雨井头枯，初三落雨车谷叫，初四落雨满江浮（音蒲）。四月八日晴，鱼儿上蒿林；四月八日雨，鱼儿田坡脚下死。

五月：夏至无雨见青天，有雨直到立秋边。打湿龙衣四十日干（俗以五月二十日为龙晒衣）。

六月：六月不热，五谷不结。六月三交雨，遍地是黄金。一伏芝麻，二伏豆，三伏内面种寒粟。

七月：睁眼秋，收又收；闭眼秋，丢又丢（俗以立秋日在午前十时为好，睁眼指午前，闭眼指午后）。立秋雷电，天收一半（意谓此日宜晴）。

八月：云掩中秋月，雨洒上元灯（俗谓中秋雨，次年上元必雨）。

九月：重阳无雨立冬晴，立冬无雨一冬晴。过了重阳，移火进房。

十月：十月有个小阳春，冬月有点冷，腊月又打春。

冬月：冬月三一晴，来春谷米一般平；冬月三一阴，来春谷米贵如金（三一，指本月初一、十一、廿一日三天）。

腊月：有钱人过年，无钱人过节（节与“劫”谐音，指难得过的意思）。①

① 丁世良、赵放主编：《中国地方志民俗资料汇编·中南卷》（上册），北京：书目文献出版社，1991年，第337页。

(2) 生产谚语

一是农业生产类：

锄头底下有三宝：防旱、防涝、除杂草。
粪后不浇水，庄稼噘着嘴①。
干锄棉花湿锄瓜，不干不湿锄芝麻。
高粱稀，谷子稠，苞谷地里卧个牛。
旱不死的芝麻，浸不死的黄豆。
好种出好苗，好葫芦结好瓢。
麦收八、十、三场雨②。
麦熟一晌，蚕老一时。
麦穗要大，深犁细耙。
麦要夹生收，豆要摇铃割。
棉花锄八遍，结桃如蒜瓣。
千里去做官，为的吃和穿。
人误地一时，地误人一年。
三分耕，七分耙。
深犁细耙，不长说啥。
夏天锄层皮，强似冬天犁两犁。
一窝红薯一把灰，多出红薯一大堆。
早耕地，不用问，落叶草根顶茬粪。
种地选好种，一垄胜两垄。

① 噘着嘴：不高兴的样子。
② 八、十、三：农历八月、十月、三月。

庄稼活，不用学，人家咋着[1]咱咋着。
庄稼一枝花，全靠肥当家。
做官凭印，种地靠粪。

二是商业活动类：

不怕不卖钱，就怕货不全。
不怕不识货，就怕货比货。
出处没有聚处有。
冬卖酒，夏卖醋，不出三年就会富。
干东行不说西行，卖牛马不说猪羊。
隔行如隔山。
官修衙门客修店。
好马出到腿上，好生意出到嘴上。
好账算不折[2]。
和气生财。
货卖当时值。
紧提酒，慢提油，卖菜卖瓜抬秤头。
谨慎庄稼，消停[3]买卖。
坑人如坑己，坑来坑去坑自己。
买卖不成仁义在。
卖菜不湿水，买家儿噘着嘴。
漫天要价，就地还钱。

---

① 咋着：怎么样。
② 折（shé）：亏损。
③ 消停：不慌不忙。

磨要勤锻，账要勤算。

南京到北京，买家没有卖家精。

欠账容易还账难。

人不得外财不富，马不得夜草不肥。

生意好做，伙计难搁[①]。

小本生意怕吃，大本生意怕赔。

腰里没铜[②]，不敢胡行。

有同行，没同利。

种田人望八月，生意人望腊月。

种田要起早干，经商要睡晚算。

5. 生活常识谚语

谚语是人民群众的口头创作，是智慧和经验的结晶，生活谚语更是如此。它包括家庭幸福观和医药养生观两个方面。诸如“一勤生百巧，一懒生百病”“家和万事兴”等都道出某种事物十分复杂的本质，揭示出其中十分深刻的道理，从而说明谚语在生活中确实起着“教科书作用”。

一是家庭幸福观念类：

女大十八变，越长越好看。

八埠口的麻糖，三军台的婆娘。

百无聊赖，必生妖邪。

成不成，两三瓶。

---

① 搁：共事合作。

② 铜：铜钱，代指货币。

人馋说媒，狗馋舔灯。

丑人自有丑人爱，烂锅就有烂锅盖。

穿破了才是衣，到老了才是妻。

床上的夫妻地上的客，出了房门认不得。

大难不死，必有后福。

当面教子，背地教妻。

洞房花烛夜，金榜题名时。

儿行千里母担忧。

儿女连心，十指连筋。

儿孙爱的打白糖，祖宗爱的一炉香。

儿子好不胜媳妇好，闺女好不胜女婿好。

儿子孝顺媳不敢，儿子不孝媳大胆。

闺女大了不可留，留来留去结冤仇。

寒不择衣，贫不择妻。

好儿不争分家饭，好女不要嫁妆衣。

好狗不咬鸡，好汉不打妻。

花里挑花，越挑越差。

会做媒的骂两头，不会做媒两头骂。

活着不孝，死了胡闹。

家和万事兴。

家鸡打了团团转，野鸡不打满天飞。

家兴出恶狗，家败出恶子。

久别如新婚。

久病床前无孝子。

腊月的萝卜花了心，十八的姑娘动了心。

两口没有隔夜仇。

乱丝难理，泼妇难治。

苗好一半谷，妻好一半福。

莫娶放荡女，莫嫁败家子。

男大当婚，女大当嫁。

能娶大家奴，不娶小家女。

年轻夫妻老来伴，一天不见念三遍。

娘家再好不是家，婆子再好不是妈。

亲不过父母，近不过夫妻。

清官难断家务事。

情人眼里出西施。

穷也有喜，富也有忧。

娶个媳妇卖个儿。

人对眼不说丑俊，瓜中吃不分老嫩。

三岁打娘笑呵呵，三十岁打娘泪成河。

三月三尿煮蛋。

少年夫妻老来伴，半路夫妻像火坛。

十件褂子当不得一件袄子，十个叔子当不得一个老子。

十岁过童关，走路也心安。

树大分杈，儿大分家。

谁家的屋檐不滴水，谁家的勺子不碰锅。

抬头嫁姑娘，低头接媳妇。

天上无云不下雨，地上无媒不成亲。

王田关，九条巷，机头响，不断亮。

小孩子靠娘，栽葫芦靠墙。

新人接进房，媒人撂过墙。

秧不扯不长，家不分不发。

仰脸老婆浸头①汉。

养女不嫁读书郎，一年四季守空房。

养女不说张家湾，梭子织得两头穿。

大人守岁图吉利，小伢守岁要新衣。

爷信佛儿子学和尚，娘勤快必养懒姑娘。

一儿一女是枝花，多儿多女是冤家。

一个拿刀一个拿盆，教的儿子难成人。

一个女婿半拉儿。

一娘能养九个子，十子难养一个娘。

一日夫妻百日恩，百日夫妻似海深。

有福不在忙，没福跑断肠。

福无双至，祸不单行。

有钱王八大三辈。

有情不怕在天边，无意哪怕在锅边。

高堂自有老母亲，何必南海朝观音。

遇事不恼，长生不老。

站着的菩萨站一生，坐着的菩萨坐一生。

偷雨不偷雪，偷风不偷月。

种不好庄稼一季子，娶不好女人一辈子。

自家的文章，人家的婆娘。

做一天姑娘当一天官，做一天媳妇喊一天冤。

---

① 浸头：走路时不爱抬头。

二是医药养生观念类：

病不背医。
病急乱求医。
病来如山倒，病去如抽丝。
不干不净，吃了生病。
吃饭八分饱，医生不用找。
春要捂，秋要凉。
冬吃萝卜夏吃姜，不用医生开药方。
饭后百步走，能活九十九。
害眼洗脚，强似吃药。
寒从脚起，病从口入。
何首乌，芝麻油，专治男女少白头。
恨病吃药。
黄金有价药无价。
饥不暴食，渴不狂饮。
机器不擦要生锈，人不卫生要短寿。
紧病慢先生。
懒人好装病，馋人好上供①。
萝卜上市，医生没事。
男怕穿靴，女怕戴帽。
内科大夫怕治喘，外科大夫怕治癣。
宁吃鲜桃一口，不吃烂杏一筐。
怒伤心，气伤肝。

① 上供：给神灵或亡人祭祀食品。

人是铁，饭是钢，一顿不吃心发慌。
入厨先洗手，上灶莫多言。
三年不喝酒，吃穿啥都有。
三年不吸烟，买个大老犍[①]。
伤风感冒莫惊慌，一根大葱三片姜。
伤筋动骨一百天。
少吃盐，多吃醋，强似开个中药铺。
十层单不如一层棉。
十药九毒。
睡前洗洗脚，胜服安眠药。
天黄有雨，人黄有病。
天阴黑得早，人愁老得快。
夏不睡石，冬不睡板。
腰里勒一道[②]，强似穿皮袄。
药难医假病，酒不解真愁。
要想身体好，吃饭八成饱。
一勤生百巧，一懒生百病。
有病早治，没病早防。
鱼生火，肉生痰，青菜豆腐保平安。
治住病，治不住命。

---

① 老犍：特指去掉睾丸的公牛。
② 勒一道：指勒上布带子或皮带。

（二）歇后语

歇后语是熟语的一种。它由前后两部分组成，前半部分叙事，后半部分明义。在运用的时候，常常省去后半部分，所以称为“歇后语”。歇后语出自平民百姓的日常生活之中，它是民众口头创造的文学作品，是劳动人民智慧的结晶，是语言艺术中的一朵奇葩。其结构相对固定，表达的意义相对完整，具有形象简练深刻、口语色彩浓郁的特点。流传在南阳民间的歇后语，绝大部分思想健康，形象优美，具有很强的趣味性，因此深受广大人民群众的欢迎。

1. 人物德才类

比喻人物、辨识德才与声名方面的歇后语，在整个歇后语的语库中占有极大比例，因为人是构成社会最基本、最活跃的因素。例如，比喻两个人都一样刻薄吝啬的歇后语“针尖对麦芒——尖对尖”，比喻人善于思考的歇后语“腊月天不戴帽子——爱动（冻）脑筋”，比喻辨识德才的歇后语“唱戏的骑马——不（步）行”等，就是借用朴素、自然的语言来说明一个深刻而复杂的道理。

(1) 比喻人物类

棒槌拉二弦——粗而糙
保温壶搁到墙头上——水平（瓶）不低
炒面捏娃娃儿——熟人
出了东门往西拐——糊涂东西
戴乌纱帽弹棉花——有功（弓）之臣

锻磨匠背个木棒槌——不是个家伙

开水锅里煮鸡子——身子烂了，嘴硬

老鹳河的石头——溜光蛋[①]

老母猪爬墙头——鬼你的猪头脸哩

母鸡下蛋——呱呱叫

螃蟹不夹鳖——一个潭的鱼

螃蟹爬到房脊上——横行到顶了

商场里的模特儿——人样子

上阵前写遗嘱——往死处打算

十八亩地一棵谷——独苗

蒜薹拌莲菜——光棍的光棍，眼子的眼子

剃头匠扁担——不长

兔子打拳——小身架

褪了毛的猪尕巴——光棍一条

五百个铜钱搭肩上——前看二百五，后看二百五

下雪天穿裙子——美丽（哩）动（冻）人

象棋盘上站前排——小兵小卒

袖筒里棒槌——直货

一百七加八十——二百五[②]

一吊钱放在门槛上——里外半吊子[③]

一天刮三回脸——他（它）不叫我露脸，我也不叫他（它）出头

丈母娘遇亲家母——婆婆妈妈

① 溜光蛋：指口齿伶俐又不干正事的男青年。

② 二百五：指智商不高的人。

③ 半吊子：指性情不正常的人。

针尖对麦芒——尖对尖

(2) *辨识德才与声名类*

半斤对八两①——一个样
脖子里围裹脚布——臭一圈儿
茶壶里装饺子——肚里有货倒不出来
唱戏的骑马——不（步）行
吹鼓手掉井里——响着响着下去了
电线杆上挂灯笼——高明
纺花车摆在当院里——看你小妮儿的本事
隔门缝吹喇叭——名（鸣）声在外
跟着理发师傅当徒弟——从头学起
猴子的屁股——自来红
腊月天不戴帽子——爱动（冻）脑筋
老和尚的帽子——平不塌塌的
老虎不吃人——恶名在外
老龙王搬家——厉（离）害（海）
老婆吃柿子——尽拣软的捏
茅池里的石头——又臭又硬
头上长疮，脚底流脓——坏透了
县官打他爹——公事公办
牙刷没毛——板眼多
哑巴吃饺子——心里有数
一嘴吃个鞋帮——心里有底

① 八两：旧市斤一斤为十六两，八两即半斤。

2. 事理经验类

在歇后语中，有一部分是针对事物的道理以及经验、教训而创作的。例如“哑巴吃黄连——有苦说不出”，就是借黄连之苦和哑巴有口难言而说明吃了苦头又难以说出这一情况；例如“陕西到河南——两省”，就是以陕西、河南两个省份的“省”来表示甲乙双方都节“省”；又如“竹竿篾穿豆腐——不能提”，就是说用坚固、锋利的竹竿篾来穿上稀软易碎的豆腐，借以表示某件事情根本就不能提起话头或有难言的苦衷。

(1) 推断事理类

半夜吃个炖鸡子——熬[①]到这儿啦
补锅的摇头——不定（钉）
大路上的电线杆儿——靠边站
大麻籽喂牲口——不是料
豆腐渣贴门神——不沾板儿
屙屎攥捶头[②]——暗使劲
发面的酵子——是个引子
房檐下的冰凌棍——根在头上
房檐下的辣椒——成串
放牛娃吹鞭杆——不是敌（笛）手
隔河作揖——承情不过
狗咬刺猬——没法张嘴

① 熬：耐苦忍受，以获得某种资格或达到某种目的之意。
② 捶头：拳头。

狗咬屙屎的——不知好歹
刮大风喃炒面——张不开嘴
过河的卒子——死不回头
河里螃蟹——有家（夹）
猴子吃核桃——无处下嘴
豁牙子啃西瓜——道道子[1]多
火车头冒烟——白气
鸡蛋换盐——两不见钱
鸡子拴到门槛上——里外叼食
姜太公钓鱼——愿者上钩
开剖兔子不剥头——留住脸哩
砍柴人下山——两头担心（薪）
腊月的萝卜——动（冻）了心
癞蛤蟆打呵闪——口气不小
老公公背儿媳妇过河——出力不讨好
老两口打官司——公说公有理，婆说婆有理
老母猪打架——全凭一张嘴
老婆纺花——慢上劲
老鼠拉木锨——大头在后头
老鼠钻到风箱里——两头受气
老水牛掉井里——有力使不上
柳树开花——没结果
龙王爷放屁——神气
麻子唱戏——群众观点

① 道道子：门道。

麻子脸照镜子——个人观点
木匠打墨线——睁只眼，闭只眼
木匠拉大锯——你来我往/一来一往
奶妈抱个孩子——人家的
年三十逮个兔子——有它过年，没它也过年
牛经纪讲价——袖里摸
千里送鹅毛——礼轻仁义重
染匠下河——摆布
热锅上的蚂蚁——乱了脚
十五个桶打水——七上八下
孙女穿她奶的鞋——老样子
剃头匠关门——不理
铁路警察——各管一段
王八的屁股——规定（龟腚）
瞎子点灯——白费蜡
瞎子摸鱼——冒[①]碰哩
巷道里赶驴——直来直去
小孩没娘——说起话长
小和尚念经——有嘴无心
小秃头跟着月亮走——谁也不沾谁的光
小秃头上搁个虱——明摆哩
小秃长个连鬓胡子——亏中有补
丫鬟拿钥匙——管家不做主
哑巴吃黄连——有苦说不出

① 冒：瞎来，没有目标。

哑巴打官司——有口难辩
要饭的借算盘——穷有穷打算
一块木板做个门——没缝
正走板[1]一跟头——不防
芝麻开花——节节高

（2）传授经验类

半夜里吃烧鸡——思（撕）思（撕）想（响）想（响）
从梢起吃甘蔗——越来越甜
大姑娘坐轿——头一回
隔年皇历——翻不得啦
腊月二十二祭灶——笨马先行
懒婆娘的裹脚布——又臭又长
两个哑巴睡一头——不谈
篾匠的徒弟——会编
骑驴看唱本——走着瞧
扫帚顶门——圪杈[2]多
陕西到河南——两省
上鞋不使锥子——真（针）中
铁拐李的葫芦——不知道装哩啥药
五黄六月穿皮袄——有那一套
校场里的麻雀——见过大世面
哑巴进庙——多磕头，少说话

① 板：摔跌。
② 圪杈：节外生枝的事。

一头栽到门外头——门里出身
睁只眼，合只眼——马马虎虎
钟鼓楼的麻雀——受过大惊
自行车下坡——不睬[①]（踩）
嘴上贴胶布——不好开口

(3) 表示训诫类

戴草帽亲嘴——差得远
狗逮老鼠——多管闲事
棺材里放鞭炮——吓死人
老虎的屁股——摸不得
老虎嘴里拔牙——找死哩
两手捧尿罐——没关（罐）系[②]
年三十看历头——没天了
土地爷的身子——麻缠[③]
竹竿篾穿豆腐——不能提

3. 贬斥嘲讽类

贬斥、嘲讽的歇后语带有明显的感情色彩。例如，揭露私欲的“野外烤火——一边热”，比喻有的人对别人热情而厚道，而别人却对其冷淡而吝啬；讽刺妄为的“竹筐打水——一场空”，比喻某些人痴心妄想、枉费心机；贬斥诡诈的“黄鼠狼给鸡拜年——不操好心”，比喻某些人

① 睬：理睬。
② 系：指提罐子的绳子。
③ 麻缠：麻烦；纠葛不清。

的阴险毒辣，诡计多端；嘲笑自高自大的“老王婆卖瓜——人家不夸自己夸”，就勾画了某些人大言不惭、骄气十足的丑陋形象。

（1）揭露私欲类

抱着元宝跳坑里——舍命不舍财
裁缝丢了剪子——落个吃（尺）了
黄瓜打锣——一槌的交易
老鼠给猫捋胡子——拼命巴结
买鸡蛋，卖鸡蛋——捣[①]（倒）哩
木匠的斧头——一边砍
歪嘴吹风——邪气
下雨天借雨伞——不是时候
下雨天站到当院里——轮（淋）到头上了
一个指头和面——胡捣
一根筷子吃莲菜——挑眼哩
一嘴吃个砂锅——不嫌碜[②]
蜘蛛的肚子——尽是私（丝）

（2）讥笑妄为类

爱叫的麻雀——没有四两肉
扳着屁股亲嘴——不知道香臭
大水冲了龙王庙——一家人不认一家人
二十三的灶鸡——没几天的阳寿

① 捣：捣乱，挑拨。
② 碜：本指牙碜，此处指丑、难看。

河滩上撒网——瞎张罗
井底的蛤蟆——没见过大世面
老公鸡泛[①]鸡蛋——没指望
老鸹爬到猪身上——光嫌人家黑，不知自己黑
卖豆腐搭台子——生意不大，架子不小
绵羊的尕巴——翘不起来
庙里失火——慌了神
秋后的蚂蚱——长不了/活不了几天啦
十月的桑叶——没人采
屎壳郎搬家——滚蛋
屎壳郎爬到门鼻上——假充小洋锁
屎壳郎钻到夜壶里——黑天黑地
潭鱼带枷——受罪的鳖
铁匠当官——以打为主
土布袋[②]咬住板凳腿——施啥毒气
瞎子点灯——白费啦（蜡）
瞎子伸指头——指[③]啥哩
小庙的和尚——没见过大供飨
鞋里长草——慌了脚
腰里别扁担——横行
要饭的拿个馍——人家的
要饭的起五更——穷忙/瞎设张

① 泛：生。
② 土布袋：即蝮蛇，体色灰褐，头部略呈三角形，有毒牙，俗称土布袋。
③ 指：指望。

蝇子放屁——小里小气
正月十五贴门神——晚了半月
猪鼻子插葱——装象哩
竹筐打水——一场空
坐茶馆的招手——胡（壶）来

(3) 贬斥诡诈类

爬灰头当乡地[1]——说理不走理
城墙上跑马——绕圈子
和尚戴个道士帽——假装迷瞪僧[2]
画匠不给神磕头——知道你是哪坑的泥巴
黄鼠狼给鸡拜年——不操好心
黄鼠狼挂牛铃——响不起来
快刀打豆腐——两面光
癞肚[3]爬到脚面上——不咬人，疙意[4]人
老驴拽磨——蒙住眼[5]啦
老母猪跟着飞机走——瓮声瓮气
老王婆卖瓜——人家不夸自己夸
猫娃不吃鱼——假斯文（闻）
门神卷灶爷——话（画）中有话（画）
母夜叉怀胎——心里有鬼

① 乡地：即乡里，旧时最小的地方官，专管调解村上民事纠纷。
② 迷瞪僧：迷迷糊糊的和尚。
③ 癞肚：癞蛤蟆。
④ 疙意：讨厌。
⑤ 蒙住眼：受到欺骗之意。

牛角上抹油——又光又滑
判官的肚子——鬼心肠
王八卖笊篱——鳖编的
夜猫子[①]进宅——无事不来

4. 成语典故类

汉水流域成语典故主要是流传于汉水流域的汉语成语和历史典故两个方面。其中汉语成语不是从歇后语的前半部分“叙事”来说的，而是从歇后语的后半部分“明义”来说的，例如“擀面杖吹火——一窍不通”“王母娘娘召开蟠桃会——聚精会神”等。而典故歇后语与成语歇后语刚好相反，它不是从歇后语的后半部分“明义”来说的，而是从歇后语的前半部分“叙事”来说的，它包括历史人物、历史事件，或者神话故事、民间传说等，例如“姜太公钓鱼——愿者上钩”“刘备借荆州——有借无还”等。但遇到既是成语又是典故的歇后语时，因确实无法分开，所以一律归纳到成语之中。

(1) 汉语成语

八月十五的月亮——正大光明
白骨精发表演说——妖言惑众
包公断案——铁面无私
冰糖煮黄连——同甘共苦
陈世美当驸马——喜新厌旧
打鼓不打面——旁敲侧击

---

① 夜猫子：猫头鹰。

大肚子踩钢丝——铤（挺）而走险
大粪装到海船上——臭名远扬（洋）
戴着草帽打雨伞——多此一举
发大水放木排——随波逐流
飞蛾扑火——自取灭亡
坟地里睡个酒鬼——醉生梦死
甘露寺招亲——弄假成真
擀面杖吹火——一窍不通
关公战李逵——大刀阔斧
光着膀子打架——赤膊上阵
航空公司开业了——有机可乘
和尚打伞——无法（发）无天
猴子爬树——拿手好戏
狐狸跟着老虎走——狐假虎威
花绸子上绣牡丹——锦上添花
黄楝树下弹琴——苦中取乐
交通警察的棍棒——指东画西
叫花子吃豆腐——一穷二白
口传家书——言而无信
口袋里装锥子——锋芒毕（必）露
老鳖爬杆子——高攀不上
老鼠钻进油篓里——油嘴滑舌
冷水烫鸡——一毛不拔
鲁智深当和尚——半路出家
麻雀聚会——叽叽喳喳

马谡用兵——言过其实
猫娃哭老鼠——假心假意
没牙胡[①]坐上席——一望无涯（牙）
木匠戴枷——自作自受
泥菩萨过河——自身难保
泥菩萨过江——自身难保
千里通电话——遥相呼应
清水煮萝卜——淡而无味
肉包子打狗——有去无回
三尺梯子上楼房——高不可攀
三伏天打冷战——不寒而栗
杀猪开膛——搜肠刮肚
山蚕作茧——自作自受
山沟里的住户——零零散散
上课光讲老一套——屡教不改
上了膛的子弹——一触即发
水龙头关不住啦——放任自流
孙悟空守桃园——自食其果
孙悟空照镜子——目中无人
天文台上的望远镜——好高骛远
土地爷喊城隍——神乎（呼）其神
土岗子上闹旱灾——山穷水尽
王母娘娘召开蟠桃会——聚精会神
无弦的琵琶——一丝不挂

① 没牙胡：满嘴无牙的人，多指老年人。

瞎子上街——目中无人

小葱拌豆腐——一清（青）二白

小鬼碰见张天师——自投罗网

徐庶进曹营——一言不发

阎王奶奶有喜了——心怀鬼胎

阎王贴告示——鬼话连篇

一百天不拉屎——坚持不懈（泄）

一个盘子摔九块——四分五裂

一个人吹号又打鼓——自吹自擂

一手拿针，一手拿线——望眼欲穿

园林队的把式——移花接木

月亮底下跳舞——形影不离

张飞骑白马——黑白分明

诸葛亮草船借箭——满载而归

竹竿筒倒豆子——一干二净

撰写军事论文——纸上谈兵

做道场和尚遭雷打——作法自毙

（2）历史典故

程咬金的斧头——就那两下子

关羽卖凉粉——人硬货不硬

蒋干盗书——上当

孔夫子搬家——尽是输（书）

梁山军师——无（吴）用

刘备借荆州——有借无还

刘备摔阿斗——收买人心
吕布背个金箱子——人有人，货有货
庞涓斗孙膑——输定了
宋士杰告状——走着说着
孙悟空的金箍棒——能大能小
王莽传令——一天三改
阎王爷派兵——肯定有鬼
张飞卖秤锤——人硬货也硬
赵匡胤来赌——输打赢要
周瑜打黄盖——一家愿打，一家愿挨
猪八戒背个烂箱子——人没人，货没货
猪八戒的脊梁——无（悟）能①之辈（背）
猪八戒过稀屎洞——嘴拱
猪八戒照镜子——里外不是人

三、神话传说

神话是原始人类社会在认知自然、协调与自然关系中产生的口头流传的古老艺术形式，是一种神秘的语言符号，是民俗得以传播的重要方式之一。仲富兰认为：“民俗传播存在着两大领域，一个是现实的世俗生活，一个是超现实的精神领域。民俗在世俗生活的传播就是那些具有现实指向性的符号；而超现实的精神领域，传播的文化载体就是神秘的民俗符号。神秘民俗符号有哪些门类呢？第一，它有语言的神秘符号，如神话故事、谶谣、预言等；第二，也有实物的神秘符

① 无能：猪八戒法号悟能。

号，如祭品、物象；第三是行为的神秘符号，表现为林林总总的仪式及相关传说。"① 可见，神话是语言民俗的重要构成部分，且是民俗传播的途径。汉水流域神话传说故事资源丰厚，如女娲、神农、大禹等神话人物，其功绩或事迹既在民间至今得以口头流传，又散见于汉水文化研究学者的各种历史文化、民俗文化、民间文艺等著述中。搜寻汉水流域神话传说故事，既是挖掘汉水流域语言民俗内涵的重要举措，又是传播汉水流域民俗文化魅力的有效方式。关于神话的类型研究，成果颇多，大多以人物为线，以其功绩或事迹、民间影响力为点进行分类，如周春阳编著的《中外文艺精粹——文艺主持与编辑指南》一书将神话分为创世神话、自然神话、图腾神话、英雄神话等，此分类基本展现出神话全貌。② 汉水流域神话传说主要有创世神话、治世神话等，现进行简要梳理。

（一）创世神话

创世神话是指关于天地开辟、人类和万物起源的神话，也称开辟神话。创世神话是人类用幻想的形式对自然、宇宙所做的幼稚的解释和描述，反映出人们对天地宇宙和人类由来的原始认知。中国古代的创世神话，以盘古故事最为著名。汉水流域的创世神话传说主要涉及女娲与神农。

① 仲富兰：《中国民俗学通论. 第 2 卷 民俗传播论》，上海：复旦大学出版社，2015 年，第 94-95 页。

② 周春阳编：《中外文艺精粹——文艺主持与编辑指南》，合肥：安徽人民出版社，2006 年，第 13-25 页。

1. 女娲神话

关于女娲的传说，古典文献《山海经》《淮南子》《楚辞》《风俗通义》《水经注》《独异志》《太平御览》等均有或多或少的记载，学术界研究认为，其最突出的业绩是“抟土造人”“炼石补天”“制笙簧”和“置婚姻，合夫妇”等。由于流传年代久远，关于其陵墓遗迹地，在全国出现了山西洪洞说、山西芮城说、河南陕州说、河南任城说、山东济宁说等。在汉水流域中上游的十堰竹山，民间关于女娲的神话传说亦较为流行。曹明权所著的《女娲文化研究》一书，记载了关于女娲《指婚习俗的来历》传说：

> 女娲看到自己做出来的泥人儿，听从她的吩咐安排，成双配对的到了四面八方，很是欢喜。
>
> 万不料忽然间风吼电闪，大雨倾盆，下个不停。不几天工夫，满世界都是滔滔洪水，人们连一点躲避的地方都没有了，最后都被淹死了！
>
> 世界上又只有女娲兄妹两个神人了。
>
> 女娲兄妹俩正在发愁的时候，却见太白金星挥动着“拂尘”刷子，从云端里飘落下来，在女娲兄妹面前站定，说：“你们俩不要发愁，我来说给你们一个解愁的办法。”
>
> 女娲兄妹说：“世界上一个人都没有了，哪里还有解愁的办法呢?”
>
> 太白金星笑着说：“女娲姑娘啊，说个实在话，你用黄土捏的那些泥人，模样都还不错，可就是经受不起三九酷暑，经受不起风

吹雨淋。要经受得住各种灾难，还是要男女结成夫妻生养出来的人才好啊。”

女娲兄妹俩说：“世界上已经没有一个人了，你这不是说废话吗？要是还有一对夫妻，还需要你来说办法解忧愁吗？”

太白金星眨动着眼睛，说：“我从来不说瞎话、废话，现在这天地之间，恰好还有一对男女可以做夫妻。我就是专门前来指婚的啊。”

女娲兄妹惊喜地问：“老神仙，那一对可以做夫妻的男女在什么地方呢？”

太白金星伸出食指，分别指了指女娲和伏羲，说：“就是你，就是你，你们俩正好可以成为好夫妻！”

从此，人世间男该娶妻，女该出嫁，就留下了指婚的习俗。①

该书共记录了竹山县民间女娲神话传说《世界上咋有人》《指婚习俗的来历》《滚磨订婚》《盖头洞房的来历》《闹房听房的来历》《炼石补天》《咋有残疾人》《夫亡为啥哭姊妹》《夫妻为啥称哥妹》等九则，大多围绕婚姻习俗主题，在一定程度上反映了汉水流域中上游民间婚姻习俗文化的特色内涵。

2. 神农神话

炎帝神农是华夏始祖之一，是开创中华农业和医药文明的杰出代表。从春秋战国开始，炎帝神农的传说就不断地以文字记载的形式出现在历朝历代的典籍中，如《三皇本纪》《孟子·梁惠王章句上》《辞源》

① 曹明权主编：《女娲文化研究》，武汉：湖北人民出版社，2007年，第246页。

《吕氏春秋·古乐》《战国策》《古史考》《寰宇记》《淮南子》等，各朝代对炎帝神农的祭祀活动也一直持续不绝。炎帝神农传说在汉水流域下游的随州市及周边地区都有流传，以随州市曾都区殷店镇和厉山镇一带最为集中，大部分传说讲述炎帝神农的功绩，内容涵盖了炎帝神农从生到死的人生过程。神农架林区也汇聚了丰富多彩的炎帝神农传说，神农架地名即来源于炎帝神农在此搭架采药的传说。炎帝神农传说蕴含着我国原始社会时期经济、社会、文化，尤其是农业、医学等诸多方面的历史文化信息，蕴含着汉水流域衣食住行等生产生活习俗文化，体现了深厚的民本思想、创新精神、奋斗精神和奉献精神，是民间文学艺术中的瑰宝。

（二）治世神话

治世神话主要是指人类在社会治理过程中流传的神话，涉及人类认识自然、协调其与自然的关系，包括战争、自然治理、信仰习俗等各方面。汉水流域治世神话主要有尧放丹朱、舜耕历山、禹败三苗、大禹治汉、武丁南征等，主要涉及汉水流域流放、移民、战争等文化意蕴和习俗内涵，在《汉水文化论纲》《汉水战争史》等著作中均已有相关记载，此不展开。

汉水流域神话传说故事，除了创世神话与治世神话外，还有图腾传说，如上游的汉中羌族“羊”图腾传说、下游的楚人崇凤传说及道教神仙信仰传说等，凡此种种，不一而足。总之，汉水流域神话传说的功能在于为汉水流域人们认识宇宙提供依据和对人类起源做出一种解释，是汉水流域人们渴望战胜自然灾害心理的反映和向往美好生活的心理需要，是汉水文化、汉水流域民俗文化的特色板块。

四、民间故事

民间故事是语言民俗的重要构成部分。钟敬文在其《民间文学概论》一书中强调：“民间故事在不同的社会阶段和社会制度下，反映的人民的经济生活、社会关系和观念、习俗是十分鲜明的。”[①] 民间故事是民众创作并传承的反映人类社会生活以及民众理想愿望的叙事性口头文学作品，亦即汉水流域农村流传的口语“说古经”，或是“说古今”“古话”“说瞎话”。对民间故事的定义有广义狭义之分。刘守华等在《民间文学教程》一书中提出：“广义的民间故事指民众口头创作并流传的所有散文体叙事作品，包括神话、传说、幻想故事、生活故事、民间笑话、民间寓言等。狭义的民间故事指神话、传说之外的散文体口头叙事，包括幻想故事、生活故事、民间笑话、民间寓言等。”[②] 不仅从方法论角度研究对民间故事的认知，还从其所涉范围列举了其具体类型。鉴于民间故事内容的交叉性，加上分类标准不一，对其分类就显得较为复杂。按照狭义的民间故事之界定，汉水流域民间故事按照内涵及其功能，大致可分为生活启智故事、事物启思故事、鬼怪志异故事和寓言训诫故事。

（一）生活启智故事

“生活故事又称‘世俗故事’或‘写实故事’。这类故事是以民众的

---

① 钟敬文主编：《民间文学概论》，2 版，北京：高等教育出版社，2010 年，第 149 页。

② 刘守华、陈建宪主编：《民间文学教程》，2 版，武汉：华中师范大学出版社，2009 年，第 64 页。

日常生活为题材，以现实中的人物为主角而展开的叙事，是对民间观念与意识及社会底层生活的一种形象化叙述，表面上其现实性较强，幻想性较少或看似没有幻想，而实则仍带有一定的想象与虚构。”① 汉水流域民间的生活故事，范围广，类别多，大凡民众生活中的衣食住行、玩乐嬉戏、婚丧嫁娶，都属此类。这类故事读之听之能予人以智力启发，概而论之，汉水流域生活启智故事主要有道德伦理故事、奇巧姻缘故事、阶级斗争故事、机智人物故事等。此类故事或表现汉水流域民间交往中的伦理道德以及家庭内部的人际关系，充满了对人世间美德、美言、美行、美功的赞美歌颂和对乏德丑行的鞭挞和斥责；或以曲折悬念技巧表述汉水流域民间婚姻习俗文化特色，彰显道德训诫意味；或反映漫长的封建社会里剥削阶级与被剥削阶级之间的尖锐矛盾和斗争；或反映汉水流域机智人物与邪恶势力斗争、和命运抗争、和不公正的待遇或封建婚姻搏击的精彩表现。这些故事在湖北十堰丹江口市伍家沟村流传盛行，在一定程度上折射出汉水流域人们生活习俗文化的精彩内涵。

（二）事物启思故事

事物启思故事主要是指动植物故事和引人思考的幻想故事，这类故事读之听之让人深思。一是动植物故事，这类故事是以人格化的动物、植物或其他自然物为主人公编制故事、展开情节，并借助这些形象间接地表现人类社会生活或情感的叙事性民间口头作品。正如张紫晨所指出

① 刘守华、陈建宪主编：《民间文学教程》，2版，武汉：华中师范大学出版社，2009年，第69页。

的："动物故事既是关于动物的故事，也是关于人的故事。但归根到底，还是关于人的故事，只不过它采取的形式不同而已。在这里，动物故事中的动物，是在幻想中塑造的艺术形象，因此，它虽然是以动物的姿态出现，但又不是自然界原来的动物。"① 汉水流域动植物故事的基本手法就是从万物有生有灵的认识出发，推己及物，将人类社会的各种经验情景推展到动植物世界，对各种动植物进行绘声绘色的人格化的塑造和阐释，如《人是泥巴捏的》《猫和狗为什么不好?》《人为啥没尾巴?》《北方为啥寒?》《猴子为什么是红屁股?》《狗断奇案》《狸猫救太子》《白马告状》《麒麟送子》《乌龟报恩》《翠鸟的传说》《桑树为什么裂皮?》《椿树为什么有牌?》《白杨树为什么叶子像拍手?》《人为什么会吃麦?》《寒露和荞麦的故事》《一枝谷的故事》《羊和五谷》《冬虫夏草的故事》《黄花菜的故事》等。

二是幻想故事，又称民间神话、神奇故事和魔法故事。"这类故事的幻想色彩十分浓厚，是以丰富的想象及虚构为手段，来表现人类的生活和理想愿望的故事。"② 据搜集到的幻想故事，较有名的有《财神沟里有财神》《凤凰山的传说》《鲁山和耳山工》《前程景》《秦始皇赶山》《秦仙姑成仙记》《香棒褪》《祖师爷的乌鸦兵》等。这类故事不仅反映了汉水流域人民的智慧和理想，更激励着人们追求美满生活、幸福姻缘、公正自由，并成为为理想而奋斗的精神动力。

---

① 张紫晨：《略论动物故事》，载浙江人民出版社编《民间文学论文集》，杭州：浙江人民出版社，1982 年，第 180 页。

② 刘守华、陈建宪主编：《民间文学教程》，2 版，武汉：华中师范大学出版社，2009 年，第 68 页。

(三) 鬼怪志异故事

汉水流域流行的民间故事，有相当大一部分是鬼狐精怪故事。这些鬼狐精怪一般包括“冤死鬼”“冤女”“凶死女”“狐狸精”“蛇精”“鳖精”“鱼精”以及各种花、鸟、虫、鱼、兽精等。这些鬼怪故事，有些内容消极、落后或下流不堪，但绝大多数都是以拟人化的手法，再现出形形色色鬼狐精怪的异常生活情景和奇特陌生的世界，折射出人类社会生活的情景，并间接地倾诉着人类的理想和愿望。在这类故事中，我们可以看到形形色色的鬼狐精怪，它们能说话，能走路，能辨别善恶美丑，有喜怒哀乐、七情六欲，甚至有超常的能力，能超越一般世俗的权力，乃至皇帝的圣旨，可以通过超常的能力直接到皇帝跟前，或到皇宫大殿上去面理、托梦、解危难、救良民。这些鬼怪故事，不论天有多高，地有多深，河流江海有多宽，也不管其他害人害世的神怪，道行有多高，法术有多么大，他们都敢挑战、敢抗争，敢于维护自己的权益，伸张世道的正义，同情弱者，造福百姓。

在汉水流域，各地都有记忆鬼狐精怪故事的“故事篓子”，讲说这类故事也成为人们生活中的习惯和乐趣。没有这类故事，夏夜就会变得炎热无比，冬日的夜晚就会更加寒冷难耐，单调的乡村生活就会更加寂寞乏味，而民间故事本身则会没了看家的“法宝”和“魔力”。也许，正是因为有了这些志异故事，汉水流域民俗才变得质朴而淳厚，人民变得善良且富于智慧。汉水流域的鬼狐精怪故事，比较有代表性的有《地脉龙神倒霉》《会办事的土地爷》《养生地鬼》《鬼朋友》《蝎子精》《阎王受贿》《鬼女儿，人女婿》《人背鬼》《皮狐精变金钗》《石牛》《牛和蝎子》《放牛娃的皮狐媳妇》《没有下巴壳的人》《卖鬼》等，都脍炙人口，广为流传。此类故事里的有些鬼怪不仅很有同情心、慈悲心，而且极富公正性和道义感，宁可让自己晚些超度，也绝不让善良无辜的人无端受伤，绝不去干伤天害理、损人利己之事，但是，对待心黑缺德的财主，则干脆果断，决不手软，表现了爱憎分明的原则。

（四）寓言训诫故事

寓言故事是由民众集体创作并流传的带有明显训诫意味的小故事，是民众智慧、经验和知识的结晶。一般都借物或借事喻理，把一些处世、待人、道德礼貌等哲理寓于故事之中，使人在听故事的过程中，获得智慧的启迪、思想的熏陶和知识的丰富。如《小伯乐识马》，述说伯乐善识千里马，人间传为佳话。但识马秘诀从不传外人，只传给他的儿子。伯乐儿子得了识马术，便自命不凡，盛气凌人，独自一人四处去寻千里马，他死记着父训：嘴巴宽宽扁扁的，鼻孔是圆圆的，眼睛睁得突突的，蹄爪是大大的，肚子是鼓鼓的。有一天，池边草丛里蹲着一只大蛤蟆，小伯乐东看西看，觉得和千里马非常相似，如获至宝，就把它装进衣兜里。小伯乐急忙跑回家，大声喊叫四邻来看千里马，众人一见哈哈大笑说："这是货真价实的癞蛤蟆！"这个故事对学习上生吞活剥、食古不化的机械做法做了穷形尽相的刻画，听后让人深思。此外，《蚂虾肚子咋破的?》《三个人猜蛋》《两条腿》《嘴》《脑壳、胳膊和腿》都是发人深省的好寓言故事。

总之，汉水流域民间故事蕴含着丰富的文化内涵。李娜与曹弋在《郧阳地区民间故事的文化解读——〈郧阳民俗文化〉管窥》一文中，以郧阳民间故事为例，探讨了民间故事之深厚文化内涵："郧阳地区的民间故事，在取材于现实生活的同时，不可避免地与本地的政治更迭、历史演变、文化传承等因素休戚相关。因而，那些业已成型的故事，无一不是客观性的乡土写实与主观化的艺术想象交相作用的产物。这些故事在自身流变的过程中，又自然而然地体现出相应的民间性质地和文学性特征。”① 在整体界定郧阳民间故事特征的基础上，进一步指出其内容的文化意蕴：其一，指向历史和政治；其二，放眼现实生活；其三，书写男女爱情。在述说方式上呈现出乡土写实与艺术想象、忠实讲述与隐晦说教、记忆筛选与有效遗忘之审美特色。郧阳民间故事是汉水流域民间故事的一个缩影，基此亦可见汉水流域民间故事文化乃至民俗文化意蕴之一斑。

五、乡土歌谣

乡土歌谣即民间歌谣，是语言民俗的构成部分。刘守华等在其《民间文化教程》一书中将民歌界定为：“歌谣是篇幅短小，以抒情为主的民间诗歌的总称。实际上它由‘民歌’和‘民谣’两部分构成。”②《孝感县简志》（二十三节·1959 年湖北人民出版社铅印本）载有 1949 年前后的民歌，1949 年前的民歌多不胜载，选录几首于下：

正月玩过，二月难过，三月摸螺蛳蜂蛤，四月问你娘儿几个。(此言贫苦农民，度过春荒之不易。)

你家伢在南头，我家伢在北头，你家伢拾起砖头，打了我家伢的额头，还有甚么说头，穷人不得伸头。

---

① 李娜、曹弋：《郧阳地区民间故事的文化解读——〈郧阳民俗文化〉管窥》，《郧阳师范高等专科学校学报》2013 年第 1 期。

② 刘守华、陈建宪主编：《民间文学教程》，2 版，武汉：华中师范大学出版社，2009 年，第 120 页。

麦子种完，整米上坛，挑土填牛栏，才可说工钱。

穷人交好运，要到四月尽，早上有人请，晚上有人问。（以上两首歌，充分地体现出地主阶级对雇佣劳动过度的劳力剥削，在适时利用的时候，又是如何的以“争购”的方式来收卖。）

姚湾二姑潭，大肚子划龙船，若是数不够，管家沟来凑。（这是说明此两地有血吸虫病。）①

1949年以后，人民以愉快感奋的心情发出内心的赞美之情，歌谣多不胜收，这里因篇幅所限，只选录略具代表性的两则于下：

四月里麦穗黄，栽秧割麦两头忙。屋里忙的是蚕上架，屋外忙的打连场（连场是一种打麦的工具）。生产队里来挑战，劳动模范逞刚强。麦子堆成山一样，颗颗麦子发金光，做成馒头甜如蜜，做出粑来扑鼻香。人人都说合作好，幸福生活万年长。

孟湖垸，一千八百担。一夜雨，淹一半。有女莫嫁孟家垸，只见菜来不见饭。政府近来把水利办，荒田变成良田畈。全垸男女大欢喜，子孙后代吃饱饭。②

汉水是一条流诗淌歌的河流。汉水流域的民歌内涵丰富，形式多样。按区域来看，民间传唱久远的就有紫阳民歌、商洛民歌、向坝民歌、官渡民歌、房县民歌、吕家河民歌、鄂西北民歌、襄阳民歌、荆门民歌、南阳民歌、沔阳民歌、随州民歌、孝感民歌等，无不昭示着

---

① 丁世良、赵放主编：《中国地方志民俗资料汇编·中南卷》(上册)，北京：书目文献出版社，1991年，第336页。

② 同上。

汉水流域为我国民歌重镇之地位。从古到今，从上到下，汉水流域民歌浩如烟海，多如繁星，体裁上有劳动歌谣、时政歌谣、仪式歌谣、情歌、生活歌谣、历史传统歌谣、儿歌童谣，以及杂歌谣等。劳动、生活歌谣在这些歌谣中占量最大，这是因为它和劳动生产以及人民生活的关系最直接、最密切。同时，也是由于民间文学从来就是“生产者的艺术”，和劳动生产有着天然的联系。这些民歌均为汉水流域民众心灵情感的折射和灵魂上的文化烙印，滋养着汉水流域民俗文化不断丰厚和发展。

（一）汉水中上游民歌

汉水中上游民歌主要有陕南的紫阳民歌、商洛民歌，十堰境内的向坝民歌、官渡民歌、房县民歌、吕家河民歌以及鄂西北民歌、襄阳民歌等。

1. 紫阳民歌

紫阳民歌是产生流传在陕西省紫阳县境内民间歌谣的总称，是陕南地区民歌中颇具代表性的曲种。它语言形象生动，曲调优美动听，具有鲜明的艺术特色和地方风格，是紫阳人民在长期劳动中创造出来流传至今的艺术瑰宝。

紫阳民歌品类齐全，歌词朴实生动，曲调优美动听，号子、山歌、小调、社火歌曲、民俗歌曲皆十分丰富。其音乐风格大多有着较强的抒情性、叙事性和舞蹈性，适宜于表演动作、表达情节和反映人物复杂感情。20世纪50年代，紫阳民歌被陕西省音协、陕西省艺术馆和西安音乐学院的专家、教授和工作人员发现后，迅速红遍陕西，成为历次全省群众文艺调演的精品节目，并多次获奖。60 年代，紫阳文艺工作者运用紫阳民歌首创了紫阳民歌剧这一新兴剧种，被列入《中国戏曲曲艺词典》。70 年代，紫阳民歌进入鼎盛时期。1972 年，由刘培森作词、李三存作曲的紫阳民歌《春到茶山一片新》被中央军委选送到福建前线对台广播。1975 年 7 月，陕西省群众音乐活动经验交流会在紫阳召开，全省几百名文艺工作者集会山城鉴赏民歌，他们漫游茶山、散步民俗小区，听群众演唱和茶山对歌。老艺术家张喻汲取紫阳民歌大量优秀成分创作了红极一时的《红梅岭》歌剧。紫阳的文艺工作者致力于民歌保护、创作与研究，一批民歌精品相继问世。他们创作出了《王二嫁嫂》《牧羊恋歌》等优秀民歌剧，多次在西安会演并荣获大奖。李志清创作的《放排歌》发表于《人民日报》，刘培森创作的《插秧曲》《满路春光满路花》《茶山情歌》分别发表于《解放军文艺》《人民日报》和《诗刊》。原生态的民歌开启、滋养了当地人的文思，紫阳出现了民歌创作热。紫阳民歌是陕南民歌的优秀代表，在《中国民歌集成·陕西篇》中，收集的紫阳民歌达 90 多首，《中国民歌词典》列举了 9 首陕南民歌条目，其中有 5 首紫阳民歌。20 世纪 80 年代初，紫阳的文艺工作者经大规模采风，采录到紫阳民歌及民间故事传说数千件，整理后编印民歌 10 册 800 余首，故事传说 5 册。

1998 年，紫阳县提出构筑文化旅游大县的发展战略，打造紫阳民歌品牌成为该县发展地方特色文化的主攻方向。自 1998 年以来，连续举办了三届全县性的民歌大赛，同时，在历届安康汉江龙舟节和紫阳富硒茶文化节上积极推介紫阳民歌，使更多的人了解紫阳民歌，热爱紫阳民歌。20 世纪七八十年代到世纪末是紫阳民歌振兴的时代，紫阳民歌把一页辉煌写进历史，在 20 世纪的末端画了一个精彩的句号。2002 年 10 月，紫阳县被陕西省文化厅命名为“陕西省民歌之乡”，被省音乐家协会确定为“陕西省民歌创新基地”。2003 年 3 月，被国家文化部授予“中国民间艺术之乡”（民歌）的称号。2006 年 5 月 20 日，国务院公布了第一批国家级非物质文化遗产名录，紫阳民歌被列入其中。

在紫阳，流传着这样两支民歌：“山歌多来山歌多，山歌子就有牛毛多，唱了三天零三夜，还没唱完个牛耳朵”“一斗芝麻撒满山，我的山歌有万千，南京唱到北京转，回来还能唱几年”，足以说明紫阳民歌藏量极为丰富。据粗略统计，在紫阳发现的民歌曲目总数已达 5028 首，已编印成册的有 828 首，其题材包括号子、山歌和调子几大类，其中又包含了社火歌曲、民俗歌曲、宗教歌曲、曲子等不同歌种。紫阳民歌代表性曲目有《郎在对门唱山歌》《洗衣裳》《南山竹子》等，其表现对象、歌唱场合、格调韵律等方面均有不同。

2. 商洛民歌

商州民间艺术丰富多彩，群众文化活动频繁，流传最广泛、影响最深远的是商洛民歌。1977 年在商州区紫荆出土的“泥质红陶哨”（仰韶文化遗物）表明，早在新石器时期，商洛的劳动人民就创造了能发单音的简单乐器，足见商州人民爱乐喜歌的天性由来已久。

商洛民歌可以说是历史的活化石。有的民歌可以追溯到《诗经》。秦始皇时，四位博士官隐居商山，史称“商山四皓”，他们的《采芝歌》已经传唱了两千多年。北宋文学家王禹偁贬官商州，作山歌《畲田词》5 首，选入《宋诗全集》。清代乡土诗人王时叙，著有《商州山歌》专集，全面记述了商洛的山水风光和民俗风情。明末清初，广东移民迁商洛，称为“客家人”，他们传唱的《绣汗巾》，字里行间记载着客家人北迁时的景况。

商洛民歌是陕西省商州地区人民千百年繁衍生存过程中的亲密精神

伴侣，与其深厚的音乐历史底蕴相映衬，其曲调格律种类众多，譬如小调就有一般小调、经弦小调、渔鼓小调、花鼓小调等，民歌种类几乎一应俱全，其思想内容广泛涉及各阶层社会生活和情感的方方面面：政治的、宗教的、爱情的、劳作的、民俗的、节令的、祭祀的、诉苦的、劝善的、喜庆的等。商洛民歌藏量极为丰富，已发现曲目多达 3000 多首，已编印成册的约有 1200 首。从艺术形式和手段上看，商洛民歌体裁主要包括山歌、小调、号子和孝歌四大门类。

3. 向坝民歌

向坝民歌涉及竹溪县 15 个乡镇，有山歌、田歌、情歌、薅草锣鼓、船工号子、竹溪花鼓、竹溪丧鼓等表现形式。2005 年，竹溪县向坝乡被湖北省民间文艺家协会命名为“省级民歌之乡”。

向坝民歌是历史悠久的民间艺术之一，在内容上以当地人民的生活劳动、衣食住行、喜怒哀乐等日常生活和基本人性为主要表现对象，再现了当地人民独特的生活境遇和创造美好生活的不懈努力，讴歌了劳动人民勤劳善良、热爱生活的美好品质，反映了劳动人民对真善美的执着和对幸福理想未来的强烈向往。在形式上，向坝民歌体现了劳动人民别具一格的审美情怀和艺术创造禀赋。向坝民歌靠口口相传，没有固定的乐谱，只有相对稳定的曲调，歌词通俗易懂，生动形象，口语化的表达使其深入浅出，家喻户晓；而其音乐语言则是自然朴实，俚俗贴切，简洁明快，具有浓厚的民族风格和地方特色，易学易唱易传播。

向坝民歌演唱形式，大多以山歌、情歌对唱为主，对唱主角一般是女性，并以女性口吻歌唱，用以表达颇具普适性、传统性的价值判断和理想追求。向坝民歌的思想内涵大多以艳、贤、谐、怨为主格调，用以表达独特境况下一个族群独特的命运际遇、情感追求、生命欲望、创造奋斗和人生思考，从侧面凸显了人类本性和社会生活的无限丰富和奇光异彩。

近年来，竹溪县文化宣传部门大力弘扬先进文化，邀请省市民歌民俗专家学者，多次深入向坝乡实地考察采风，搜集山歌、情歌、阳歌、丧歌、哭嫁歌、劝善歌等10多个种类4000多首。经分类整理，择优选取200多首结集出版《向坝民歌集》，其中记谱整理了29首，便于社会传唱。

4. 官渡民歌

官渡，属秦巴腹地，其历史文化底蕴尤为深厚。“巴”是一个地域概念，它是指秦岭和大巴山连绵而成的狭长地带，也指远古时期秦、楚、巴、庸四国交会的地区，是当下鄂渝陕三省交界处。自古就有着“巴山楚水凄凉地”的古语，此地烽火不断，多灾多难，山重水复，原始封闭。信息的闭塞与发展的落后，使一批原生态文化得以在这里保留和流传。在一个个群山环抱的山洼里、村舍间、大树下，伴随着袅袅升起的炊烟，一首首沾满泥巴味的民歌，承载着古老的信息，一直传承下来，被称为民间文化的“活化石”。山民们在劳动和生活当中，创造了大量富有生活气息的民间小调。如今在官渡，随便就能唱几首民歌的就有五六百人。

官渡民歌内容丰富，形式多样。从形式上看，有小调、山歌、号子、五句子、阳锣鼓、阴锣鼓、花鼓调等几十种；从内容上看，有情歌、丧歌、薅草锣鼓、插秧歌、劝诫歌等，就连猜谜语、行酒令、报菜名、哭嫁女都能入歌，甚至是叫花子上街讨饭也有“讨米歌”。真可谓无时不歌，处处有歌。

5. 房县民歌

房县民歌是房县（房陵）文化的重要组成部分。房陵文化有着深厚的文化底蕴和显著的特点，蕴藏量大，形式多样，积淀深厚，层次分明，传承自觉。一是房陵文化历史悠久，内容丰富。房陵是楚文化发祥地之一。此外还有《诗经》文化、巴楚文化、流放文化、秦楚边缘文化、汉水文化、神农文化、武当道教文化和野人传说等，均具有独特的区域特色。二是“楚调、巴音、秦韵”的风格明显。三是流传在房县民间的民歌种类多、腔调多、内容丰富。民歌种类有山锣鼓、对战歌、待尸歌、劳动号子等；民歌腔调有平腔、蛮腔、桃腔、打腔、哭腔、拉花腔等；民歌内容主要反映生产生活、恋爱婚姻、礼仪孝廉，以及传唱《诗经》《三字经》《增广贤文》和“四书五经”中的内容。

6. 吕家河民歌

吕家河民歌村地处十堰市武当山麓，是中国南方著名的汉民族民歌村，号称“中国汉族民歌第一村”。与中国北方著名的汉民族民歌村河北耿村相比，吕家河民歌村及其民歌显现出了更为独特的地域文化特征，主要表现在：歌手多而集中，爱歌乐歌相习成风；歌曲数量极多，演唱水平不让专业；曲目腔调丰富，兼容东西南北中；风格柔中有刚；小调体裁较多，妓歌、私情歌突出；歌人任重而道远，歌路悠久而宽广，题材广而史蕴深，是民歌王国中一朵不可多得的“山野奇葩”和中国汉族民歌弥足珍贵的“半坡遗址”。究其民歌特色产生的原因，可以发现，除民歌产生发展的自身内在规律外，还与历史文化蕴积、地理环境、民俗传统、频繁移民和道教氛围等都有密切的关系。因而，加强对吕家河民歌村及其民歌的发掘、抢救、保护、传播和研究，不仅具有世界民俗文化的交流、认同、比较、借鉴和研究价值，同时，在文化、经济全球化的历史趋势下，更富于文化的本土意义、传统意义、民族文化认同价值和传承价值；不仅涉及传统文化的发掘保护、开发利用的问题，同时更直接关涉民族文化的传承问题、安全问题和社会主义新农村建设的资源问题。

吕家河民歌的曲调十分优美，既有江南小调的缠绵，又有北方民歌的豪放；既有中原曲调的圆润，又有西北民歌的高亢。从吕家河21世纪初已整理的民歌中，可以看出其内容丰富、曲调优美、演唱形式活泼多样。比如“阳歌”，主要是以男女的情爱为主，涉及日常生活的方方面面，大都诙谐风趣，婚嫁时要唱“迎亲歌”“陪嫁歌”“哭嫁歌”，过年时唱“闹年歌”，住新房要唱“暖房歌”，喝酒时要唱“劝酒歌”。例如《洞房歌》中所唱：“妹妹相中哥一人，雷劈地裂不变心。盼就盼哥吱一声，妹妹就是你的人。……高山流水用心听，哥是妹妹的知音。待到月亮东山起，笙箫合奏到天明……”吕家河的民歌与人们的生活习俗紧密相连，歌声伴随人们生活的方方面面。村民们将歌声当作交往的第二语言，只要是生活中的美好事物，在歌声中都能找到，就如同阳光一样，是村民们生活中必不可少的一部分。

7. 鄂西北民歌

鄂西北地区因位于湖北省的西北部而得名。这里地处秦岭和大巴山两大山系的东段，汉江的中上游，东北部以丹江与河南分界，西南与陕西、重庆交界，西南部间涉宜昌市部分，导致在语言和音乐方面，与陕南、川东、豫南、豫西互相影响，逐渐形成了鄂西北的特色，地理区域包括随州市、襄阳市、十堰市和神农架林区，面积约3万平方千米。地理禀赋使这里成为南北文化的通道、东西文化的走廊，从而形成了鄂西北地域文化的独特品质，多种文化具有国家文化特质和国家战略内涵，呈现出文化价值的国家意义。

鄂西北最具代表性的有史前文化、驿道文化、《诗经》文化、宫廷文化、沧浪文化、道教文化、抚治文化、车城文化和水利文化等九种文化。其中最为重要的有六种，即史前文化、驿道文化、《诗经》文化、宫廷文化、沧浪文化和道教文化。正是得益于雄伟秀丽的秦巴山川之助和这片丰厚渊博的历史文化沃土，才培育出璀璨夺目、多姿多彩的鄂西北民歌。鄂西北民歌主要有历史传说歌、民俗仪式歌、小调、情歌、中医歌和叙事诗，叙事诗以《双合莲》最为有名。

8. 襄阳民歌

襄阳民歌是襄阳文化的构成部分。襄阳是楚文化发祥地之一，文化发达，文明鼎盛，有多种文化流传，如襄阳非物质遗产文化、荆楚文化、三国文化、汉水文化、诗赋文化、都市文化、红色文化、书画文化、古城文化、古城军事文化和方言节庆文化等。襄阳方言准确来说是指其所属各县市方言的总和，语言学分类属于官话中的西南官话。鄂北小片除入派阳平之外，音调与成渝片差别较大，类于中原官话。西南边受秦巴方言的影响，语言“清轻略带秦”；东北边语言浊得近豫音。从语音、词汇、语法诸方面来看，襄阳话与普通话均有差异而以语音差异较大。由于1960年至1970年“三线建设”时期襄阳主城区及下属县市迁入大量使用吴语与东北官话的人口，今日市区仍然存在吴语与东北官话的方言岛，同时也造成了北部城区以及原“三线建设”单位附近地区大部分居民普通话语音十分标准，但不能使用本地方言进行交流的情况。襄阳本地流行的节日和习俗主要有火把文化节、拔河节、穿天节、诸葛亮文化节等。襄阳民歌正是在这样一片雄阔深厚的社会经济、历史文化的沃土中盛开的一朵奇葩。襄阳民歌主要有劳动歌、民俗仪式歌、小调、情歌、新民歌、历史传说歌、儿歌、锣鼓歌等。

(二) 汉水下游民歌

汉水下游的民歌主要有荆门民歌、沔阳民歌、随州民歌、孝感民歌等。

1. 荆门民歌

荆门民歌是荆门文化的特色部分。在长江文化和汉水文化共同浇灌的荆门沃土上，荆门民歌历史悠久，兴旺发达。荆门歌谣不仅是荆楚劳动人民社会生活和历史创造的写照，是人们思想认识和生命欲求的表白，更是他们真挚情感的自然流露，也是他们对于美好的大自然，对于人生命运和遭遇，对于不老的爱情，对于未来的生活和劳动所作出的一代复一代的艰难的探索认识、真实的体悟见解、美好的憧憬和向往。通过一首首、一段段歌谣的传唱，一代代的荆门人唱出了他们的哀愁，唱出了他们的快乐，唱出了他们对爱情的追求、忠贞，也唱出了他们对未来的希望和梦想。

荆楚田歌非常丰富，有薅草歌、打麦歌、车水歌（车水锣鼓）、栽秧歌、扯草歌等。每种歌在各地又有多种不同的曲牌和演唱形式。如钟祥的秧田锣鼓有两种形式：一种是由专业歌师傅在田边演唱，用锣鼓伴奏，另一种由劳动者自唱自乐，无锣鼓伴奏。又如天门、沔阳的薅草歌由主腔和号子组合而成，一领众和。领唱者主腔（高腔、悲腔、打锣鼓），众人接唱号子（阴阳火、拗驴子过桥等）。薅草歌的旋律高亢优美，富有江汉平原淳朴的田园风味。它的主要曲牌后来发展为荆门花鼓戏的主要唱腔，脍炙人口，流传全国。荆门民歌主要有儿歌、劳动歌、劝善歌、小调、情歌、民俗仪式歌和民间谚语歌谣等。

2. 沔阳民歌

沔阳民歌是沔阳文化的一部分，是指自古以来沔阳人民创造的并一直流传在沔阳各地的各种民间歌谣的总称。沔阳文化主要有崇厚坚毅的优秀传统文化、敢于抗争的革命文化和时代浪潮中的社会主义先进文化。自古以来，沔阳就是文明礼仪鼎盛之地。自梁天监二年（公元 503 年）设沔阳郡一千五百多年以来，沔阳一直是郡、府、州、路（县、市）建制，素有“人文炳蔚”的“歌艺之乡”，“士习敦朴”的“礼仪之邦”之美称。沔阳人民能歌善舞，坡上有樵歌、水上有渔歌、田里有秧歌、筑堤有打硪歌，还有民歌小调、渔鼓道情、锣鼓曲谱等，丰富多彩。沔阳民歌正是在这样的自然环境下孕育出来的。时至今日，沔阳民歌唱遍荆楚大地，它以高亢、优美的曲调注入中国民歌之林，成为我国民歌中的一朵绚丽的奇葩。从不同的表现内容和歌唱方式来划分，沔阳民歌大致可以分为号子、田歌、小调、灯歌、民俗歌、儿歌、革命历史民谣和新民歌等八种。

3. 随州民歌

随州民歌如同其文化一样悠远厚重。随州历史悠久，是中华民族最早的发祥地之一，是全国历史文化名城，也是中华民族和中华农耕文明的圣地，还是编钟古乐之乡。这种独特的历史文化背景和深厚的音乐文化底蕴使随州民歌得天独厚，别具一格。加之随州地处先秦时期形成的长江中游地区通往中原和关中的重要通道——随枣走廊枢纽地区，独特的区位环境，使南北文化在这里随着漫长的历史演进，交流、碰撞与融合。《诗经》《楚辞》并举，南腔北曲兼容，从而使得这里的民歌呈现出“不畲不蛮”“又畲又蛮”的风格特征。同时，从随州民歌的音列调式中，仍可以发现许多与曾侯乙编钟音列调式如出一辙的特点，表现为一种文野交融、雅俗共赏的艺术特性，亦庄亦谐，亦俚亦文，既有庙堂文学的庄重风雅，又不乏江湖之声的热烈生机，具有较强的传统性、世俗性、民间性和即兴性交融的特点，深受地方群众所喜爱。

随州民歌源远流长，自古就是人民群众劳动生活不可或缺的组成部分，是随州地区历史文化的结晶和音乐文化的珍贵遗产，是认识历史、社会、民风民俗的宝贵资料，具有重要的艺术和人文研究价值。随州民歌源于随州地区历代先民的劳动和生活，题材广泛，从盘古开天辟地、天地宇宙的形成，到民族的诞生、繁衍和发展兴盛，从历史变迁、政权轮替到帝王将相、政治信仰，从宗教思想、人生追求到道德伦理、世间百态，从婚丧嫁娶、劳动生活，到喜怒哀乐、情感抒发等，涉及了社会生活的各个领域。与其内容的深厚丰富相对应，随州民歌不拘一格，体裁多变，既有号子田歌、灯歌船歌、情歌俚曲、生活小调、经歌孝歌，也有独唱、对唱、齐唱、领唱与帮腔、歌唱伴舞与锣鼓接腔等多种形式，既有传统民俗仪式歌、劝善歌，也有情感丰沛、节奏鲜明的时政歌和新民歌，形式多样，姿彩各异。

4. 孝感民歌

孝感民歌是孝感文化的组成部分。孝感因其城市得名于孝、孝子辈出、孝址众多、孝俗感人、孝艺丰硕、孝文化研究氛围浓厚等因素成为闻名于世的孝风弥漫的孝文化重镇。孝感地处周南、召南重要地带，其民歌传统深厚、历史悠久。先秦诗歌总集《诗经》中的许多名篇，如《周南》中的《关雎》《桃夭》，《召南》中的《鹊巢》《采蘋》《摽有梅》等篇，在孝感迄今仍广为流传。孝感民歌就是以楚文化为基础、以孝文化为核心，吸纳融合了中原文化、外来文化养料，孕育出的独具特色的歌乐奇葩。孝感民歌视野开阔，反映的社会生活全面丰富，直面世道物理和人情人性，极富哲理思辨色彩，充满农耕文明的朴素务实精神，体裁种类繁多，折射出孝感淳朴而又厚重的文化气度和阳刚瑰丽的历史异彩。

其民歌有号子、山歌、灯歌、小调、渔歌、民俗歌、历史歌、时政歌、儿歌、谜语歌等类型，单是劳动号子就可以分为打硪、搬运、榨油、打麦子等，这些号子多由一人领号众人和，起落有致，节奏分明，气势豪迈。一般主词中有“咳哟”“嗨”“嗬”等衬字。此外还有田歌，主要有栽秧歌和车水歌。载秧歌多为啰伙调（分大、小啰伙，推草啰伙）、对谜调、吆九调，演唱节奏悠扬悦耳。车水歌亦称“车水锣鼓”。以安陆为例，其板式和唱腔，安陆河东与河西有差异。河东按速度分慢板、赶快板、煞腔，速度渐快称“步步紧”；河西分“正歌”“赶二句”“赶三句”“夫子腔”“一捶锣”。歌唱时领歌齐和，唱腔高亢、舒展，以大段锣鼓间奏。

除此之外，还有山歌、灯歌。山歌又称对山歌、放牛歌。安陆山歌多为乡间放牛娃所唱，主要流行于西乡、北乡等丘陵地带，其形式为猜谜歌，如《松树高头挂灯笼》一问一答对唱，也有情歌，如《砍条大路接哥来》《莫把我姐晒黑了》。年节之时有灯歌，灯歌为舞龙灯、划采莲船、跑竹马、踩高跷、玩狮子时演唱。曲牌有“四平调”“纽丝调”“京山调”“采花调”“打牙牌”“闹元宵”“八仙调”“泗洲调”等20多种，演唱时加上鼓乐伴奏。

在农闲季节和闲散时间，孝感人还喜欢唱小调，小调为里巷之曲，是乡间妇女相聚一起做针线、择棉花时唱的歌，有独唱也有对唱。内容反映爱情的较多，如《十把扇子》《十条手巾》《十二月望郎》《十诉姐恩》等，还有控诉封建礼教的《苦媳妇》《寡妇自叹》《断姻缘》等，以独唱为主，节奏平稳，声调低沉婉转，如诉如泣，常以丝弦伴奏。

（三）唐白河流域南阳民歌

南阳民歌为南阳文化的重要组成部分。在我国第一部诗歌总集《诗经》中，就有部分诗篇与南阳有关，如《崧高》《扬之水》。中国文学史上部分有名可考的女诗人和较早的书信体散文作家，恐怕都可追属于南阳。春秋时楚国宛邑（今南阳市）人、秦相百里奚之妻杜氏，因思念丈夫写了一首如泣如诉的《扊扅歌》："百里奚，五羊皮。忆别时，烹伏雌。吹扊扅，今日富贵忘我为？//百里奚，初娶我时五羊皮。临当别时烹乳鸡，今日富贵忘我为？//百里奚，百里奚，母已死，葬南溪；坟以瓦，覆以柴。舂黄藜，扼伏鸡；西入秦，五羊皮，今日富贵捐我为？"[①]她可算作是南阳较早的女诗人了。而春秋末年楚国宛人范蠡（字少伯）写给朋友文种的一封信《遗大夫种书》，则是我国的书信体散文名篇。

历史上和如今的南阳，均让世人特别关注。《诗经》描绘过这里的楚地风雅，李白吟咏过这里的汉时繁华，"清歌遏流云，艳舞有余闲。遨游盛宛洛，冠盖随风还"。这一切，无不彰显出作为楚汉文化的发祥地之一，南阳具有的无可替代的标志意义。而现在，代表南阳的"文化符号"已经远不止这些，另外还有南水北调中线工程渠首，河南唯一一个用城市的名字命名行星的城市，中华"四圣"张仲景、诸葛亮、张衡、范蠡的故里，南阳作家群，南阳汉画像石、南阳玉雕、楚长城、恐

① 白万献、李仁瑞、张晓刚编著：《历代诗人咏南阳》，开封：河南大学出版社，1996年，第10-11页。

龙蛋化石群……这一切，又充分昭示着这里是一片神奇的土地。它厚重的文化，经过多年的梳理和锻造，已经和这座古老而又年轻的城市融为一体，不可分割，使每一个到过这里的人，都能感到“文化南阳”的触手可及。

南阳在历史上有着辉煌灿烂的音乐文化，其民歌尤为丰富多彩，故有“音乐之乡”之称。南阳民歌多是反映劳动、生活、爱情和劳动者对旧社会的反抗等内容，有着浓厚淳朴的生活气息；曲调优美动听，唱腔圆滑流畅、灵活多样，且易记易学易传，深为广大群众喜闻乐见。南阳民歌主要有劳动歌、山歌、生活歌、民俗仪式歌、小调、劝善歌、历史传说歌和儿歌等。

除上述乡土歌谣外，汉水流域还有汉民族神话史诗之遗响《黑暗传》。《黑暗传》发现于20世纪80年代的神农架，是我国历史、文化学界为数不多的重大文化历史事件之一。《黑暗传》故事上起宇宙起源，下迄大禹治水，是一部史前社会的神话史诗。它分为四大部分：第一部分“先天”讲自黑暗而混沌而玄黄，是宇宙沧桑的漫长演变史。第二部分“后天”讲盘古开天辟地，是天地万物和人类的生成史。第三部分“泡天”讲天地又历经了洪水的多次磨难，是苍生万有、史前人类的劫难史。还讲述了自然造化和兄妹结婚再造人类，是人类的诞生史。第四部分“治世”讲三皇治世与五帝创业，是汉民族原始文明史。200多年前，德国哲学家黑格尔曾推断：中国人没有自己的史诗。20世纪，学术界相继发现了中国少数民族三大史诗：藏族史诗《格萨尔》、蒙古族史诗《江格尔》、柯尔克孜族史诗《玛纳斯》。但学术界仍认为汉族无史诗，连文化巨擘鲁迅、茅盾等人也感到悲观。随着《黑暗传》的出版，“汉族没有史诗”的结论被彻底推翻。现在海内外文化界专家大多认为，从明、清流传至今数百年的《黑暗传》，极为生动形象地描述了从天地混沌黑暗到世界形成、人类起源、社会发展的艰难历程，融汇了混沌、浪荡子、盘古、女娲、伏羲、炎帝神农氏、黄帝轩辕氏等众多历史神话、英雄人物事件，讴歌了中华民族的伟大创造精神，并且比我国现存史籍记载的有关内容更丰富、更奇特，显得更为珍贵。《黑暗传》作为远古文化的“活化石”，对于研究我国古代神话、历史、考古、哲学、文艺、宗教、民俗和巴楚地域文化等，都具有重要价值：一是极大地增强了民族文化自信心和自尊心；二是极大地丰富了中国的神话；三是极大地丰富了中国的历史；四是极大地丰富了中国的文化。《黑暗传》在汉水流域的发现，说明汉水流域不仅是一片创造、产生诗歌的沃土，更是珍爱诗歌、传承诗歌、保护诗歌的安全港湾。因为只有珍爱，才会自觉地传承，诗歌只有在传承中才能得到有效而积极的保护。

总之，汉水流域当之无愧为歌谣重镇。从古到今，从上到下，其歌谣浩如烟海，多如繁星。其歌，一般指各种民歌，或讲说，或单唱，有长有短，有悲有喜，也有伴随各种游艺进行的；其谣，一般均需上口念、说或表叙（顺口溜），有长有短，表述念说方法不一。解析汉水流域民歌不难发现，民歌本源于民俗，然而在其惯制性的创制、传唱、流变中又自然地成为民俗文化不可分割的一部分。

第九章 雅俗共赏

——汉水流域民间游艺与工艺的情调

谈及民俗，人们自然想到衣食住行、婚丧嫁娶、岁时节令，稍有言及民间语言，以民俗角度探析民间游艺与工艺，人们惯于简之略之。基于此，对于民间游艺与工艺的深度认知很有必要。游艺民俗亦叫娱乐民俗。陈华文在其所著的《民俗文化学》一书中提出："娱乐民俗是一种在人们的生产和生活过程中，逐渐形成的具有类型性和模式性，且强调功利目的的民俗文化。……娱乐民俗文化是一种建立在民俗生活基础上具有时限性、模式性和民族个性的娱乐样式。"① 而乌丙安在其《中国民俗学》一书中则认为："凡是民间传统的文化娱乐活动，不论是口头语言表演的还是动作表演的或用综合的艺术手段表演的活动，都是游艺民俗。当然，游戏、竞技也不例外。……游艺民俗的范围大体限定在以下几个基点上：非宫廷化的广大民间层的表演活动；非宗教信仰的世俗生活表演活动；非剧场化、非大舞台化的表演活动；非职业化的或半职业的民间文艺家的表演活动。"② 这些界定不仅触及游艺民俗的本质，还提炼出其特征。再看吴忠军主编的《中外民俗》一书对其的界定："游艺民俗是口承文艺活动、民间歌舞、民间戏曲与曲艺、民间竞技与游戏等文化娱乐活动的模式化与传承行为的总称。它包括口头文学、民间音乐和舞蹈、民间戏曲与曲艺、民间竞技与游戏等内容。……（类型有）口承文学活动类、民间歌舞活动类、民间小戏活动类、民间曲艺活动类、

---

① 陈华文：《民俗文化学》（新修），杭州：浙江工商大学出版社，2014 年，第 234-235 页。

② 乌丙安：《中国民俗学》，长春：长春出版社，2014 年，第 309-311 页。

民间竞技活动类、民间杂艺活动类和民间游戏活动类。”① 此界定抓住游艺民俗的本质，细展其具体类型。由此可言，游艺民俗是一种以消遣休闲、调剂身心为主要目的，而又有一定模式的民间各种娱乐文艺活动习俗的总称。它是人类在具备起码的物质生存条件基础上，为满足精神的需求而进行的文化创造。从简单易行、随意性较强的游戏，到技艺精巧、有严格规则的竞技，从因时因地、自由灵便的戏耍，到配合各种特殊需要的综合表演，都属于游艺民俗的范围。从广义来看，汉水流域民间游艺民俗包括民间杂艺、民间曲艺、民间游戏等，而民间工艺习俗依据其工艺技法亦有多种。

一、民间杂艺

民间杂艺是观赏性较强的除口头文学（前文语言民俗已述）、歌舞、游戏、竞技以外的民间表演活动。乌丙安认为：“这些活动都是我国传承已久的娱乐形式，它们的技巧、道具和表演都与戏曲、曲艺的体系大有不同。从民俗史的角度考察，这些杂艺是古代瓦肆百戏中最有生命力的一部分，为人民所喜闻乐见的形式。它们往往始终保持着固有的朴素风格和传统的表演技法，成为民俗性格突出的娱乐活动。”② 汉水流域民间杂艺类型多样，如彩船、踩高跷、渔翁捕蚌、竹马子、端公舞、凤凰灯舞、龙灯舞、狮子舞、小场子、羊角鼓舞、羊皮鼓舞等，现略举几例。

① 吴忠军主编：《中外民俗》，第 5 版，大连：东北财经大学出版社，2018 年，第 296 页。
② 乌丙安：《中国民俗学》，长春：长春出版社，2014 年，第 344 页。

（一）彩船

彩船又称花船、彩莲船。明朝时由外地流民带来，经多年演变，成为本地较有名的地方舞蹈之一，在湖北全省独具特色，江汉平原较为盛行，陕南汉中亦有分布。

彩船的角色旧时有太公 1 人，后摇婆（男扮女装）1 人，坐船姑娘 1 人，丫鬟 1 至 2 人，共 4 至 5 人表演，均为男扮女装；到后来增加至 4 个丫鬟，共 7 人表演，男女分扮，但后摇婆仍男扮女装。

彩船的核心道具是一条繁花似锦的彩船，船身有小彩旗、大莲花，有坐船姑娘的假腿脚，船棚上有棚帘，四角吊有彩灯，有剪贴图案，还有姹紫嫣红的鲜花。

彩船通常在元宵节前后表演。传统曲调是行进时用“二棚子”戏，主琴“蛤蟆翁”与民间打击乐同奏“过街调”，演出时奏“浪板”。该舞是一个热烈欢快、幽默风趣的情绪舞。太公由勤劳朴实的老生扮演，后摇婆是由诙谐风趣的老丑旦扮演，坐船姑娘花容月貌，是老两口儿的掌上明珠，丫鬟们个个花枝招展，是船上精明能干的佣人。其艺术风格和动作特征为“划、摇、撴、跷”，即太公要划得好，碎步领船；后摇婆要摇得巧，俏而不荡；坐船姑娘要撴得匀，碎步走“水波浪”；丫鬟要跷得妙，碎步走“水波浪”，十字步加小踏跳，步子轻快微颤，略带弹性。

太公是引船领舞者，其他 6 人以坐船姑娘为核心，按既定的各种队形，表演跑船、扎四门（也叫拜四门）、原地划唱、调篙头、跑风、上滩、摇橹、卧滩、下滩等。表演有唱有白。中间有两次原地划船演唱，用郧县四六句或其他灯歌小调，编演各种内容的唱词，其中尤以四六句运用最多。第一次是“拜四门”，以后主要唱“奉承歌”，还有“讨赏歌”“四头歌”等。第一次演唱以太公为主，信口拈词，后摇婆、坐船姑娘、丫鬟也可编词帮唱；第二次是“下滩”后，主要唱小段，谓之灯歌，有四门灯、小观灯等，可唱历史人物、故事、戏出，以后摇婆为主，太公、坐船姑娘、丫鬟帮唱。

（二）踩高跷

此舞在郧县历史悠久，汉水流域其他地区亦有扩布。高跷高度不一，一般在70厘米以上，最高可达1米左右。旧时多扮《三国》《杨家将》《水浒》等戏曲人物，或“八仙”、《聊斋》、《西游记》、《封神榜》等神话故事人物。扮装人数不一，但必须是双数，如6人、8人或12人。用民间流行的乐曲“凤凰点子”伴奏，踩出各种步伐，做出各种动作。后来，又出现了高跷毛驴，由一男一女装扮回娘家、观灯等。还有高跷扑蝶，一丑一旦装扮，旦角是蝴蝶精，手持一根安有纸制大花蝴蝶的软长竹片，年轻小丑做各种动作捕捉，蝴蝶精做各种动作躲闪。

（三）渔翁捕蚌

蚌壳舞又名和尚戏蚌、白鹤戏蚌、渔翁捕蚌，在每年春节、元宵节表演。人物是一个渔翁（老生），一个蚌壳精（武旦）。旧时蚌壳精为男扮女装，后男女扮演均可。道具除一个篾扎纸糊的彩色蚌壳外，还有双剑、渔网、鱼篓等。表演过程基本按捕鱼撒网进行。动作顺序与寓意，一是拖蚌上岸（出场），渔翁双手后背领蚌壳走一个圆场。二是蚌拜四方，寓意是蚌壳精摆脱渔翁自得自矜，煽动双壳，朝拜四方。表演者在前后左右分别作“低凤架”“高凤架”四个亮相造型。三是双剑起舞，由蚌壳精单独表演，程式和长度自由，简单复杂均可。其寓意是在静谧的河湾，蚌壳精舒心习武，且要且舞，舞剑动作有下腰、探海、卧云、射雁、朝天蹬等。四是渔蚌重逢，蚌壳精余兴未尽，突遇老渔翁身背鱼篓，手持渔网再次上场，渔翁惊喜异常，兴致勃勃再行捕捉；蚌壳精惊慌甫定，机智躲闪。五是渔蚌相搏，这是本舞的高潮。蚌壳精躲开渔翁的捕捉，回到壳内紧闭不出，老渔翁绾裤卷袖下浅水，决心把蚌捉住；蚌窥见对手乃是老翁，顿生藐视，与之逗趣周旋；老渔翁摸蚌、掰蚌无效，用力掰动掀翻蚌壳；蚌壳精伺机分别夹住老翁的头、手、脚，放开后离而不去，煽动双翼，轻踏舞步，故意戏弄渔翁；老渔翁屡屡扑空，又气又急，但毫不气馁，抖擞精神一次次追赶，决心捕获“宝物”。此段表演两人动作互相关联，场面调度若即若离，加上文武场面交替，轻重缓急转换的音乐伴奏，令观者凝神注目。六是蚌壳落网，老渔翁几经周折，拿起渔网连撒三网，终将蚌壳网住，蚌壳精脱壳而逃，但已无法逃脱，只得上岸就范。最后二人欢喜亮相结束。

渔翁捕蚌是一个民间神话舞蹈，也是一个反映水上渔家劳动生活的舞蹈。其动作特征是偏头扭射，对视行动；扇壳开合，哈腰伸缩；绞腿轻踏，浪步左右；时紧时缓，若戏若舞。表演具有一定任意性，但变中有宗，活而不乱。另一个显著特色是舞性侧重于表现蚌壳精这个角色，老渔翁则多哑剧动作。

渔翁捕蚌没有道白和唱词，伴奏乐曲与彩船舞曲基本相同，用地方戏“二棚子”曲调，由主琴“蛤蟆翁”主奏，民间打击乐同奏，曲调亦多采用彩船舞中的浪板，在逐步演变中乐器加进了唢呐，增添热烈欢快气氛。

(四) 竹马子

竹马子又名跑竹马。清同治五年（公元 1866 年）《郧县志 · 人物》载，唐太宗李世民四子李泰，曾被封为雍州魏王，贞观十七年（公元 643 年）因与皇太子承乾争夺皇位继承权被贬，改封顺阳郡王，徙居均州郧乡县（今郧阳区），贞观二十一年（公元 647 年）晋封濮王，永徽三年（公元 652 年）病故葬于郧县，时年 35 岁。后来，其妃阎氏、长子李欣、长媳周氏、次子李徽、长孙李峤等故后均葬于郧县城关东郊马檀山唐王室成员李泰家族墓地。相传，京都长安每年都有唐王室后裔来祭奠，车水马龙。跑竹马就是反映这一史实的舞蹈。

竹马，即用竹篾制作的马，竹篾扎制成骨架后，裱画剪贴，有头有尾，马颈上系一圈小铜铃。一马为两节，前半节系人前，后半节系人后。马的颜色各异。

传统表演形式是竹马队由五人五马或七人七马组成，一男一女或三男三女，一匹红鬃烈马领队，多为少男少女扮演。男骑手宫廷卫士打扮，手提马缰，身佩刀剑；女骑手宫廷金枝玉叶打扮，披红着绿，浓妆艳抹。

跑竹马是一种广场舞蹈，每年元宵节前后表演。基本动作是跑马，跑四边形、“剪子股”、“插花”（即穿插），还有勒马、催马、过河等。领队骑手手持马鞭，不断扯响，锣鼓家什根据表演内容，节奏时快时慢，奏“跑马调”。最后原地边舞边唱民歌《十绣》。该舞活泼明快，热情奔放。

（五）其他杂艺

汉水流域民间杂艺品种丰富，类型多样，除上述特别盛行的杂艺外，还有以下几个亦较为流行：

响鞭，随县花鼓戏旦行、丑行的程式表演动作。《打裁缝》的女主人因受到裁缝的调戏而恼怒，举鞭抽打上身赤膊（事先腰系帆布带）的裁缝，打在腰际发出清脆的响声。其口诀为：脚步要站稳，眼睛瞅得准，鞭子打得响，身上又不痛，鞭子打不响，身上起了梗。

打连厢，荆州花鼓戏的表演动作。分两节进行：第一节，丑打竹板走扒子挡上场，唱“打连厢”调，旦上，走内荷花（由内往外转）、外荷花（由外往内转），唱“十枝梅”调。第二节，旦结合多种舞蹈身段步法，以金钱棍打出五花点、小翻花、满天星和大翻花等招式。丑旦舞蹈动作配合有上、中、下三路，分别走双龙出水、横蹉步、背靠背、快跑步、蹬转步、双靠肩、双抢步等。在演出中不断有所发展，将铁门槛、筋斗、蝎子倒爬等武功用于其中。

亮肚，汉剧十杂的程式表演动作。用于《芦花荡》中张飞与周瑜交战。周瑜败后从小路逃走，张飞赤身暗藏芦花荡内，二人相碰交战，周瑜拼命压住张飞的丈八蛇矛，张气得大声喊叫，紧逼周瑜，表现出鹞抓小鹰之态，侧身倾斜，二目圆睁，右脚站立，左脚腾空，右手执矛，左手高举，五指张开，肚腹鼓起，时起时收，鼓起膨大如罗汉肚子，收则肚皮贴背，吓得周瑜斜身倾倒，浑身颤抖，低声叫饶。俗称“罗汉功”。

滚棚，汉剧的程式表演动作。汉剧武丑在农村草台演出《三盗九龙杯》时，用六根柱子搭台，中间两根高，前后略矮，盖平顶棚。杨香武上场走边，至台中处，为了避免宫卫发现，缘柱上棚，从左至右，从右至左，滚“之”字形。然后落在台前杆子上，背手抓住杆上的钉子，作贴壁挂画状。接着一脚钩住铁钉，一脚蹬住杆子，横悬空中作顺风扯旗状，窥测宫中动静。然后翻向悬在台中的两根吊杠上，用脚套住，倒挂金钩，观察动静，见没有人，翻下，盗走玉杯。越调也有此特技。

缩身，汉剧丑行的程式表演动作。演员沉矮裆劲，双膝弯曲，手肘弯缩，紧贴肋边，腰弓背驼，头断千斤（耷拉脑袋），行走中速碎步，脚掌落地，后到脚尖，左脚先起步，不超过右脚尖，右脚两步，紧紧相连，头晃身颤，手捏两拳，微摆配合，行走如同蛇形。用于《羊肚汤》中张母出场和吃羊肚中毒。《天雷报》中胡氏在清风亭盼子时亦用。

仙人镖叉，荆州花鼓戏的程式表演动作。荆州花鼓戏《张三赶妻》中旦、丑两角都踩跷子表演。张三和王氏见面时，经过相认又不敢认，要认又怕认错的多次反复，终于认定无疑后，张三喜极，将王氏举起，头顶王氏腹部，一手托头，一手拿脚，在台上跑圆场，先是大圈，逐渐缩小，速度越来越快，然后把王氏往台前一丢，这时旦角一个腾翻挺立在台上，要立得住，站得稳，踩跷亮相。

甩辫子，汉剧武丑的头顶功。演员蓄一尺多长的辫子，尾系一个铜钱。表演时，左右各摆一张椅子，演员右脚独立，左脚悬起，将头上鞑帽落在脚尖上，右手拿扇，左手掌撑在左椅背一角，左椅子三脚悬空，一脚落地，甩起头上辫子，用铜钱系住右椅背，随后甩战发带动右椅子悬空旋转，同时手中的扇子向右转，脚上的帽子、手掌下的椅子向左转，随着唱腔，四物齐舞，左右转动。用于《拦马》中的焦光普。此特技已失传。

老背少，汉剧八贴的表演。先扎一假人（老翁）绑在演员的胸前，演员扮演少女，上穿女装，下穿男装。表演时，一人要用大、小嗓唱生、旦两行的唱腔和道白。上身做花旦的身段，下身走老生台步。上桥下桥，快步起跑，慢步喘气。表演有一定的难度。此特技用于《哑夫背妻》。

咬碗，随县花鼓戏的程式表演动作。《血汗衫》的陈氏，被屈斩时，其子桂娃来送饭，三声叫娘，感情一次比一次强烈，叫第三声时，声大而颤抖，陈氏猛然转身，桂娃将碗送于她娘口边，陈氏一口把瓷碗咬破，表现人物因受冤枉，内心极度悲愤的心理状态。湖北其他剧种也有此特技。

赶毛驴，一种反映民间青年夫妇爱情生活的哑剧舞蹈，在郧阳流传很久。毛驴前身和后身用篾扎纸糊后裱画，头尾能活动，系于演员腰部。由一丑一旦二人表演，旧时多为男扮女装坐毛驴。内容是新郎官送新媳妇回娘家拜年，用各种动作表演翻山越岭、上坡下坡、蹚水过桥、越涧跳沟等。伴奏用郧阳“二棚子”曲调，由主琴“蛤蟆翁”和民间打击乐合奏浪板。后多改时装表演，男女分扮，有的加道白或唱词。

台妆，一种技巧造型，人物有舞蹈姿态，但无舞蹈动作，而又有音乐伴奏。通过安装“性子”，把三至六岁的男女儿童装扮成戏曲或传说故事中的人物，扮演者的身形、姿态由布裹缠“性子”而成，有的站在花朵上，有的立于兵器尖端。每台由 8 人肩抬，故又称“抬妆”，一般扮 4 台，用民间流行的“凤凰点子”曲调伴奏，细吹细打。小演员们随着“八抬”步履的颤动和音乐节奏自然舞动手臂，做出造型。台妆在郧阳盛行，年年元宵前后都装扮多台。台妆在谁家门口“打个点”（即停留一下），主人家就要赏银牌、糕点和果品等。

除此之外，尚有陕南的“板凳龙”“傩舞”“巴山薅草锣鼓”，郧阳的“蚂虾灯舞”等，此不赘述。

二、民间曲艺

民间曲艺，乃民间各种说唱艺术的总称，是民间音乐中与语言最密切、最大众化的一种表演艺术形式，涵盖民间各种地方戏剧及地方曲艺。民间曲艺与民俗文化的关系，金天麟在其《群众文化民俗学研究》一书中指出："民俗活动是民间曲艺主要活动的场合，也是传承民间曲艺的十分重要的途径。"① 民间曲艺的种类很多，演唱的场合与民间舞蹈、民间戏曲一样，主要在民间的庙会、节日庆典、婚丧寿育和农事民俗活动中，因此，各地的民俗活动同样是民间曲艺活动的载体，民间曲艺也体现了群众文化的民俗性。汉水流域民间曲艺主要有山二黄、郧剧、武当神戏、襄阳花鼓戏、钟祥梁山调、楚剧、南阳曲剧等，现略举几例。

（一）郧剧

郧剧以郧阳地区方言为剧种舞台语言，汇聚十堰地方戏曲、皮影戏、曲艺三大品种及民歌、武当道乐等音乐元素，以平腔、苦平、筒子调、八岔腔、三弦调等为主要声腔，表演生动活泼、自然质朴，富有山野气息，是流行于十堰及周边地区的一个新兴剧种。郧剧集高腔之奔放、皮黄之婉转、三弦之典雅、花鼓之活泼、民歌之清新于一体。

2017 年 12 月 26 日，全国地方戏曲剧种普查成果专题新闻发布会在北京召开，在文化部公布的全国 348 个地方戏曲剧种名录中，郧剧榜上

---

① 金天麟：《群众文化民俗学研究》，哈尔滨：黑龙江人民出版社，2004 年，第 207 页。

有名。从此，郧剧成为十堰乃至鄂西北地区标志性的地方剧种。参与评审的专家们普遍认为，十堰地处鄂西北边陲，是湖北五大方言区之一——鄂西北方言区的重要组成部分，境内有多种地方小戏曲、曲艺、民歌、民乐。这些艺术门类都有各自的地方文化特色，具有浓郁的民间性和独特的艺术性，体现了十堰地区广大人民群众的美学情趣和审美需求。但是，受多种因素影响，这些地方小戏曲声腔音乐单调、表演形式单一，无法满足较为复杂的戏曲形态的需要，多年来一直在各自相对狭窄的区域流行，没有多大的突破和发展。郧剧成功将小戏进行整合，使其以新的方式延续而体现出活力。郧剧融十堰各艺术门类之精髓，聚十堰各地方小戏曲之特长，既有琴子戏、八岔戏之活泼，又有皮影戏之奔放；既有郧阳曲艺之典雅，也有十堰民歌之欢畅。声腔多样、板式齐全，适合正剧、喜剧、悲剧等各类剧目的演出，是充分满足广大人民群众审美需求的“鄂西北方言区代表性剧种”。

（二）武当神戏

就历史而言，武当神戏名称由来相对时间不长；就名称而言，该剧种有着独特的宗教色彩，因其音乐反映了外来戏曲影响下不同声腔融合发展的特点，同时反映出汉水流域道教发展历史进程下戏曲音乐的交融性，具有较为广泛的影响力，被列入剧种之一。神戏唱腔主要包括敬神戏、调子戏和八岔子戏。

关于“调子戏”的历史，1975 年 8 月，均县文艺创作组、均县文工团到青塘村做了一个详细调查，他们在简介中有这样一段话：“调子戏”是均县的地方小戏，明末清初，由河南省淅川流传均县，劳动人民经过长期的劳动生活以及与均县的地方民俗、语言等结合，长期演变之后，成了均县的地方小戏，声腔有“九腔十八调”之称。“八岔子”又称“均州锣鼓”“打火炮”，主要流行于丹江口市，起源于清末，与襄阳花鼓戏有亲缘关系，由民间锣鼓曲与灯歌结合演变而成，多用于民间灯节、庙会的娱乐活动中，其只以钹、镲、鼓伴奏，简便易行，唱腔优美，气氛热烈。

据考证，明朝万历三十二年（公元1604年），王德荣（现青塘戏第二十代传承人之一）的祖先王鸣凤（字岐山），从山西迁移到湖北丹江口市习家店镇的青塘村（均县王家营），在汉水中游的岸边黄土岗上，兴家创业，开山立祖，续写王氏家族三百年的辉煌历史。王家世代喜爱戏曲，加之家大业大，这便有了蓄养戏班的基础。明朝天启四年（公元1624年）前后，王鸣凤的三个儿子王应天、王应武、王应丙，从相邻的河南省淅川县请来了调子戏戏班，由于王家财力雄厚，戏班便成为王家的私家戏班，世代留存下来。与此同时，深受当地群众喜爱的本地剧种八岔子戏，也得到王家的资助和扶持，因此，出现了一个戏班内存在两个剧种，两个剧种同台竞技，互相促进，共同发展，共生共荣的特殊状况。1949年后，青塘村成立了调子戏业余剧团，宣传演出较为活跃，受到观众喜爱。

（三）南阳曲剧

清末民初，南阳曲剧最初为鼓子曲与踩高跷相结合的形式，称为“高跷曲”，其既不化装，也不分行当，只是由数人踩高跷唱有故事情节的曲子，以三弦等乐器伴奏，走街串坊。

南阳曲剧在唱的方面使用“大调曲子”的唱腔，随着时代的发展大体未改，但是不同时期的“曲剧”有不同的演出形式：早期的“大调曲子”是与高跷技艺相结合的表演形式，清朝末年王凤桐进行革新，将洛阳曲子和南阳大调曲子相融汇，又与民间的高跷表演相结合，很快在洛阳、南阳一带流行起来，被称之为“高跷曲”，演唱时不分行当，一边踩高跷，一边唱曲子，有三弦等乐器伴奏。后来有了“老婆”“媳妇”“姑娘”“相公”“和尚”等行当分工……到20世纪20年代，在洛阳、南阳等地走上了“高台”，成为一种新的戏曲形式——高台曲，又称之为曲子戏。[①] 虽然踩高跷唱戏的表演在河南依然存在，但以南阳“大调曲子”为其唱腔的“高跷戏”至少在当代南阳地区已不见踪迹。南阳曲剧将演出搬上“高台”之后，又经历了几次创新，形式的变化先是以三小戏为主，“以民间生活故事，儿女情长为主要内容，唱词道白通俗，富有生活情趣”[②]。到了20世纪30年代，开始从京剧等其他剧种中吸收角色机制、表演程式，曲剧中出现了话剧要素。在河南南阳的曲剧中，作为音乐与叙事部分的“大调曲子”虽随着时代发展而略有变动，但其本质却未改变，这才是河南南阳曲剧的核心。1940年，河南省大部分地区被日本侵略军占领，很多曲剧艺人被迫流亡到南阳等地结成职业班社，以南阳为中心，进行演出活动，有些班社还到湖北北部、陕西南部、四川东部等地演出。

1949年后，南阳市成立了市级曲剧团，剧团先后整理、改编并演出了一批优秀传统剧目，化装、舞台均以苏联为榜样，在戏曲中引入了导演制，大量排演现代戏。在这些现代戏中，虽然使用的是原有“大调曲子”的唱腔，但出现了大量向话剧学习后的你一句我一句的对唱，这些“反映革命斗争”的对唱节奏较快，是剧情的组成部分。

---

① 中国戏曲志编辑委员会、《中国戏曲志·河南卷》编辑委员会编：《中国戏曲志·河南卷》，北京：文化艺术出版社，1992年，第76页。

② 同上书，第77页。

这种保留原有唱腔，却使用话剧的表现方式的南阳“曲剧”显然不再以“大调曲子”为核心，唱腔技艺转化为对剧情的关注，唱腔本身下降到了“带有民族特色的”承载剧情的外在形式。大多数20世纪50—70年代的曲剧作品，由于其缺乏曲剧原有的艺术性，无法让南阳地区的戏曲观众满意，现在在舞台上早已销声匿迹，仅剩下作为资料的剧本。

改革开放之后，当地曲剧的生存状况出现了变化，首先是大量国有剧团亏损，甚至连原南阳市曲剧团也出现了不少困难，在前一时期主导曲剧的国有曲剧团无法满足传统戏曲观众的需求，在戏曲观众的流失中逐渐失去了市场。其次是当地曲剧演出在此时出现了新的趋势：现代戏逐渐减少，传统戏重新占据主流。在当下南阳曲剧演出市场中，常演剧目虽多数为现当代创作，但多数剧目在剧情结构、人物与情境设置等方面均延续传统戏的模式。当今，南阳地区曲剧的生存状况相对较好，拥有较为成熟的曲剧演出市场与结构较为稳定的观众群体。

（四）其他民间戏剧与曲艺

汉水流域戏曲文化资源丰富。从剧种分布来看，很多剧种不仅入选国家地方戏曲名录，而且以博大精深的文化魅力和传承不息的生命强力，享誉戏曲界，让世人耳熟能详，如地域特色颇浓的陕南端公戏、传承不息的京剧鼻祖山二黄、轰动戏曲界的新创新秀剧郧剧等。更有无数个虽未入选国家地方戏曲名录，但仍然以自己独特的方式传承发展且在汉水流域闪耀星辉的小剧种，丰富和完善着汉水流域戏曲文化内涵，力量不可被忽视，身姿不可被遗忘，诸如旬阳八步景、郧阳二棚子戏、郧阳四六句、竹山皮影戏、郧西三弦、襄河道坠子、天门渔鼓（歌腔、说唱)、沔阳渔鼓（道情）、汉川善书、湖北大鼓等。这些熠熠生辉的小剧种，无不演绎着独特的故事，彰显着精彩的艺术，蕴含着精深的文化。故此，了解和认知汉水流域戏曲文化，必须要欣赏和研究它们。

如郧阳二棚子戏。二棚子是湖北郧阳地方民间戏曲剧种之一，自明成化七年（1471 年）形成以来，已有 500 多年历史。琴子、八岔、采腔是二棚子戏的三大声腔，八岔与采腔统称为“打腔戏”，琴子称为“调子戏”，同时又融入了“汉水流域花鼓调”“汉水流域四六句”“汉水流域八岔子”等地方曲艺的音乐元素，琴子为主要声腔，八岔由曲牌体系发展而形成板腔体系，采腔属曲牌音乐体系，形成了比较完整的二棚子戏曲音乐。“汉水流域二棚子戏”现保留有传统剧目 109 本，具有鲜明的地方戏曲艺风。

再如郧阳四六句，四六句是汉水流域具有鲜明地方特色的曲艺品种之一。汉水流域四六句相传源于明代，起源于郧阳，现流传于丹江口、郧西及陕西、河南等与湖北毗邻地区。它是由当地传统的锣鼓曲和灯歌演变而成的曲艺形式，它的一个分支还保留着锣鼓曲和灯歌的特色，另一个则向着曲艺形式发展，成为现在作为曲艺形式流传的“汉水流域四六句”。明末清初，汉水流域二棚子（汉水流域花鼓戏）盛行，“四六句”的曲调被吸进二棚子戏的“花腔”部分，故而也把“四六句”列入花鼓调。“汉水流域四六句”在其长期发展演变中，保留了锣鼓戏的欢快部分，在说唱中发展了具有曲艺特色的抒情部分，并从过去由大鼓、大锣、大钗、小锣、马锣伴奏，发展为由唢呐、二胡、扬琴、低胡、三弦等共同伴奏；由过去单人表演发展为三人以上皆可表演，还加上了伴唱和合唱。凡此种种，不一而足。汉水流域民间戏剧与曲艺是汉水流域人们的精神财富，必须深度挖掘其内涵，切实加强对其的保护、开发与传承工作。

三、民间游戏

民间游戏是指流传于广大人民生活中的嬉戏娱乐活动，俗语称“玩耍”。游戏是游艺民俗中最常见、最普遍、最有趣味的娱乐活动。它主要流行于少年儿童和节日里成人娱乐节目之中。有些游戏项目在发展中逐渐完备，最后成为竞技项目或杂技艺术。民间游戏的类别划分有讲究，乌丙安在其《中国民俗学》一书中将民间游戏划分为五类：“民间游戏种类数不胜数，粗略划分可有五类：室内生活游戏，庭院活动游戏，智能游戏，助兴游戏，各类博戏。”[①] 而王娟的《中国民俗文化》将民间游戏种类划分为巫术游戏、占卜游戏、社会游戏等三类。[②] 此二者对于民间游戏种类的划分各有其长，前者是基于民间游戏场所和功能标准进行的划分，而后者则是基于民间游戏的传承历史及其程序特色进行的划分。汉水流域民间游戏按其功能来看主要有娱乐类游戏、竞技类游戏、健身类游戏和益智类游戏。

（一）娱乐类游戏

1. 打秋千

秋千，又称“半仙之戏”。其构成为，在木架上悬挂两绳，下挂横板。活动时，人于横板上或坐或站，两手握绳，借势用力，使之前后摆

---

① 乌丙安：《中国民俗学》，长春：长春出版社，2014 年，第 333 页。
② 王娟编：《中国民俗文化》，北京：中央广播电视大学出版社，2006 年，第 124-126 页。

动，越荡越高。秋千相传是春秋时齐桓公由北方山戎传入；另一说起源于汉武帝，为汉后庭之戏。隋唐时期，此戏为皇宫内宫女所好，后来民间很快盛行，成为清明、寒食、端午等节日流行的民间娱乐活动。

2. 行酒令

行酒令是我国特有的宴饮侑酒的娱乐形式，这种娱乐形式在汉水流域不仅历史悠久，且广为流行。

古代酒令，重在觞政。“酒令”之名，可见于刘向《说苑》。周代以后，鉴于夏、商穷奢极欲，制酒池肉林，激起百姓愤怒最后亡国的教训，对饮酒有了一定的限制，在王朝内设了掌管饮酒的官员“酒正”。西周晚期，又针对酒宴上醉而失礼的种种情况，设了“酒监”，并制定了“酒礼”，即宴席上饮酒的各种规矩。到春秋和战国时代，称为“觞政”，不仅在王公贵族中实行，也逐渐流传到民间，并经过演化，成为佐饮助兴的一种形式，名为酒令。酒令较之古板的觞政，是欢乐、活泼而热烈的，为群众所喜爱。久而久之，觞政渐渐湮没，酒令却流传下来。

酒令具有很强的知识性，它的内容无所不包，它的艺术风格丰富多样。上至星辰，下至地舆，详及花鸟虫鱼，细如书目章句，古今名贤毕集，四时节令俱纳。酒令可运用多种修辞手段，长短不拘，妙语解颐，熔诗、词、曲、语于一炉，采典故俗语为篇什，即兴赋咏，引喻贴切，思捷神驰，流觞飞动。

酒令还具有广泛的实用性。婚丧嫁娶，寿辰贺宴，宾朋唱酬，接风饯行，节日聚餐，盛会招待，举杯敬酒，觥筹交错，酒令叠换，夸奇争胜，雅俗咸宜。

3. 猜拳

猜拳行令是古已有之的一种佐酒助兴的娱乐形式，至今在汉水流域各地流行。其最初的形式，是在酒宴上由一人手握瓜子、松子一类的东西，让其他的人猜数目或猜颜色，猜对者为胜，猜错者罚酒一杯。唐诗中“城头击鼓传花枝，席上持拳握松子”，写的就是这种场面。后来，这种形式已不能使饮酒者尽兴，于是进而发展成两人相对各伸出若干手指，并同时各选叫一个数字，数字与两人所伸手指之和相符者为胜。明朝李日华《六研斋笔记》云：俗饮以手指相传，谓之豁拳。所以，这种猜拳又叫“豁拳”或“拇成”。再往后，又逐步加入了以赋诗、联句定胜负的方法，使猜拳逐步发展为行酒令。

4. 打麻将

打麻将牌在汉水流域民间流传很久，是群众喜闻乐见的一种文化娱乐活动。其玩法简单，变幻莫测，趣味无穷。闲暇之时，亲朋挚友聚集一起，桌上竞技一番，可谓良好的文化式的休息。

麻将牌，又称麻雀牌，简称雀牌，是从一种古代博戏“彩选”到唐代的“叶子戏”至明朝中叶的“马吊牌”及清代的默和牌渐次演变而成的。其质地也由石、木、竹、纸、骨发展到今天的赛璐珞、塑料、有机玻璃等。麻将牌由“万子、索子、筒子”（即原来的文钱）三门（每门一至九色，每色四张），“中、发、白”三箭十二张和“东、西、南、北”四风十六张，共一百三十六张组成。在有的地方则又加入四张季花和四张混子（蕙）或百搭，共成一百四十四张。同时，尚备有两粒骰子用来掷点数。

打麻将牌由四人同玩。其完成规则是参加者把自己抓来的十三张牌（若带混子或百搭则为十六张），通过摸、吃、碰尽快调整组合成几副碰子或顺子、对子，首先完成者即为“和牌”（成功），一轮结束。若将全部牌起完没有能够“和牌”者，则称为“和局”，一轮也告结束。打牌程序包括班位、定庄、洗牌、叠牌、开门、起牌、理牌、行张、开和、和局、算番计点、牌局结束并宣布连庄或轮庄等，可周而复始。

5. 斗鸡

汉水流域自古代以来就有民间游戏“斗鸡”（有的地方也叫“撞拐”），是男孩子时常玩耍的游戏。其方法是两个人一组，都用右手在背后握住后屈的右脚脚背，只用单腿支撑。左臂屈肘贴住身体，用合理冲撞的方法，在规定的时间内把对方撞出圈外，或者使对方握脚的手脱开并且使其屈腿触及地面者为胜。

其规则是：各组之间不要乱撞，允许做假动作、躲闪动作等。握脚的手脱手而脚没有触及地面，允许重新握住，不算失败。主要用肩部、躯干、腿部进行对抗。

6. 捉迷藏

捉迷藏相传是源于唐代的宫廷游戏。现在玩者多为儿童。以巾裹目，互相捉摸。也有一人裹目（谓之“瞎子”），在划定的区域内捉摸他人的，被捉摸者不能出声，让“瞎子”猜说是谁，如果猜错则继续再摸；如果猜对了，就由被摸出者充当“瞎子”。

7. 骑竹马

这是一种传统的民间游戏。儿童用竹竿置于胯下作马，手拖竹竿来回奔跑，故称骑竹马。《后汉书·郭汲传》记载：“有童儿数百，各骑竹马，道次迎拜。”唐代白居易《赠楚州郭使君》诗曰：“笑看儿童骑竹马，醉携宾客上仙舟。”唐代李白《长干行·其一》中亦有“郎骑竹马来，绕床弄青梅”的诗句。北京故宫博物院收藏的宋代陶枕上，绘有儿童骑竹马游娱图。至今这种民间游戏仍旧十分普遍。

8. 黄鼠狼吃鸡

黄鼠狼吃鸡又叫“老鹰抓小鸡”“黄鹞吃鸡”。此游戏要求多人参加。由一人扮黄鼠狼，一人扮老母鸡，其余皆为小鸡。小鸡拉住老母鸡的后衣襟，且一个拉一个。老母鸡张开双臂保护小鸡，小鸡依次紧随其后。黄鼠狼窜入鸡群左追右赶，瞅准机会猛扑过去抓小鸡，若抓不过来依旧充任黄鼠狼；若抓住一只小鸡，则被抓者改充黄鼠狼，原充黄鼠狼者改扮小鸡，游戏再次开始。

（二）竞技类游戏

1. 打撬码

民谚云：“杨柳青，放空竹；杨柳活，抽陀罗；杨柳发，打尜尜；杨柳死，踢毽子。”“打尜尜”俗称打撬码，是昔日孝感儿童最爱玩的体育游戏之一。由两个或更多的儿童参加，在宽敞的地面上，挖个小槽，大小正好搁上撬尺，在槽子周围画出一条线痕，长宽各一尺半左右。撬尺长约2尺，木质结实。“尜尜”，是个两头小、中间大的形似纺锤的木质东西，俗称撬码。

在开始玩时，先划拳决定先后。所谓“划拳”，就是现在儿童所玩的“石头剪刀布”的游戏。首先将撬尺搁在槽上，撬码放在撬尺上端，待其他伙伴分别在便于接住撬码的方向站定后，撬者便使劲把撬码撬起，使它能达到较远地方，接撬码者如果接住撬码，撬者败；若接不住，接撬者便把撬码所落处作为起点，向撬槽方向投去，如果投入圈内，撬者败，如果没有投入圈里，撬者便把撬码放在原落地的地上，再用撬尺向撬码尖头一端打去，使之向上蹦起，此时，便用撬尺把它拍向远方。待撬码落地后，再用撬尺以这里为起点，以槽圈为终点，用撬尺量距离。在量度时，要公道，采用直线方向，否则就是赖皮。量的尺码以一百尺为满数，如果达到满数，便由败者“吹呜”。所谓吹呜，就是以撬码最后落下的地点为起点，以槽圈为终点，败方从起点往终点跑去，嘴里同时发出呜呜声，若中途换气，为失败。也可以边跑边唱，但要一句接一句地唱到终点，否则也视为失败。此后，这一局便结束。若败者是撬者，则执撬权便转给败者。

2. 拔河

拔河在汉水流域民间是一项十分普及的群众体育活动。相传拔河始于春秋战国时期。其竞赛方法很简单，在地上画两线为河界，由人数相等的两队各执绳的一端，按比赛规则用力拉绳，以将对方拉过河界为胜。《唐语林》卷五记载有拔河的场面：“明皇（唐玄宗）数御楼设此戏，挽者至千余人，喧呼动地，蕃客庶士，观者莫不震骇。”① 拔河至今仍是机关、厂矿、团体、学校举办小型运动会的常设项目之一。

---

① 王谠：《唐语林》，上海：古典文学出版社，1957 年，第 174 页。

3. 摔跤

摔跤是青少年喜爱的一种拼体力的群戏。郧阳俗称扳跤。扳跤，不择场合，不挑地点，只要两个身高、体重不相上下的人愿意，不管是在绿茵场上，还是在垂柳之下，或是在麦地，都可以开始游戏。摔跤有武艺跤与和平跤之分。摔和平跤是谁抱上腰（双肩），谁抱下腰（肋骨之上腰窝子处），协商而定。两人相抱，裁判发出“开始”口令，各自用力。谁要是先用力，把对方扳倒，就算违规。违规三次输一跤。扳武艺跤时，有的打绊子腿，有的用铁山靠，有的使铁箍勒，不管用什么功夫、什么技巧，只要把对方扳倒就算赢。

（三）健身类游戏

1. 放风筝

同全国许多地方一样，在汉水流域也有春天放风筝的习俗。风筝不仅是一种民间玩具，而且是一种传统的民间工艺品，在当今，放风筝更发展成为一种体育竞赛形式。

风筝的传统制作方法，是用细竹扎成骨架，糊上纸张或丝织品并施彩绘，系长线，利用风力放飞到空中。风筝的种类极多，以硬翅风筝、软翅风筝、拍子风筝、直串风筝、筒形风筝、拆装式风筝较为常见，每一类中样式又非常纷繁，禽鸟虫兽、器具人物等各种形象应有尽有。每当花红柳绿、春风荡漾之际，人们相聚一处，各自将精心制作的风筝放飞蓝天，高翔低游，蔚为壮观。

风筝起源较早。相传春秋时公输班做木鸢以窥宋城。《考工典》记载：韩信欲推翻刘邦，做风筝测量兵营到未央宫（刘邦的皇宫）的距离，想掘通地道攻进宫内。可见风筝一开始是作为军事测量仪器使用的。南北朝时，梁武帝萧衍太清二年（公元548年），侯景叛乱，兵围建康。萧衍措手不及，命人制作了一只风筝，内夹诏书，火速传递，调集各路兵马前来解围。到了唐朝，风筝不但被用于军事，也逐渐成为王公贵族的娱乐工具，制作上也更加精巧。北宋后，风筝流行于民间，并且制作风筝时在上面拴了竹笛，风筝一放起，就会发出如筝一样悦耳的声音，风筝一名由此产生。当时高骈还以风筝为题写了一首诗："夜静弦声响碧空，宫商信任往来风。依稀似曲才堪听，又被移将别调中。"今天，随着时代和科学技术的发展，风筝的制作技术日益精湛，风筝的种类和样式也更加斑斓多姿，放风筝越来越受到人民群众的喜爱。

2. 滑冰

滑冰亦称"冰嬉"，是盛行于我国北方的民间传统体育活动，在汉水流域部分地区也十分流行。清人宝竹坡的诗《冰鞋》更有入细的描绘："朔风卷地河水凝，新冰一片如砥平。何人冒寒作冰戏，炼铁贯韦当行縢。铁若剑脊冰若镜，以履踏剑摩镜行。其直如矢矢逊疾，剑脊镜面刮有声。"

汉水流域民间流行的滑冰形式除穿冰鞋速滑和花样滑外，还有一种专供儿童玩耍的冰车。冰车是用木板或木条钉成一个长方形木架，在木架下边左右钉上一截钯钉，钯钉要凸出水架之外，用于接触冰面，减少摩擦，利于滑行。人坐在水架上，两手各持一截带尖的铁棍用来加力和掌握冰向，冰车就滑行起来。

3. 踢毽子

踢毽子是汉水流域一项传统的冬季民间体育活动，它可以使腿、脚、臂、腕、手、眼等身体各部位都得到锻炼。毽子分毽砣和毽羽两部分，毽砣多用铜钱或圆形的铅、锡、铁片制成，毽羽多用翎毛、羊皮、羊毛制成。

据唐代释道宣《高僧传·佛陀禅师》记载，北魏有个高僧佛陀禅师，在路过洛阳天门街时，见 12 岁的少年慧光在井栏上踢毽子，一连五百，众人喧嚷，竞相观之。这里讲的就是早期的毽子。早在汉代砖雕中就有踢毽者的形象，可见毽子在两千多年前就已十分盛行了。汉水流域踢毽子活动至今不衰，套数达二十多种，计有：旭（里外廉）、踢、把、丁、拐、鼓（过海）、拦子（拖拾）、站、跪、端、骗、的、二扳、漏窟、顶灯、点灯、翻络、开弓、乎、盘等。此外，还有其他难度较大的花样，如金鸡转弯、将军大上马等。每到冬季来临，到处可以看到成群结队的青少年在校园、街头巷尾、场院踢玩，踢毽子可以计次数、赛花样、比技巧，其间韵味尽在。

4. 跳绳

跳绳在汉水流域民间也流传已久。唐代有“透索为戏”的说法，明代称“跳百索”，清代称“绳飞”。清代的《有益游戏图说》曰：用六尺许麻绳，手执两端，使由头上回转于足下，且转且跃，以为游戏，是谓绳飞。跳绳有长绳、短绳之分。长绳可集体跳，短绳则可单人跳或双人跳。跳法有前甩、后甩、前交叉、后交叉、多人跳双绳、双摇飞、多摇飞、计时跳绳、集体八字形编花等，近年来跳绳的花样又有发展。

5. 打沙包

此游戏相对来说就简单一些。用几块布缝成一个小包，里面装上细沙，也有装芝麻、绿豆的。两个人各站一端，掷向中间的一个人。中间的人要躲闪，不能被沙包击中，但可以用手去接沙包，如果被击中了就输，如果接住了就赢。这游戏看似简单，其实也很考验灵活度，掷者要考虑手法，不能让对方判断出沙包的运行轨迹。所以常常是声东击西，看着像是要打头，出手的一瞬间却向腿上飞去了。而被打者也要左躲右闪，上蹿下跳，还得在运动中把握时机想办法接住沙包。打沙包运动量很大，不一会儿就会汗流浃背。

6. 抽陀罗

陀罗也作“陀螺”，是一种非常普及的儿童玩具，南北城乡均多见。用木头削成圆柱形，下尖，尖脚安一粒钢珠；再用一杆小鞭子的鞭梢缠住陀罗腰身，用力一拉，陀罗就旋转起来，再用鞭子不断抽打，陀罗即旋转不停。抽陀罗多在冬季，在冰面上尤为适宜。抽打时，活动量较大，对臂、腰、腿各部位均有锻炼作用。

陀罗之所以吸引人并得以广泛流行，原因有三：一是材料易得，工艺简单。各种木头都可以用来制作陀罗，专门制作陀罗的民间艺人则用“旋床”旋制成形，并绘画各式纹样，售价极便宜。所以，在过去，没有玩过陀罗的孩子是极少的。二是游戏过程极为有趣。陀罗转动后，抽打时具有较强的“进攻性”，尤其符合男孩子的心理需求。抽打不及时或不准确，陀罗就有可能停转或歪倒，抽打过程带给游戏者以紧迫感，执鞭的孩子往往怀着紧张兴奋的心情置身游戏中，对少儿心理是一种较强的刺激。三是陀罗具有较强的竞技性，多以转动速度快、时间长为佳，相互比较中，往往能激发儿童的竞争意识。清代元璟有咏陀罗的诗句：“嬉戏自三五，乐莫乐兮鞭陀罗。”

7. 滚铁环

一种民间传统的儿童游戏。铁环有扁铁和圆形钢筋两种，俗称“桶箍”。用一铁丝弯成铁钩，推动铁环往前滚动，发出“哗啷哗啷”声。孩子们自行组织，比速度，比技术，后逐渐成为一项体育活动。

8. 翻跟头

郧阳民间有“跟头儿跟头儿，腿腰的功夫”之说。翻跟头在古代雅称翻金斗、金斗、斤斗，今郧阳俗称翻跟头。翻跟头可随时随地进行，且要从小开始训练。单项训练有倒立、下腰、蹿跳等基本动作。郧阳民间举行翻跟头比赛，参赛者打赤脚，穿红裤头，腰系宽带（以免闪腰，即脊椎骨错位或腰肌受损），两胳膊斜伸向下触地，整身倒立腾空而连续翻腾。单项功夫都训练到家，再将单项动作互相连接，熟练者连翻七八上十个跟头，不在话下。

（四）益智类游戏

1. 猜谜语

谜语古称隐语，又名廋辞。其方法是以某一事物或某一诗句、成语、俗语、文字、人名等为谜底，用隐喻、形似、暗示或描写其特征等手法给出谜面，供人猜测。谜语原为民间口头文学，语言朴素生动，谜底多为反映劳动生活的事物，后化为诗钟、敲诗、文虎等多种形式。相传原始社会后期就已开始制谜和猜谜，夏朝时已具雏形，春秋战国时代甚为流行。宋时，猜谜语成了群众性的文娱活动，出现了以说谜为职业的民间艺人和专供猜谜的场所，且出现了灯谜。元明时期猜谜之风更甚，明末冯梦龙编有《黄山谜》。至清代，猜谜语已成为每年春节不可缺少的娱乐活动，并出版了众多的谜语集，如《谜大观》《俞曲园灯》《春灯谜》《灯谜品话》《翠春灯谜》等。此外，明清时出现了“谜格”，分为24格与36格，如徐妃格、增减格、并蒂格、离合格等。民间还将猜谜语俗称作“猜闷儿”，通俗活泼，用词不太讲究，但富有生活气息。近年来，随着科学技术的发展，还出现了“科学谜语”。谜格也已发展到数百种之多，其流传较广者可归纳为九大类，包括逆读类谜格、别读类谜格、谐读类谜格、半读类谜格、移字类谜格、减字类谜格、增字类谜格、求偶类谜格等。猜谜语至今仍是汉水流域人民喜爱的娱乐活动之一。

2. 民间棋艺

地处沮漳河两岸的当阳市，民间游艺活动十分丰富，特别是那些因地制宜开展的棋艺，更显得多姿多彩。这种棋艺活动最大的特点是简便易行，大人们在劳动间隙，小孩们在放牛途中、放学路上席地而坐，随手捡几粒石子、土块瓦片，或者是几截草茎、几截枯树枝，便可作为棋子，双方棋子以形状和材质区别，找一块平坦的地方，画上棋盘，便开始对弈。参赛者可多可少，两人、三人，多至十人，都有合适的项目。棋盘的名称多从社会生活中来，反映劳动群众的生产劳动场景和生活理想，棋艺规则则反映劳动群众的智慧和团结协作精神。

对角棋：双方各有三粒棋子，要设法将自己的三粒子走成对角线，但每次只能走一步，且不能跳格或跳过对方棋子。对弈双方轮番先走一步，以成功多者为胜。

逼角棋：两人对弈，每人三粒棋子，每次走一步，不能跳格，不能飞越对方的棋子，若将对方一粒棋子逼入四角的一端，就将该棋子吃掉，直至将对方三子吃完为胜。发子时也是轮番占先。

老虎棋（一）：该棋模拟猎人围猎老虎的生产场景，下方代表围猎场，上方的菱形图案代表山峰，"山"的顶端有"石阶"，对弈双方一方代表老虎，只有一粒棋子，一方代表猎人，有三粒棋子，"猎人"一至三人均可，开棋时双方均可占先，但每次只能走一步，不能跳格，也不能飞越对方棋子。"猎人"设法将"老虎"赶上山顶为胜。"老虎"在运动中还可"吃人"，即发现"猎人"两粒棋子在一条直线上，中间刚好有一个空位，"老虎"走进去，将"猎人"的两粒棋子吃掉，"猎人"便输了。

老虎棋（二）：走棋规则与老虎棋（一）相同，只是参加围猎的人可以多至十余人，也可以是一人，根据现场人数而定，棋子 15 粒，按猎人多少平均分配。

牛角棋：两人对弈，其中一人持两子，为进攻方，另一人持一子，为防守方，进攻方将防守方逼至牛角尖为赢。走子规则一次一格，不能越位，也不能飞越对方棋子。

成三棋：两人对弈，规则与围棋相似。甲乙双方各有棋子 12 粒，走法有两种。第一种：双方轮流在棋盘上布子，每三粒子连成一线，谓之"成三"，以"成三"多者为胜。布子时要抢占有利地形，阻止对方"成三"。第二种走法：将双方棋子混合打乱摆在棋盘上，双方各取走一子，然后开始在棋盘上运行棋子，每次只能行进一格，不能跳跃，也不能飞越对方棋子，双方都努力将自己的棋子走成三点一线，然后将三子取走，先取完自己的棋子者为胜。

狗钻洞：俗称“狗卵棋”。棋盘下方代表狗洞，对弈双方各三粒棋子，然后开始运棋，每次只能走一步，不能跳格或飞越对方棋子，双方力争将对方棋子逼进“狗洞”（被对方逼进“洞”中就不能动了），被逼进洞多者为输。

皇帝棋：由三人参与，每人一粒棋子，三方都从自己“田”里出发，占领皇宫后当皇帝，颇有点“三足鼎立争天下”的意味。该棋盛于当阳，当阳是三国故地，长坂坡、当阳桥的故事深入人心，民间创出这种棋局或许与三国文化有关。走棋规则仍是一次一格，若遇前方有他人棋子，只能绕道而不能飞越，谁先占领“皇宫”，谁就当“皇帝”。

转角棋：由二人对弈，双方各有棋子16粒，走子不可跳格，也不能飞越对方棋子，棋子可沿弧线运行，目标是将自己的棋子移向对方，先移完棋子者为胜。

当阳民间棋艺历史悠久，在半月镇等地出土的汉江画像砖上，就有二人对弈的图像。民间棋艺多为男性参与，从六七岁的幼儿到年过半百的男人都喜爱这项游艺活动。近年来随着人们生活水平的提高和生产方式的变革，会民间棋艺的人越来越少了。

3. 折纸

折纸是一种十分普遍、随处可见的娱乐形式。可用各种纸折成各种动物、器具的形状，如马、鸟、猴、鹤、车、船、房、桌、偶人、衣裤、风车、食品盒、金鱼、花儿等等。折纸可以开发儿童智力，启发儿童形象思维，增添人们的生活乐趣。

4. 抓子

抓子，又称拾子，是一种多为女孩子玩耍的儿童游戏。用磨光的小砖块、小瓦块、小石块或玻璃球等作为子。数量五枚、七枚、九枚不等，一般以五枚为宜。有单手和双手两种抓法。商定其中的一枚子作为子头。玩时将子头向上掷，待其未落时尽快抓起地上的一子或数子，同时必须将子头接住，子头不得掉在地上，否则为输。

熟练者边掷边拾边接，连续不断，全靠眼明手快。明刘侗、于奕正在《帝京景物略·春场》中云："是月也，女妇闲，手五丸，且掷且拾且承，曰抓子儿。"① 这种游戏对锻炼人们的手眼配合、动作敏捷大有益处。

汉水流域民间游戏种类较多，且每一种游戏的功能并不是单一的，很可能存在交叉情况，如踢毽子一般归为健身类，但此游戏亦可按照所踢数量来判定输赢，基此亦可归到竞技类，此种情况还比较多。故此，以上关于汉水流域民间游戏的种类划分是根据其主要功能或大致功能进行相对归类。民间游戏活动的传承和开展，一方面可以传承我国优秀传统文化，另一方面可使参与游戏者得到健身的训练和启智的教育，有利于其身心健康成长。民间游戏是民俗文化的一部分，应加以挖掘、传承、保护和开发，以彰显其文化魅力。

四、民间工艺

民间工艺是人类社会历史发展的产物，内容丰富，形式多样。据陈建宪主编的《民俗文化与创意产业》一书界定："民间工艺，也叫民间

① 刘侗、于奕正：《帝京景物略》，北京：北京古籍出版社，1980 年，第 66 页。

手工技艺，是大众生活的民俗艺术，是经济和文化的双重载体。其内容主要是以审美意义为主的造型艺术，即实用功能与审美功能相结合的艺术形式。其研究领域主要局限在以实用性的工艺美术为主的范围之内。民间工艺的分类方法不一。按历史范畴分类，主要有原始社会手工艺，如彩陶、骨雕、石雕等；传统手工艺，如景泰蓝、雕漆、玉器、金银器皿等；现代手工艺，如纤维编结壁挂、棒针编结等。按社会属性关系分类，有宫廷手工艺（后称特种手工艺）、民间手工艺、少数民族手工艺等。按产品分类，有雕塑手工艺、印染手工艺、织锦手工艺、陶瓷手工艺、刺绣手工艺等。”[①] 此界定不仅概括了民间工艺的含义，而且根据不同的标准对其类型做了详细的划分，为我们认知民间工艺提供了基本范式。其实，对于民间工艺的认知，还存在一些观点，如将民间工艺等同于民间工艺品，或者将民间工艺等同于民间艺术等。这些观点均有一定道理。然而准确把握民间工艺的内涵，首先要将其与一般工艺（专业工艺）区别开来，民间工艺强调的是其民间性。民间性并非强调工艺制作的地点，而是强调工艺孕育、产生、发展、流变的民间环境。汉水流域民间工艺，按照其工艺程序的本质特色有刺之工艺、雕之工艺、编之工艺、剪之工艺、烧之工艺、塑之工艺等。

刺之工艺亦叫刺绣工艺，是用针线在织物上绣制各种装饰图案的工艺的总称。刺绣分丝线刺绣和羽毛刺绣两种，是用针将丝线或其他纤维、纱线以一定图案和色彩在绣料上穿刺，以绣迹构成花纹的装饰织物的艺术。刺绣过去又叫“女红”。汉代刺绣已达到很高的水平，唐宋至明清更加发达。刺绣在汉水流域民间曾广泛流行。

雕之工艺即雕刻或雕塑工艺，把木材、石头或其他材料切割或雕刻

---

① 陈建宪等：《民俗文化与创意产业》，武汉：华中师范大学出版社，2012 年，第 182 页。

成预期的形状的工艺皆可称为雕刻。服务于这一目的的工具有刀、凿子、圆凿、圆锥、扁斧和锤子。最常见的雕刻方法是一只手拿着凿子，另一只手拿木槌，然后用木槌将凿子敲入木头或石头中。尽管一些金属加工技术如焊接和装配，在过去的一个世纪中逐渐变得重要，但是雕刻和制模仍是两种主要的雕塑技法。一个雕刻完成的作品可以被称为雕刻，但“雕塑”一词通常被用来指具有严肃艺术意涵或美学意涵的作品。汉水流域雕之工艺有石雕、砖雕、玉雕和木雕之分。

编之工艺即编织工艺。编织是人类最古老的手工艺之一。据《周易·系辞下》记载，旧石器时代，人类即以植物韧皮编织成网罟（网状兜物），“以佃以渔”。在西安半坡、庙底沟、三里桥等新石器时代遗址出土的陶器上，印有“十”字纹、“人”字纹，清楚地显示出是由篾席印模上去的，有的还发现陶钵的底部黏附有篾席的残竹片。汉水流域的民间编织工艺与生产和生活的关系最为密切。如安康的竹、藤、棕、龙须草、麦秆、柳条等编织材料十分丰富。主要的编织品有背篓、箩筐、晒席、提篮、竹扇、斗笠、竹椅、挎篮、棕箱、棕叶扇、棕毯、藤椅、藤篮、藤箱、草帽、蓑衣、草垫、草墩、草鞋等。另外还有编织玩具。这些民间编织工艺品，一般是由分散在民间的手工艺人编织的。

剪之工艺主要是剪纸工艺，以剪为主，兼用雕刻等其他工艺技法，即以雕、镂、剔、刻、剪的技法在纸张、金箔、皮革、绢帛，甚至在树叶上剪刻纹样，如剪纸、皮影等工艺品就要用到剪之工艺。汉水流域民间剪纸有剪、刻两种。

烧之工艺主要用在陶器制作中。汉水流域陶器源远流长。在京山屈家岭出土的彩陶残片、天门石家河发现的新石器时代的灰陶和红陶、黄陂盘龙城出土的商代瓷器、江陵纪南城发掘出的完整的陶窑设备，都为汉水流域陶瓷艺术的研究与发展提供了宝贵的资料。

汉水流域其他工艺有木版年画、挑花、蓝印花布、银饰、香包制作工艺等，这些工艺品制作可能无法用某一单一工艺技法完成，而是综合用到两种乃至多种工艺技法才能完成。

据李朝研究发现：“在中国，包括民间手工艺在内的风俗研究古已有之（近代以后有人将其称为‘民艺学’），20 世纪中国新文化运动的代表人物如蔡元培、鲁迅、刘半农、沈尹默、顾颉刚、周作人等曾为中国近现代的民俗研究兴起作出了重要的贡献。在此过程中，民间工艺品的收集与研究也始终是重要的主题之一。北京大学、厦门大学、中山大学、浙江大学成立的民俗学汇集风俗研究机构，都实际将民间工艺品的收集、陈列、整理囊括在内，而顾颉刚、钟敬文、董作宾、钱南扬、杨成志、岑家梧等一批民俗学、文化人类学专家更是在民族手工艺研究上作出了积极的贡献。”① 民间工艺具有深厚的群众基础，它不仅展现了一种制品的生产方法和过程，同时也给人一种审美的满足、艺术的享受和精神的寄托，并且和精神民俗、社会民俗紧密地结合在一起。基此可言，民间工艺亦是民俗文化的组成部分。

① 李朝：《诗性高原：青藏地区民俗文化审美》，北京：民族出版社，2009 年，第 393 页。

第十章　民淳俗厚
——汉水流域民俗文化价值与传承

民俗文化的价值认知，是民俗文化本质认知的拓展，更是研究民俗文化的根本任务。关于民俗文化的价值研究，民俗学界已产生诸多总结性的认识。陈华文所著的《民俗文化学》一书将民俗文化的社会意义概括为：民俗文化的精神表现了人类对于自然、社会的探索；民俗文化直接参与了人类社会秩序的建设；民俗文化作为一种生活的积淀，它对民族文化的形成、发展具有巨大的影响作用；民俗文化是统治者治理国家的第一手材料，有时对国家政治能产生直接影响。[①] 而李惠民在其《中国传统文化新编》一书中，以传统民俗文化为基础，从民族学角度将民俗文化价值概括为：民俗文化是民族文化的印记；民俗文化是民族品格的反映；民俗文化是民族精神的体现。[②] 此二者对于民俗文化价值的认识给我们的启示是，对民俗文化价值的概括，必须基于一个角度，如社会学角度、民族学角度等。由此来看，汉水流域民淳俗厚，其民俗文化价值从社会、文化、经济等角度，体现出社会价值、文化价值和旅游经济价值，加强对其的保护、传承和开发，切实而必要。

一、汉水流域民俗文化价值

（一）社会价值

在当下社会，民俗文化成为民族认同的载体、社会团结的纽带，其

---

① 陈华文：《民俗文化学》（新修），杭州：浙江工商大学出版社，2014 年，第 27-29 页。

② 李惠民主编：《中国传统文化新编》，北京：中央广播电视大学出版社，2011 年，第 327-328 页。

和谐价值观也正日益成为人类的核心价值观。作为一种文化形态，其内蕴和宣传的价值观念是被反复演示、不断传播且集体遵从的，所以，在一定程度上其具有塑造民族品格、趋同民族文化、调适民众行为、优化社会秩序等功能。

1. 塑造民族品格

文化对人们性格的影响，一是规范人们的基本生活态度和基本观点，二是调控人们行为的基本倾向。最能反映文化特性的、在大多数民族成员身上都体现出来的典型特征，构成了民族性格。不同的文化形成不同的民族性格。民俗文化也是塑造民族精神的文化源泉。在民间，民俗文化深藏着博大雄浑的爱国主义情怀，构成了中华民族绵延不断的历史信息链，它是民族个性和独特精神的重要表征，为民族精神提供着无尽的营养和有益的启迪。鼓励人们为实现民族复兴而奋斗不止的民族精神，是在民俗文化进而是在民族文化的基础上升华提炼而产生的，同时，伟大民族精神又经常利用优秀民俗文化形式加以展现和传播。

（1）汉画中的厚葬习俗与民族品格

汉画是一个为人熟知的专有学术名词，指的是现存的汉代画像石、画像砖、墓室壁画、帛画、器物画等等。这些民族文化瑰宝，或因为是地面上石祠中的画像，或因为是尘封地下时至当今才被发掘的文物，所以能够保存下来。汉画类文物内容十分丰富，可以约略地反映整个汉代的民俗文化和社会生活面貌。这许许多多神采飞动、栩栩如生的画像，既是汉代人观念信仰、价值取向的反映，也是汉代民风、民俗的折射；既是沿袭至今的汉族民俗观念形成的重要参照物，也是中华民族传统民俗的重要载体。其内容驳杂，形象繁复，组合成一卷汉代社会的民俗画，一部世俗生活的断代史，对于鉴古证今具有极高的学术价值。

林林总总的汉画图像，以生动准确的形象记录了汉代社会人际交往中的礼俗、宗教信仰、丧葬习俗、岁时节俗、宴饮食俗、建筑民俗、娱乐习俗等等。汉画的内容大体有以下主要方面：门楼建筑、庄园楼阁、舞乐百戏、杂技宴饮、角抵博弈、庖厨酒肆、商贾市集、牲畜农耕、采桑纺织、渔筏盐井、狩猎骑射、征战杀伐、车马出行、门吏迎宾、神山巍巍、天国奕奕、伏羲女娲、羽人怪兽、东王公、西王母、九尾狐、独角兽、日月高照、仙霞云蒸、鹤鸣雀舞、飘然仙升。这些内容，百态千姿、形象生动，主要发挥着汉画的象生意愿和升天理想两类功用。此外，还有大量的历史人物与历史故事，主要发挥着伦理教化功能。由于画像石、画像砖是墓室、石祠建筑材料，是墓室的有机组成部分，帛画和器物画是汉墓葬品的组成部分，所以，它们的存在首先为汉代丧葬习俗的研究提供了最为直观的佐证材料。

其一，从民俗的形成与发展的角度看，汉墓中图绘雕刻画像的民俗与汉代经济的发展具有直接关系。汉代以前，民间丧葬一直流行木制棺椁葬式。丧俗中大量使用画像砖、石建筑大型砖石墓葬的习俗，伴随汉代经济发展和民间价值取向流变的历史而兴起，伴随汉代国运的衰退而衰亡。这种现象如影随形，同步兴衰，不仅饶有兴味，而且具有很高的经济史和民俗史研究价值。汉初至文帝时代尤兴薄葬而不起山坟。迟至景帝时期，休养生息、发展经济的国策大见成效，开始出现以梁孝王及其家族墓葬为代表的“斩山作椁，穿石为藏”的大型山洞墓群。到汉武帝时，武帝为自己修建的茂陵规模浩大，墓内随葬品也极奢华。于是，民间使用画像墓之风由景、武之间兴起。汉成帝修建陵墓时，动用士卒、民工数万人，陵址几易其地，大臣数谏而不止。在帝王厚葬之风的影响下，达官贵人、富商地主竞相仿效，致使厚葬之风弥漫整个社会。

前后对比如此强烈，汉代人厚葬之风以及豪华的墓室画像砖石、壁画装饰与汉代经济兴衰的直接关系不言自明。东汉中后期，国力衰落，画像装饰日渐减少；汉末动乱，民不聊生，厚葬与画像装饰退出历史舞台，则再次证明了二者的内在关系。

其二，汉代厚葬习俗的观念性因素。除了经济条件的支撑，文化观念的催化是汉代厚葬习俗流行的重要因素。厚葬习俗的形成有着坚实的传统延续因素和观念基础。民俗的流传有着极强的传承性和观念稳定性。汉代丧葬观念是华夏民族传统民俗的延续，主要表现为灵魂有知观念和对灵魂升天的追求。这一重要的内在观念因素，遇到了汉代推行的以孝治天下的“察举征辟”选官制度的催化，极大地加剧了汉代厚葬习俗的风行。

由此可见，汉代厚葬民俗不仅与经济的发展直接相关，同时更是民俗观念、民间信仰的产物。这些民间信仰都鲜明地带有当时社会的民间功利目的。其功利目的主要表现在服务于天国理想追求、阴间的奢华生活以及宣扬以孝道为代表的伦理教化、道德教化之中。这种民俗通过琳琅满目的汉画表现出来，既具有浪漫逍遥的文化价值追求，又具有“发乎情止乎礼”的儒学传统影响，传递着典型浓郁的中华民俗文化信息。

（2）伏羲、女娲崇拜与民族品格

伏羲、女娲形象是汉画中保留最多的形象之一，其是中国古代民俗中祖先崇拜观念的物证。作为中华文化塑造的人文初祖和保护神，伏羲、女娲神话至今仍活跃在中原人民的生活中。每年阴历的二月二到三月三，在长达月余的河南淮阳太昊陵庙会中，香火荧荧，信徒济济，热闹非凡。人头攒动的朝香祭祖礼仪，典雅庄重的祭祖颂赞文告，求子祈福的摸子孙窑、拴娃娃仪式，身着玄衣的“担经挑”宗教舞蹈，使人在浓郁的宗教氛围中自然联想到伏羲、女娲神话当年怎样在民间发挥着“神圣的叙述”的精神文化作用。从汉至今，伏羲、女娲神话具有如此生命力的原因何在？

首先，从民族文化特点来看，华夏农业文明催生了华夏民族以血缘为纽带的文化传统。通过周文化的创造，中国传统文化形成了一套成熟而稳定的宗法制度。这种类似金字塔形的血缘关系网，建构起家国关系和国家运作形式，产生了东方式的传统国家观，国家是宗法制度的投影，利用家族中的大宗小宗的区别、远近亲疏，建立起血缘伦理线索分明的等级制封建社会。基于这种以血缘为纽带的文化传统，祖先崇拜自然成为中华文化的重要特征。伏羲、女娲神话正是牢固地植根于这一坚实的文化土壤而百代不衰、永葆青春。伏羲、女娲的名字与华夏民族繁衍、昌盛的历史信仰紧紧相连，其具有其他神祇不可替代的作用。这就是伏羲、女娲在古今中国人心中地位稳固的文化基因。

其次，华夏民族的生殖崇拜是伏羲、女娲神话长期流传的又一原因。人类从原始社会开始即进行着“两种生产”，为了生存与发展，一方面人类必须进行生活资料的生产，另一方面又必须进行人类自身的“生产”。在远古时代，人类自身的繁衍，是原始社会生存和发展的决定性因素。出于对社会生产力的代表者——人的再生产的严重关切，以及对于血缘伦理的依赖，原始人类产生了生殖崇拜。所以说，生殖崇拜现象深刻地反映了一个绝对庄严的社会意志，既通俗又神圣。在我国，生殖崇拜从母系氏族社会便已经开始，男根、女阴崇拜在中国考古史上可以找到大量证据。然而，这种生殖崇拜的意义是从何时开始附着于伏羲、女娲二神身上则已不可确考。现在所能见到的较早的关于二人的文字材料是《楚辞·天问》：“登立为帝，孰道尚之？女娲有体，孰制匠之？”古人对这一意义的理解与阐释集中表现在汉画像中的伏羲、女娲交尾的图像。山东、河南、四川、甘肃等地都有这样的图像发现。在嘉祥县武氏祠的伏羲、女娲交尾图中，还夹有活泼可爱的小宝宝的形象。这些文物图像褒扬生殖的意义直观而明显，起源极古，流传至今。今天，淮阳太昊陵庙会上的“担经挑”舞蹈中仍保留有曲折变化的交尾象征性表演。此间保留的这种古俗的另一形式是“摸子孙窑”和“拴娃娃”“烧旗杆还愿”等。“摸子孙窑”以手触石窑的形式表现，实质是性交繁衍活动的象征性置换。而至今人们仍到太昊陵去“拴娃娃”求子，则是生殖崇拜原始民俗中接触巫术与模拟巫术表现形式不断置换变形后的遗留。这些由神话演变成的民俗，像一条巨大的纽带，联系着古今。

最后，伏羲、女娲神话体现着中国哲学的基本思想，是中国文化的重要原型，这是它长期流传的又一重要原因。当先民们从茹毛饮血的穴居生活中走出，开始刀耕火种的创业时代，日出劳作、日入归眠的生活节奏，冬季严寒、夏季暑热的强烈对比，以及对于人类男婚女嫁、动物的雌雄繁衍的朦胧认识等等，使先民们萌发出相互对立的一组组概念：阴阳、清浊、雌雄、牝牡。由此渐次发现了世间事物对立统一的规律，升华成为哲学范畴，并进一步拓展成为以阴阳五行为代表的哲学体系，以之解释自然界与人类社会的种种现象。

在传统文化中，人们最常用的传统哲学概念要属阴与阳，而在民俗文化的实际运用中，伏羲、女娲早已不仅仅是两个具体的祖先神，他们在文化的蒸馏过程中被抽象化为阴阳哲学概念在人类中的代表。在这一对具体的形象身上，寄寓了社会人生各种丰富的情感与象征意义。

2. 趋同民族文化

民俗的维系功能清晰指向民俗能统一群体的行为与思想，使社会生活保持稳定，使群体内所有成员保持向心力与凝聚力。民俗文化的信息承载能力最为密集，情感色彩最为浓烈，道德教化作用最为深刻，记忆传承最为有力。民俗文化亦是民族精神、民族性格的载体，具有团结社会的亲和力。从这个意义上说，民俗文化能够培育民族精神，增强民族文化趋向一致的认同，并成为维系民族团结的纽带。在经济全球化时代，各民族的本土文化、民间文化受到冲击是普遍性的问题。我们的文化传统，是中华民族的精神家园，维护并传承这个家园，我们民族的主体性地位和独立性特质就不会丧失。汉水流域内民众趋向一致认同的文化范型有多种，有些文化范型不仅全流域乃至全国甚或全球均趋向于一致的认同，如人类起源文化、武当文化、楚文化、孝文化、三国文化、史诗文化等。

（1）人类起源文化

汉水流域介于黄河与长江两大文化板块之间，不仅是我国南北方之间的边缘地带，而且也是我国四大传统文化核心区（关中平原、成都平原、江汉平原、伊洛平原）之间的边缘地带。这种居间与居中的区位优势，又使汉水流域在华夏民族、大一统国家和中华文明、区域经济的发展、繁荣过程中，扮演了承东启西、接南济北的和谐角色。多元文化和谐共存、边缘与中心和谐共振、人与自然和谐相处，成为汉水流域历史文化的重要特色。汉水流域的特殊地质状态引起考古界的积极探索，从而引发了人类起源话题讨论。人类起源于何时何地？人们争论不休。但古人类学家都认为人类起源于亚洲或非洲，有“起源非洲”的一元说，有“起源非洲、亚洲”的二元说，也有“起源亚洲”的一元说。其中一种观点认为，人类是起源于亚洲的昆仑山，在汉水流域演化并走出汉水。

一百多年来，各国古人类学家经过前仆后继、艰苦卓绝的研究后普遍认为：最早的人类起源于新生代，而人类的进化大部分在更新世。特别是经过近几十年的争论，到1970年，各国古人类学家才基本承认人类是由猿进化而来，大致经历了腊玛古猿、南方古猿、直立猿、早期智人、晚期智人这五个漫长的发展进化阶段，将人类的起源提前到1000万年前，地球的历史大约已有46亿年。根据大陆漂移学说描绘的人类起源及发展进程，地球物理学家把地球南部漂来的板块叫印度板块，而位于北方的大板块叫欧亚板块，碰撞处迅速形成的地球上的最高山脉叫喜马拉雅山，把两条首先露出水面的东西向岛屿群称为巴山和秦岭，把三条大河分别叫大江、大河和汉江，称自己为汉人。

根据地球物理学家的学说描绘的人类进化进程是否空穴来风，请看以下考古发现。在印度出土腊玛古猿、西瓦古猿化石后，紧接着是云南禄丰古猿问世。1986年，在长江三峡巫山县庙宇镇龙骨坡发现距今200余万年的巫山古人类化石。1999—2000年，中科院古脊椎动物与古人类研究所发掘鄂西“建始人”三枚人类牙齿化石，距今约200万年。秦岭南麓汉水之滨的郧阳，1989年、1990年两年，在曲远河口两次出土两具完整的颅骨化石，贾兰坡教授初步观察为距今180万年的南方古猿。郧阳梅铺龙骨洞发现三颗猿人牙齿化石，经吴汝康、董兴仁研究命名为“远古人类郧县亚种”，时代为更新世早期，比“北京猿人”约早50万年。与郧阳梅铺相距20千米的汉水流域（豫西）淅川发现13颗属于人牙的化石，经中科院古脊椎动物与古人类研究所鉴定，其中有的牙齿像北京猿人而与南方古猿不同，有的介乎北京猿人与南方古猿之间，有的与南方古猿牙化石相吻合，淅川、梅铺人牙化石的数据均在南方古猿的变异范围内。与郧阳相邻的郧西县白龙洞中出土的8颗猿人牙齿化石及许多动物化石，经考证，比梅铺猿人晚，与北京猿人时代相同。秦岭北麓1963年至1964年发掘的猿人下额骨、牙齿、头盖骨被命名为“蓝田人”，距今76万年。

从印度到中国云南禄丰、开远，湖北三峡，汉水流域的郧阳、郧西县、淅川县蓝田……直到北京猿人，一连串的猿人颌、颅、牙化石的出土发现，构成了一道人类起源风景线，勾画出了从400万年前“禄丰人”到50万年前“北京人”由昆仑山经过秦巴峡谷由西向东，再向北向南繁衍的年代递减趋势。在汉水上游，即豫西的淅川、鄂西北的郧阳、郧西县三个相邻区域出土人类化石地点集中、数量也极多。这一事实告诉后人：180万年前的郧县南猿在汉水流域渐渐演化为直立人、早期智人、晚期智人。在演化过程中不断从汉水两岸向中国的四面八方发展，直到进化成为古人、现代人。可以佐证的是现馆藏于汉水上游的许多象牙化石。丹江口市博物馆收藏的在汉水边的习家店发掘的象牙化石，长3.24米，中部直径0.5米，比世界上此前最大的象牙化石还长21厘米。它告诉世人，汉水流域气候温暖，食物丰富，在110万年前是人类和大象以及猕猴、鹿、貘等理想的生存空间。人类学家通过考古，取得了一个又一个人类起源于昆仑山脉，成长于汉水流域的证物，又恰恰为笔者根据地球物理学对人类起源的推断提供了有力的证据。

（2）武当文化

武当文化，是人们在以道教精神为主的中国传统哲学影响下，在以武当山为中心的地域内，在长期的社会历史实践中所创造的物质财富和精神财富的总和，是中华民族优秀文化遗产的组成部分。春秋战国时期，武当山位于楚、秦、韩三国交界处，这里山高壑深，地势险要，历来为兵家必争之地，“武当山”名之由来即与历史上抵挡外敌有关。道教深深根植于中国的传统文化，武当道教供奉玄武为主神，重视内丹修炼，擅长雷法及符箓禳解，形成了系统的武当道教文化体系，故有“武当派”之称。明代帝王把武当山视为“皇室家庙”，并把真武神作为

“护国家神”来祭祀，加封武当山为“大岳太和山”，位尊五岳之上。如今，武当山以其宏伟的古建筑群、珍贵的道教文物、神奇的道教医药、独特的道教音乐及玄妙的武术、深奥的道教哲理成为世人心中的圣山。

武当道教清规戒律是宗教习俗中特色明显的文化事象。武当道教制定的清规戒律是用以约束道士思想言行、防非止恶的条规，是道士修道必须遵守的条规。不过，清规与戒律二者之间有一定区别。戒律是警戒于事前的行为准则，具有强制性；清规是对犯律道士事后进行处罚的准则，具有惩罚性，是对戒律作用的延伸。道教戒律种类很多，基本的戒律为五戒、八戒、十戒。重要的有《太上经律》《洞玄灵宝天尊说十戒经》《天仙大戒》《初真戒》等。清规，由各道观自己订立。对犯律道士的处罚，轻则跪香、催单（劝离）、革出（逐出）、杖出（杖责逐出）等，重则处死。

在武当山道观中，有史料可据的清规共六份，即：紫霄宫混元宗坛临时监院清规例、紫霄宫混元宗坛清规榜、太和宫清规榜、自在庵条规、五龙宫条规、南岩宫条规。道教的清规，随着历史的发展而变化。

（3）楚文化

楚人以汉水上游丹阳为起点，取威定霸于春秋战国，开疆拓土，先后统一了50多个小国，全盛时领域北至黄河、东至海滨、西至云南、南至湖南。不仅为秦国统一天下铺平道路，而且确立了自己的文化历史地位。汉水下游江陵一带有20代楚王建都。楚纪南故城，为当时南方第一大都会，被誉为“南国之壁”“千丈之城”“万家之邑”，楚国在此带甲百万，车千乘，骑万匹，人口500万众，一座城就占东周列国总人口的1/6。

当时在汉水流域及周边有了先进的采矿冶炼技术。湖北大冶铜绿山古铜矿遗址，向世界昭示了楚人采矿冶炼技术上的惊人成就，“失腊法”等铸造工艺至今在高科技领域还有应用价值。楚人的金币、银币——郢爰、陈爰如今大量出土，黄金被引入流通领域执行了货币职能。楚境出土保存完好的绣、锦、罗、纱、绢、绦等图案千姿百态，色彩如新，品种数量极多，漆器数量之大、工艺之精亦超越各国。农业与手工业的发展，促进了楚国商品经济的发展，而且产生了商品交易场所，称为“市”。春秋时期，楚国就有专门管理市场的官职，称为“市令”。当时三个商业和经济中心——鄂城、鄢城、纪郢，地处汉水之溪，辐射全国各地。

楚人还有独具风格的精神文化。楚辞文学是楚文化的结晶。伟大爱国诗人屈原就在其作品中，创造了一种由神话传说、巫术礼仪、原始歌舞三位一体组成的缤纷文学世界，在世界文学史上也占有一席之位。

楚国的天文历法也十分完备，有我国二十八星宿、星座全部名称的记载。楚国更是音乐舞蹈之邦、绘画艺术之国。著名琴师、乐音家瓠巴、伯牙、钟子期、钟仪等大都出自楚国。绘画艺术中，楚墓出土的两幅帛画堪称稀世绘画珍品。漆画《金秋郊游图》，组画中 26 个人物的服饰、举止情态栩栩如生，是旷古罕有的彩画。楚人的哲学以道家为主流。楚人先祖鬻熊是楚哲学的开山人物，著有《鬻子》。其后，道家学派的形成是以老子其人和《老子》其书的出现为标志。

总之，楚文化的浪漫奇丽色彩与中原文化朴实的理性之光，交融汇入了光辉灿烂的华夏文化。汉江、长江流域的荆楚文化极大丰富了中华文化的宝库，在缔造和发展、统一中华民族文化的过程中起了不可估量的伟大作用，为人类的进步贡献了力量。

（4）孝文化

孝文化是指中华民族在历史实践长河中所创造的一切关于孝的思想

观念、理论制度、行为规范、文艺作品、民风民俗，以及相关器物设施等物质财富和精神财富的总和。孝文化是中华传统文化的重要组成部分，是具有鲜明的汉民族特色的伦理道德文化。孝文化具有十分突出的当代价值。从孝文化的历史际遇中，我们看到：不论时代如何改变和进步，根源于人类血缘关系的孝，都在不同程度上发挥着作用。尽管它的具体内容和现实价值，会随着时代的变迁而变化，但作为人类的一项基本道德规范，它在当今社会依然有十分突出的存在价值。孝文化不仅可以从属于封建社会，它也可以服务于社会主义社会，应该而且能够在社会主义现代化和小康和谐社会建设中发挥作用。

受汉水流域孝文化浓重底蕴和孝文化民俗浸润，汉水流域的各种宗教文化也不同程度地染上了孝文化的色彩，并较为深重地打上了孝文化的思想烙印。武当道教有道教的共性，也有其自身的特点。它的特点主要表现在忠孝成仙、诚信成仙、行善成仙三个方面，在忠孝方面表现得更加突出。

（5）三国文化

古老神奇的汉水是哺育浇灌三国英雄的乳汁和沃野，是传承展示三国文化的大舞台。汉朝与汉水水乳交融、息息相关。公元前 206 年，刘邦被封为汉王，王巴蜀、汉中，都南郑。刘邦正是以汉中为基地，筑坛拜将，明修栈道，暗度陈仓，击败项羽，建立西汉。西汉末年，刘秀兄弟以南阳为基地起兵反对王莽，逐鹿中原，于公元 25 年建立东汉政权。可以说，汉水流淌的是汉朝和汉文化的血液和精魂。

所以，提起兴起于东汉末年的三国，便使人想到汉水；说到汉水，又使人想起三国。在三国时代，以汉水流域为中心的荆州是三国争夺的焦点，荆州之争是决定天下分、合命运的关键。从三国形成之初到天下重新统一之时，围绕荆州归属展开的三国争夺一直没有停息，荆州之争的情势在很大程度上关系到三方力量的消长和三国历史的进程。一些脍炙人口的三国故事，诸如刘备借荆州、关羽守荆州、关羽水淹七军、吕蒙袭荆州等等，都发生在荆州；三国时期涉及三分形势形成与发展、变化的一些重要事件，如赤壁之战、夷陵之战以及关羽北攻襄樊失荆州等，也都以荆州为中心舞台。三国与荆州的特殊关系，是由特定的社会历史条件造成的，也跟荆州在当时所处的重要地位分不开。而魏、蜀、吴三方围绕荆州归属展开的激烈争夺，则是构成这种特殊关系的基本因素。汉代荆州所辖地域包括今湖北、湖南两省全境，河南南阳盆地，广东、广西和贵州边缘地区，大致与上古荆州之域相当。下领七郡：南郡、江夏、南阳、武陵、长沙、零陵、桂阳。汉献帝时从南阳郡分设章陵郡，增至八郡，史称荆州有“百城八郡”。汉代荆州，地跨大江南北，幅员辽阔。它前有长江天然防线，后有荆襄门户与汉水之阻，西有夷道三峡之险，东与吴、越一江相连，地势险要，能攻可守，加之经济、社会发展水平较高，军需充裕，作战给养可靠，是举足轻重的战略要地，为三国政治家、军事家所格外看重。

许多三国著名人物，或生于斯，或活动于斯，或长眠于斯，尤其是培育了蜀汉丞相诸葛亮这位三国文化之魂、中华民族的智慧化身。诸葛亮本是徐州琅邪郡阳都人。他幼年丧父，其叔父诸葛玄到荆州投靠刘表，诸葛亮和弟弟诸葛均及两个姐姐，也一起到荆州。公元 197 年，诸葛玄去世，17 岁的诸葛亮移居南阳郡邓县的隆中，从此过起边耕地边读书的生涯，直到他 27 岁时刘备三顾茅庐诚请出山。在这十年中，他通过广泛交友，既切磋了学问，又扩大了自己的影响，为司马徽、徐庶先后向刘备推荐自己打下了基础；通过婚姻关系，使自己在荆州士林中进一步扎下根。正是荆州这片地方文化源远流长、人才辈出的沃土，孕育了我国历史上这颗璀璨千秋的智慧之星，造就了三国时代这位杰出的政治家、军事家。荆州，可以说是诸葛亮的第二故乡，是成长之根。

关羽文化在汉水流域广泛播撒、根深蒂固。刘、关、张之间作为中国传统伦理观念的义，又主要体现在关羽身上，并成为关羽文化的核心内容。由三国文化所衍生的关羽文化现象，是三国文化与中华传统文化熔铸的一大文化特色，也是荆州所蕴含的三国文化的一大特色。关羽镇守荆州达五年之久，是他一生事业的亮点，也是他的丧身之地。关羽镇守荆州期间，是当时曹、刘、孙三个政治集团纷争频繁、三分形势正式形成之际，斗争极为激烈、复杂。正是由于在当时斗争十分严峻的情况下，关羽在较长一段时间内守住了荆州，巩固了刘备集团这个至关重要的根据地，刘备集团才有可能西取益州、攻占汉中，成为三分形势形成之初势力迅速上升、一时十分强盛的一方。没有关羽守荆州，就不会有刘备集团向西发展的成功，不会有嗣后蜀汉政权的建立。关羽守荆州始终立足威武自强，采取与魏、吴强硬对抗的态势，充分显示出他作为三国名将的英雄本色，其功绩是应当肯定的。

三国时代魏、蜀、吴荆州之争，本是一幅波澜壮阔的历史画卷。文学名著《三国演义》对此进行艺术加工、创造，成为全书最精彩的篇章，其中不少篇幅着重塑造了关羽形象，使关羽的忠义武勇精神更为丰满。关羽身后上升为关帝、武圣，有其深刻的社会原因和文化原因，同时，也跟关羽与荆州的特殊关系分不开。离开关羽与荆州的特殊关系来看待关羽文化现象，看待关羽的被推崇、尊奉，就失去了一个基本的前提。从关羽文化的形成来看，荆州是关羽信仰起始之地，最早的关庙也是建于荆州。

（6）史诗文化

在神农架的诸多发现之中，汉民族长诗《黑暗传》的发现，是 20 世纪 80 年代中国历史、文化学界为数不多的重大文化历史事件之一，它不仅使神农架再次成为全球学者的神往之地，同时，它填补了中国文化历史的一项空白，极大地提升了中华民族文明史、文化史的世界地位。

《黑暗传》从发现到最后成书，是一个艰辛执着和奉献的复杂过程，其中，也汇集了袁珂、刘守华、周百义、陈人麟等一批学者和社会人士的心血与智慧、希望与梦想，在一定程度上实现了海内外中国历史文化界几代人的夙愿，而最让人感动，也最应受到敬重和感谢的则是《黑暗传》的主要发现者和整理者胡崇峻先生。

《黑暗传》故事上起宇宙起源，下迄大禹治水，是一部史前社会的神话史诗。据老歌手回忆，它分为四大部分，第一部分“先天”讲宇宙自黑暗而混沌而玄黄的演变过程。第二部分“后天”讲盘古开天辟地，日月上天庭，万物初生、人类始创的故事。第三部分“泡天”讲天地又历经了洪水的多次磨难，才再创了人类社会。第四部分“治世”讲三皇五帝的生平业绩。

我们不仅可以说《黑暗传》是一部活态史诗，而且可以理直气壮地说《黑暗传》就是一部典型的汉民族史诗。理由有四：第一，从文体学的角度看，史诗是一种介于神话和传说之间的文体，亦史亦思亦诗，亦实亦虚亦幻，是历史和神话交融汇合的产物。从这个观点出发，我们可以将所有的史诗都定义为神话史诗。既然能够将《黑暗传》定义为“广义的汉民族神话史诗”，那么，其史诗性质已经铁定无疑，中间冠以“神话”为定语，恐怕只是说神话是其主要内容构成而已。第二，《黑暗传》有多种口头传唱版本与书面文本世代相传，作为“孝歌”“丧鼓歌”由大歌师以隆重形式演唱，至今广布众口，深受民众喜爱和认同。第三，《黑暗传》是对故事的宏大叙述，它在篇幅长度、表现力与内容的重要性上超过其他的叙事。它以盘古氏开天辟地结束混沌黑暗，人们崇敬的许多文化英雄在洪荒时代艰难创世的一系列神话传说为叙说中心，以“三开天地，九番洪水”为特色内容，时空背景广阔，叙事结构宏大，内容博大深奥，风格古朴神奇，有力地激发着人们对中华历史文化的认同感、自豪感和文化自信心，完全具备史诗的特质。如果说在那些因受流传条件的限制而变得残缺不全的文本中还感受不到史诗的魅力，那么，在胡崇峻整理的这部长达五千多行的诗篇中，史诗的形态就展现得更为充分了。第四，《黑暗传》具有永恒的价值和鲜活的生命力，史诗所表达的价值观念、文化符号和情感被一定范围内的群体所接受和认同，乃至成为他们自我辨识的寄托。据刘守华先生研究，《黑暗传》形成于明代，并同明代叙述神话、历史的通俗小说有关联。但这是就长篇歌本的构成来说的，至于其中的神话传说故事，以及在丧葬仪式中把这些神话传说作为“丧鼓歌”来咏唱的习俗，显然有着更久远的历史。《黑暗传》的保存，是神农架先民崇敬上古开天辟地的英雄而歌唱的结果。他们把神话当作真有其事的历史知识，代代往下传唱。一些老歌手把《黑暗传》手抄本奉为经典，当作传家宝加以珍藏，从不轻易示人。在神农架，把《黑暗传》带进棺材作陪葬或死前埋在地下不为子孙所知的事屡见不鲜。基于上述理由，我们以为，无论说《黑暗传》是“广义的汉民族神话史诗”也好，还是说《黑暗传》是“汉民族活态史诗”也好，都是不彻底的《黑暗传》史诗论者，不是过多保留，就是过多保守。其实，在这个问题上，保留和保守都是不必要的。因为我们有充足的理由证明：《黑暗传》就是汉民族史诗！

汉水流域的文化结丛繁多，蕴含的民俗成分对民族文化的认同起着积极的推动作用。诸如汉中文化、商洛文化、房陵文化、南阳文化、襄阳文化、荆州文化、汉派文化等，无不折射出历史的光环和社会的底蕴。民俗文化是中华民族先进文化的重要组成部分。不同地域、不同民族、不同时期的民俗文化是各不相同的。汉水流域有浓厚的民俗文化底蕴，民俗文化丰富多彩，如喜气洋洋的春节、热火朝天的净街、张灯结彩的元宵节、怀乡祭祖的清明节、牵动十里八乡的锦鸡源庙会、纪念屈原的端午节、纪念文天祥诞辰节等各种节庆纪念活动，又如周情巧写普济榜、金钻和石羊、凤凰城传说、佛沟圣水、青烟诗趣、西湖夜月等通俗生动的民间传说，还有太平大鼓、社火秧歌、陇中小曲、山间花儿、皮影戏、民间剪纸等，都是该流域珍贵的文化遗产和资源。在今天对广大人民群众开展传统民俗文化教育，将对营造和谐文明的人居环境，提高人民群众的思想道德素质，促进民俗文化的传承发展，推动社会的进步起到十分重要的作用。

3. 调适民众行为

在众多的民俗事象中，大部分民俗活动，都带有极其浓厚的娱乐性质，即使一些比较隆重和严肃的宗教习俗、丧葬习俗，也充斥着娱乐内容。这些娱乐活动是为了满足精神生活的需要而在生产实践中创造的，人们以这种方式达到自我娱乐的目的。口传语言民俗中的神话、传说、故事、歌谣、叙事诗、谜语等形式，除在特定的情况下，含有较严肃的内容外，一般来说，大都轻松愉快，起着调节精神的作用。每当一天繁重的劳动结束后，年轻人结对唱歌，老年人则对年轻人讲述生动有趣的故事，谈天说地，寓教于乐。与此同时，民俗文化的娱乐功能还与各民族的审美意识结合在一起。它常常体现出积极、健康、向上的精神和情趣，有时还表现为各民族民众对优秀传统文化的独特爱好。如划龙船、赛马、斗牛，具有竞技性质，考验年轻人的机智、顽强和勇敢。这样优秀的民俗文化，应在今天得到继承和发扬。

（1）教化人心，匡正社会风气

民俗文化是教化民众的重要手段。它通过对一个特定事物或事件的褒奖或鞭挞，实现价值观念的宣扬，同时又教化了人心，匡正了风气，社会治理需要有效地运用民俗的力量。譬如传统戏曲中所表现出的敬奉祖先、家庭和睦、邻里和谐的和合精神，对真善美的执着追求，强烈的爱国主义情怀，忠贞不渝、诚信友爱的观念，对于提倡人伦观念、规范人们的言行礼仪、调和人际关系、调适群体生活、提升人们的道德水准乃至构建和谐社会都有着不可估量的重要作用。并且，民俗文化的教育是潜移默化的，中国民俗文化学创始人钟敬文先生认为，民俗文化是社会生活中普遍存在而又隐藏不露的一种社会规范。比如，我们在国家方针政策和公民道德规范的宣传工作中，借助民间文化的特点，把宣传内容编排成人民群众喜闻乐见的节目，让民间艺人深入到乡村演出，一般会深受群众欢迎。这样，既引导、教育了群众，又丰富了群众生活。运用民间文化形式开展思想教育，是基层思想政治工作的一个新的有益尝试。

（2）寄托情感，调适民众行为

民俗文化是寄托民众情感的载体和调节民众心理的工具。传统的民俗活动，常常融入了人们的各种情感，通过娱乐、宣泄、补偿等方式，使人类的社会生活和心理本能地得到调剂。民俗文化也是联系局部与整体、生活与艺术、通俗与高雅的介质，是反映地方民智、民风、民俗的载体。因为民俗文化是一定时期人民群众基于一定的生产、生活活动而创造的，基层民众是其创造主体，田间地头、村庄作坊是其生成、流传的舞台，因而，民间文化具有日常性、自发性、广泛性、分散性、简朴性的特点，是人们自我精神满足的方式。

（3）服务新农村建设，提高农民综合素质

民俗文化是提高农民素质、培育新型农民的有效途径，也是一种宣扬现代精神文明的重要载体。从总体上看，中国农民目前平均受教育年限较低，而新农村建设的关键在于树人，只有本土农民的综合素质提高了，致富技能加强了，新农村建设才有可能完成。文化这种潜移默化的影响对人们综合素质的提升也起着很大作用。所以，应尽快建立起一种适合于新农村建设的文化理念。一旦这种文化理念形成并深入人心，就能在人的思维方式和行为习惯的层面上产生广泛、稳定而持久的影响。民俗文化根植于人民生活，为人民群众所创造，内容通俗易懂，形式生动活泼，是新形势下武装群众思想的不可多得的好形式。与社会发展相适应的新农村的伦理价值观需要尽快重建，而传统的民俗文化中就有很多可借鉴的内容。民俗文化作为民间最广泛的传承文化，以它悠久的历史、深厚的内涵和特有的功能，在社会发展的历史长河中，始终影响着人类群体的物质生产、生活方式和思维观念。随着社会的发展和进步，民俗文化的形态和功能正在不断地演变和扩大，其价值内涵会不断丰富，其价值外延也会不断扩展。

4. 优化社会秩序

民俗文化是千百年来生活在某一区域的民众对社会生活的认识和经验的总结，当这种经验总结成为一定区域内的习惯进而发展成为该区域内普遍遵从的习俗之后，便在该区域内发挥着普遍的约束力。民俗以本地的传统道德文化为基础，贯穿着国家的政策、法律法规，形成在本区域内独具特色的新的社会规范。从某种程度上说，民俗的效力超越了法规等外在的强制约束力，这种约定俗成的习俗很自然地成为当地通行的社会规则，自动地维护着某种社会秩序。这种秩序和规则总要通过一定形式表达和传播出来，地方戏剧和民俗仪式就成为很好的形式。如故事可以宣扬父慈子孝的伦理规则，可以传达诚实信用的社会规则。最重要的是，这些规则能够深入人心，成为一种内在的道德律令，以低成本的方式维持着社会秩序。

（二）文化价值

文化的结构有外显和内隐两个层面。外显层面包括：物质财富的创造，社会组织制度及由此规定的人际关系和制度性行为——政治制度和政治组织以及因之形成的人际关系和规定性行为，宗教组织以及因宗教信仰形成的人际关系、民俗习惯。内隐层面主要是人的感情趋向和价值观念，这是文化的深层、核心，它决定着外显层面的变化。民俗文化的文化价值主要来源于其内隐层面。传统节日里包含了许多民俗文化和传统人文观念，以及宗教因素，对于研究古代社会的文化、历史和社会生活，有一定的意义。汉水流域的人民对于传统节日的理解和体验，内涵丰富，诸如正月拜年、立春祭农、元宵灯火、三月曲水、寒食禁火、清明祭祖、四月佛诞、端午龙舟、七夕乞巧、中原鬼节、中秋赏月、重阳登高、腊八煮粥、除夕守岁等传统民俗，无不展现出丰厚的文化价值。

1. 构筑文化地标

（1）民俗文化体现民族精神，是民族文化之本

民族文化是各民族在其历史发展过程中创造和发展起来的具有本民族特点的文化。民俗、传统节日和宗教等属于民族文化的精神层面。我国是多民族国家，56个民族各有其民族特色和专属本民族的节日，可谓是百花齐放。而这些节日无不体现了我们的民族精神，如汉族的元宵节、藏族的旺果节、苗族的芦笙节、瑶族的达努节、傣族的泼水节、侗族的花炮节等。他们在这些节日里，通过参与和欣赏赛龙舟、赛马、赛

歌等民俗活动，不仅可以增强体质，还可以丰富生活，增加生活情趣，培育积极、健康、向上的民族精神。

民俗文化与民族精神相互依存。我国具有上下五千多年的历史，可以说是一个具有悠久历史和丰富文化传统的伟大国家。各民族在发展过程中形成的具有本民族特色的文化，不仅体现了中华文化的博大精深，而且还直接或间接地影响着世界上的其他国家。源远流长的中国民俗文化，是我国对世界文化宝库的宝贵贡献。任何民俗，说到底都是民众群体意识的一种体现，民俗文化源于民俗，民俗文化又包含着民族精神，民族精神存在于民俗文化之中，它们的孕育、存在和发展过程正体现了它们之间的相互依存关系。

民俗文化的发展促进民族精神的培育与弘扬。民俗文化在创造和发展自身历史和文化的同时，对我国民族精神的培育和弘扬发挥了不可替代的作用。传承于民间的大部分民俗活动，都带有极其浓厚的娱乐性质。民俗活动中的娱乐有着丰富的内容，包括民间歌舞、民间游戏、民间竞技和民间杂技等。人们通过这些娱乐活动，可以提高审美能力，增加生活情趣，培育人们的乐观精神。

弘扬民族精神促进着民俗文化的传承和提升。民俗文化是国家、民族发展的历史见证和社会文明进步的标志，它对弘扬和培育民族精神，进行爱国主义、社会主义、集体主义教育具有重要作用。同时大力弘扬和培育民族精神也推进了民俗文化的发展，拓宽了民俗文化的领域，提升了民俗文化的价值。民族精神是一个国家兴旺发达的精神支柱，是维系本国、本民族人民生存和发展的基础。任何一个国家和民族，如果没有昂扬奋进的民族精神，没有坚韧不拔的民族性格，没有万众一心的民族志向，就不可能在世界民族之林拥有自己的地位和影响力。因此发展社会主义民俗文化，必须举起弘扬民族精神的伟大旗帜，通过民俗文化特有的教育手段和传播方式，在广大人民特别是青少年中，大力弘扬我国的民族精神和品格，把全民族的意志和力量凝聚起来，把全民族的士气振奋起来，同心同德地去建设我们的国家。

总之，民俗文化与民俗精神同时根植于中华民族的沃土之中，传承我们优秀的民俗文化才能培育和弘扬好我们的民族精神，而民俗文化之中，民俗节日占据了大部分，民俗节日体现着我国的民俗文化，重视民俗节日将会促进我国民俗文化的传承，从而使我们的民族精神得以发扬光大。可以说，形式不同、内容各异、种类繁多的民俗文化是中华民族文化之本，是博大精深的民族文化的重要组成部分。没有民俗文化，也就没有民族文化。民俗的传承，保证了民族文化的延续性和持久繁荣。民俗文化的变迁，是民族文化不断发展的依据与源泉。民俗文化影响着人们的社会心理、价值观念、道德标准、审美追求、存在范式，又因它具有普遍性、传承性和变异性等特征，成为民族文化不可或缺的营养元素。

(2) 民俗文化是传统文化的优秀存在，是现代文化之源

现代文化是传统文化积淀的结果，传统民俗文化在当代仍然有着重要的价值，是现代文化之源。在世界文化多元化的总格局下，各个民族独特的传统文化正随着经济全球化进程不断开拓创新。守护、继承传统文化和走向现代，并不是像个别学者说的那样属于逆反运动，相反，这正构成当今世界各国各民族文化演变的一大奇观。作为一种文化现象，这实际反映了人类文化发展延续的深刻规律，传统因素与现代因素更多地表现为文化积累中的并存状态。在文化发展中，现代文化对于传统文化是一种扬弃与超越。传统文化在不断创造中形成，又在不断创造中被突破、被创新，走向现代。每个国家和民族的传统文化都有自己的优长，同时还是特定国家和民族存在的历史标志，是现代文化的源泉。因

此，在我国文化现代化的进程中，要重视、继承并发扬博大精深的传统文化元素。

汉水流域的孝感市以“孝”命名，“孝子故里出孝子”，孝子美名天下传。孝感市与“孝文化”有着深厚的情结、不解之缘。“孝文化”是孝感的特色文化，是汉水流域民俗文化的精华，是汉水流域现代文化的优秀存在，《文化学引论》中称：“所谓现代化，当然是指人类社会现代化。”① 我们所说的现代化，是指社会主义现代化。现代化是一场涉及社会生活方方面面，内容广泛的社会变化，是一个物质生产、社会意识、政治结构、生活方式、价值观念、人际关系、情感方式等方方面面协调发展的过程。

孝感市1996年评选出的“十大孝子”中的董练武，不仅带长嫂寻方问药治病、下跪求医救母亲、用手为父抠大便，还把党的温暖送给孤寡老人。他说：“我们孝敬老人，爱护幼小，首先要让他们都能过上安逸舒适富裕的日子。”为了摆脱贫困，他鼓励村民大力发展高效农业，还带领村民千方百计找路子，在全村办起了15家集体企业，使村民在1996年就达到人均年收入2800多元，实现了孝感市政府要求的“151”工程的高档水平。从1996年起，村民的一切摊派提留款全免。几年来，村里先后投资60多万元修建学校教学楼、操场和幼儿园，他还以自己的模范行动言传身教，感化了一批思想落后群众，促进了村里家庭和睦，使全村尊老爱幼蔚然成风，形成了“团结奉献，尊老爱幼，共同富裕”的城西精神。这种精神，不正是我们中华民族道德觉悟、道德意志、道德责任、道德义务、道德要求和时代精神、时代要求相结合的生动体现吗？不正是我们建设社会主义新农村、实现社会主义现代化所需要的精神吗？

---

① 李荣善：《文化学引论》，西安：西北大学出版社，1996年，第455页。

（3）民俗文化推动现代文化向前发展，是先进文化之根

先进文化是民族的、科学的、大众的文化。就民俗文化的要素和功能而言，民俗文化既是民族文化的重要组成部分，又是大众文化的主要形式。同时，由于它真实反映了人民群众火热的生产、生活实践，因而也是科学世界观、人生观、价值观的朴素艺术的表现形态。更为重要的是，民俗文化是人民群众智慧的结晶，蕴含着丰富的文化信息、生活素材和艺术养分，是先进文化的艺术基础。近些年来，我们看到，不少地区对具有地方特色的民俗文化进行加工提炼，发掘和传承了民俗文化的精神内核，或者给民俗文化的形式最大限度地注入先进文化的思想内涵，从而使民俗文化日益成为先进文化的基础。社会主义精神文明建设离不开先进文化的发展，民俗文化推动现代文化向前发展，是先进文化之根。社会主义精神文明主要由教育科学文化和思想道德两大部分构成。社会主义精神文明建设的根本任务，是适应社会主义现代化建设的需要，培育有理想、有道德、有文化、有纪律的社会主义公民，提高整个中华民族的思想道德素质和科学文化素质。

以上所述社会主义精神文明建设的内容，涉及善恶这一具有普遍意义的社会现象，都在一定程度上与道德有关，而“万恶淫为首，百善孝为先”，因此，从道德价值方面研究伦理学中的“孝文化”在一定程度上会有助于问题的解决。诚然，在传统的“孝文化”中，确有许多属于封建意识的东西，如“厚葬久丧”“不孝有三，无后为大”“扬名显祖”等等。这些封建落后的东西当属抛弃之列，但“孝养思想”、“养亲”更要“孝亲”、“兄友弟恭”等等，都是中华民族优秀传统文化的积淀物，不仅可以促使家庭和睦，而且有利于改善人际关系和社会环境。

2. 塑造文化品格

文化认同，是一种对群体文化认同的感觉，是一种个体被群体的文

化影响的感觉，虽然与政治认同有相似之处，但又有所区别。地方戏曲作为民俗文化的一种，反映了一定地域人们的精神文化特质以及共同的伦理观念、价值观念。人们创造了自己的娱乐方式，相应地也形成了自己的思维方式和行为方式，形成了共同的心理状态和共同的民俗习惯，以及种种共同的规约和准则（不一定是成文的和由强制力保证实施的，有可能是一种内在的道德律令），从他们的生存方式包括生产方式和生活方式中还升华出他们的信仰、哲学、美学。因而，民俗文化最容易使聚居于一定区域的人们形成一种文化认同感。从潘世东先生的文章《论汉水流域丧歌多文化向度的价值系统结构》就可看出民俗对塑造文化性格的价值影响。①

一是民俗的伦理教育价值与文化品格。汉水流域丧歌顽强生命力的一个重要根源就在于它蕴含着丰富的伦理教育理念。养生送死、慎终追远、追根溯源、感恩戴德是汉水流域丧歌最普遍、最永恒的主题，所以，生当尽孝、死当尽哀是丧歌反复突出、强调的内容，因为它不仅是判断一个人是否具有人伦道德和高尚人格的标准，同时也是衡量一个孝子是否合格的基本标准。比如，汉中地区丧歌中就有歌师与孝子连续对答的歌词，其中歌师就要一一盘问孝子父母在世时儿女是否竭尽心力，使父母衣食住行得到保障，生病之后是否得到有效医治，人死之后是否郑重其事地料理丧事："众歌郎开言问，'你父母得病怎么不治怎么不疗？'孝子跪下应答，'众歌郎你听，亡人得病我治也治了疗也疗了。坡上药草挖断根，父母吃了见原形；坡上药草挖断桩，父母吃了见阎王；坡上药草挖断苗，治得父母到阴曹'。"而父母去世之后，孝子则要极尽其哀："传与传与传与你家孝子，你父母谢丧在堂，你高官莫做，你烈

① 潘世东：《论汉水流域丧歌多文化向度的价值系统结构》，《郧阳师范高等专科学校学报》2005 年第 5 期。

马莫骑，上席莫坐，头一杯酒莫轮。……传与传与传与你家女子，……自从你父母三年服孝已满，你红花也戴，血衣也穿，官粉也擦，胭脂也点。”为什么要如此极尽孝道呢？《黑暗传》中将道理阐释得极其清楚：“先造死，后造生。生生死死根连根，万古千秋到如今。”① 追根溯源，饮水思源，自己与父母血脉相连，生死相依，从生到死，无法割断。这是万古千秋不变的真理。

二是民俗的历史认识价值与文化品格。难能可贵的是，汉水流域丧歌还极富历史认识价值。从内容上看，无论是神话传说、原始思维，还是原始时代社会生活的图景，乃至流域内的历史变迁进程，都在丧歌中得到了或隐或显，或著或微的印记。有些看似空穴来风的文字，却恰恰是历史社会走过的足迹，比如在《黑暗传》中有一段文字：“又有夙沙太欺心，要反神农有道君，大臣箕文劝不可，夙沙大怒杀箕文。百姓群集心大怒，要杀夙沙这反臣。夙沙孤寡不敌众，被百姓杀死命归阴。神农座位居于陈，就是河南陈州城，在位一百四十春，崩于长沙茶陵城。”② 据《中国原始社会史话》称，炎帝神农是一支善于刀耕火种的民族，他们在发展过程中曾吞并了一个善于晒煮海盐的部落——夙沙氏。在这里，我们可以发现，《黑暗传》中的传说故事起到了和历史互相印证的作用。从思维方式上看，汉水流域丧歌保留了人类童年的痕迹和原始思维方式的特征。汉水流域丧歌的许多脚本和段子，都是历史的浓缩。比如在房县所发现的丧歌中，短短几句话，就几乎概括中国历史的脉络：“黑暗混沌无史记，盘古开天又辟地。后羿射日救生灵，才有日月照九州。三皇五帝夏商周，战国归秦及汉流。司马梁晋隋唐主，五代宋元大明休。古今多少兴亡事，留与后人度春秋。古今多少英雄事，争

① 胡崇峻搜集整理：《黑暗传》，武汉，长江文艺出版社，2002 年，第 6 页。
② 同上书，第 196 页。

夺江山把名留。”在这里，历史的磅礴恢宏的气势、历史学家的历史沧桑豁达感与世人无可奈何的喟叹，都透纸而出，让人茫然，又给人警示。此外，汉水流域丧歌的历史认识价值还在于它在某些地方，丰富、延伸或补充了史前史，如《黑暗传》对女娲造人以前的历史就前延了三大部分，历时千百万年。其前延的“先天”（天地起源）、“后天”（天地开辟）、“翻天”（洪水泡天、人类再造）等，无论是就空间的阔大、时间的遥远、人物的众多、故事的复杂，还是就品类的繁杂、关系的繁复、思想的丰富矛盾等来看，都为人类重新认识、检视自己的历史，提供了更为广阔的、新的视野和别样的思路。

三是民俗的社会心理价值与文化品格。汉水流域丧歌顽强生命力的一个很重要的根源还在于它能够适应一定的潜在社会心理需要，满足人们在特定时期对特殊精神和情感的渴求，维护人们在现实世界和精神世界中的生活秩序和心理的平衡。首先，它可以充分发挥宣泄的功能。丧事是孝子们全家所有知事者一生中的大事之一，随之到来的总是巨大的沉痛、悲伤、压力、紧张和郁闷等感情，这些感情汇集在一起，形成巨大的感情冲击，使孝子们的稳定平衡的现实生活世界和精神世界产生突然的失衡。身当此时，孝子们最需要的便是宣泄。通过宣泄，减轻压力，缓解紧张，稀释郁闷，淡化悲哀与伤痛、自责和自怜、孤独与痛惜、无助与绝望，获得安抚与鼓励、镇定与信心、希望与动力。其次，汉水流域丧歌的演唱，还有不容忽视的沟通、化解、强化社会心理的作用。第一，沟通并强化共同的民俗意识和社会心理意识。第二，加强乡党联系，凝聚乡党人心，协调乡邻心理和情感。第三，汉水流域丧歌的演唱，对区域内人们日常心理的调节也具有不可或缺的价值。

四是民俗的美学认同价值与文化品格。美是一个地区人情物性的闪光，是一个地区文化文明的闪光，是该地区人民的创造和力量、光荣与尊严、骄傲与自豪所在。而美学的根本任务就在于放大人、解放人、提升人、完善人，突出人的尊严和独立，突出人的高贵与优美，突出人的伟大和崇高，并在全面发展、全面自我实现的前提下，使人获得真正的自由。因而，美学的价值和意义不仅在于它标示了一种有关当下的、现实的辉煌与境界之理念，更在于它所代表的一种永恒的牵引力量和它所指明的一个终极发展方向。从深层的哲学意义上讲，汉水流域丧歌顽强生命力的一个深层根源就在于它代表着一种极为丰富而劲健的美的力量，同时又蕴含着独具特色的让汉水流域人民认同的美学价值。汉水流域丧歌的这种美的力量和美学价值首先体现在它所具有的文化包容性上。正如王海峰等人对《黑暗传》的文化特性所做的评述一样，在文化的包容性上，汉水流域丧歌也具有六大价值，即：宫廷文学与民间形式并存、神话传说与史卷记载并存、中原文化与楚地文化并存、外来宗教与本土宗教并存、少数民族原型与汉民族原型并存、洪荒遗韵与暮世文笔并存。[①] 汉水流域丧歌如同汇融百川的江河，飞流直下，奔腾千里，给人恢宏浩莽，博大无穷的感觉，显示出了一种兼收并蓄的文化气魄，使人惊心动魄，叹为观止。其次，汉水流域丧歌的这种美的力量和美学价值还体现在丧歌主体精神的独立自由和无限崇高上。最后，汉水流域丧歌的这种美的力量和美学价值还体现在丧歌主体对于生死所抱持的达观理念上。

3. 传承历史文明

民俗是一种起源于民间又流行于民间的相沿积久的风尚和习俗，是一种极具地域性、包容性、普适性、自然性、自由平等性的约定俗成的

① 王海峰、周彬慧、彭育波等：《从〈黑暗传〉看神农架的文化位置》，《华东师范大学学报》（哲学社会科学版）1996 年第 6 期。

“软法规”，它潜移默化的教化作用，无声无形、与时俱进的约束作用，引领社会、和乐各方、规范人群的协调作用，使之成为人类不可或缺的一种源流教育、启蒙教育、自然教育和终身教育，而人类也无不是在民俗的传承过程中受到民俗的启发和教育，从接受民俗的本源教育到创造历史文明，并在民俗的扬弃中，完成一个又一个伟大发明的。因而，珍惜和传承良风善俗是民族进步、历史发展的需要。

其一，端午习俗的传承。端午节在我国民间是一个十分隆重的民俗文化节日。端午节民俗文化也随着华夏文明的延伸，远播东南亚各国。在市场经济高度发达的今天，端午的节日气氛似乎越来越淡了。面对四处飘香的粽子，我们没有了童年时的那份激动，只有一份对往昔的美好回忆。端午时值仲夏，传统的节日活动内容和方式丰富多样。记忆中家家户户提前买好粽叶，自己在家包粽子，一大早就煮好粽子、咸蛋、皮蛋等，一家人中午就好好吃上美美的团圆饭。

许多民俗的背后，都有着深厚的传统文化价值理念，蕴含传统文化对礼仪、道德、生态、宇宙等方面的认识和思考、教育和学习。但是在现在，我们似乎只知其然，而不知其所以然了。在当今的时代，我们应当反思传统民族民俗文化传承的方式、方向和内容。认识、了解、挖掘、整理传统民族民俗文化，当务之急，还是采取各种方法，让群众了解熟悉各个民族民俗节日的文化内涵、民族情感，从中汲取古人的精神和智慧，继承和发扬其合理的文化基因部分，为传承打下基础。

传承优秀民族文化、文明，是每一个人的责任。大家必须行动起来，既要传承文化的存在形式，更要传承文明的丰富内涵。现在，各地端午节都会组织开展一些活动，让群众通过这些活动的开展，学习吸收其承载的文明文化、民族精神、民族情感、价值观念和生命智慧，实现传承。传统节日文化的传承，也应当与时俱进，增加新内容，尝试“过节”的新形式，在传承中实现传统与现代的融合，使一个个古老节日焕发生机活力。比如，龙舟竞赛是各地在端午节开展的一项群众性体育活动，新津等地赛龙舟活动都有相当的规模，邀请各地甚至国外的龙舟队、赛艇队，在端午佳节竞技，既能庆祝传统的端午佳节，又能提高全民健身的积极性。而通过这个活动，也可以培养团结协作的理念和精神，这也是现代工业文明最重要的一个成就之一。再如，在学校教育、旅游业发展、文化建设年、各种群众性学习教育活动中，也可以增加一些传统民族民俗文化知识的宣传，使传统文化的传承有组织、有引导、有整理、有继承。传统优秀民族民俗节日是非物质文化遗产，是祖宗留给我们的一笔宝贵财富，我们有责任把它保护好，传承好，使传统节日的精神内涵成为中华民族和伟大祖国长盛不衰的持久动力。汉水流域民俗文化传承了中华民族很多的历史文明，对汉水流域民俗文化的研究本身也是一种对历史文明的传承。

其二，汉水流域丧歌的习俗传承。汉水流域丧歌顽强生命力的一个主要根源就在于它的民俗传承特性。首先，汉水流域丧歌演唱是汉水文化习俗的最重要的组成部分和最普遍的表现形式，几乎伴随着汉水流域民俗大礼——丧礼形式的每一过程。其次，汉水流域丧歌歌词记载了大量的丧葬的乃至社会的习俗。如十堰市郧阳区民间丧葬“打待尸”习俗，其所唱待尸歌开始部分叫开歌路，有这样几句：“孝家门前一溜烟，悠悠慢慢上青天。上有青天琉璃瓦，下有八宝水磨砖。与亡人扎个花花墓，亡人搬到里头住；与亡人扎个墓花花，亡人住进安成家；与亡人扎个上马台来下马台，一步高升一步来；与亡人扎个系马桩，一辈更比一辈强。”在这里，不仅记载了丧葬祭吊事象，而且，对每一事象针对亡人和生人的美好寓意都一一介绍出来。最后，汉水流域丧歌歌词对丧礼仪程做了全面具体的描绘，聆听丧歌，便能够让参与闹丧的人在闹丧过程中受到一次形象生动的居丧教育。

（三）旅游经济价值

当下，传统文化的经济价值日益凸显并受到极大重视，文化遗产经济学的出现就印证了这一点。市场经济被公认为是一种理性化、规范化和制度化的经济，社会文化观念、价值取向是市场经济产生和发展的精神条件。正如马克思·韦伯曾指出的，任何一种经济模式背后必然存在着一种无形的精神力量，在一定条件下，精神、价值观念决定着经济模式的兴衰成败。因而，我们需要把宝贵的文化资源挖掘出来，把最草根、最具内生性，能体现民族归属感的民俗文化的经济价值展现出来。

1. 催生旅游精品资源开发

汉水流域的民俗旅游精品最有代表性的当数“伍家沟村民间故事”和“吕家河民歌文化”，这两个“精品”的出现就源于“民俗旅游热”。伍家沟村系湖北省丹江口市西部六里坪镇的一个行政村落，毗邻丹江库区，素有“九沟十八洼，一百单八岔，岔岔有人家”之说。该村有半数以上成人都会讲故事。伍家沟故事种类齐全，内容丰富，分神话、传说、故事、寓言、童话和笑话等六大类别，已经出版《伍家沟村民间故事集》一、二集等。

20 世纪 80 年代，在伍家沟村已发现民间故事 1000 多个，民歌千余首，该村因此被相关机构命名为“民间故事村”。这里不但故事多，而且也是谚语、谜语、歇后语的密集地带。伍家沟故事被国内外有关专家称为“民之瑰宝，族之精魂”、中国民间文化的“活化石”。在伍家沟村这一民间故事村，口传民间文学得以较好继承，据 1991 年统计，能讲出

50个故事以上者47人，能讲100个故事以上者9人。其中，许多民间故事讲述者亦是民歌师傅，他们能说能唱。从年龄层次看，有80余岁的老人，有50岁左右的壮年，有20多岁的青年，也有少年儿童，更有故事家庭、故事夫妻。他们讲述的故事，内容十分广泛，从盘古开天辟地、女娲造人直到当代，无所不谈。一部部地方史、村史、家史，由民间故事展示出来，让人们在回味历史中得到享受。

楚文化在伍家沟这一古老的村子里也有所体现，在村民的信仰、民俗、生产方式、衣、食、住、行，以及民歌、民间故事中，都有大量表现。许多古老的民俗，如先秦楚人的拜日、崇火、尊凤、招魂，与尚东、尚左的信仰与民俗，至今仍在百姓的婚丧嫁娶等活动中有所留存。

伍家沟民间故事村的形成，有三个因素，即道教文化的渗透，民间文化的底蕴，历史文化的积淀。这三种文化在伍家沟汇合，形成“内陆湖效应”，储存、积累，再通过社会、家庭等途径传承，使“内陆湖”中精神财富逐代传袭，并不断进行再积累、再提高、再巩固，而结出了今天的硕果。伍家沟民间故事村，是中华大地上村落文化的特殊生态。伍家沟坐落在武当山脚下，其历史文化、民间文化，在受到武当道教的影响与濡染之后，自成脉络，更具有了自己的风格和特色。

丹江口市吕家河景区地处道教名山武当山南麓，西接十堰，南邻神农架、房县。景区内有方圆百余平方千米的原始自然生态区，百里武当大峡谷，众多风格各异的道、佛古建筑遗址和奇山异石、飞瀑流泉；吕家河民歌悠扬纯美、歌手队伍庞大、曲调种类繁多，现已整理歌词5000余首。其优美的自然景观和丰厚的文化底蕴造就了该镇“中国民间艺术之乡”“中国汉族民歌第一村”“国家级非物质文化遗产”“武当后花园”四大品牌。吕家河的自然景观和人文景观资源取之不尽、用之不竭，多年来一直是官山镇所有学生的学习资源。学生们爱民歌、唱民歌，抒发热爱家乡的心愿、建设家乡的志向。

吕家河民歌，从曲调上看，量大。它以江南曲调、孟姜女调、东北北方小调、五更调、剪剪花、陕南河南小调为主，包含戏曲唱腔和湖北地方的一些民间小调，表现了音乐曲调的丰富性；通过音乐美学、演唱手法、歌手气质，在风格处理上形成了当地音乐的唯一性。从演唱风格上讲，歌手演唱起来，咬字清楚，吐词有力，演唱刚劲，总体上偏重于北方风格。从音调上讲，根据不同体裁的音乐，有不同风格的曲调，计 70 余种。从演唱质量上讲，节奏、音型比较清楚，听音清晰，优美动听。而从整理的内容看，吕家河民歌形成的主要原因：一是历史文化的底蕴；二是政治、经济、军事的需要；三是武当道教文化建设的副产品（全国民歌大荟萃）；四是宗教信仰、文化旅游的辅带物（对武当民歌的持续补充）；五是土生土长的民歌。它展示了南北交界的一种独特音乐结构模式，称得上是中国民族音乐的罕见奇观。

2. 促进旅游经济价值转化

实际上，民俗文化旅游体现了后现代时期文化的诸多特点，转化为各种影像，时间碎化为一系列永恒的当下片段，用一种典型化的或者缩微的方式展示某一族群或者社区具有深厚历史底蕴的民俗文化，真实的生活物化为一堆了无生气的建筑、戏剧化地想象为一套千篇一律的仪式，这本身就已经将一个族群或者社区的历史与文化凝聚于当下的时空当中，将历史与文化平面化、瞬间化了。旅游部门一再强调，民俗文化旅游的意义与价值在于体验异文化情调，而且是活生生的、真实的生活展现，旅游者将看到原汁原味的民俗文化，体验一次充满异域情调的旅游探险，种种煽情的语言激起旅游者的无限遐想。但是，民俗文化旅游从策划、设计规划、投资建设到推向市场等一系列步骤都表明，旅游部门向大众推出的是一种可供消费的文化产品。

伍家沟民间故事村及故事，其旅游价值已成功得到转化，伍家沟被国内外有关专家称为“民之瑰宝，族之精魂”、中国民间文化的“活化石”、“中国民间故事的半坡遗址”，虽然它的文化空间受到社会的广泛关注，并且一些学者的相关研究成果亦已发表，但随着人们生活方式的改变，文化生活出现多样性选择，伍家沟民间故事生存的社会环境受到了强烈冲击。如何保持这一优秀民族文化的可持续发展是传承人和社会各界必须思考的问题。作为口头的活态文化，伍家沟民间故事存活于故事传承人的讲述活动中。因此，传承人维系着故事的“兴衰”。随着老一辈的故事家陆续去世，当下的传承人备受社会生活民俗的浸染和制约。文化冲击问题不能回避，随着伍家沟村封闭的生活状态一天一天被打破，尤其是村广播的普及和整个社会的转型，伍家沟人开始走向外面的世界，这些都消解了讲故事的氛围。民间故事弥足珍贵，要想让伍家沟村不沉寂，最根本的一条是要从故事入手。文化的积淀能带动一方经济的发展。故事的生命力很强，很多故事流传了几千几百年，不应该随着时间而被淹没在历史的长河里。保护好这些非物质文化，将是留给未来社会、和谐社会的最大遗产。国家非常重视非物质文化遗产的保护，2006 年 5 月 20 日，伍家沟民间故事经国务院批准列入第一批国家级非物质文化遗产名录。而吕家河被誉为“中国汉族民歌第一村”，这也是一种旅游价值的转化，其背后还蕴含着更多的价值。

3. 推动旅游文化意蕴呈现

以武当文化意蕴呈现为例。武当山又名太和山，主要有三方面的特色：第一，武当山上有宏伟的古建筑群，在建筑的规模上，超过了五岳；第二，早在唐代贞观年间，武当山即兴建五龙祠，宣扬道教，以后道教兴盛，武当山便成了道教名山；第三，这里不仅是道教的香火胜地，还是武当拳的故乡，中国武林历来有“北宗少林，南尊武当”的说法，许多人都是未识武当山而先知武当拳。

游客大都因武当山之“名”“灵”慕名而来，而当游玩之后，面对纪念品却无从下手。由此，马彧、刘英婕对武当山现有纪念品包装进行了深入调研。作为旅游胜地，具有文化特色、地方特色且美观、方便携带、做工精致而不铺张的纪念品包装受到广大游客的喜爱。据调查，在武当山受欢迎的纪念品依次是武当香、武当茶、武当金卡、武当平安带、武当剑、武当镇宅之宝等。于是，在构思设计武当旅游产品前，首先需要寻找其本质，而色彩是最能体现其本质的元素。根据武当的历史文化和地理环境以及其人文景观，选择了深色系列的中国红和作为古代至高无上权力象征的金黄色作为其主色调，这种颜色反复出现在整个设计作品中，充分体现了武当地域特色。

武当山旅游产品开发要充分体现道家文化内涵，如玄武图腾，玄武是一种由龟和蛇组合成的灵物。玄武“龟蛇”在道教文化中具有重要地位，是道教信徒的图腾之物，是公众知晓的图像。据了解，玄武是道教北方的守护神，能降妖除魔，保人间平安。武当山作为道教北方的圣地，视玄武为图腾，将其供奉在各神殿。还有茶具，茶具设计可以凤为主体。在远古时代，凤被视为神鸟而受到人们崇拜，它是原始社会人们想象中的保护神。凤，居百鸟之首，象征美好与和平，曾被作为封建王朝最高贵女性的代表，与帝王的象征——龙相配。凤，又是传说中能给人民带来和平、幸福的瑞鸟，因此作为吉祥、喜庆的象征。这些旅游产品充分展示了武当道家思想的内涵。

二、汉水流域民俗文化传承思路

“我国的民俗文化集中地反映了人民大众的衣食住行、婚丧嫁娶、节日娱乐和人际交往，使之有别于宫廷文化、精英文化和学术文化，也有别于其他民族的民俗文化，用恩格斯的话说，是典型的‘这一个’。”①

民俗文化成为旅游资源与民族本身的本真特征密不可分。随着旅游业的飞跃发展，以及旅游者的大量涌入，使得地区民俗文化“商品化”日趋严重。美国旅游人类学家格雷认为：在旅游经济中，出于赚钱的目的，任何可以合法地吸引外来游客的文化因素，都可以被包装、被定价，作为商品提供和出售给游客，文化被当作商品来买卖。舞台化是商品的重要形式之一。文化产品在传承开发过程中要力求保存它的本真性，而民俗文化的本真性尤为重要，它体现的是一个民族的真正的文化。如何传承与开发汉水流域民俗文化，思路如下：

（一）盘点文化事象，分期分区挖掘

汉水流域民俗文化传承，如前汉水流域民俗文化研究现状所述，产生了大量研究成果，如《汉水文化论纲》（民俗章节）、《商洛民俗文化述论》、《陕南民俗文化研究》、《南阳民俗文化》、《汉江歌魂》（上、下）、《明代汉江文化史》（民俗章节）等等，诸多汉水文化研究学者均作出努力尝试和可贵贡献。然而汉水流域民俗文化之博大精深内涵，尚需进一步分期分区挖掘。通过系统梳理汉水流域有关民俗文献，熟悉民俗文化事象，是传承民俗文化的基础。

---

① 尹伊君、王国武：《民俗文化的特征、功能与传承》，《学术交流》2009 年第 11 期。

涉及汉水流域民俗文化事象的文献颇多，然而专门记载汉水流域民俗文化事象的文献较少，尤其是明代以前，只有南朝梁人宗懔的《荆楚岁时记》了。《荆楚岁时记》是记录中国古代楚地（以江汉平原为中心的地区）岁时节令风物故事的笔记体文集，涉及民俗和门神、木版年画、木雕、绘画、土牛、彩塑、剪纸、镂金箔、首饰、彩蛋画、印染、刺绣等民间工艺美术以及乐舞等，记载了自元日至除夕的24个节令和时俗。这些民俗、民间工艺美术传自远古，延续至后世。其中如门神、彩蛋画、土牛、木版年画等民间工艺美术，至今仍在城乡流传。据何荣研究发现："对荆楚地域的界定，《汉书·地理志》将楚地限定在今湖南、湖北、汉中、汝南一带，即长江中游地区，六朝时期，'荆楚'主要指江汉平原一带，是一种广义的文化区位，并没有严格的行政区划。"① 基此可言，《荆楚岁时记》是专门记录以江汉平原为中心的地区的传统民俗的文献。

明清以来，随着各地方志修撰工作的兴盛，汉水流域民俗文化诸多事象被详细记载于各地志书中。明代记载汉水流域民俗文化事象的志书有：《永丰县志》（嘉靖）、《郧台志》（万历）等，这些志书或涉猎山川地貌，或涉猎民俗，是研究汉水流域民俗的珍贵文献。清代记载汉水流域民俗文化的志书就比较多了，如《雒南县志》（十二卷·清乾隆五十二年增刻本）、《孝义厅志》（十二卷·光绪九年刻本）、《汉南续修府志》（三十二卷·清嘉庆十九年刻本）、《定远厅志》（二十六卷·清光绪五年刻本）、《汉阴厅志》（十卷·清嘉庆二十三年刻本）、《平利县志》（四卷·清乾隆二十一年刻本）、《宁陕厅志》（四卷·清道光九年刻本）、《南阳县志》（十二卷·清光绪三十年刻本）、《唐县志》（十卷·清乾隆五十二年刻本）、《邓州志》（二十四卷·清乾隆二十年刻本）、《南

① 何荣：《〈荆楚岁时记〉民俗用语研究》，硕士学位论文，重庆师范大学汉语言文字学，2018年，第2页。

召县志》（四卷·清乾隆十一年刻本）、《内乡县志》（十二卷·清康熙三十二年刻本）、《孝感县志》（二十四卷·清光绪八年刻本）、《黄陂县志》（十六卷·清同治十年刻本）、《云梦县志略》（十二卷·清道光二十年刻本）、《应山县志》（三十六卷·清同治十年刻本）、《汉阳县志》（三十六卷·清嘉庆二十三年刻本）、《应城县志》（十四卷·清光绪八年蒲阳书院刻本）、《德安府志》（二十卷·清光绪十四年刻本）、《安陆县志》（四十卷·清道光二十三年刻本）、《安陆县志补》（二卷·清同治十一年刻本）、《荆州府志》（八十卷·清光绪六年刻本）、《续修江陵县志》（六十五卷·清光绪三年宾兴馆刻本）、《荆门州志》（三十六卷·清乾隆十九年宗陆堂刻本）、《钟祥县志》（二十卷·清同治六年刻本）、《京山县志》（二十七卷·清光绪八年刻本）、《沔阳州志》（十二卷·清光绪二十年刻本）、《咸丰县志》（二十卷·清同治四年刻本）、《郧县志》（十卷·清同治五年刻本）、《房县志》（十二卷·清同治四年刻本）、《竹溪县志》（十六卷·清同治六年刻本）、《郧西县志》（二十卷·清同治五年刻本）、《襄阳县志》（七卷·清同治十三年刻本）、《随州志》（三十二卷·清同治八年刻本）、《谷城县志》（八卷·清同治六年刻本）、《枣阳县志》（二十四卷·清乾隆二十七年修钞本）、《枣阳县志》（三十卷·清同治四年刻本）、《宜城县志》（十卷·清同治五年刻本）、《光化县志》（八卷·清光绪十年刻本）等等。民国时期的有《续修南郑县志》（七卷·民国十年刻本）、《汉口小志》（不分卷·民国四年铅印本）、《天门县志》（二十四卷·民国十一年石印本）、《枣阳县志》（三十四卷·民国十二年铅印本）等。中华人民共和国成立以来，各地志书就更多了。这些志书内容均涉及礼仪民俗、岁时民俗，少量还记载有生活民俗、信仰民俗、民间语言和民间文艺，地理范围囊括了汉水中上游陕南、鄂西北、唐白河流域南阳及汉水下游江汉平原各个地市州，这些习俗在发展变迁中承袭于当下，是我们分期分区挖掘、传承汉水流域民俗文化的珍贵文献。

（二）对接基础学科，开展专题研究

研究民俗文化是传承民俗文化最有效的方式之一。传承汉水流域民俗文化，要对接基础学科，纵横铺开，深入开展系列民俗文化专题研究。民俗文化按其所涉范围，大致可分为衣俗、食俗、居俗、旅俗、婚俗、丧俗、育俗、礼俗、语俗、艺俗等。研究汉水流域民俗文化，可结合服装设计学、饮食学、建筑学、旅游经济学、礼仪学、养生学、语言学、文化学、文学、艺术学、民俗学等学科，使某一板块的习俗文化内涵得以深入而详尽地展开，以彰显汉水流域民俗文化之厚重。如研究汉水食俗文化即可如此。

（三）构建协同机制，提升传承效益

民俗文化的价值不容忽视，汉水流域民俗文化的传承开发必须要以其价值深层转化为前提，必须要高度审视汉水流域民俗文化的原价值。凡有人类聚居的地方，都有各自不同的风尚习俗，这是由聚居的人群有共同的社会生活而决定的。习俗反映着人们的是非爱憎和伦理道德，又记录着社会制度和经济生活。所以说，民俗既是历史的凝结，又是文化的体现。从这个意义上说，习俗是历史的活化石，是文化的代码。民俗文化作为地区最具特色的文化，是旅游文化中的一个重要的组成部分，开发地区民俗文化旅游，打造民俗文化精品，必然会推动民俗旅游产业的发展。可见，民俗文化价值转化为民俗旅游是很好的途径。在传承开发过程中要联动配合，效益均分，协同传承。

1. 流域联动，互利双赢

汉水流域民俗文化的传承与开发，须遵循流域联动、互利双赢的原则。要做到开发资金联动、研究队伍联动和开发效益联动，实现双赢，做到协同传承。

汉水上游的陕西理工大学于 2001 年成立了“陕西理工学院汉水文化研究中心”，2007 年，汉水文化研究中心获准挂牌。研究中心以开放的研究姿态，联动全流域的研究队伍，挖掘汉水文化。该中心的学术委员会成员由北京、湖北和陕西三地的高校教授和科研机构的专家构成，凝聚了全流域的汉水文化研究知名专家，同时与各高校研究中心、研究会及科研机构开发、申报完成系列项目，做到效益联动，互利双赢。

2. 重视转化，提升效益

在开发民俗文化时要将文化内涵和经济效益相结合。在开发的时候首先要想到保护。首先，预防外来文化对民俗文化的冲击，民俗旅游资源的开发意味着本地的对外开放，外来的文化、经济观念会对民俗地造成很大的冲击，容易使民俗地文化同化。要保护民俗文化，就要尽量减弱游客所带来的这种冲击。为保护民俗文化环境，国外许多景区甚至通过限制景区日接待量、限制游客停留时间、限制游客和当地居民接触等途径，以减弱外来文化对当地社会文化的冲击。我国的旅游主管部门应该认识到民俗保护的重要性，积极主动探索新的途径和方式，将因发展民俗旅游而带来的文化冲击减弱到最小，以保护民俗地文化。

其次，要让民俗地的居民自觉保护民俗。居民因发展旅游业收入增加，生活水平提高，价值观念转变，生活方式更趋于现代化和便捷化。

这是一个不自觉的潜移默化的过程，这个过程中将有大量的口头民俗、服饰民俗和生活民俗被同化。在当地人的眼中这是一种进步和改善，他们可能会着眼于生活条件的改善，不会意识到这是一种文化被同化的过程，自然不会因为要保护民俗而拒绝接受科技进步带来的便捷。这就要求文化部门应向居民传播有关保护民俗资源的意识，使他们认识到本地民俗的价值，辩证地对待自身传统和生活方式，防止民俗被同化。

再次是转化。成功地利用有限的文化资源创造出具有无限价值的文化商品的最典型例子当数美国的迪士尼公司。其利用各国的文化资源，如各种童话故事、传说和英雄人物形象，创造出了一个个栩栩如生的动画形象，形成了独特的电影制作产业链，并且将电影业顺利拓展到了其他产业，如旅游业、传媒业等。

文化资源由于其资源的无限性，开发的多元化、非独占性、可再生性等特点决定了它的开发和运作同一般资源的开发运作有所不同。需要对文化商品的需求满足程度进行市场信息调查并重新进行文化需求分析及文化商品的再设计。

如谷城“汉水文化城”项目在规划上就体现了文化传承效益与经济效益结合的理念。该项目规划从广场类、公共建筑类、住宅开发类和商业开发类等四个大类进行建设，涉及民俗文化元素的建筑有：天坛，将建成巫傩祭祀祈福台，民俗、宗教、巫术文化展示区，端午祭祀、巫傩祭祀活动举办地。地坛，为道教八卦坛，展示汉水流域兴起的道教文化。传说古城，将展示汉水流域的神话传说仓颉造字、女娲补天、大禹治水、后羿射日、嫦娥奔月以及牛郎织女传说。汉水大剧院将建成多功能会场，用于汉水流域音乐、舞蹈、杂技表演。专门建设汉朝民俗村，2～5层民居，假两层楼式，白瓦灰墙。石雕、木雕、砖雕、灰塑、陶塑、彩绘等，整体以相对纯粹的民俗村模式，集体现汉文化习俗的居住、展示、体验等功能于一体，如汉水流域的时令节庆习俗、居住习俗、婚嫁习俗、丧俗、祭祀与信仰习俗、饮食习俗、禁忌习俗以及楚步、解手、半夜搬家、火烧龙灯等奇异的生活习俗。同时注重商业开发。建设汉水文化产业园，将汉代服饰刺绣、汉文物、古代民间器具、工艺品进行展示，建立黄家煮酒研发生产基地；文化创意产业园将建成汉水流域音乐、舞蹈、绘画、手工艺品、根雕园艺等民间文艺的技艺创作基地；文化传媒产业园将《诗经》中《周南》和《召南》部分 25 首歌谣，汉水民歌中的山歌、号子、田歌、小调、灯歌、花鼓、孝歌、八歌，以及民俗歌、叫卖调等进行发掘整理并推广销售；而汉朝人文酒店，将按照古汉时期建筑和装饰元素进行建筑造型和内外装修；大汉养生馆则集传统中医针灸、推拿、食疗、足浴、指压等健康养生功能于一体。外滩民俗风情街严格按照古汉时期建筑特点设风雨回廊。钱庄银楼展示销售银器银饰，城内通用古钱币兑换，充分展示汉水流域的商贸民俗。

总之，汉水流域民俗文化在传承保护的基础上，可进行科学开发，在开发过程中，要力求保持民俗的本真性。以旅游为媒介的民俗文化开发模式已成为惯用的民俗文化开发方式。民俗旅游是一种高层次的文化旅游，游客的旅游过程，也是一个学习的过程，因此要力求将最真实、最本质的民俗展现在游客面前。民俗旅游的卖点在于“俗”，一定要突出本地的特色。民俗中那些腐朽的、落后的成分应该剔除，但不能随意对民俗进行改造，尤其是将一些现代前卫的概念强加到民俗之上，极易使民俗变味。民俗表演过程中可以增加一些游客参与和互动的活动，但如果一味去迎合游客的爱好，随意改变演出内容和形式，则很容易使民俗变异。一些宗教和神话传说中的内容可以用来发展民俗旅游，但这些东西并不适合作为主要看点而大肆渲染。民俗旅游的灵魂在于体现文化的多样性，但前提是，这种文化必须是真实的。

参考文献

[1] 佚名. 礼记[M]. 陈澔，注. 金晓东，校点. 上海：上海古籍出版社，2016.

[2] 泰勒. 原始文化[M]. 蔡江浓，编译. 杭州：浙江人民出版社，1988.

[3] 哈维兰. 当代人类学[M]. 王铭铭，等译. 上海：上海人民出版社，1987.

[4] 段玉裁. 说文解字注[M]. 杭州：浙江古籍出版社，1998.

[5] 王利器. 风俗通义校注[M]. 北京：中华书局，1981.

[6] 钱穆. 中国学术通义[M]. 北京：九州出版社，2012.

[7] 钟敬文. 话说民间文化[M]. 北京：人民日报出版社，1990.

[8] 柯玲. 中国民俗文化[M]. 北京：北京大学出版社，2011.

[9] 陈勤建. 中国民俗学[M]. 上海：上海人民出版社，2017.

[10] 倪其心. 宋史[M]. 上海：汉语大词典出版社，2004.

[11] 佚名. 礼记[M]. 崔高维，校点. 沈阳：辽宁教育出版社，1997.

[12] 陈华文. 民俗文化学[M]. 新修本. 杭州：浙江工商大学出版社，2014.

[13] 西周生. 醒世姻缘传[M]. 北京：华龄出版社，1998.

[14] 宗懔. 荆楚岁时记[M]. 姜彦稚，辑校. 长沙：岳麓书社，1986.

[15] 萧放. 明清川陕楚边区风俗文化论[J]. 湖北大学学报(哲学社会科学版)，1990(5)：81-86.

[16] 刘守华. 武当奇葩伍家沟——评我国鄂西北一个著名的民间故事村[J]. 江汉大学学报，1998(1)：43-47.

[17] 蒲亨强. 武当道乐与均县民歌[J]. 星海音乐学院学报，1988(4)：

28-31+39.
[18] 蒲亨强. 民歌村六奇——湖北武当民歌村考察纪实[J]. 郧阳师范高等专科学校学报, 2000(2): 1-5.
[19] 刘守华. 走进"寄死窑"[J]. 民俗研究, 2003(2): 123-128.
[20] 陈寿. 三国志[M]. 裴松之, 注. 武传, 点校. 武汉: 崇文书局, 2010.
[21] 司马迁. 史记[M]. 韩兆琦, 译注. 北京: 中华书局, 2010.
[22] 任乃强. 华阳国志校补图注[M]. 上海: 上海古籍出版社, 1987.
[23] 赵贞信. 封氏闻见记校注[M]. 北京: 中华书局, 2005.
[24] 孙中山. 建国方略[M]. 牧之, 方新, 守义, 选注. 沈阳: 辽宁人民出版社, 1994.
[25] 江苏古籍出版社. 中国地方志集成 湖北府县志辑: 第 58 册 光绪利川县志 同治郧阳志[M]. 南京: 江苏古籍出版社, 2001.
[26] 佚名. 周易[M]. 宋祚胤, 注译. 长沙: 岳麓书社, 2000.
[27] 葛洪. 抱朴子[M]. 上海: 上海书店, 1986.
[28] 王逸, 洪兴祖, 朱熹. 楚辞章句补注·楚辞集注[M]. 夏剑钦, 吴广平, 校点. 长沙: 岳麓书社, 2013.
[29] 李昉. 太平御览: 第 1 册[M]. 夏剑钦, 校点. 2 版. 石家庄: 河北教育出版社, 1994.
[30] 郦道元. 水经注[M]. 谭属春, 陈爱平, 校点. 长沙: 岳麓书社, 1995.
[31] 吴自牧. 梦粱录[M]. 杭州: 浙江人民出版社, 1980.

[32] 王静，许小牙. 中国民间商贸习俗[M]. 3 版. 成都：四川人民出版社，2009.
[33] 墨子. 墨子[M]. 戴红贤，译注. 太原：书海出版社，2001.
[34] 丁世良，赵放. 中国地方志民俗资料汇编 · 中南卷：上册[M]. 北京：书目文献出版社，1991.
[35] 吕思勉. 先秦史[M]. 北京：北京日报出版社，2018.
[36] 邓少琴. 巴蜀史迹探索[M]. 成都：四川人民出版社，1983.
[37] 王充. 论衡[M]. 高苏垣，选注. 岳海燕，校订. 北京：商务印书馆，2020.
[38] 巫其祥，李明富. 陕南民俗文化研究[M]. 北京：高等教育出版社，2014.
[39] 顾栋高. 春秋大事表[M]. 吴树平，李解民，点校. 北京：中华书局，1993.
[40] 丁世良，赵放. 中国地方志民俗资料汇编 · 西北卷[M]. 北京：书目文献出版社，1989.
[41] 明安生. 十堰古寨堡[M]. 武汉：长江出版社，2011.
[42] 王丽娜. 中华民俗通鉴：第 9 卷[M]. 呼和浩特：内蒙古人民出版社，2006.
[43] 杨天宇. 仪礼译注[M]. 上海：上海古籍出版社，2004.
[44]《十三经注疏》整理委员会. 十三经注疏 · 仪礼注疏：上[M]. 北京：北京大学出版社，1999.
[45] 陈立. 白虎通疏证[M]. 吴则虞，点校. 北京：中华书局，1994.

[46] 徐珂. 清稗类钞：第5册[M]. 北京：中华书局，1984.
[47] 安平秋，张传玺. 汉书[M]. 上海：汉语大辞典出版社，2004.
[48] 万建中. 中国禁忌史[M]. 武汉：武汉大学出版社，2016.
[49] 黄元英. 商洛民俗文化述论[M]. 西安：三秦出版社，2006.
[50] 甄克思. 社会通诠[M]. 严复，译. 北京：商务印书馆，1981.
[41] 瞿昙悉达. 开元占经[M]. 李克和，校点. 长沙：岳麓书社，1994.
[42] 刘安. 淮南子[M]. 许慎，注. 陈广忠，校点. 上海：上海古籍出版社，2016.
[43] 赵在翰. 七纬(附论语谶)[M]. 钟肇鹏，萧文郁，点校. 中华书局，2012.
[44] 刘克，许宛春. 南阳民俗文化[M]. 开封：河南大学出版社，2003.
[55] 王家葵. 养性延命录校注[M]. 北京：中华书局，2014.
[56] 左鹏. 河流文明丛书·汉水[M]. 南京：江苏教育出版社，2006.
[57] 乌丙安. 中国民俗学[M]. 长春：长春出版社，2014.
[58] 王楙. 野客丛书[M]. 郑明，王义耀，校点. 上海：上海古籍出版社，1991.
[59] 卢迎生，左攀. 道教庙会的功能、意义及其管理——以武当山“三月三”庙会为例的考察[J]. 中国道教，2017(5)：33-36.
[60] 周作奎. 梦里分明谒太清——武当山“三月三”祖师诞辰法事[J]. 中国宗教，2005(4)：28-29.
[61] 刘绩，陈广忠. 淮南鸿烈解[M]. 合肥：黄山书社，2012.
[62] 刘侗，于奕正. 帝京景物略[M]. 北京：北京古籍出版社，1980.

[63] 历荃，关槐. 事物异名录[M]. 长沙：岳麓书社，1991.
[64] 许嘉璐. 后汉书[M]. 上海：汉语大词典出版社，2004.
[65] 王先谦. 释名疏证补[M]. 龚抗云，整理. 长沙：湖南大学出版社，2019.
[66] 董仲舒. 春秋繁露[M]. 北京：中国书店，2018.
[67] 张庭玉. 明史：第1册[M]. 北京：中华书局，1974.
[68] 曾枣庄. 新五代史[M]. 上海：汉语大词典出版社，2004.
[69] 刘勰. 文心雕龙[M]. 庄适，司马朝军，选注. 武汉：崇文书局，2014.
[70] 黄涛. 语言民俗与中国文化[M]. 北京：人民出版社，2002.
[71] 刘守华，巫瑞书. 民间文学导论[M]. 武汉：长江文艺出版社，1997.
[72] 王宏佳，汪国胜. 江汉平原方言语音的几个特点[J]. 方言，2011(3)：247-251.
[73] 曹明权. 女娲文化研究[M]. 武汉：湖北人民出版社，2007.
[74] 钟敬文. 民间文学概论[M]. 2版. 北京：高等教育出版社，2010.
[75] 刘守华，陈建宪. 民间文学教程[M]. 2版. 武汉：华中师范大学出版社，2009.
[76] 吴忠军. 中外民俗[M]. 5版. 大连：东北财经大学出版社，2018.
[77] 中国戏曲志编辑委员会，《中国戏曲志·河南卷》编辑委员会. 中国戏曲志·河南卷[M]. 北京：文化艺术出版社，1992.
[78] 李日华. 六研斋笔记 紫桃轩杂缀[M]. 郁震宏，李保阳，薛维源，点校. 南京：凤凰出版社，2010.

[79] 王谠. 唐语林[M]. 上海：古典文学出版社，1957.
[80] 陈建宪，吴祎，岑学贵，等. 民俗文化与创意产业[M]. 武汉：华中师范大学出版社，2012.
[81] 胡崇峻. 黑暗传[M]. 武汉：长江文艺出版社，2002.
[82] 黄淑娉，程德祺，庄孔韶，等. 中国原始社会史话[M]. 北京：北京出版社，1982.
[83] 马彧，刘英婕. 具有地方特色的武当山旅游纪念品包装设计[J]. 包装工程，2008(5)：81-84.

附　录

三省山内风土杂识

溆浦严如熤撰　何道明整理

陕西之汉中、兴安、商州，四川之保宁、绥定、夔州，湖北之郧阳、宜昌，地均犬牙相错。其长林深谷往往跨越两三省，难以界划。故一隅有事，边徼悉警，守土之吏，疆域攸分，即能固圉保民，讵能越境而谋。故讲乂安之策，必合三省通筹之也。

天文：井宿次未午二宫，分度最广。商州在井一度，汉中、兴安在井三度，保宁在井十三度，夔州、绥定二府均在翼十七度，而奉节、巫山、大宁、云阳、梁山、万县又在翼十六度，郧阳府之郧县在星六度，房县、保康在张一度，竹山张二，上津张三，郧西、竹溪在张四。圣人仰观俯察休咎之征，鉴诸仪象。任边防之重者，不可不随时占候也。

南山在陕西西安府之南，山高而长，阮亭所云“终南云物一千里”是也。西为太白山，北为华岳。祖山由秦陇而来，逾北栈，经宁陕、孝义，东出商洛，融结河南诸山。镇安、洵阳、汉阴、石泉、洋县各山，皆其支分别派。穹岩邃谷，老林深箐，多人迹所不至。时虞伏莽，故往史所称，动曰“南山盗贼”。

南山专属陕西，在渭河东南，汉江之北，其由汉江南渡，径至岷江北岸。陕则兴安、平利、白河、定远、西乡、宁羌；川则保宁、绥定、太平、夔州；湖则郧阳之房县、竹山、竹溪，宜昌之归州、巴东、兴山，均在江汉之间。其山之最巨，有名者曰“大巴山”。大约自秦、阶折而东，为略阳之仇池，经宁羌、南郑、城固，至定远、巴州。凡川东北，陕兴安，湖郧阳、宜昌各山，皆其支分别派，而下结为均州之武当。巴山老林，跨川陕两省，周遭千余里，老树阴森，为太古时物。春夏常有积雪。山幽谷暗，入其中者蒙蔽不见天日，官府稽防难周，宜其为逋逃薮也。

西安之咸阳、蓝田、盩厔、鄠县，凤翔之宝鸡、郿县，均在山外，而县辖地方往往错入山内。盩厔、咸阳，往时所辖入山至二三百里，故有鞭长莫及之患。川陕各山，峻削挺拔，非如东南坡坨蜿蜒，易于攀跻。由华州经蓝田至宝鸡共七十二峪口，山贼窥伺内地，必由峪口而出。故当办理贼匪之时，防其窜突，于各峪口亦遍设卡伦，以重省城门户。

宁陕厅为西安府所辖，旧本长安县地，距省城三百六十里，在南山中。四面高山峻岭，道路极其崎岖。毕抚军奏设厅治，近又添设总兵大营，兵威雄盛，足为省城藩篱。

孝义厅亦西安府所辖，本咸宁县地。毕抚军分设厅治。治旧在大山礤下。城垣逼仄，高山俯临，如坐瓮底。近移建在旧县关，地势略为宽厂，而溪流冲激，城基难以完固。

由宝鸡县渡渭河进山，经草凉驿、黄牛堡，过凤县、古陈仓、留坝厅，至褒城县，山程五百里，为北栈道。山峻水急，其中多巉岩壁立，难以凿路，募匠锤石成孔，横贯巨木，上覆木板，外作栏杆绕之，如桥梁状，故名曰“栈道”，其中最险曰煎茶坡、大散关、凤岭、柴关、马道、二十四峤、鸡头关，均为一夫当关，万夫莫开。闻父老言：“数十年前，古木丛篁，遮蔽天日。近为川楚棚民开垦，路虽崎岖，而树木已稀，惟柴关一处，尚有古木数千章。”

栈道之西为秦、陇、阶、文各州县，而东则南山老林。山垭谷口，处处可以蹿越，故贼匪东西奔窜，防堵为难。

由褒城而西南，过沔县、宁羌，为往四川大路。东行四十里至汉中府，府治东有饶风，南横大巴，北阨大散，西拒仇池，汉江横贯其中，最为形胜。其中南郑、城固、洋县、西乡、褒城、沔县周围七八百里，一望平芜，地美民殷，风物绝似江南。故汉高因之以成帝业，而武侯北定中原亦屯军于此。晋、宋以后为梁州，唐更名兴元。

兴安，古金州地。旧为州治，隶汉中。毕抚军奏请改州为府，由汉中东行，经城固、洋县、石泉、汉阴，陆路八百余里，水路一千三百余里。中有湑门、子午谷、饶风岭诸险。而饶风尤峻，即吴玠据以拒撤离喝者。但此路尚为平夷，不似栈道之寸寸皆山也。

兴安府治在汉江之南，地势宽敞，新城系砖砌，颇坚固，为总镇营兵驻扎。府治本无城，秦抚军防堵教匪之时，筑土墙以守。沿旧号曰“老城”。山内土性不坚，夏秋霖雨，辄有坍塌，边徼重地，宜为未雨绸缪者。

兴安所辖六属，地方辽阔。水田不逮汉中甚远，其中宜稻者，惟汉阴一厅，次则安康、平利，又次石泉县，间产稻谷。洵阳、白河不过三数村落有水田矣。惟山内五种皆宜。大麦、包谷，薄种厚收，闾阎饘粥，尚为易谋。

兴安往西安大道，由汉中一千八百余里，故于山中另辟新路。由洵阳之赵家湾、两河关，经过镇安、孝义，出大峪口，山程约七百里，较栈道捷甚。然鸟道羊肠中，如九里岗、琉璃沟(安康)，判官岭、仙人碥(洵阳)，梅花铺、鸡上架(镇安)，猴子石、大山磜(孝义)，高峻崄巇，辟一径于树根石角之间，稍不戒则人马均坠。非如栈道，地虽险而路宽也。故招解人犯，仍由汉中大道。

定远厅在汉中府南，汉中之西乡县。地方辽阔，周围二千余里。嘉庆八年，奏将山内地方，分设抚民同知。厅治在固乡营，距西乡县二百九十里，至四川太平厅二百四十里。沿边东接毛坝关，南绕盐场、平落，西历黎坝、白杨关，北至菩提河，共计八百八十里，与四川之太平、巴州、通江、南江接界。内有星子山老林，约二百余里。其大巴山则在定远者四百余里。西乡之险峻，尽分厅治，而西乡成腹地矣。

定远山大林深，然过一高山，即有一田坪。星子山之东为楮河厅，西为九军三坝，南为渔肚坝，平落、盐场，西南为仁村、黎坝，均有水田，宜稻。九军坝产稻最美，其粒重于他处。渔肚坝、楮河、平落、盐场，周围各数十里，俗称“万石平落，五千盐场”。但各乡虽产谷而距厅治远，阻隔大山，转运为难。厅治之固乡营，水田仅数百亩，故仍有艰食之虞。

又西乡游击营，设于定远未分之先，定远后设厅治而军制仍旧，仅一都司营，额兵五百，分布于川边八九百里之间。又先设姚家坝、简池坝两巡检，距厅治皆二百余里，人烟稀少。嘉庆九年，方抚军奏移姚家坝巡检，安设渔肚坝、简池坝巡检，安设黎坝，均在厅城西南一百里内外。定远捐修厅城，两巡检分防之地，亦为代修石堡。三城鼎峙，颇资犄角矣(十三年，西乡游击移安定远)。

汉中府之凤县，东南为南山老林，由城西进山沟，约百余里至甘肃之两当，再西为徽、成二县，毗连秦州。山贼之窜甘省，多取道于此，故于县治增设汉凤营。

留坝厅在栈道中，西有紫柏山，高数十里，青峦耸拔，上插云霄，相传为张子房辟谷处。厅治湫隘，两面高山，中间溪流湍激，向无城垣，故贼频滋扰。

厅东北九十里江口，为南山扼要之区。厅西黑河一带，上接凤县，下通褒、沔，西与甘省毗连。密林深谷，绵亘数百里，极为幽险，最宜防范。黑河今为凤、沔、略辖，设有铁炉川守备营。

褒城之马道，相传为萧相国走马追淮阴侯处。就驿结堡，人烟较县治为多。留坝厅境绝少水田，川楚棚民转徙开垦，土著十无一二。五方杂处，易生事端。善后案内，添设营兵，近已筹设修城垣，崇墉仡仡，庶折侮乱之萌。

鸡头关在褒城北一十里，危峰竦峙，下临绝磵，洵天险也。东南数十里，一望平芜，颇称膏沃。黄官岭与川之庙坝、铁炉坝相近，稽防宜严。

定军山在沔县，山不甚高，古木幽篁，蔚然深秀。县东北与褒城、南郑相连者，平原膴膴，水田亦美。惟刚厂一处，与黄官岭声息相连，而西境由褒城上接黑河，连峰叠嶂，易以藏奸。

略阳据秦陇之中，昔光武征隗嚣，得略阳而嚣惧。嘉陵江襟带城西，另有小河一道，绕城东而下。渡嘉陵江，西进至白马关，为甘肃要衢。邑有仇池，四面陡险，上颇平敞，有泉有田，往时武都羌据以为固者。邑境山壤垅埆，沿途绝少水田。仇池今在甘肃。

宁羌州当川省入陕首站。州境辽阔，绵延数百里。黄坝扼巴蜀之咽喉，阳平为秦陇之门户。荒耳山、茅垭子、板仓坝一带，与广元，昭化之荷叶岭、石龙垭、城墙岩、犁坝各处，壤地相错，山幽谷深，易以藏奸。有水田，稻出无多，仅供本地需用。

南郑、城固，平芜相接，锦陌绮阡，为汉中膏沃。北山、汉山亦无阻险可凭。城固之二郎坝，接连留坝之江口，此路颇称幽峻。

汉中，古梁州。洋县，古洋州。唐时屡为驻跸之地。东、南、西三面均有平壤、水田，足称膏沃。北路进牛羊岭、麻庄河、麻儿沟一带，大山数百里，与西安之长安、盩厔接界，内多未辟老林。近于华阳地方，建土堡一座，添设文武官弁，而地大林深，弹压非易。

《禹贡》：“华阳、黑水惟梁州。”黑水即留坝黑河，在梁州西北。华阳在梁州东。华山之阳为南山，故华阳正在南山旁，北与五郎之江口、厚畛子各营相连。由华阳前进，处处老林，崄巇幽暗，为南山深处矣。

西乡在汉江南，沃野百里，良田千顷，汉中之华腴也。自定远设厅，边防尽归定远。虽堰口、峡口、细辛坝诸要隘，时防山寇躏入，而御贼当在门墙之外。严定远之防维，则西乡自可固圉也。否则，龙池坝、马家坝、箭杆山各险与贼共之，到处可以窜越。定远瘠甚，割西乡隶之，则厅县虽分，事权归一，筹办自易矣。

陕省入川之路，其由宁羌、广元栈道而前者，正道也。而奇兵往往由西乡而进。汉昭烈取汉中，大军发葭萌关。张桓侯由西乡一路，后西乡为桓侯封邑。定远之扯旗溪、拴马岭各处，尚有桓侯遗迹。明时，川贼郐本恕犯汉中，流贼张献忠入川，并总兵左良玉等，扼贼力战，亦多在渔肚坝路。定远之设厅控制，洵安边远猷也。

武侯伐魏，魏延请以五千人，间道由子午谷径袭长安。考西乡之子午谷，在汉江北，与西安府之子午峪相对。由山路径进至长安，不过七八百里。但翻山越岭必须裹毡束马而行者，非止一处。出险之后，距长安虽不远，时关中久为魏有。夏侯楙虽驽才，长安豪杰岂无相共为守者。仲达用兵神速，观其七日而破新城，则武侯之拒而不纳，未必非虑延之为孟达续也。

石泉在汉江北岸。县本无城，县令李焕枢筹修治。东南与汉阴连界。颇有水田，余则崇山峻岭，一望巑岏。西往西乡，有饶风关，高五六里。石磴盘折，其险可守。由饶风北进山，为兴安往五郎之路中，有云雾山、山河界、猫儿岭，诸险均极幽峻。四亩地营与五郎声息相通，尤为必守之要。四面老林，一二棚民之外，别无土著。稽防稍疏，辄起寇心。

汉阴本兴安州辖，兴安升府，汉阴分为厅治。地势平坦，中有月河一道，利资灌溉。春时水田漠漠，风景绝似湖乡。厅北各山，亦与五郎相连。汉王城古迹，在厅南汉江之上。

紫阳县治，在汉北小阜之上。县辖地方多在汉江南岸。山地瘠薄，与石泉相类，产茶，性寒败胃，亦其山高故也。定远之星子山，东折入县境，故亦有未辟老林。南之二州垭，西南之麻柳坝、茅坝关，与川省太平厅城口一带毗连。山深林大，川匪出没，往往伏莽撄人。

紫阳扼要之地，又有铁佛寺、班鸠关。东南近安康，有大山，曰“五朵云”。林深路峻，上广数十里，贼匪伏匿，官兵搜捕经时。

兴安改府之后，安康为附郭首邑。县境辽阔，西往汉中一路，恒口地势平坦，颇有水田。西北王莽山、牛山，岑巆崒嵂，为终南之分支。松树坝、上下团山，与洵阳、镇安、孝义接界。林幽谷深，奸徒易以伏匿。傅家河一路，由山沟中行，地虽幽暗，路颇平夷，故避两河关之险者，由镇安取道于此，径达兴安、汉阴。

安康南与平利，西与紫阳交界，西南至南天门，与四川之太平厅交界，密地数百里。崇山峻岭，沟汊分歧。有滔河、岚河、大道河等名。其间以砖坪为扼要之地，距郡城二百二十里。沿溪两岸有零星水田。安康设县之初，特为分驻县丞，近又加设营员。地当川陕奥区，匪徒出没，控制为难。

平利县治，旧在兴安郡城南九十里，城址逼仄，四面大山俯临。县治南九十里曰“白土关”，据湖陕之冲。再南四十里逾界岭，即为湖北二竹地。地势平衍，水田甚美，改建县治于此。溪水一道，下为洵阳之坝河，北注汉江，可通小舟。中有石滩数处，加以疏凿，则民商均便矣。

平利所辖高山之中，间有平原水田。如曾家坝、狮子坝、风口坝等处，各有水田数百顷，与白土关均称产谷之乡。

平利北连安康，东界洵阳，东南接湖北之二竹，西南与四川之太平、大宁交界。镇平一隅，尤深入川楚之中，距县治三百六十里。鸟道一线，盘折危岩峭壁之间。鸡心岭扼夔府、大宁之路，偏岩子通一碗泉汛。平溪河、八仙河与太平厅之城口、黄墩相接，处处老林。内有化龙山，尤为幽峻。匪徒出没无常。旧设巡检专司稽防，近添安大营，拟设县丞，略资控制。沿途之八卦庙、孟石岭、散子坪等处，亦为要隘。

洵阳在汉江北，汉高祖遣郦商至郇关，即其地也。县治孤峰突兀，夹以汉江、洵河，俗称“金线钓葫芦”，其险可守。邑北有阳山十二岭，亦南山分支，尚有未辟老林。两河关为由商、洛入金、洋必争之险。

洵阳西北与安康、孝义、镇安，东与山阳及湖北之郧西，南与白河，西与平利，西南与湖北之房县、竹山、竹溪均皆接界。犬牙相错者共九邑，与平利均为陕边重地。地颇辽阔，俗有“八百里洵阳”之称。山大谷深，稽察难周。往时楚匪潜入东路之西岔河、竹筒河，西路之坝河，北路之乾溪河，山民多被煽惑，贼至附从为乱，故其被蹂躏者为最烈也。

由安康之二郎滩至白河交界之蓝滩，水程二百七十里。汉江南北二岸，均洵阳所辖。他邑专防一岸。洵阳于贼从南来，则守北岸。贼从北至，又守南岸。士民荷戈守卡，祁寒暑雨，数载无懈，亦知切同仇之义矣。

竹山、洵阳分界之处，曰“七里关”，设守备驻防，隶陕安镇中营。连山叠嶂，道路极其崎岖。又有梓木树垭，扼竹溪之冲。女娲山当平利通川之道，均防范之不可疏者。

白河县在汉江南，洵阳旧辖。五里分一里为白河。东北与湖北郧西、郧县，西南与湖北房县、竹溪交界。幅员不过二三百里，而山谷阻深。由县西麻湖沟而进，红石河、白石河、界岭、关庙河各处，楚匪潜窜，易至煽惑滋事，守土者时宜留心。

商州在西安东南，距省城平路三程。由蓝田县进峪，亦经过秦岭。秦岭极其崔嵬，在五郎、孝义者，上下均七八十里。度岭总须两日，盖即南山之正干也。岭在商州者不甚高，其上亦有韩文公庙。商州城外，地势平敞，宜麦粟各种，间亦有稻田。东为豫省丁字关，扼秦豫之冲。东南至龙驹寨。小河一道，可通舟楫，直达襄阳之老河口。西商之贸易东南者，多于此买舟、雇骡，人烟稠密，亦小都会焉。

商州即楚地商于六百里，张仪用以绐怀王者。地在楚，则关中之险，楚与秦共之；在秦，则楚之防秦者多，为秦弱矣。秦既取之，讵肯还之。其后汉高祖之入关，亦即在此一路。故商州为秦中必守之险。州辖四县。镇安居南山之中，四通八达。山阳、商南与楚之郧西、上津接连。雒南密迩豫州各邑，均山大林深。楚豫流民入山开垦者，多取道于此，良莠不齐，稽防未可少疏。

由甘肃之阶州翻山，西往四川龙安府，路最崎岖，即邓艾袭蜀之阴平道。

四川之太平厅，旧本县治。军兴后改升直隶厅。贼匪滋事之始，南江、通江各邑，县治多被焚毁，太平藉土墙以守，得以完固。所管地极辽阔，周遭一千七八百里。近厅之数十里，官渡湾一带，平原水田，为产谷乡，余则多未开老林。厅所辖之城口，距厅三百七十里，四面高山峻岭，中间一线溪流，溪旁水田不多，此地极其幽深，俗称“八百里城口”。嘓匪、教匪，往往伏匿。

由城口之南，经由乾龙坪、明道井、鹳鸣寺、雪泡山、高坪各处，分路往云阳、开县，密地数百里，均为未辟老林。路旁林边行走，往往数十里无人烟。其间如鹳鸣寺、雪泡山，尤为幽峻，古木参天，丛篁遍地。贼伏窜其间，踪迹难寻。

由城口之东，经由黄墩、旗杆山、汪家坝、桃花垭，过大团城、小团城，至红池坝、老木园、宝塔，分路往夔府之大宁、奉节，鸟道羊肠，崎岖不易行矣，而其增助地险，总在沿途老林。枝柯丛杂，刺眼挂衣，即为健者纠缠不得展布。贼匪潜藏其中，我军无由得见，贼从林内下视，则纤细俱知。于碕角转湾之处，依险鹘起，贸贸前进，辄坠术中。

大团城四面陡削如壁，上皆老林，周围二百余里。小团城山势相类而差小，贼匪伏匿其中，砍树辟地，结棚住居。其出入路径，蟠折林中，均有暗记。粮食断缺，出外分伏山径，掳劫行商，掠近村居民，搬运归巢。暇则演习枪棍。边徼深处，水土劣恶。大军不能久驻，本地营汛，兵单不敢深入，伺其出劫，设法捕擒，俾知警畏而已。

由城口之北至两扇门，通陕西之兴安。高山夹峙，中间危径一线，为川陕必守之险。

由城口东北，经黄墩、后坪，至一碗泉、中心石，南通夔府之大宁、奉节；北过偏岩子，至陕西平利县之平溪；东北过蚂蝗坝，至陕西平利县之镇坪；东过徐家坝、焦子垭，通湖北竹山县之巴豆园、丰溪两处。山势极其峻削，均象形得名。而当三省边隅要路，一夫荷戈，武士千群无所用之。偶有骚动，为必守之险。又徐家坝之鹳心岭，亦为要隘。

夔州府东界湖北巴东，南界湖北恩施，北界陕西平利，西扼本省之新宁。形势险阻，为川东门户。岷江贯其中。奉节、巫山、云阳、万县、开县、大宁各县，均在江北。崇山峻岭，密地千里。川中山多黄土，不逮陕南山之沃，而土性稍坚。山民遇有溪泉之处，便开垦成田，故到处均有稻谷，价值较陕省为贱。但各县地均辽阔，棚民杂处，稽防为难。府城至成都一千七百里。巫山、大宁之属，相距在二千里外。边隅有警，声息难通。

绥定府，旧为直隶达州。嘉庆元年，教匪滋事，升州为府。附郭为达县，隶以东乡、新宁。东界夔府，西界渠县，南界大竹，北界太平。

地居四达，在岷江之北。近府平原沃壤，水田连阡，稻谷颇饶。距府数十里外，则连峰叠巘。东乡多有未辟老林，山谷幽险，易以伏奸。棚民杂处，稽察不可少疏。府至成都一千二百余里。东乡在府东北一百里，新宁在府东南一百二十里。

东乡北由罗纹坝、黄杨堡，东北由回军坝、八台山、双河口、白沙，均可至太平厅。罗纹坝一路，路虽崎岖，沿途尚有人烟。回军坝一路，盘折山谷之中，经过老林数处，行人恒有戒心。

保宁府，古巴子国，距成都六百二十里，为川北重镇。东界太平，西界梓潼，南界西充，北界陕西宁羌。栈道千里，当雍梁之冲，所谓“剑关重开蜀北门”也。水流湍激，山势嵯峨，故一路号称天险。府东北四百里为通江县，古宕渠地，与陕西定远厅接界。北三百里为南江县，亦宕渠地，与陕西宁羌、褒城、南郑均接界，两县均无城郭，县治毁于贼。邑各有大石寨，倚山阻水，环绕十数里，天险可守。百姓屯聚其间，官弁即侨居其间，就近抚驭。蜀山陡起陡落，山麓稍平，有溪泉浇溉，便成水田。二邑颇亦产谷，长林深箐，动辄数百里。嘓教各匪易于伏匿，防检不可少疏。

通江之竹峪关，与陕西定远厅之九元关，相距六十里。川陕客民挟赀贸易者，往往取道于此。山高三十里，上多青枫树林，蒙密幽深，往时亦有匪徒伏道攫取货物。上有关庙，为川北、陕安两道会哨弹压之处。滋事后，贼匪出没其间，行旅稀少。近于竹峪关筑堡一座，安设守备营。陕省如再加防维，则路途无阻矣。

通江、南江各道，川客之赴汉江贸易者，由竹峪关取道固乡营。道路纡回，故于定远简池坝迤西，经白杨关至菩提河，于大巴山内砍伐老林，另辟一道。横过老林约七八十里，取道甚捷而极其幽暗，常募土人护送。

川中有东乡，有南乡。今陕西定远厅之渔肚坝，即古南乡旧治也。大约大巴山所出各水，在北者由西乡注汉江，在南者由通、南、巴州而注嘉陵江，归于岷江。渔肚坝、黎坝之水，均南入通江，亦天之所以分川陕也。

大巴山由定远折入南江，崔嵬崱屴。旁支分为十二岭。一名小巫山，俗称“大巴之险，过于连云栈”。其西与广元接壤。两河口、哨风楼一路，通汉中之青石关、昭化，经城墙岩、七眼洞一路，至铁炉坝，亦与南郑之巫山垭路通。

巴州地极辽阔，周围约千余里。巴江可通舟楫。平梁山四围，石壁如城。宋末徙州治于此。平原之中，水田亦为肥美，而山多田少。近太平、定远一带，崇山峻岭，尚多未开老林。

南栈由金牛驿入，过五丁峡，古称五丁力士开山以迎金牛者，即此。经由陕西之宁羌州，逾朝天岭，进广元县界，则为百丈关、望云关、七盘关、锯山关、剑门关，均极崎岖，所谓“蜀道之难，难于上青天”者。

岷涛天险，飞渡为难。故自来流匪之患，恒在汉南江北。即保宁以下，襟以嘉陵江者，亦可沿岸防堵。

川北、川东风土与汉南相近。自明以来，荆襄流民即聚此数郡之间。明末，遭张献忠杀戮之惨，遗民所存无几。承平既久，民多外省搬入，而湖广之人尤多，以其壤地相连，易于搬移也。古称蜀民好乱，而楚人轻剽。醇者烧荒垦田，渐以富饶；黠者邀结朋党。稽防少疏，便成事端，是在良司牧之善为驾驭抚绥也。

郧阳府，春秋麇子庸人之地。明成化时设府治，领郧县、郧西、房县、竹山、竹溪、保康六县。东界河南南阳府之淅川，西界陕西兴安府之平利，南界襄阳府之均州，北界陕西商州之商南。道路四通，山有黄龙、白马诸险。汉江横过其中，夹河、斗河南北交注，为楚边之雄胜。距武昌省城一千五百余里。

郧阳山大林深。明时荆襄流民聚处其中，转徙于陕之商、汉，川之夔、达，地险人众，往往煽惑生事。项忠、白圭之徒，督诸军讨之，旋服旋叛。盖痛加诛戮，而所杀之数，不敌新集之多；力为驱遣，则回籍之人，仍存复来之志。故迄无成效也。后原杰集三省按抚会议，将流民编成户口，分设县治，妙选贤能，勤加抚治，三省边境，藉以乂安者百数十年。郧抚之设即始此时。

自陕西兴安至湖北襄阳，共计一千三百里，而郧阳为适中。府城依山阻水，形势甚为巩固。府上游诸山峻峭，与川陕无异。下游则坡坨起伏，耐人寻玩矣。郧县为附郭首县，近郊多平原水田，产稻颇佳。

郧西，府北一百二十里，县治在汉江北山内，距江岸数十里。东与郧县，南与陕西白河，西与陕西洵阳，北与陕西商南、山阳均皆接界。旧本郧县、上津之地，明成化时，原杰因其地太辽阔，分设县治。崇山峻岭，道路崎岖。而山岭之下，多成平坝。居民开成水田，连阡逾陌，故其产谷较胜洵阳、山阳诸邑。

郧西扼湖陕之冲者，曰“南天门”，有一天门、二天门、三天门之称。巉岩峻削，共计数十里，与洵阳之牛心石共为天险。郧西旧本无城，贼匪滋事时，县治被焚毁，知县孔继澣领帑修建城垣，团练民勇，据险拒守，贼魁齐王氏等为其民勇所戮，故郧西乡兵冠于楚北。

上津旧本县治，后并入郧西，设巡检分防。知县孔继澣筹修石堡一座，屹立湖陕之间，足壮声援。

郧西之夹河，在陕西白河县之上三十里。水注汉江，可通舟楫。泝流过上津，至蛮川关起，陆二百四十里至商州，进西安省城。通计由夹河起，至咸宁峪口，水陆八百余里。行旅避孝义秦岭之险，多取道于此，兴安之东道也。

房县本汉房陵、魏新城地，孟达之据以为蜀魏轻重者也。距府城三百二十里，高山广谷，号为奥区。往代流匪往往盘踞其间。板桥山、九道梁等处，地方幽险，稽防未可少疏。

竹山、竹溪为古上庸地，旧本一县。明原杰割竹山东南，另设竹溪。竹溪距府三百二十里，竹山距府一百八十里。东与郧县，北与陕西白河、洵阳，西与陕西平利交界，南通四川大宁，并宜昌之兴山等县，当三省之边徼，地方最为辽阔。

竹山、竹溪，均旧本无城。贼匪滋事，县治遭焚毁，近皆筹修新城。高垣崇墉，极其巩固。两邑风土略似，民勤稼穑，于山湾溪角尽垦水田。其平原之中，锦塍相接，故其米谷之饶，洵阳、白河客民亦藉资焉。人轻生敢斗，陕西当乡兵者，多二竹、郧西之人，颇得其力。

竹山之关垭与洵阳之七里关毗连。山势险峻，道路崎岖，为湖陕扼要之处。

竹溪南之汇湾，西由红石河至竹叶关，通陕西平利县之曹家坝、八卦庙一带。由唐家坪，经丰溪、老爷顶、巴豆园，通四川大宁之萧家坡、徐家坝，沿途密林深箐，最为幽险。

竹山南由官渡，过白河口至红坪，西折向家坡、马鬃岭、三层岭，与老爷顶路会。由红坪西南折过顺水坪、长岭坝、阴条岭至乌云顶，与四川夔州府之黄草坪汛、大昌营，各路相通。

由红坪南行，过高桥河至相思岭、陈家坡，又东折过麻线坪、下古坪、国公坪，至百里荒，此数百里中，老林深箐。与陕西之化龙山，四川之大、小团城，山势相连。向本无路，搜捕零匪，开成小径，均极危险。

宜昌府，古丹阳地。楚熊绎始封于此。后又名“夷陵”“西陵”。史称秦代楚烧夷陵，吴陆抗讨步阐于西陵者，即此地。旧为州治，改升为府。东界当阳，南界宜都，北界南漳，西界四川之巫山。扼巴蜀之咽喉，附荆襄之脊背，枕山环江，地险流激，最为形胜。距武昌省城一千一百余里。

宜昌府城在大江北岸，依山阻水，雉堞连云，号称巩固。府所辖东湖、归州、兴山、巴东、长乐，均在江北。鹤峰、长阳二州县在江南者，与施南接界，为土官宣慰司旧地。改土归流，江北数州县接连四川之夔府。本省之郧阳，山大林深，亦往时流民积聚之地，故贼匪往来窜伏其间。

归州，古夔子国地。一名秭归，《出师表》所云"秭归蹉跎"者，即此也。滨临大江，距府一百二十里。东湖、归州均有水田，宜稻。归州西北一带，高山长谷，与郧县无异，控制不易。

巴东，汉巫县地，滨临大江。由四川之夔府，大江东下，至县入湖北界。邑有巴山，又名"金字山"。一峰分三冈而下，形如"金"字。县治依之，而向无郭垣，故贼匪滋事之时，县治至被焚毁。荆楚第一层门户，宜为桑土之绸缪者。

巴东楼船上巴西，言川楚之相连也。夷陵，三峡之一，《宜都记》称黄牛滩，东入西陵界一百里，山水纡曲，林木高茂，哀猿之声，岩谷响应，行人闻之，莫不怀土。归州之空舲峡，尤绝岸峭立，为飞鸟所不能栖。此路数百里均皆天险，故自来蛮祸，不能逾江北。而流匪之患，亦鲜至江南者。

兴山县，府北一百二十里，在江北山内，崇山峻岭，接连四川诸山，道路诘曲，扳跻为难。

由兴山县东北，经由丰玉坪、长房河一路，可至郧阳之房县。西北由伍家坪、堆子场、南阳河，亦可至百里荒。古木丛篁，川楚极边。

由巴东之罗坪、罗溪、场北，过麻线坪，亦通相思岭。西由火峰翻界岭，下黄泡池，通四川之观音岩、八石坪，至大昌营。西北翻界河坝，至琴乐坪，过黄草坪，通大宁县之大宁厂。此带数百里中，多未辟老林。往时荆襄流民蔓延川东者，必先集聚于此，以次转徙而西。故贼匪之窜逸川楚者，多取径于此。道路极险峻，林木阴翳，官军往来追捕，跋涉动经旬月，征人之劳瘁可思矣。

汉江发源嶓冢，至褒城、沔县之间，北栈黑河诸水注之，始通舟楫。东至汉中府城南，冬春水涸，磷磷浅濑，架木为桥。由汉中而下，城固之文水、壻水，洋县之苎溪、大小龙溪，西乡之清凉川、木马河，石泉之珍珠河、红河、迟河，紫阳之洞河、玉河，汉阴之月河，安康之大小滔河、岚河、黄杨河，均注于江。其流稍大，然江面不广，石拥沙积，浅处仍可搴裳径渡。由兴安府东下，会合洵河、斗河、夹河，其流始深，共一千三百里而至襄阳。襄阳以下，江面较大。自沙阳以下，虽港汊纷歧，其正流之趋汉口者，流极迅急，故言汉防在洵阳县高壁洋以上，夏秋水涨，可据岸为守。冬春非淘沙布椿，不足御也。

汉江俗称神河，其异于诸水者，当夏秋涨发，中有跑沙，突起洪涛之中，出没无常。舟人步步留心，见有跑沙，拚命急避。如不能避，则沙壅船头，顷刻之间，人舟均无踪矣。跑沙在老河口、襄阳一带尚有，至襄阳以下，则渐次稀少。推原其故，缘汉水流最劲疾，拥沙而行，上游高山夹束，愈增其猛，至襄阳地势平坦，江面宽而水流缓，故沙亦渐落江底矣。

唐时都关中，江淮之米，多由汉江泝流而上，不专恃河运。史称明皇幸蜀，至扶风，江淮贡献适至，其明征也。由老河口之上进寨河，小舟可达龙驹寨。陆路至西安不过四五程。梁州、金州则均在水次。军兴之时，江西、湖广转运接济者，由汉江而进。但汉江滩高流急，郧阳之龙窝，洵阳之蓝滩、新滩，其险不减滟滪。船质稍脆薄，遇石辄破。江西运员彭淑，湖北当阳人，谙汉江水道。所运之米，专募湖南永州剥船，船既坚实，人亦耐劳，故亏耗独少。至湖南粮米，多用本省原船，省一番搬移，即少一番耗损。米又用布袋、竹篓装盛，船户难以偷窃，遇有磕损，便于起救，尤经理之得宜者。

汉中府诸水，汉江而外，无可通舟者。西乡、堰口诸流会合，夏秋可行小舟，然亦仅至西乡县城。

兴安府诸水，紫阳之峒河，西至四川交界之毛坝关三百数十里，可行小舟。汉阴之月河，春夏潴而为堰，既资灌溉之利，秋冬小舟运载至郡，舟容数石。

安康之滔河、黄杨河，舟行有水时，均不过数十里。洵阳因洵河得名，源出孝义秦岭，至镇安西境，名“大仁河”“小仁河”。东折至洵阳，与水由旧县关镇安县，南注县境者相会，故谓之两河关。会流一百七十里，至县城东入汉，俗称“八百里洵河”。其可行舟者，计程四百余里。

郧西之夹河，源出商州之鹘岭，经上津入郧西境，至夹河口入汉。对岸为白河县地，小舟直至蛮川关。

斗堵河在汉江南，源出竹山县之上庸山，即古上庸河也。盘折二竹、房县之间，合孔杨水、鳌水、龟水，并源出平利县之堵水，源出白河县之北星河，其流稍深，沿流作堰，灌溉稻田。小舟牵挽而上，可三四百里，至郧县西南入汉江。二竹、房县民客贸易郧襄者，均此河运载。

嘉陵江者，东自陕西散关发源，由凤县、略阳诸治西南斜注。西自甘肃西和、成、徽、两当诸县而来之水，合于置口关。东入四川之广元县境。道经嘉陵山之西，故以“嘉陵”名。西至昭化县，有来自阶州之白水，龙安府之青州水注之。又纳苍溪县之宋江、梓潼县之小潼川，下至合州之渠口，则渠江诸水注之。南下至州治之东南入于涪江。按嘉陵江两面，夹以高山，水流湍急。然至陕西之略阳，其流已巨，可通舟楫。较汉江之在褒沔者为深广矣。

渠水源出陕西之定远厅大巴山，下至巴州东南，分为三流。而中央横贯，势若“巴”字，名曰“巴江”，又称“字水”。合源出广元县通平镇之清水江，源出通江县之宕水、龙滩水，由金华山西斜注东南。有通川江者，发源达州之万顷池，自东注之江，南下渠县之东，又为渠江，纳渠县之白水溪、大竹县之东流溪、广安州之翁水，至合州之渠口，合于嘉陵江。此水舟楫直通巴州，其分支别派，间亦可泛轻舸。

开江源出新宁县雾山，坎流而下，南入开县，合源出达州万顷池之清江、源出高梁山之垫江，俱下云阳，入于岷江。此水虽蟠折山谷中，而小舟尚可运载。

马连溪源亦出于万顷池，自北而南下，经大宁县之西，又南入巫山县，与大宁河并入岷江，亦通小舟。

岷江源出岷山，自松番卫西北至番界，三支并下，至下游诸郡，渐次会合。东下湖北之巴东县而入楚界。其间若金沙江，则自云南之北胜州，总滇省西北诸支流，至四川之马湖而入江。嘉陵江则自陕西之宁羌州，总甘肃东南诸水，至四川之合州，会涪水而为内江。合三省之水，盘折数千里，源远流长。故与黄河各为南北众流之长。江之在川者，两岸束以高山。川楚之交，石峡千余里，至彝陵以东始入平原。故自来江患，蜀地绝少。然峡愈峻，水愈深，流愈迅急。顺流而下，瞬息百里。泝流以上，则处处皆险滩。瞿塘、滟滪，特其名之最著者耳，故输挽维艰。

三省边境可通舟楫者，只此数水。渭河源发甘肃渭源县之南谷山，东由鸟鼠山而下，经清水县而西入凤翔府之宝鸡县，绕扶风、武功、盩厔、鄠县而行，并非山内也。

山内陵峦峻大，溪涧亦多。当夏秋雨潦既降，山涨暴发，波涛之急，山民名之曰“竹筒水”，无舟楫可通。寻常咫尺之地，守候辄至经日。又古称雉蛇交其卵，遇雷入地，久而成蛟。山内蛇雉最多，百姓不知伐蛟之法。蛟起崩山裂石，坡坳之间，庐舍人畜，被山水推去者，往往有之。山民不以为奇也。蛟将起时，有声阁阁，类雉鸣而较闳，以此侦之，可以预避。

山内地广赋轻。惟商州与汉中之南、城、洋、西征银，间及万两。兴安及四川之保宁、夔府，湖北之郧阳、宜昌各郡县，极多不过三四千，小邑只数百数十两。缘当国初定赋之时，多系未辟老林，故率从轻科。

国初定赋之时，原定之额不能符数，募人领地承赋，而土著之民无多，其承纳之国课，不过几钱几分，领地辄广数里。至离县窎远者，一纸执照之内，跨山逾岭，常数十里矣。完课既为无多，故其赁佃之租，亦不似外间之按亩而定也。

老林未辟之先，狐狸所居，豺狼所嗥，而虎祸尤多。土著人少，所种者不一二，招外省客民纳课数金，辄指地一块，立约给其垦种。客民亦不能尽种，转招客佃，积数十年，有至七八转者。一户分作数十户，客租只认招主，并不知地主为谁，地主不能抗争，间有控讼到案，则中间七八转之招主，各受佃户顶银，往往积至数百金。断地归原主，则客民以青山开成熟地，费有工本，而顶银当照据转给中间。贫富不齐，原主无力代赔，则亦听其限年再耕而已。

流民之入山者，北则取道西安、凤翔，东则取道商州、郧阳，西南则取道重庆、夔府、宜昌，扶老携幼，千百为群，到处络绎不绝。不由大路，不下客寓。夜在沿途之祠庙、岩屋，或密林之中住宿。取石支锅，拾柴作饭。遇有乡贯便寄住。写地开垦，伐木支椽，上覆茅草，仅蔽风雨。借杂粮数石作种，数年有收。典当山地，方渐次筑土屋数板，否则仍徙他处，故统谓之棚民。

开山之法，数十人通力合作。树巅缚长絙，下缒千钧巨石，就根斧锯并施，树既放倒，本干听其霉坏，砍旁干作薪，叶枝晒干，纵火焚之成灰，故其地肥美，不须加粪，往往种一收百。

数十年前，山内秋收以粟谷为大庄，粟利不及包谷。近日遍山漫谷皆包谷矣。包谷高至丈许，一株常二三包，山民言大米不耐饥，而包米能果腹。蒸饭、作馍、酿酒、饲猪，均取于此，与大麦之用相当。故夏收视麦，秋成视包谷，以其厚薄定岁丰歉。

清野之策，可行之山外而不能行于山内。溪河两岸早麦，三月已有熟者；低山之麦以五月熟；高山之麦则六七月始熟。包谷种平原山沟者，六月底可摘食。低山熟以八九月，高山之熟则在十月。包谷既熟，其穗倒垂，经历霜雪则粒更坚实。山民无仓收贮，往往旋摘旋食。岁潦则望高山之收，岁旱则资低山之熟。不能禁民间力作，无高低早晚之分。持清野之说，日下符檄，督责州县，徒滋兵役扰累，于事无济也。

山民饘粥之外，盐、布零星杂用，不能不借资商贾。负粮贸易，道路辽远，故喂畜猪只多者至数十头，或生驱出山，或腌作脯，转卖以资日用。

山内营生之计，开荒之外有铁厂、木厂、纸厂、耳厂各项，一厂多者恒数百人，少者亦数十人。贼匪滋事之始，有议以各厂人多，恐被贼裹诱，当严行驱散者，是大不然。凡开厂之商，必有赀本足以养活厂内之人，必有力量足以驱使厂内之人工作。本利其赀值，帖然为用。各商护其赀本，侦探贼踪，往往较官府为真。于开厂之地，必择险峻可守之处，结寨屯积粮食，贼至，搬藏其中，贼不能裹也。若不准开厂，则工作之人，无资以生，添数十万无业流民，难保其不附从为乱。故只当听其经营，不可扰也。至于联络各厂，各设卡伦，无事安心工作，有警协力防堵，则耐劳习险之人，更有得其实力者，是在良司牧之善驾驭矣。

丛竹生山中，遍岭漫谷，最为茂密。取以作纸，工本无多，获利颇易，故处处皆有纸厂。山内险阻，老林之虬干樛枝，固为一端；而挂衣刺眼，令人不能展布，则丛竹之为患更烈。竹簵常青，春烧不然，多有竹厂砍伐，非惟利民，亦可除害。

川陕边徼，土著之民十无一二。湖广客籍约有五分，安徽、河南、江西各省约有三四分。五方杂处，无族姓之联缀，无礼教之防维，呼朋招类，动称盟兄，姻娅之外，别有干亲。往来住宿，内外无分，奸拐之事，无日不有。人理既灭，事变所以频仍也。

开山种土，良民尽多。其间与匪徒相比者亦自有，故山内村落绝少。不过就所种之地，架棚筑屋，零星散处，所称地邻，往往岭谷隔绝。匪徒窃劫，难资守望之力，孤掌难鸣，不敢与匪徒为难也。

教匪之煽惑山民，称持咒念经，可免劫杀，立登仙佛。愚民无知，共相崇信，故入教者多。其实别无伎俩，所云驱鬼役神，剪纸撒豆之术，特好事者神奇其说，荒诞之辞耳。其拒抗官兵，则各处痞徒之附从者。贼中有老掌柜、少掌柜，妄称“掌教元帅”，则真教也；其妄号“领兵元帅”，则痞徒之出力格斗者。贼匪窜匿山中，遇丁壮辄裹之反缚，令负粮跟走。惘惘行山谷中十余日，去乡已远，渐释其缚，逼令刺杀所掳之人，以坚其心，不则谓无用，转杀之矣。故兵勇所获裹胁，供亦多称杀人，要非其本心也。

贼掳十数岁小孩，教以击刺。稍大者号曰“毛牯锥”，次者号曰“马娃子”。此辈幼小无知，以杀人放火为顽戏，便捷轻锐，如锥如马，故以为名。

啯匪之在山内者，较教匪为劲悍，往往于未辟老林之中，斫木架棚，操习技艺，各有徒长，什伯为群。拜把之后，不许擅散，有散去者，辄追杀之。

山民贸易，定期赴场。场有在市旁者，亦有开于无人烟之处，曰“荒场”。当山货既集，如有啯匪猝至，则场头恐其劫掠，敛钱相赠，所全者多。未可遽以通盗绳也。

匪徒之聚，大抵皆由赌博。山内地虽荒凉，而赌局绝大，往往数百两千两，为输赢之注。无钱以偿，流而为盗。其赌自造宝盒，弹钱掷骰，不打马吊，不斗纸牌也。严明守令，能禁赌博，即为清盗之源。

匪中有领帐房之名，用青布数十疋，缝大帐房一二具，板棹皆备。遇民间红白事，头人持帖送分，张帐于其家，号曰“款客”。戚友吊贺，坐其帐中，即入赌局。家中稍有赀产者，百计诱骗，或用酒灌醉，但一言入场，即为代赌，所输之数，勒主人作保担任，强抢牛马，逼买田产，无所不至。此类领帐房者，必匪中豪长，与胥役兵丁多相勾结。甚至衙门家丁，受其岁遗陋规。官府设法擒拿，非声东击西，鲜不透漏脱逃也。

匪徒有红钱客、黑钱客之分。黑钱者为鬼为蜮，换包设骗，行踪诡秘，多以术愚人。红钱则作会结党，持刀执枪，白日市廛，地方绅耆保正，无敢过问。兵役获其伙犯，中途拦截，名曰“打炮火”。边徼地方，官固宜洁清自好，尤须兼通方略，如过于拘谨，不能除害，则良民不能安靖。

山内官吏士民，行走数十里，无不携有军器，以防贼匪。贼人暗藏利刀，质小而锐，名曰“黄鳝尾”。遇追捕紧急，挺持格斗。我无利器，则为彼戕害，伊何道而卖刀买犊也。

山内各色痞徒闲游城市者，统谓之“闲打浪”。此辈值有军兴，则充乡勇营夫，所得银钱，随手花消。遇啯匪则相从劫掠，值兵役亦相帮搜捕，不事生业，总非善良。闲打浪既久便成啯匪。啯匪之众，即为教匪、流贼。能令地无游民，则盗贼自弭矣。

三省乱民平定之时，新添营汛，用资弹压。有新营即有新兵。多系降匪乡勇充当。贼匪之杀其伙党，赴营投诚，与乡勇之从征。日久无籍可归者，遣散恐滋事端，是以收入营伍。但此辈本非善良，杀人放火，习惯成性，讵能安守营规。又当从征之时，口粮优厚，打仗有赏，杀贼有获，饮酒食肉，日日醉饱。入伍则有限饷银，不能恣其口腹，宜其难以帖然也。

边地兵饷，有宜变通者。贼匪未滋事之前，山内粮食绝贱。大米每石价值不到白银一两，包谷杂粮每石只青蚨三四百。是以往时粮饷，尽为给银，原为便兵。军兴以后，山内连岁荒旱，略有收成。下游客商搬运大米一石，价常在三两以外，包谷亦须二两上下。粮食艰贵，陈兵在营日久，或薄有田产，或兼营生理，尚可勉强支持。新兵于饷银之外，别无津垫，生计更难。为各营筹者，每人按月发给本色兵米三斗，余银仍为盐、菜，不至籴贵受累，自当渐次安靖。

新兵之为山内患，端倪已见。然兵有定额，得贤明将官，善为抚绥驾驭，则其患可弭。其中更有可虑者，在撤退乡勇。当凯撤之时，从征已数年，赏银数两，恃其微劳，多怀怨望，虽云递送回籍，而所注籍贯，本非真实，到籍并无亲族收留，仍然四窜。又或以在外日久，无颜回里，每至中途逃逸，复图入营。此项已撤乡勇逗留山内者，实繁有徒。无事则为闲打浪。游荡村寨、墟场，有警则防其乘间抵隙，但无故查办，徒生衅端。隐为安辑之方，消其不平之气，尚宜劳心区画。

山内防维之策，总以安辑流民为第一要务。流民开山作厂，既各安其业，奸徒亦不能以煽惑。即偶有蠢动，而各保身家，长镵白挺，尽成劲旅。好乱之奸民终不敌良民之多也。山内差役多客民充当，无风生浪，遇棚民有事，敲骨吸髓，弁兵亦多附和为奸。如今日檄令查某寨，明日差令禁某事。地方穹远，山民受其凌虐，无可告诉，即间有告诉，无为申理，嚣然无复有生之乐。一二奸徒倡率，争相附从，则祸变成矣。贤明监司太守十数人，落落分部三省边境，轸恤民隐，勤于稽察。俾在官人役，不能逞其奸蠹伎俩，则土流安业，潜布之撤勇易于谋生，自不至轻有生心，此尤拔祸本、塞乱源之要务也。

保甲本弭盗良法，而山内州县，则只可行之城市，不能行于村落。棚民本无定居，今年在此，明日在彼。甚至一岁之中，迁徙数处。即其已造房屋者，亦零星散处，非有望衡瞻宇，比邻而居也。甲长保正，相距恒数里、数十里，讵能朝夕稽查。而造门牌，取互结，敛钱作费，徒滋胥吏之鱼肉。至客店之循环簿，亦只可城市用之。外省流民入山，多寄宿林岩，匪徒则山径取捷，均不安歇客店。所谓客店者，不过贸易山货之小贩而已。各县边境，距治恒数百里，如客店必照例造报。月一陈核，则仆仆道途，不胜其苦矣。

山中打生猎户，平时专驱除虎狼之为民害者，其火枪百不失一，五溪蛮无以逾之。又各厂中防嘓匪劫掠，有标客拳勇，技击一可当十。壮士朱方伯从军时，捐重赀，募得数百人护辎重，故独无失亡。或大军有急，挥此辈援之，往往转败为胜。古名将破贼，必畜选锋，此皆足备军锋之用，不事外求者矣。

州县民壮，例本与兵一体操演。设以卫库狱者，近则只以唤词讼、提人证，操演二字，绝不提及，盖通弊也。山内则有不得不讲者。地方辽阔，城守之千把、汛兵数十名，解犯送差而外，存城几人。偶有盗贼，文武措手无策，亦决不敢向前搜捕，以致浸酿事端。窃以山内民壮，当相县之大小，大县设一百四五十名，小县亦必一百名，责成县官，勤加操练。每名岁支口粮一十二两，此项经费，即查明从前叛产绝业，将佃租动拨，自可敷用。

开屯田设堡卒二议，往尝陈之当事，顾治法非难，治人为难。晓事任事之人，百难一二。事机各宜有时，过时则无可筹办，未敢仍持前论也。而于山内兴利除害，尚有臆见，可备刍荛者。国家承平二百年于兹矣。各省生齿繁盛，浸有人满之虞。无业穷民，势难禁其入山开垦。守土者善为抚驭，广其资生之路，则彼方藉以仰事俯畜，讵至即为乱阶。昔文王治岐，木拔道通，而化行江汉，《风》《雅》所载，宁尽虚言。南山、大巴山、化龙山、城口、团城等处，募商开厂，斫伐老林，木料浮江汉而下，直达三江五湖，既可裕国课而济民用。而老林既开，垦荒耕种，尽皆腴地。于此数十里中，添设州县，可养活无数生灵。通计老林，非二十年不尽开垦。地则岁岁有收，此百年之大利也。至老林既开，各山之真面目皆出，无蔀蔽以增其险，奸徒不能藏匿，则又利兴而害自除矣。

开林之难，地方官恐设厂之时，民客庞杂，难以盘查弹压，固是一端。而又有苦其地势之难行者，连抱之材，讵人力所能运，必藉水势。而山中沟渠往往有乱岩拥塞，步步阻滞。商民即愿出赀开厂，不肯捐本疏川也。且林木斫下，往往候水经时，山涨暴发，木植随涌而下，为下流捞救，不肯收赎，则徒折赀本，故无肯为开林之计者。然山既有脉，水即有路，沿途岩石可设法以锤凿。山高者水自大，巨木亦可放下，如洵阳、镇安、孝义各老林，十数年来，斫伐结牌，直下老河口者不少。即以巴山而言，东、北二面近西乡者，山水本归汉江，则木亦可放之至汉。西、南二面山水，本归巴江，则木亦可放之至巴。巴山之木为厂客所伐者，均令刻字作号。汉则下至兴安、郧阳，江则下至夔府、宜昌，均准捞救收赎。而于夔、宜、兴、郧，设关稽察。现孝义、镇、郧各木客，遇水漂失者甚多。然于百株之中，能留二三十株，即为获利。以林木质大而价重，且多松、柏、花梨美材，可作器具，不止房屋板片之用也。百姓可与乐成，难与虑始。得贤能地方官，筹出数千金，试为疏导山脉。水道既开，募商开林，一处有利，则他处自皆仿行。南山、团城，分别由江、由渭，各随地宜，听客商临时斟酌，久之自有成效也。大利既兴，民聚虽多，足以养活。官府留心稽查，可不至别生事端。

团练之法，有疑其劳民者，是大不然。当贼匪猖起之时，山内州县，岂能处处用兵防守。团练之众，虽不足以当大贼，而声势既张，则小队贼匪亦不敢轻有窥伺。查贼匪将至，必先有贼探，侦视无备，乘虚而入。团练既成，每月操练两次，不过费两日工夫，其余二十八日尽可力作。若不团练，则贼匪日日滋扰，地方光棍加以恐吓，百姓日藏山洞，不敢耕种。其废时荒业，为何如？古人称平贼方略，征调不如招募，招募不如团练，然总须相兼而行，则战守有资矣。团练虽民间自捍桑梓，亦须官府激励，少为赀助。故于有事地方，上官当量为调剂，俾得展布，始可责以固境保民也。

供运之方，当于要路各寨，预为储备者。盖当官兵临境之际，必贼匪滋扰之时，设法供运，亦防贼匪拦抢也。而供运之人，尤有当斟酌者。窃尝谓用家丁不如用差役，而用差役不如用绅士。家丁入山，行李先自累坠，路径不熟，闻贼胆怯，往往粮运不到，浮开运脚使费。差役路径熟悉，兼恐误差责惩，而人夫不受约束，是以亦难得力。绅士则居住寨堡之中，其心急欲官兵杀贼，地方宁静，事虽公而切己，办理较实心也。地方官于寄粮寨堡，择绅士耆民之谨厚可靠者，先给发运营银两，属其官兵一至，便行转运。寨堡中多其子弟亲贯，共顾颜面，必相助运送，决不敢误。此在地方司牧，平日官民一气，有以作其趋事赴公之谊，自然休戚相关也。

听讼虽非致治之源，而闾阎受累，实由于此，山内尤甚。川楚民情，本自好事，加以光棍包揽教唆，鼠牙雀角，便成讼端。差役手奉一票，便为奇货可居。边境距州县穹远者，往往将所唤之人羁押中途，客店店主串通一气，彼此分肥，为之关说。所欲既遂则回禀“未票之先，已往邻省”。索诈未遂，或更有株害之人，则云“唤至中途，被某某等纠众抢回”，禀请加票。唤至城中，又羁之保户，屡月经旬，不得质讯。差役坐食两造饭银差费。一讼所用，动至累百。至命案之邻证，盗案之开花，一票尤必破数家。民苦莫诉，几何不胥民而盗也。地方官严勒限期，相地远近，计日审结，案无留牍，狱无系民，民保而盗自弭矣。

康熙年间，川陕总督鄂海招募客民，于各边邑开荒种山。邑多设有招徕馆。又饬州县选报绅士耆民，充为乡正，宣讲圣谕，城中朔望，山内场集，均为演讲。责成地方官实力奉行，风俗丕变，盗贼稀少。百年以来，父老传为盛事，则善政之化民成俗，即边徼亦未必不可举行，是所望于志希循良者矣。

阳城之言“抚字心劳，摧科政拙”，仁吏之用心也。山内征收悉从轻，则民间尚有受累者，害不在官，而在差役与地棍也。盖山民应完钱粮，多是几分几厘，而距州县往往数百里，至县城又不能即上库给照，往返动至兼旬。则此几分几厘者，非一二金不楚矣。山民不能自完，则差役、地棍于开征之时，将山内花户，代为完纳，名曰“截粮”。官利征收之早毕，不复稽查，照票一入伊辈之手，故为挨延。俟至次年开征，向花户催索陈欠，花户不知已完，惧以陈欠到官，任其鱼肉。于是算本利，索路费、用费，一照非数金不得矣。尝询山中绅耆，均称钱粮不逾千两，而民间有数万之累，非虚言也。良司牧随到随收，又或分期下乡，听其就近完纳。征银不满一钱者，准以铜钱完纳，此即催科中之抚字也。

滇、黔、粤、峤之间，石山亦崚嶒可畏。顾其所谓石山者，石自为石，不甚与土杂也。山内则不然，石杂土中，不相连属。夏秋之际，霖雨经旬，土成浮泥，力不能以缀石，巨石由山巅径滚而下。当久雨新霁，行人常有戒心，否则裂石砰击，未有不立碎者矣。

山内石杂土中，无不可种之山。此其所以为利也。而道路之不能修，亦即由此。盖上尽浮泥，经烈日暄晒，则坚如石块，锄锹难施。募人开挖，甫得平夷。及大雨时行，巨石之随行潦下坠者，又复堆积沿途，加以藤萝丛竹之蒙蔽，旋剪旋生。夏秋之间，征人之苦，较胜他处。

山中石多而性浮，非独杂在土山者，雨多必至砰裂。即一望悬崖，本自石骨峥嵘，而久雨之后，亦自时时崩坠。故寨堡之倚岩而结者，往往下木椿于石穴之间，方得坚固。

山内土性不坚，南、城、洋、西各邑，号称平衍，其土力亦不敌山外西、凤各郡也。所筑堡城，即加工夯筑，一经霖雨，便至坍塌。惟处处有石，寻得脉络，用铁橥签入，击以巨锤，用力推挤，即翻腾而下，取石甚便。作堡者用土不如用石，为工省而坚。但其石性本酥，巨石只砌根基，五尺以上决不可用，恐其质重压碎也。

山内气候有与外间不同者。南山、大巴山、团城之属，积雪至夏初方消，至八九月间又霏霏下雪矣。十月以后，土结成冰，坚滑不可行。陟高者用锄挖磴，扳援树枝而上。故搜捕之师，一至冬令，则马队不能得力也。

定远、太平、镇坪、城口各处，山大林深，天开一井，常多阴雨。即晴霁亦有蒙雾，雾中多硫磺气，感触之者，辄生膨胀疟痢之疾。又盛夏之时，必有数处下雹，小如弹丸，大或盈拳，将包谷杂粮打倒，人畜急避林岩中，亦凝阴之气所成也。惟下雹之处，不过一线，长有至数十里，宽不过数里。粮食非成熟之时，雹过后山农扶培，尚可吐穗结实也。

鼓铸之利，不惟不可禁止，尚有当讲求者。山内古称陆海，虽亦间有铜、铅各矿，非常产也。而产铁矿之地则甚多，听外间客民就地炉冶，雇募工作，固足养活无业之人。而作炉必近老林，砍伐以供薪木之用。久之而老林渐开，肥以春烧，可种之土愈广，棚民亦收耕作之利矣。

山内有耳扒者，将青㭎木砍伐作架，至次年渐生耳，其利可以三年。耳尽而新蓄之青㭎木又可作扒。再有作蕈扒者，另是一种木，间有取松树为之。洵阳则出构穰，状如麻，苏广为纱罗者参用之。此数种均山货之贵重者。

原杰于郧阳奏设巡抚，将山内州县辽阔者分设县治，洵安边大猷也。惜其所筹办者，只为秦、豫、楚三省交连之处，未谋及秦、蜀也。山之在楚、豫者，虽亦高大，而未逮秦、蜀之崄峨。且老林深箐多在秦、蜀接壤。川东北郡邑之边秦者，距成都往往二千数百里，视郧阳之距武昌更迢遥矣。至县大难以兼顾，如太平之城口、洋县之华阳、安康之砖坪、平利之镇坪者，此类尚多。当时并未议及，岂今昔情形不同，固有待于后贤乎。

添营不如分县，营资弹压而已，未能责以抚绥导教也。且设立营汛，虽增添额兵，其民不能增也。县则讼狱者往焉，输纳者集焉，考试之生童聚焉，久之，客商移住，渐成都会。得贤司牧勤于治理，劝农兴学，则民风可以丕变。至审事、完课、考试，均皆便民，又不待言矣。如以边地瘠薄，县官穷苦，则新设之地，酌以边俸论升，加之鼓励，当有自奋于功名者矣。

坚壁、清野，均制寇良策。山内之野难清，已论于前。至坚壁之谋，则行之确有成效。五年以前，贼势之炽者，以其到处裹人，胁从日众，抢掠民食，因粮于我也。自寨堡之议行，民尽倚险结寨。平原之中，亦挖濠作堡，牲畜粮米尽皆收藏其中。探有贼信，民归寨堡，凭险拒守。贼至，无人可裹，无粮可掠，贼势自衰矣。

寨堡之设，固足保民。而于剿贼机宜，亦大有裨益。贼匪奔窜山谷，不由路径，官兵尽力穷追，相距总隔一二日程，以其前无阻截之者也。寨堡既成，加以团练，贼至，据险以拒，大兵跟击得及，鲜不获大胜者。参赞德侯追樊人杰、徐添德两贼首，贼匪踩浅渡汉，因前途有马鞍寨之险，少为逗留，而德侯亲督健旅，追及之张家坪，斩俘数千，樊、徐二贼势遂穷蹙，不旬日均皆歼灭。又老贼张添伦等，合七股大贼万余人，攻打太平寨、神仙洞二处者两日，杨提军领兵至神河口，闻之，连夜前进，天甫明而至贼营。寨民扼之于后，官兵剿之于前，七股贼匪一战荡平，此尤彰彰在人耳目者。

山民质朴劲勇，耐劳习险，非平原百姓气浮而脆者可比。果其团练得宜，贼匪畏之，相遇辄曰“土豹子可恨”。盖贼匪之用以劳我师者，我兵必分道架梁，而贼匪翻山逾岭，其来如虎，其去如鼠，跟追倏无踪迹也。山民则不然，贼匪之能，皆山民所自具，而贼匪之路径，又不逮山民生长其地为更熟也。但训练之时，有宜与首人讲论者，百姓非兵勇，难以法治，可胜不可败。如伤数人，则余皆鸟兽散，锐气挫矣。贼来勿迎头攻击，沿途分伏壮健于山湾石角之间，贼匪大队过去，必有拉后之数十人，委顿道途间，突出截击，可以尽擒。前寨既用此计，后寨亦依计而行之，则贼所过寨堡，必有损折。又，贼于夜间亦有住扎地方，附近寨堡拣壮健于夜静更深时，用大炮、过山鸟遥击之，纵不能多杀贼，而彻夜不得休息，必惊惶拔走。明日至他处，又复如此，则贼益疲罢，拉后被擒者益多。我不劳而彼已不支，乡兵困贼之至计也。

西安各峪口，贼初频频窥伺，后素观察团练民勇，遍设卡伦，分布防堵。时属绅士震金鼓、扬旌旗，分队巡逻，声势甚雄壮，贼不敢犯平原，所保全胜者甚大，亦可知团练之成效矣。

团练乡民不过令其保聚，无遭蹂躏，非欲以此邀战功也。教习之时，令其演火枪，击石子，能于百步外中靶为上，不必令习刀矛。盖刀矛决生死于五步之内，百姓各有身家，不值于必死之贼拚命。火枪则击之百步之外，度不能胜，尚可爬山而逸。至于善击石子，则猝遇贼匪，手无器械，地下石块即可抵御，所谓"没羽箭"也。以守寨堡尤宜，较之火枪，费省而力相当。

团练之法，各寨寨勇设寨长、寨副、大旗、小旗，以次分管。寨长必须寨民公保承充，十数寨必相其人之多寡。为设寨总，选绅士之有才干为众所服者充之。近边要隘，则各寨轮拨数人，设卡守之。当东作之时，百姓分布耕种，防匪之突至。各卡于高山眺望，侦有贼踪，放一炮，则耕作之人尽皆收检农具。侦贼向此路，则放二炮，人畜皆归寨堡。贼近则放三炮，寨总纠会各寨，尽整器械，集壮丁堵御。前卡信炮既放，后卡闻声接放，顷刻之时，数百里间，咸知警备。贼至不放炮，与非贼至放炮，寨总查出，均即禀官严惩。

侦探不明，便至误事，而探卒难得其人，往往于中途逗留数日，回则糊涂捏报。团练既行于各邑，沿边小心，寨总各给木戳探止本境者，其探票内必要取寨总戳记，如至邻省、邻邑，饬令所到营县，禀请于票内加用印信，以杜道听涂说之弊。宁优给口粮，票内无戳记印信，必加重惩。

百姓自捍身家，不能出境剿捕。间有地当要冲，而本地民力单弱，必须得人帮助者，当恺切谕以唇齿之义，而所调亦止可在数十里内。百姓知无远役，地方官又能加之奖励，轸其饥寒，自踊跃从事。

林中所产老毛竹，节密而坚，柔而劲。贼匪砍作矛杆，长一丈七八尺。拒抗时千矛攒刺，短兵砍拨，软不受刀。前矛甫开，后矛已至。贼势不支，则拔出矛头，弃杆翻山，形同猿猱。窜至他处，又砍竹作杆，前敌之兵火枪弓箭，林内不便施放，亦用长矛，彼此刺击。马服君曰："两鼠斗穴，将勇者胜。"信哉。

平原之中，弓箭疏通，及远，火枪亦可得力，故贼匪不轻离老林。盩厔之役，齐王氏率贼匪数万人，出山攻扑。王提军营血战竟日，子药皆尽，贼用马队直踏而前。有山西千总崔雯者，领藤牌军二百名，跳跃出迎。贼马惊窜，自相践踏。营中分兵鼓噪继之，贼匪始退。次日，额侯领索伦马队至，尽锐冲杀，边兵猛勇善射，一皆当百。贼死伤大半，逃遁入山，自是不敢轻窥平原，剿贼之师，弓矢、枪矛、藤牌，均宜分队练习，不可偏废也。

贼匪之疲罢我师，一时难于剪除者。贼无辎重，急则翻山而逸。我军有锣锅帐房，必绕山沟而行。一大山翻过，不过数十里，而绕山沟取道，则二三百里，军至而贼已远扬。经略参赞杨提军、赛将军诸军，于追贼紧急时，辄亦屏去锣锅帐房，跟踪径前，于崎岖之处，徒步身先士卒，故所向克捷。

追敌之难固然限于地险，然亦多由军粮之不能接济。贼匪随劫随食，不须持粮，官军不能也。贼军日走百数十里，官军亦日追百数十里，而负粮夫马，日只能行数十里，往往兵行一日，粮两三日始达，干粮不能多携，不得不住扎待粮。寨堡既成，官兵经由处所，预先贮粮，军至辄搬运供给。庚癸之无呼，实资于此。

兵以卫民，不戢士卒，则虽杀敌致果，终非云霓之师也。经略、参赞所以克奏肤功者，拿定"保民"二字。主见先定，每当下营，村老皆得进见，询问民间疾苦，长吏贤否，约束弁兵，秋毫无犯。德侯尝剿贼西乡、紫阳间，四面皆贼，督军前后攻击，军中缺粮已二日，兵军有掠寨民粮食者，立斩以徇。故三省边民感戴异常。闻两侯营至，老幼夹道欢迎。经略之卒，山内军民闻之，多遥奠痛哭，亦可为领兵者师矣。

杨提军尝言："戡定之功，固由将弁，而实赖地方之司牧。贼匪经胜仗之后，胁从之众多乘间自拔，地方官不能安辑，而任兵役之嗑诈，则无路自新。又或苦于苛政，甘心作贼，则所杀之贼，不逮所增之数矣。即搜捕之时，良司牧功亦有易奏者。领兵官于所带数千人之外，不能别有统辖。地方官果得民心，则所辖数万、数十万百姓，皆为父子兵。寨民于官兵经过，多疑惧，不敢到营。即侦知贼在前途，不来相告也。若地方官，则贼所至之地，保正、寨长均须立报，得以预为准备，此皆致胜之要。"提军持论如此，得弭盗之本矣。克壮其猷，讵偶然哉。

戡乱之方，不难于一战而胜之，而难于全局而安之。乂安之事，宽猛并用，曲折周详，巨细必须皆到，则司牧之责任重矣。

岳少保曰："文官不要钱，武官不怕死，天下太平矣。"穆提军督兵勇二千余人，追剿贼首伍怀志于南山老林，徒步当先，转斗千里，几危者数。其气弥厉，卒俘伍逆，扑灭此股大贼。其后剿贼定远、通江之间，策马冲阵，身中数矛死，边人啧啧称其武烈。又言有某将军者，领兵不二千人，扎定远之长岭。川匪万余，突由竹峪关至定远之黎坝，人心惊惶，将军督军奋击却之，回军至九军坝，又遇贼大队从星子山东来，亦径前冲杀，贼败回窜。后闻其屯军西乡，贼绕道偷渡汉江，领军驰截，贼济大半，其未及济者，均为掩杀。尝奉檄过七星坝，舟人指视沙坝死贼，背上箭如猬毛，亦可谓敢战者矣。

山内民风土俗，已略具梗概。辟林垦荒，毋扰木、铁、纸、耳各厂，凡所为开财源、广生计，俾棚民得各安其业也。再于适中之处，设重臣以一其事权。辽阔之处，分州县以专其治理，绥靖之大规不外此矣。顾经世大猷，兵食并重，军威果然雄盛，自可消侮乱之萌。团练之法，只可行于有事之时。若云加增兵额，则山内地方如此之广莫，必非添数营数汛所能控制者。而添数营数汛，其议饷议粮，经费已不资矣。屯政虽系古法，然有实心任事之人，不避劳险，安在不可举行。即如新疆、苗疆各屯，现在均著有成效。山内有水田之处，难以升科，而棚民既有水田，便成土著，亦思为子孙之计，亦畏有贼匪之害。核其田为屯业，编其人为屯丁，即以现有之田，定为口分世业，设屯弁以管束之，作屯堡以团聚之，寸土颗粒，官无利焉。再为清出叛产绝业，收其租课，以供屯务之杂用。分派素得民心之司牧，恺切开导，使山民晓然知此事之为己。如此，则屯政可行。山内稍平衍之处，皆有屯堡，则气完势重，稽防先自便当。各老林听棚民开垦，虽有匪徒潜窜，而我整彼散，我主彼客，不得逞其奸谋。兵寓于民，洵久安长治之规也。良医疗病，用药固有加减，而方恒传之。古人是所望于集群思、广众益者矣。

跋

严乐园先生以洵阳知县起家，官至陕西按察使。南山盗起，身在行间，先后几二十年。尝建议请仿古梁州自为一道，及前明郧阳巡抚例，割三省边郡，专设大员镇抚。庙堂重更张，未遽施行。今《杂识》首言乂安之策，必合三省通筹，即其旨也。据先生自序，此书成于嘉庆十年，后道光时，复增辑为《边防备览》。总十门、一十四卷，辞甚宏括，然规画要略，已具于此。后世谈兵形险要者，读其书，通其意，随时变通而善用之。一隅之法，推之以治天下，不难也，又多乎哉。

光绪戊申八月，胡思敬跋。

跋

右《三省山内风土杂识》，清溆浦严乐园先生撰。先生宦辙所至，如洵阳、定远，皆在万山中，毗连川、楚，犬牙相错。又值用兵，盗贼出没，防不胜防。先生相地要隘，筑堡练团，令民且耕、且守、且战，并用坚壁清野之法，成效昭然，卒平巨乱。此编当为是时所作。胡氏刊入《问影楼丛书》，且谓《三省边防备览》一书，权舆于此，非泛记风土者所得并论也。先生由守令陟分巡，先后在陕南垂二十年。政教所被，感人最深。是书首篇即谓“乂安之策，必合三省通筹之”，实为经国大猷。邵阳魏氏默深所云，割地设省，亦不外此。比岁疆圉多事，兵家有言，贵知彼己。循是以求进止方略，得其肯綮矣。原本印行无多，先生守土于斯，关中流传独缺，亦一憾事。矧其为边防门户。地利所资，尤有不容散佚者，不独甘棠之慕宜尔也。

民国二十四年六月校。

长安　宋联奎
蒲城　王　健
南郑　林朝元

后　记

通常情况下，民俗以一种潜意识或无意识的特殊形态产生并存在于社会中，在很多时候，民俗不是有意识的行为，因此其又被称为“潜文化”。在社会发生剧烈变化的时期，当文化出现断层时，民俗较多地保存于知识文化水平较低的民众之中，与有知识阶层的观念形态文化或高层文字知识文化相对照，其又被称为“底层文化”。由此可见，民俗文化是民众的民俗生活文化的统称，也泛指一个国家、民族、地区中集居的民众所创造、共享、传承的民俗生活习惯，是在普通人民群众(相对于官方)的生产生活过程中所形成的一系列物质的、精神的文化现象。国学大师钱穆曾在其《中国学术通义》序言中指出，“风俗为文化奠深基。苟非能形成为风俗，则文化理想，仅如空中楼阁，终将烟销而云散”①，强调民俗之于文化的意义。而民俗学泰斗钟敬文更为肯定地强调了民俗作为一种文化而独立存在，他认为，文化是人类活动及其所得到的物种与精神成果的综合体。它具有多层次，“中国传统文化有三个干流。首先是上层社会文化，从阶级上说，即封建地主阶级所创造和享有的文化；其次，是中层社会文化，城市人民的文化，主要是商业市民所有的文化；最后，是底层社会的文化，即广大农民所创造和传承的文化”②。由此可言，民俗是一种文化是不争的事实。民俗作为一种文化范型，有其特殊的模式，即没有文字规定而是约定俗成，却能在一定程度上超越文字规定的权威。这种约定俗成的由一个国家、民族、地区中集居的民众所创造、共享、传承的生产生活习惯，成为人类社会独具特

① 钱穆：《中国学术通义》，北京：九州出版社，2012年，“序”第1页。

② 钟敬文：《话说民间文化》，北京：人民日报出版社，1990年，“自序”第3页。

色的文化现象。基此，借用柯玲在其《中国民俗文化》一书中的界定来讲："民俗文化是特定的国家或民众群体，在改造自然发展自己的实践活动中，创造、选择或凝聚、升华而成的程式化的不成文的规矩，是一种在民众中自行传承或流传的、流行的模式化的、生动活泼的生活文化。"①

汉水文化是我国一种独特的流域文化范型，与优秀传统文化、社会主义先进文化均能紧密对接，作为其重要组成部分的民俗文化，内涵博大精深，特色多姿鲜明，价值不言而喻。《岁时节令与风尚习气——汉水流域历史文化风习》成功入选 2019 年度由武汉理工大学出版社组织申报的国家出版基金项目，在研读《汉书・地理志》《荆楚岁时记》《汉水文化论纲》《商洛民俗文化述论》《陕南民俗文化研究》《南阳民俗文化》《湖北民俗志》等文献著述及大量汉水流域地方志书的基础上，通过多次实地调研，采用多学科交叉研究方法，历时近 5 年，数易其稿，终稿 30 余万字，设计 10 个章节，基本展现了汉水流域民俗文化的多姿样貌和独特意蕴，并将本人校译整理的《三省山内风土杂识》以附件形式缀于评议后。

在研究和撰写过程中，首先要感谢潘世东先生。从大纲设计到具体章节的展开，均饱含着先生悉心指导之真情厚义与扎实严谨研究作风的示范引领，在此特向先生致以崇高的敬意和诚挚的谢意！在研究和撰写过程中，得到了北京师范大学萧放先生、湖北省社科院刘玉堂先生、湖北大学黄柏权先生指导，得到了我校纪光录、喻斌、杨鲜兰、付永昌、王超、吴冰、陈俊、周进芳、於全收、孙丽平、章平等领导的鼓励，得到了聂在垠、梁仕新、饶咬成、胡忠青、王进、饶军、罗耀松、郝文华、王道国、王洪军、吴慎、曹赟、魏巨学、赵崇璧等前辈老师的支持，还

① 柯玲编著：《中国民俗文化》，北京：北京大学出版社，2011 年，第 3-4 页。

得到了赵盛国、郭顺峰、祝东江、廖兆光、胡文江、付鹏、向磊、袁丽、罗优优、潘龚凌子、吴慧玲、胡文韬等同辈师兄及朋友的关怀和关注。借此机会，让我向他们一并致以诚挚的谢意！

我还要特别感谢我的家人，岳父彭家玉、岳母李静、妻弟彭涛和爱人彭双，是他们分担了大量家务，照料两个孩子，给我创造了研究环境，在此向他们表示深深的敬意和诚恳的谢意！因我研究工作需要而暂时减少了对女儿何滋琳、儿子何致东的陪伴教导，表示深深的歉意！

需要申明的是，拙作参阅了诸多前辈的真知灼见，在文中均一一注明，在此一并表示感谢！虽然拙作力争展示汉水流域民俗文化全貌和特质，然本人学识见识有限，难免存在错漏之处，恳请各位方家和读者朋友批评指正。

何道明

2022 年 11 月